中国基金会透明度发展研究报告（2016）

CHINESE FOUNDATION SECTOR TRANSPARENCY REPORT (2016)

基金会中心网
清华大学廉政与治理研究中心 / 主编

北京联合出版公司
Beijing United Publishing Co.,Ltd.

图书在版编目（CIP）数据

中国基金会透明度发展研究报告 . 2016 / 基金会中心网 , 清华大学廉政与治理研究中心主编 . -- 北京 : 北京联合出版公司 , 2016.6

ISBN 978-7-5502-8087-8

Ⅰ . ①中… Ⅱ . ①基… ②清… Ⅲ . ①基金会—研究报告—中国— 2016 Ⅳ . ① D632.1

中国版本图书馆 CIP 数据核字 (2016) 第 142040 号

中国基金会透明度发展研究报告 (2016)

主　　编：基金会中心网
　　　　　清华大学廉政与治理研究中心
选题策划：上善益道
项目统筹：田秀丽
责任编辑：孙志文
封面设计：曹　佳

北京联合出版公司出版
（北京市西城区德外大街 83 号楼 9 层 100088）
北京美精达印刷有限公司　新华书店经销
字数 287 千字　165 毫米 ×240 毫米　1/16　印张 19
2016 年 6 月第 1 版　2016 年 6 月第 1 次印刷
ISBN 978-7-5502-8087-8
定价：98.00 元

感谢敦和慈善基金会对本书的资助

《中国基金会透明度发展研究报告（2016）》编辑委员会

基金会中心网介绍

基金会中心网由国内35家知名基金会联合发起，于2010年7月8日正式成立。基金会中心网的使命是建立基金会行业信息披露平台，提供行业发展所需的能力建设服务，促进行业自律机制形成和公信力提升，培育良性、透明的公益文化。

在过去的五年里，基金会中心网与国内外的诸多知名基金会建立了良好的合作关系，包括美国盖茨基金会、福特基金会、亚洲基金会、洛克菲勒基金会、德国宝马BMW基金会、粮惠世界、墨卡托基金会、日本基金会、丰田基金会、美国基金会中心、欧洲基金会中心等等；同时也与国内外的一些知名大学建立了良好关系，包括哈佛大学、斯坦福大学、印第安纳大学、清华大学、北京大学、北京师范大学、浙江大学等等。2012年参与在北师大珠海分校设立了国内第一个慈善教学的本科层次的建立，已为国内的慈善组织培养了3期慈善专业的本科学生，广受业界好评和欢迎。几年来，基金会中心网的国际影响力也不断提升，目前基金会中心网已经成为"全球资助者协会"的理事，这个协会是国际著名的慈善团体组织，在全球享有较高的美誉度和知名度；基金会中心网还参与了《国际慈善数据宪章》的起草和制定，发出了中国慈善组织应有的声音。

几年来，基金会中心网秉承使命，已经基本成为国内最具影响力的信息披露平台，在倡导慈善数据的应用方面发挥了一定作用，推出了基金会透明标准中基透明指数FTI，有效地推动了基金会行业整体的透明度发展；建立良好的公共关系体系，推动社会文明进步；建立国内国际慈善交流合作机制，提升国际化视野；充分发挥倡导性平台作用，推进基金会组织专业化发展。

清华大学廉政与治理研究中心介绍

清华大学廉政与治理研究中心2000年成立于清华大学公共管理学院，是国内最早的大学设立的廉政专业研究机构之一。十多年来，中心开展了大量的廉政与反腐败研究，先后承担了多项国家社会科学基金项目、国家自然科学基金项目、国家部委委托项目以及海外项目，并向有关部门提出了系列政策建议。

中心始终抱着理性和建设性的态度，注重与国内实务部门和国际组织合作，与国内外机构在课题研究、廉政廉洁培训、国际会议等方面开展了广泛合作。

摘 要

本书作为中国基金会透明度发展2016年度研究报告，也是中基透明指数（FTI）2016年度研究报告。FTI2016包含了我国2014年1月1日之前成立的3635家基金会，并以这些基金会2014年度数据为基础，对我国当前公益基金会的透明度现状进行总体分析和评价。

本书正文共分为六个部分：第一部分介绍了我国公益基金会的背景及发展趋势，并着重解读2016年3月审议通过的《中华人民共和国慈善法》关于慈善事业的信息公开透明的内容；第二部分介绍了五年来中基透明指数的指标与算法体系所经历的三次调整，分析了从FTI2012到FTI2016一直参与排名的1806家基金会的基本情况，以展示中基透明指数五年来对整个基金会行业的普遍影响；第三部分介绍了FTI2016的基本情况，并分析比较了各类型基金会的透明度差异；第四部分按照公募/非公募、民政部/地方、不同地域等九个维度，对FTI2016进行了分类比较；第五部分主要对FTI2016净资产、捐赠收入、公益支出、政府补助收入的前100强进行综合比较；第六部分为案例分析部分，着重分析了北京市基金会信息公开平台的探索与实践，以及新入榜即获得满分的基金会和分数提升最大的基金会的公开透明实践。

本书附录包含了《中华人民共和国慈善法》全文、中基透明指数指标及算法详解和FTI2016完整榜单。

Abstract

This annual report summarizes the results of FTI 2016, which reflects the transparency levels of China's 3,635 charity foundations established before January 1, 2014.

This report has six sections. Chapter 1 introduces the general background and trends of China's charity foundations sector; Chapter 2 explains the evolution of FTI 2012 to FTI 2016; Chapter 3 introduces the basic facts of FTI 2016 and compares the transparency performance of different types of foundations; Chapter 4 compares the transparency performance of 3,635 foundations acrossten different dimensions; Chapter 5 compares the transparency performance of China's TOP 100 foundations in terms of assets, revenues, expenditure, etc. Chapter 6 includes several cases of best practices.

The appendix of this report includes the full text of the Charity Law of the People's Republic of China, Methodology of FTI 2016, and a complete list of FTI 2016.

目 录

第一章
基金会透明的背景与形势

第一节　中国基金会事业飞速发展

近年来，中国公益慈善行业快速发展，公募基金会、非公募基金会等如雨后春笋般不断涌现。从1981年我国第一家基金会成立至今，随着社会发展和政府政策的不断变化，我国基金会事业取得了飞速发展。其中有几次重要的标志性事件。

以2004年《基金会管理条例》的出台为标志，《基金会信息公布办法》、《关于规范基金会行为的若干规定（试行）》、《公益慈善捐助信息披露指引》等制度文件相继出台，对基金会内部管理、财务会计制度和善款使用等方面进行了明确和规范，

2013年11月，党的十八届三中全会《中共中央关于全面深化改革若干重大问题的决定》明确提出要改进社会治理方式，激活社会组织活力，为释放民间活力开启了大门，进一步促进了社会组织的发展。

2016年3月16日，《中华人民共和国慈善法》经第十二届全国人大第四次会议审议通过。至此，中国公益慈善领域的基本法经过10年零5个月的“长跑”，终于落地。

根据基金会中心网的公开数据，截至 2016年3月17日，我国共有公募基金会1549家，非公募基金会3327家，年度捐赠总额从2006年的不足100亿元，激增至目前的超过350亿元。[1]由此可见，中国的基金会事业具有广阔的发展前景和巨大的发展潜力。

1　数据来自基金会中心网。

第二节　基金会公开透明已成为社会共识

伴随着我国基金会数量的不断增长以及规模的不断扩大，其运营管理问题必然受到社会的关注与重视。一般认为，汶川大地震使得2008年成为中国的“公益元年”。从汶川大地震开始，公众真正意识到公益慈善是人人都可以参与的事业，公益慈善事业不是只有官办慈善机构才能去做，社会公众同样可以通过基金会等社会组织来参与公益慈善。到今天，从微信运动捐赠步数、支付宝爱心捐赠中的各类公益项目，到许多企业纷纷开展企业社会责任项目，充分表明“人人公益”、“大众公益”等理念已经深入人心。慈善事业的参与者对公益慈善机构及其行为必然要有更多的知情权，这就在客观上对基金会的公信力和透明度提出了新的要求。

2011年的“郭美美事件”使得公益慈善事业面临社会的质疑，2013年的芦山地震又一次引发了热议。之后又出现嫣然天使基金7000万善款去向遭质询、类C2C平台施乐会向求助者收取“置顶费”、公益组织“一公斤”财务人员自曝账目混乱等事件。这些事件也许并无定论，但它们暴露出的公益慈善组织管理失当、信息不公开等问题，促使公众更加重视公益慈善行业的公开透明问题，促使基金会行业进一步加强行业自律、公信力建设和信息披露工作。基金会公开透明已成为社会共识。

第三节　基金会公开透明相关法律法规日益完善

2016年堪称是我国基金会行业发展的里程碑。3月16日，《中华人民共和国慈善法》（以下简称《慈善法》）由全国人大审议通过。《慈善法》分总则、慈善组织、慈善募捐、慈善捐赠、慈善信托、慈善财产、慈善服务、信息公开、促进措施、监督管理、法律责任以及附则，共计十二章一百一十二条，其核心思想是鼓励和规范慈善事业，树立慈善公信力。

总体来看，《慈善法》对慈善活动及其主体进行了界定，对慈善组织的行为准则和内部治理提出了明确要求，突出强化了慈善组织的信息公开义务，明文规范了慈善募捐行为，首次规定了慈善信托，明确了慈善活动享受的税收优惠。应当说，《慈善法》为互联网时代的慈善事业的发展提供了一揽子制度设计和法律依据，进一步释放了民间公益慈善的活力。

针对以往慈善组织自律机制不健全、资金募集和使用不够透明，少数组织的商业化、营利化倾向，以及政府事中事后监管不到位、社会监督机制不健全等公众关心的问题，《慈善法》指明了未来的方向，即在放宽准入的同时加强对慈善组织的事中和事后监管，规范慈善组织的内部治理，明确民政部门的主管责任，加强社会监督，推动行业自律。

《慈善法》等基金会公开透明相关法律法规的日益完善，为公益基金会行业公开透明提供了制度指引和法律保障。

第四节 政府监管力度不断加大

公益基金会的健康发展依赖组织内部制衡、行业自律、社会监督、政府监管所构成的立体监管体系。在这个体系中，政府监管是重中之重，能够为基金会行业的健康发展提供坚实的保障。

在完善公益慈善相关法律法规的同时，政府不断加大了对公益慈善行业的监管力度。2014年10月，国务院总理李克强主持召开的国务院常务会议就明确指出，引导慈善组织依法依规募捐，严格规范使用捐赠款物，及时公开项目运作、款物募集及使用等情况，要加强监管并依法查处违规募捐、违约使用捐赠款物、无正当理由拒不兑现捐赠承诺等行为。

民政部、财政部也曾联合发文，在加强财务管理、实行信息公开制度、强化审计和执法监督等方面对基金会公开透明提出了新的要求。民政部每两年就修订一次基金会年度信息披露报告模板，力求与时俱进，不断适应社会对基金会信息披露的要求。

各地政府同样加强了对公益慈善组织的监管工作。各地在推进基金会信息公开方面形成了各具特色的新模式。例如，浙江省为了加强省内基金会的网站建设，由浙江省社会组织促进会与基金会中心网合作开发了基金会信息公开平台，开创了政府、基金会行业和社会组织三方合作，共同推动基金会信息公开的新模式。北京市社团办采取积极措施，在北京市社会组织公共服务平台发布全市各基金会的年度工作报告全文，显著提高了北京市基金会行业的信息披露水平。

第五节　信息公开透明是慈善事业健康运行的重要保障

慈善事业的发展不仅需要健康有序的社会监管体系，更重要的是慈善公益机构自身的透明运行。今年出台的《慈善法》在第八章信息公开部分，区分了不同主体的信息公开方式和内容：县级以上人民政府的民政部门和其他有关部门应当及时向社会公开的信息内容，包括慈善组织有关情况以及对慈善组织等开展检查、评估的结果；慈善组织不仅要依法向社会公开组织章程和机构有关情况，还要求定期公开募捐情况和慈善项目实施情况，包括财务会计报告、年度开展募捐和接受捐赠情况、慈善财产的管理使用情况、开展慈善项目情况以及慈善组织工作人员的工资福利等情况。《慈善法》同时规定，捐赠人有权查询、复制其捐赠财产管理使用的有关资料，以及向受益人告知资助标准、工作范围等情况。

慈善事业的生命力在于信息公开。《慈善法》通过推动公益慈善组织的自律和信息公开，确保了社会公众的知情权与监督权，这将鼓励更多公众参与到慈善事业中，促进慈善事业的健康发展。

第六节　中基透明指数的社会影响不断扩大

从2012年开始，基金会中心网和清华大学廉政与治理研究中心持续发布“中基透明指数”(FTI)排行榜。中基透明指数以引领中国基金会行业进入信息时代为已任，一方面树立行业透明度标准，另一方面分享实践经验和互联网工具，不仅获得主流媒体的持续关注，而且也拥有了百度百科、优酷视频网站、微信、微博等新媒体平台作为权威合作伙伴，社会影响不断扩大。目前，公众进行捐款时能够更多地了解各基金会的透明度状况；基金会通过自己的中基透明指数得分和排名，能够了解和提高自身的透明程度，提升自身的社会公信力；越来越多的资助型基金会则将中基透明指数排名作为其寻找资助对象的重要参考。五年来，中基透明指数显著推进了我国公益基金会行业的公开透明进程。

第二章
中基透明指数的发展过程

自中基透明指数（FTI）2012年问世以来，我国基金会行业的内外环境不断发展变化。在这种情况下，中基透明指数的方法体系也必须与时俱进。五年来，FTI的指标及算法体系共进行了三次大的调整，下文将进行详细说明。

第一节　中基透明指数FTI1.0版的开发过程及社会影响

基于“民间公益行业自律从基金会开始，基金会行业自律从信息披露开始”这一理念，2010年7月8日，由中国青少年发展基金会、中国扶贫基金会等35家公募、非公募基金会共同发起筹建的基金会中心网正式启动。经过两年努力，中心网的基金会信息采集及披露覆盖超过90%，有效推动了基金会行业乃至整个公益慈善领域的信息公开透明。

为了更进一步提升基金会信息披露的专业性和标准化，基金会中心网启动了中基透明指数的开发工作。整个开发过程经历了立项、专家反馈调整和试运行三个阶段。2011年6月，第一代FTI正式立项，经过半年的努力，初步提出了指标体系，并且研发出了相应的技术平台。

作为一种透明度测评工具，中基透明指数首先必须自身公开透明。因此，中基透明指数始终坚持两个基本原则：一是算法透明，二是数据公开。首先，中基透明指数官方网站（www.fti.org.cn）实时发布最新的《中基透明指数FTI指标及算法详解》，主动接受社会监督。另外，FTI整个计算过程严格依据中心网日常收集的大量基金会数据，随时可供公众查阅。这两个举措从根本上确保了中基透明指数的客观性和公正性。

为了确定每个指标的权重，基金会中心网和清华大学廉政与治理研究中心于2012年7月面向行业专家和资深基金会人士发放了570份专家问卷，采用德尔菲法调整指标权重结构。

第一代中基透明指数总共包含了60个指标，满分129.4分。具体分类及权重如下：

1、基本信息（58.2分）：基础信息（12个指标）、联系信息（5个指标）、理事会信息（5个指标）、信息化信息（3个指标）、章程及制度（5个指标）、年度工作报告（1个指标）；

2、财务信息（28.8分）：财务报告（3个指标）、主要财务信息（14个指标）；

3、项目信息（38分）：主要项目信息（7个指标），信息化信息（3个指标）；

4、捐赠信息（4.4分）：信息化信息（1个指标）、主要捐赠人信息（1个指标）。

2012年8月8日，系统开始20天的试运行，收集了基金会的大量意见和建议。在这些前期准备的基础上，基金会中心网2012年8月29日在其两周年大会上正式发布了中基透明指数（FTI），FTI在信息时代科学客观地诠释了“透明度”的涵义，其最重要的价值在于给公众一把打开基金会透明大门的钥匙。

新华网、中央电视台、腾讯网、《新京报》等各类媒体均在第一时间报道了中基透明指数，引发了社会对于FTI的大量关注。

学界对于中基透明指数给予了很大关注。中国人民大学NGO研究所所长康晓光认为，目前中国的公益行业非常缺乏量化的标准，也难以建立统一的制度，行业自律大多停留在“倡议”层面，缺乏约束性和有效性，中基透明指数FTI的各项透明指标的建立在推动基金会乃至整个公益行业的专业与透明方面是一个突破性的进步。

中基透明指数的推出也深化了基金会行业自身对于信息公开的重要性和紧迫性的认识。华民慈善基金会理事长卢德之认为：透明度是保证慈善公信力的一个非常重要的基础性因素，透明机制的建立除了需要政府介入外，还需要中介机构公布和评判数据，中基透明指数承担起了这一重任，填补了公益生态链的空白。他希望中基透明指数能将中国基金会行业的透明度提升到专业的高度。

第二节　中基透明指数FTI1.1版的设计原则及基本情况

2013年，根据中基透明指数的运营状况并结合专家意见，基金会中心网对中基透明指数的指标体系做出了调整，以期能更加科学地衡量和反映基金会行业的透明状况。

与FTI1.0版相比，FTI1.1版有两个明显变化：

一是去除了13个指标。根据基金会对部分指标的披露率已达到或接近100%，基金会中心网经过慎重考虑，去除了业务范围、组织机构代码、理事长姓名、秘书长姓名、基金会发起方、联系人姓名、联系人职务、联系邮箱、理事会纪要、机构管理制度、资产负债表、业务活动表、立项公示栏目共13个指标。

二是调高了三项管理制度的权重。中基透明指数数据显示，已经有越来越多的基金会公开自身的各类管理制度，而且一些新成立的基金会试图通过学习借鉴优秀基金会的制度来促进自身的制度建设。因此，加大对基金会制度信息的披露，将会提升整个行业的专业水平。有鉴于此，FTI1.1版调高了人事管理制度、财务管理制度和项目管理制度的权重。

经过上述调整，FTI1.1版共有47个指标，满分由原来的129.4分调整为107.2分，同时更新频率由每周更新改为每月更新。

第三节　中基透明指数FTI2.0版的基本情况及社会影响

2014–2015年，我国基金会行业在行业自律和公开透明方面面临新的发展机遇。作为基金会行业的信息披露平台，基金会中心网及时推出第二代中基透明指数，并将涵盖范围扩大至2013年1月1日前成立的3046家基金会。

第二代FTI与第一代FTI相比，具有两个明显变化：

一是去除了6个指标。鉴于基金会对部分指标的披露率已达到或接近100%，第二代FTI去除了成立时间、登记证号、理事会职务、理事薪酬、受助方公示模块、微博共6个指标。

二是调高7个指标的权重。近年来，社会各界日益关注基金会的资金流向问题，因此，第二代FTI提升了项目信息的权重，项目概述、项目地点、项目活动领域的权重上调为3，项目支出权重上调为9。

通过上述调整，第二代中基透明指数的总指标数降为41个，满分由107.2分降为100分（其中基本信息总分为13.2分，财务信息总分为24分，项目信息总分为39.2分，捐赠信息及内部建设信息总分为23.6分）。

第二代中基透明指数除了披露基金会的静态信息外，还系统地向社会动态披露公众关心的热门公益项目（如雅安地震、免费午餐、梦想合唱团、央视社区英雄、钢丝小天使计划、梦想星搭档、小额信贷、爱心包裹）的善款流向。

此外，第二代中基透明指数还提供了指标查询、透明度排行、透明度提升指导、数据对比等多种功能。

总体而言，第二代中基透明指数更好地体现了公开性、科学性、倡导性、民间性、发展性、国际性的设计原则。

公开性：FTI的所有指标和计算方法均向社会公开，不仅方便公众了解透明指数的内涵和现状，也有助于各基金会掌握提升自身透明度的途径与方法。

科学性：中基透明指数的指标构成充分考虑了当前我国基金会的发展水平，计算方法则综合考虑了指标、权重、披露渠道、信息完整性四个方面，从而能更加准确地反映基金会的透明状况。

倡导性：中基透明指数针对基金会官方网站的栏目设计了相应指标，提高了通过官网披露信息的指标权重，以推动基金会不仅通过官网披露信息，并且在官网上建立专门的信息披露栏目。

民间性：FTI由基金会中心网倡议发起，清华大学廉政与治理研究中心、中国NPO自律行动委员会、中国非公募论坛等机构以及具有影响力和公信力的基金会共同参与完善，从而获得了行业认同。

发展性：基金会中心网每年召集专家学者进行会商，不断细化和完善基金会透明标准，进一步优化指标体系，并根据实际情况变化不断调整指标及权重，以求准确及时地反映基金会行业的透明状况。

国际性：透明指数网站提供中英双语查询功能，以方便国内外相关机构使用和查询。

第四节　中基透明指数FTI2012-2016五年回眸

从FTI2012榜单到FTI2016榜单，共有1806家基金会连续参加了这五年的排名，其得分情况的变化在一定程度上可以显示出FTI指数对于整个基金会行业的影响。

在五年连续榜单中的1806家基金会[2]中，共有35家基金会取得了连续四年透明度满分的好成绩。其中，北京市企业家环保基金会、黑龙江省青少年发展基金会、上海真爱梦想公益基金会连续五年获得满分。具体情况如下：

表1　连续四年中基透明指数FTI满分基金会榜单

单位：亿元

序号	基金会名称	注册时间	所在地	净资产	年度总支出	公益事业支出	总资产
1	中国残疾人福利基金会	1984/03/15	北京	7.71	4.19	4.05	7.82
2	江苏省儿童少年福利基金会	1984/11/01	江苏	0.30	0.16	0.15	0.33
3	爱德基金会	1985/04/18	江苏	3.14	0.83	0.74	3.14
4	成都市残疾人福利基金会	1986/06/30	四川	0.17	0.07	0.07	0.19
5	中国人口福利基金会	1987/06/10	北京	1.43	1.66	1.60	1.45
6	黑龙江省青少年发展基金会	1988/08/17	黑龙江	0.28	0.23	0.22	0.28
7	中国妇女发展基金会	1988/12/25	北京	3.65	5.42	5.31	3.68
8	中国青少年发展基金会	1989/03/09	北京	10.45	3.89	3.63	10.62
9	中国扶贫基金会	1989/03/13	北京	9.19	4.29	4.10	22.19

2　数据由基金会中心网提供：FTI2016数据截止日期为2016年4月25日。

续表

序号	基金会名称	注册时间	所在地	净资产	年度总支出	公益事业支出	总资产
10	湖南省青少年发展基金会	1992/04/16	湖南	0.58	0.57	0.55	0.59
11	中华环境保护基金会	1993/03/03	北京	1.48	0.95	0.88	1.49
12	中国光华科技基金会	1993/06/09	北京	7.65	5.99	5.74	7.66
13	上海宋庆龄基金会	1993/12/08	上海	5.32	0.49	0.45	5.32
14	成都大熊猫繁育研究基金会	1993/12/17	四川	0.60	0.27	0.25	0.62
15	中国红十字基金会	1994/03/15	北京	4.91	3.64	3.50	4.91
16	上海市慈善基金会	1994/05/06	上海	23.35	6.46	5.74	23.59
17	浙江省爱心事业基金会	1995/06/22	浙江	0.22	0.17	0.17	0.23
18	天津大学北洋教育发展基金会	1995/08/16	天津	1.19	0.34	0.33	1.19
19	山西省葵花公益基金会	2005/08/01	山西	0.04	0.02	0.01	0.04
20	中国西部人才开发基金会	2006/09/18	北京	0.50	0.20	0.19	0.50
21	浙江绿色共享教育基金会	2006/10/08	浙江	0.03	0.03	0.03	0.03
22	友成企业家扶贫基金会	2007/03/01	北京	1.92	0.50	0.51	1.93
23	中华思源工程扶贫基金会	2007/03/22	北京	1.62	1.38	1.33	1.62
24	南都公益基金会	2007/05/11	北京	1.05	0.29	0.28	1.13
25	爱佑慈善基金会	2008/05/06	北京	2.25	1.62	1.54	2.34
26	上海真爱梦想公益基金会	2008/08/14	上海	0.94	0.56	0.53	1.01
27	北京桂馨慈善基金会	2008/11/13	北京	0.26	0.04	0.04	0.26
28	北京市企业家环保基金会	2008/12/23	北京	0.20	0.50	0.48	0.21
29	北京新阳光慈善基金会	2009/04/21	北京	0.08	0.10	0.10	0.08
30	广东省妇女儿童基金会	2009/05/08	广东	0.29	0.18	0.18	0.29
31	重庆市青少年发展基金会	2009/05/21	重庆	0.18	0.20	0.19	0.18
32	深圳市郑卫宁慈善基金会	2009/11/18	广东	0.02	0.07	0.07	0.02
33	浙江正泰公益基金会	2009/12/03	浙江	0.73	0.16	0.15	0.74
34	浙江省青年创业就业基金会	2009/12/28	浙江	0.18	0.10	0.10	0.23
35	江苏昌明教育基金会	2010/02/21	江苏	0.03	0.06	0.06	0.03

资料来源：基金会中心网，中基透明指数FTI，截止时间：2016年4月25日

如下图所示，1806家连续5年入榜基金会的FTI得分均值不断上升，从FTI2012的42.02分提升到了FTI2016的53.17分。这可以反映出我国基金会行业整体透明度的不断提升。

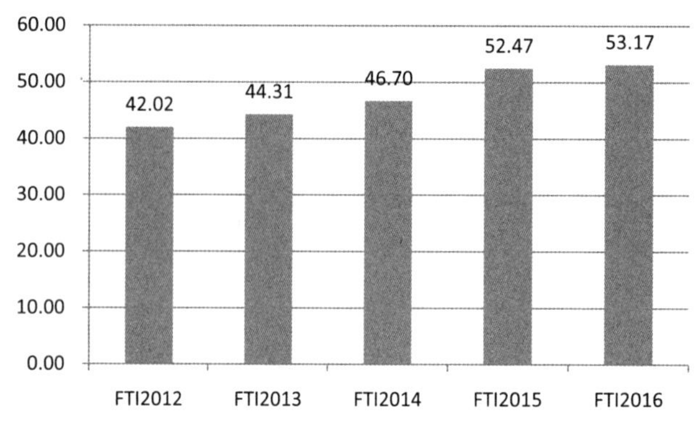

图1 连续5年入榜基金会得分均值比较（2012–2016）

资料来源：基金会中心网，中基透明指数FTI，截止时间：2016年4月25日

按照登记部门对这1806家基金会进行对比分析，会发现民政部注册基金会和地方民政部门注册基金会的FTI得分水平基本都是逐年递增，如下表所示：

表2 不同登记部门基金会FTI得分均值比较（2012–2016）

		FTI2016	FTI2015	FTI2014	FTI2013	FTI2012
民政部	均值	73.38	73.43	67.34	66.03	59.30
	中值	69.60	66.00	61.28	59.55	56.09
地方民政部门	均值	51.53	50.78	45.03	42.55	40.63
	中值	51.59	49.60	44.03	43.89	43.89
总计	均值	53.17	52.47	46.70	44.31	42.02
	中值	52.00	50.40	44.03	44.30	44.18

资料来源：基金会中心网，中基透明指数FTI，截止时间：2016年4月25日

按照基金会类型对这1806家基金会进行对比分析，会发现公募基金会和非公募基金会的FTI得分基本都是逐年递增，如下表所示：

表3 不同类型基金会FTI得分均值比较（2012–2016）

		FTI2016	FTI2015	FTI2014	FTI2013	FTI2012
公募	均值	52.89	52.93	47.62	43.71	41.61
	中值	52.00	49.60	44.03	43.89	43.86

续表

		FTI2016	FTI2015	FTI2014	FTI2013	FTI2012
非公募	均值	53.49	51.94	45.63	45.00	42.50
	中值	52.00	50.40	44.48	44.51	44.51
总计	均值	53.17	52.47	46.70	44.31	42.02
	中值	52.00	50.40	44.03	44.30	44.18

资料来源：基金会中心网，中基透明指数FTI，截止时间：2016年4月25日

按照基金会类别对这1806家基金会进行对比分析，会发现各类基金会的FTI得分基本都是逐年递增，如下表所示：

表4　不同类别基金会FTI得分均值比较（2012-2016）

		FTI2016	FTI2015	FTI2014	FTI2013	FTI2012
慈善会	均值	41.49	44.28	38.19	40.94	38.34
	中值	44.70	48.80	38.00	40.76	38.50
独立型	均值	52.00	50.36	44.48	43.23	40.82
	中值	52.00	49.66	44.03	44.08	43.47
家族型	均值	56.95	56.91	49.91	48.95	45.11
	中值	52.80	51.31	44.40	45.54	45.13
企业型	均值	55.24	54.28	48.52	46.57	44.25
	中值	52.80	51.20	44.78	44.51	45.08
社区型	均值	36.74	41.97	42.66	44.96	43.26
	中值	49.60	49.60	44.03	44.51	44.51
系统型	均值	52.74	52.88	47.85	43.10	41.33
	中值	52.00	49.60	44.03	43.89	43.89
学校型	均值	58.74	56.55	48.23	49.28	45.79
	中值	57.24	55.01	45.52	45.75	45.13
总计	均值	53.20	52.50	46.72	44.33	42.04
	中值	52.00	50.40	44.03	44.30	44.19

资料来源：基金会中心网，中基透明指数FTI，截止时间：2016年4月25日

按照所在省份对这1806家基金会进行对比分析，会发现各省基金会的FTI得分总体呈上升趋势，有的省份FTI均值五年增长率高达158.63%，但广东、海南、江西等几个省份的FTI得分却呈下降趋势。如下表所示：

表5　不同所在地基金会FTI得分均值比较（2012–2016）

		FTI2016	FTI2015	FTI2014	FTI2013	FTI2012	5年增长率
安徽省	均值	48.58	44.97	41.01	42.01	39.81	22.01%
	中值	51.49	49.60	44.03	44.51	45.13	14.09%
北京市	均值	71.34	63.91	54.89	54.57	49.34	44.60%
	中值	74.19	59.77	50.75	52.84	48.71	52.31%
福建省	均值	52.85	50.19	46.79	45.12	45.86	15.25%
	中值	52.80	50.40	44.78	44.92	45.71	15.51%
甘肃省	均值	24.00	9.20	10.64	12.22	11.28	112.81%
	中值	25.60	4.00	3.73	6.80	5.56	360.09%
广东	均值	38.40	49.43	45.98	46.13	45.71	–16.00%
	中值	47.16	48.80	44.03	44.37	45.01	4.78%
广西	均值	58.98	58.65	51.14	52.98	51.61	14.29%
	中值	57.61	57.20	51.12	52.78	53.56	7.56%
贵州	均值	58.65	56.54	52.54	53.83	50.36	16.45%
	中值	57.60	54.40	46.18	50.24	47.60	21.00%
海南	均值	16.46	14.78	21.15	19.67	21.09	–21.93%
	中值	6.40	9.60	15.67	12.67	12.67	–49.50%
河北省	均值	53.11	52.38	49.39	41.29	44.06	20.56%
	中值	53.80	51.28	46.18	40.27	45.75	17.60%
河南省	均值	46.89	42.50	37.71	41.33	39.24	19.47%
	中值	52.80	49.60	44.03	44.30	43.89	20.29%
黑龙江	均值	41.63	44.98	43.39	34.66	42.11	–1.14%
	中值	48.00	47.20	44.03	28.44	43.89	9.35%
湖北省	均值	55.44	54.09	46.33	49.32	45.61	21.54%
	中值	52.80	50.40	44.96	46.99	44.98	17.37%
湖南省	均值	56.49	53.44	45.24	41.33	43.33	30.37%
	中值	52.80	49.60	44.03	41.89	43.89	20.29%
吉林省	均值	45.11	47.90	42.22	46.66	45.75	–1.40%
	中值	52.00	50.40	44.03	44.86	44.51	16.82%
江苏省	均值	44.91	44.57	37.52	41.69	40.90	9.79%
	中值	48.80	48.80	40.49	43.89	43.89	11.17%
江西省	均值	23.69	36.80	42.22	45.64	45.35	–47.76%
	中值	7.20	47.60	44.78	46.67	45.13	–84.05%
辽宁省	均值	50.51	47.85	41.53	41.44	43.24	16.82%
	中值	49.60	48.80	44.03	44.15	44.50	11.47%

续表

		FTI2016	FTI2015	FTI2014	FTI2013	FTI2012	5年增长率
内蒙古	均值	42.48	46.39	35.32	38.54	40.64	4.53%
	中值	48.80	49.60	44.03	43.15	42.97	13.57%
宁夏	均值	42.58	39.61	33.15	17.05	21.67	96.46%
	中值	48.80	46.40	41.18	10.51	10.51	364.32%
青海	均值	30.61	38.76	32.32	15.59	22.09	38.62%
	中值	29.80	48.80	37.50	16.07	21.64	37.72%
山东省	均值	49.33	48.07	44.24	46.12	45.50	8.42%
	中值	49.60	49.60	44.03	44.51	44.87	10.54%
山西省	均值	51.58	49.59	42.83	26.16	19.94	158.63%
	中值	52.00	49.20	44.03	17.93	17.93	190.03%
陕西省	均值	43.52	48.59	40.81	44.26	44.87	-3.02%
	中值	49.20	49.60	44.03	44.41	44.06	11.66%
上海市	均值	57.87	59.11	54.99	52.73	35.81	61.61%
	中值	56.96	57.10	54.85	51.78	33.85	68.26%
四川省	均值	55.82	53.52	48.47	49.16	46.54	19.94%
	中值	52.80	49.60	44.03	44.51	44.54	18.53%
天津市	均值	54.38	55.71	42.53	30.32	21.17	156.92%
	中值	52.00	49.60	44.03	27.59	18.55	180.37%
西藏	均值	31.23	32.65	26.94	17.45	16.96	84.08%
	中值	29.90	20.20	23.41	11.90	12.36	141.82%
新疆	均值	34.88	39.40	34.25	32.43	28.22	23.58%
	中值	34.86	44.00	25.37	28.13	29.06	19.95%
云南省	均值	57.72	57.14	53.51	45.01	43.74	31.97%
	中值	56.40	55.20	49.07	45.01	43.66	29.17%
浙江省	均值	76.46	72.10	66.52	47.03	43.92	74.09%
	中值	83.60	81.20	71.64	44.07	44.51	87.81%
重庆市	均值	64.23	62.68	62.05	56.02	49.23	30.46%
	中值	66.80	59.20	58.58	52.76	46.72	42.97%
总计	均值	53.17	52.47	46.70	44.31	42.02	26.52%
	中值	52.00	50.40	44.03	44.30	44.18	17.69%

资料来源：基金会中心网，中基透明指数FTI，截止时间：2016年4月25日

第三章
中基透明指数FTI2016总体情况

FTI2016共涵盖3635家基金会，基金会数据截止日期为2016年4月25日（基金会财务数据信息截止日期为2015年12月31日）。本章将对FTI2016进行总体介绍和系统分析。

第一节　FTI2016总体情况

截止2016年4月25日，FTI2016包含基金会3635家，FTI均值为51.18分，其中得分最低为0分，零分基金会共8家；得分最高为100分，满分基金会共154家，近70%的基金会FTI得分分布在31.02至76.34的区间内，偏度系数为–0.20，意味着得分在均值线51.18分以下的基金会数量多于均值线以上的基金会，峰度系数为–0.29。

表1　FTI2016基金会得分概览

	数量	最小值	最大值	均值
FTI2016	3635	0.00	100.00	51.18
	标准差	偏度[3]	峰度[4]	
	25.16	–0.20	–0.29	

资料来源：基金会中心网，中基透明指数FTI，截止时间：2016年4月25日

3　偏度系数为统计学概念，即统计数据峰值与平均值不相等的频率分布，根据峰值小于或大于平均值可分为正偏函数和负偏函数，其偏离的程度可用偏度系数刻画。正的偏度系数也称右偏分布，说明半数以上的变量值高于平均值；负的偏度系数也称左偏分布，说明半数以上的变量值低于平均值。

4　峰度系数用来度量数据在中心聚集程度，在正态分布情况下，峰度系数值是0；正的峰度系数说明观察量更集中，有比正态分布更长的尾部；负的峰度系数说明观测量不那么集中，有比正态分布更短的尾部，类似于矩形的均匀分布。

从FTI2016的得分分布图可看出，基金会得分较为分散。

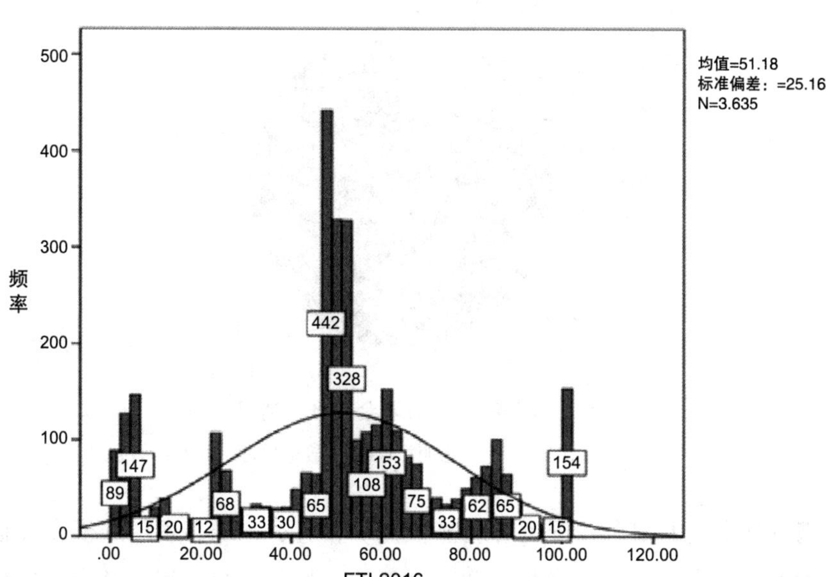

图1　FTI2016基金会得分分布

资料来源：基金会中心网，中基透明指数FTI，截止时间：2016年4月25日

FTI2016榜单中，满分基金会共154家。其中成立最早的是中国儿童少年基金会（1981年成立，已有35年历史），成立最晚的是北京立德未来助学公益基金会（2014年4月成立）；满分基金会中公募基金会77家，非公募基金会77家，各占50%；满分基金会中民间背景基金会71家，非民间背景基金会83家；满分基金会中民政部注册的基金会39家，地方民政部门注册的基金会115家；

154家满分基金会分布于全国25个省市，其中北京市、广东省、浙江省三地的满分基金会数量之和占全国总数近六成。

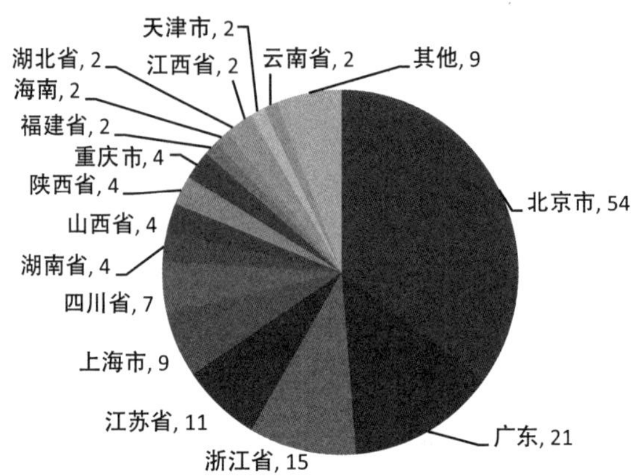

图2　FTI2016满分基金会分布情况

资料来源：基金会中心网，中基透明指数FTI，截止时间：2016年4月25日

满分基金会的财务状况差异明显。如下表所示，既有资产规模在20亿以上的大型基金会，也有资产规模两三百万的小型基金会。满分基金会的捐赠收入、公益事业支出、政府补助金额等也有很大差异从0到数亿元不等。

表2　FTI2016满分基金会概览

单位：亿元

	极小值	极大值	均值	标准差
净资产金额	0.00[5]	26.62	1.43	3.43
年度总收入金额	−0.02	11.02	0.76	1.63
本年度捐赠收入金额	0.00	7.30	0.60	1.24
年度总支出金额	0.00	10.72	0.63	1.43
公益事业支出金额	0.00	10.69	0.61	1.39
资产总计	0.02	26.63	1.55	3.79

资料来源：基金会中心网，中基透明指数FTI，截止时间：2016年4月25日

第二节　各类型基金会透明度差异比较分析

在FTI2016所包含的3635家基金会中，有3615家基金会可以划分为家族

5　因四舍五入，此处净资产金额最小值实际为2.04万的山西省文化发展基金会。

型、学校型、社区型、企业型、系统型、独立型、慈善会这7种类型。[6]从下表可以看出，家族型基金会的FTI2016均值比慈善会型要高出13分，但从各类型基金会的得分中值来看，相互之间的差距仅有4分，说明FTI2016得分均值靠前的几类基金会中有一些基金会的得分要明显高于其他基金会，但是从整体得分情况来看，各类基金会的FTI2016得分差异并不如均值差异那样大。

相比之下，家族型、学校型、企业型这三类基金会的平均得分超过51.20分，总体表现相对最好。这三类基金会的得分中值数也高于全部基金会的FTI得分中值数。

表3　不同类别基金会FTI2016得分比较

基金会类别	个数	均值	标准差	中值
家族型	54	57.44	22.72	52.80
学校型	511	55.45	21.72	52.40
企业型	481	53.31	24.16	52.00
独立型	1322	50.83	27.27	51.20
系统型	1149	49.64	24.00	50.38
社区型	36	44.85	29.02	49.60
慈善会	62	44.44	20.95	48.80
总计	3615	51.37	25.05	51.20

资料来源：基金会中心网，中基透明指数FTI，截止时间：2016年4月25日

在FTI2016所包含的3635家基金会中，有56家基金会的得分不足1分，其中8家基金会得0分，基本处于失联状态。不足1分的基金会名单如下：

6　根据基金会内部治理结构，我们把基金会分为学校基金会、企业基金会、社区基金会、家族基金会、独立基金会、系统型基金会和慈善会基金会等7种类型。企业型：由企业发起创办、提供运营资金并且由企业直接参与运营管理的基金会。学校型：以相关学校或校友发起成立、服务于该校教育事业的基金会。家族型：由个人发起创立并且由发起人或其家族成员直接参与运营管理的基金会。独立型：由相关法人、自然人发起创立但独立于出资人运营管理的基金会。社区型：维护特定社区公众利益、服务于社区事业发展的基金会。系统型：指教育局、环保部门、共青团、妇联、残联等系统机构发起成立的基金会，如教育发展基金会、绿化基金会、青少年发展基金会，妇女发展基金会、残疾人福利基金会等；慈善会：指由当地慈善会发起成立的基金会。

表4　FTI2016不足1分基金会榜单

基金会名称	成立时间	注册地	排名	FTI2016得分
湖南省21世纪人才培养基金会	1983/08/02	湖南	767	0.80
兰州市见义勇为奖励基金会	1983/08/16	甘肃	767	0.80
兰州市中小学幼儿教师奖励基金会	1983/09/07	甘肃	768	0.00
安徽省徐悲鸿教育基金会	1990/01/01	安徽	767	0.80
甘肃盛彤笙畜牧兽医科学基金会	1993/04/26	甘肃	767	0.80
北京满学研究基金会	1994/11/22	北京	767	0.80
北京市怀柔教育基金会	1995/01/20	北京	767	0.80
京台文化交流基金会	1995/12/30	北京	767	0.80
澄迈县禁毒基金会	2005/01/01	海南	768	0.00
宜兴市江苏省宜兴中学教育奖励基金会	2005/01/23	江苏	767	0.80
郴州市教育基金会	2005/02/01	湖南	768	0.00
青海省噶千慈爱基金会	2007/05/10	青海	768	0.00
青海阿尼玛卿雪域慈善基金会	2009/07/19	青海	768	0.00
吉林市神华救助基金会	2010/06/01	吉林	768	0.00
陕西省现代科技创业基金会	2011/02/20	陕西	767	0.80
泰州市单声教育奖学基金会	2011/05/12	江苏	767	0.80
陕西省汉中市老龄事业发展基金会	2011/10/28	陕西	767	0.80
江西抚州鸿德慈善基金会	2011/12/20	江西	767	0.80
西藏自治区残疾人福利基金会	2012/06/11	西藏	767	0.80
陕西存义公益基金会	2012/06/20	陕西	767	0.80
英德市连江口镇教育基金会	2012/09/29	广东	767	0.80
陕西新华少年儿童公益基金会	2012/11/06	陕西	767	0.80
陕西长庆温暖工程基金会	2013/01/05	陕西	767	0.80
广东省中山大学南方学院助学基金会	2013/01/25	广东	767	0.80
山西煤海扶贫助学基金会	2013/02/01	山西	767	0.80
深圳市中医药发展基金会	2013/02/21	广东	767	0.80
屯昌思源爱心助学基金会	2013/02/28	海南	767	0.80
福建省华侨公益基金会	2013/03/27	福建	768	0.00
沈阳市沈河区发展中小学幼儿教育基金会	2013/04/15	辽宁	767	0.80

续表

基金会名称	成立时间	注册地	排名	FTI2016得分
贺兰县南梁台子铁西妇女创业基金会	2013/04/18	宁夏	767	0.80
江门市三闲堂文化基金会	2013/05/06	广东	767	0.80
英德市奖教奖学基金会	2013/05/08	广东	767	0.80
揭阳第一中学教育基金会	2013/05/27	广东	767	0.80
芜湖市见义勇为基金会	2013/05/27	安徽	767	0.80
江门市维达慈善基金会	2013/06/20	广东	767	0.80
汕头市联泰爱心公益基金会	2013/07/02	广东	767	0.80
深圳市德源教育基金会	2013/07/05	广东	767	0.80
琼海市教育基金会	2013/07/25	海南	767	0.80
陕西立德乐善基金会	2013/07/26	陕西	767	0.80
梅州市李有权慈善基金会	2013/08/13	广东	767	0.80
定西市消防基金会	2013/08/16	甘肃	767	0.80
昌江黎族自治县教育发展基金会	2013/08/21	海南	767	0.80
酒泉市春光爱心基金会	2013/08/27	甘肃	767	0.80
日照一中教师发展基金会	2013/08/29	山东	767	0.80
茂名市飞马教育基金会	2013/08/30	广东	767	0.80
东兴市同心献爱基金会	2013/09/22	广西	767	0.80
揭阳市普宁第二中学教育基金会	2013/10/28	广东	767	0.80
海口市教育发展基金会	2013/11/04	海南	767	0.80
石楼县扶贫基金会	2013/11/12	山西	767	0.80
陕西爱心海基金会	2013/11/18	陕西	767	0.80
普宁市军屯和惠慈善基金会	2013/11/19	广东	767	0.80
济南京剧国粹发展基金会	2013/12/03	山东	767	0.80
中华诗词发展基金会	2013/12/09	北京	768	0.00
海南省福利基金会	2013/12/17	海南	767	0.80
海南世界联合会公益基金会	2013/12/18	海南	767	0.80
青海三工公益基金会	2013/12/26	青海	767	0.80

资料来源：基金会中心网，中基透明指数FTI，截止时间：2016年4月25日

第四章

FTI2016分类比较

上一章介绍了FTI2016的总体情况。本章将对FTI2016所包含的3635家基金会的得分情况进行分类比较，力求发现并分析其中的差异。

第一节 公募与非公募基金会透明情况比较

结论一：公募基金会与非公募基金会透明度差异不大

如下表所示，FTI2016包含公募基金会1425家，得分均值51.04分，中值52.00分；包含非公募基金会2210家，FTI得分均值51.28分，中值50.40分。

对公募与非公募基金会的FTI得分做均值比较，结果如下：

表1 公募与非公募基金会FTI2016得分比较

基金会类型	个数	FTI2016均值	标准差	中值
公募	1425	51.04	25.04	52.00
非公募	2210	51.28	25.25	50.40
总计	3635	51.18	25.16	51.20

资料来源：基金会中心网，中基透明指数FTI，截止时间：2016年4月25日

表2 公募与非公募基金会FTI2016方差分析

ANOVA 表	平方和	df	均方	F	显著性
组间	50.77	1	50.77	0.08	0.777
组内	2300925	3633	633.34	—	—
总计	2300976	3634	—	—	—

资料来源：基金会中心网，中基透明指数FTI，截止时间：2016年4月25日

由此可见，公募基金会与非公募基金会的FTI2016得分情况差异并不显

著，说明公募基金会与非公募基金会的透明度差异并不大。

第二节　民政部与地方注册基金会透明情况比较

结论二：民政部注册基金会透明度优于地方注册基金会

FTI2016包含民政部注册的基金会190家，FTI得分均值72.12分，中值69.65分；包含地方民政部门注册的基金会3445家，FTI得分均值50.03分，中值50.40分。

对民政部与地方民政部门注册的基金会FTI得分做均值比较，结果如下：

表3　民政部与地方民政部门注册基金会FTI2016得分比较

登记部门	个数	FTI2016得分均值	标准差	中值
民政部	190	72.12	21.28	69.65
地方民政部门	3445	50.03	24.85	50.40
总计	3635	51.18	25.16	51.20

资料来源：基金会中心网，中基透明指数FTI，截止时间：2016年4月25日

表4　民政部与地方民政部门注册基金会FTI2016方差分析

ANOVA 表	平方和	df	均方	F	显著性
组间	87860.97	1	87860.97	144.231	0
组内	2213115	3633	609.17	—	—
总计	2300976	3634	—	—	—

资料来源：基金会中心网，中基透明指数FTI，截止时间：2016年4月25日

由此可见，民政部注册基金会的透明度显著高于地方民政部门注册基金会的透明度。

第三节 “中字头”基金会透明度情况比较

FTI2016包含96家“中字头”，其FTI2016得分最低值为0分，最高值为满分，均值为72.69分；得分整体偏度-0.52，说明多数基金会得分在均值72.69以下；得分整体峰度为正值，说明“中字头”基金会的FTI2016得分分布较为集中。

表5 “中字头”基金会FTI2016得分概览

	个数			最小值	最大值	均值
分数	96			0.00	100.00	72.69
	标准差	偏度	峰度			
	21.31	–0.52	0.41			

资料来源：基金会中心网，中基透明指数FTI，截止时间：2016年4月25日

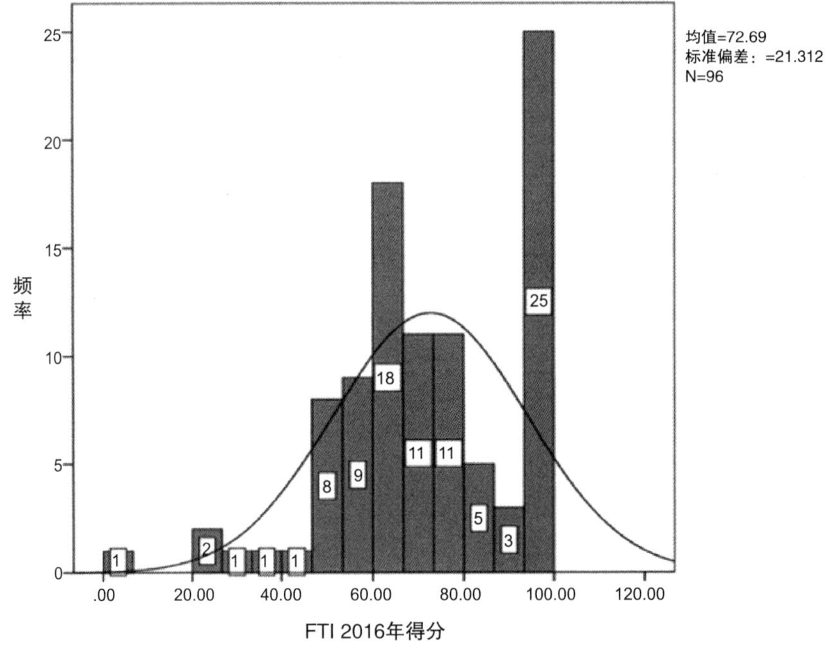

图1 “中字头”基金会FTI2016得分分布

资料来源：基金会中心网，中基透明指数FTI，截止时间：2016年4月25日

96家“中字头”基金会中，公募基金会占90家，非公募基金会占6家。这90家公募基金会的FTI得分均值73.01分，高于6家非公募基金会的FTI得分均值67.89分。然而，从中值来看，公募基金会的得分中值仅高于非公募基金会中值0.55分，说明公募基金会中高分基金会较多，因此拉高了公募基金会的得分均值。

表6　“中字头”公募基金会与非公募基金会FTI2016得分比较

基金会类型	FTI2016得分	均值	标准差	中值
公募	90	73.01	21.69	71.35
非公募	6	67.89	15.07	70.80
总计	96	72.69	21.31	71.35

资料来源：基金会中心网，中基透明指数FTI，截止时间：2016年4月25日

在FTI2016榜单中，“中字头”基金会共96家，占榜单全部基金会数量（3635家）的2.64%，但其FTI2016的得分均值72.69，却远超过榜单全部基金会FTI2016得分均值（51.18分）21.51分。

表7　“中字头”基金会与榜单全部基金会FTI2016得分比较

基金会类型	基金会数量	净资产总计（亿元）	捐赠收入总计（亿元）	公益支出总计（亿元）	FTI2016得分
“中字头”基金会[7]	96	141.73	87.25	100.71	72.69
榜单基金会[8]	3635	1,030.92	324.02	319.82	51.18
占比	2.64%	13.75%	26.93%	31.49%	142.03%

资料来源：基金会中心网，中基透明指数FTI，截止时间：2016年4月25日

96家“中字头”基金会中，在民政部注册的95家基金会FTI2016得分均值为73.24分，远高于全国基金会的平均水平（51.18分）。在地方民政部门注册的仅有1家基金会（中华援疆发展基金会），其得分仅为20.40分。

7　“中字头”基金会中只有94家有财务信息。

8　榜单基金会中只有3120家有财务信息。

表8　民政部与地方部门注册“中字头”基金会FTI2016得分比较

登记部门	个数	FTI2016均值	标准差	中值
民政部	95	73.24	20.73	71.50
地方民政部门	1	20.40		20.40
总计	96	72.69	21.31	71.35

资料来源：基金会中心网，中基透明指数FTI，截止时间：2016年4月25日

96家“中字头”基金会包含系统型、独立型、企业型这三种类型，其中，56家独立型基金会的透明度表现最好，FTI2016得分均值高于所有“中字头”基金会得分均值，而企业型基金会的得分均值则低于其他类型基金会。

表9　不同类型“中字头”基金会FTI2016得分比较

基金会类别	个数	FTI2016均值	标准差	中值
独立型	56	73.33	19.98	72.40
系统型	37	72.31	24.03	65.60
企业型	3	65.44	10.64	65.60
总计	96	72.69	21.31	71.35

资料来源：基金会中心网，中基透明指数FTI，截止时间：2016年4月25日

96家“中字头”基金会中有91家所在地为北京，其余基金会来自5个省份。北京的“中字头”基金会不仅数量多，而且透明度总体表现较好，FTI2016 均值为73.19分，略高于全部“中字头”基金会的均值72.69分。

表10　不同所在地“中字头”基金会FTI2016得分比较

所在地	个数	均值	标准差	中值
河北省	1	91.60	.	91.60
山东省	1	78.39	.	78.39
北京市	91	73.19	21.04	71.50
甘肃省	1	64.80	.	64.80
河南省	1	62.80	.	62.80
新疆	1	20.40	.	20.40
总计	96	72.69	21.31	71.35

第四节　各省基金会透明情况比较

结论三：基金会透明度的地区差异明显，浙江、北京、上海三地透明度名列前茅，广东、江苏等地透明度靠后。

如下表所示，基金会透明度的地区差异十分显著。北京和浙江的基金会FTI得分均值在70分以上，中值在80分以上，而且两地基金会数量共764家，占FTI2016榜单基金会总数的21.02%；排名垫底的海南，其基金会FTI2016得分均值甚至不到15分，中值只有4.80分。

表11　全国各省份基金会FTI2016得分比较

序号	注册地	个数	FTI均值	标准差	中值	序号	注册地	个数	FTI均值	标准差	中值
1	北京	434	72.52	22.82	81.20	14	山东	89	47.55	18.20	49.60
2	浙江	330	71.75	22.17	80.80	15	安徽	79	43.46	20.81	48.80
3	重庆	48	59.57	20.69	54.15	16	江苏	449	43.44	18.87	48.80
4	上海	156	57.65	18.44	57.20	17	黑龙江	66	41.34	22.76	49.60
5	湖北	79	56.01	17.85	52.80	18	吉林	66	40.90	20.94	50.80
6	四川	116	55.75	18.03	52.80	19	广东	446	40.85	27.48	47.20
7	贵州	32	55.01	14.73	54.00	20	陕西	84	39.83	27.84	48.80
8	湖南	173	53.51	16.40	52.00	21	内蒙古	102	39.60	20.60	48.80
9	天津	54	53.19	15.11	52.00	22	宁夏	53	39.13	23.19	48.80
10	广西	41	53.05	18.59	52.00	23	新疆	34	38.16	27.73	47.20
11	河北	52	52.69	19.24	52.69	24	西藏	12	34.72	24.03	43.10
12	云南	60	51.14	20.21	52.40	25	青海	26	30.30	24.30	25.35
13	河南	104	50.32	20.82	53.20	26	江西	47	25.42	25.43	11.60
27	福建	173	49.79	17.28	49.60	30	甘肃	44	25.33	21.91	25.42
28	辽宁	77	49.39	14.43	49.60	31	海南	52	14.29	23.69	4.80
29	山西	57	49.20	23.82	52.00		总计	3635	51.18	25.16	51.20

资料来源：基金会中心网，中基透明指数FTI，截止时间：2016年4月25日

第五节　各省份基金会FTI得分第一名情况比较

从基金会的数量分布来看，全国的基金会大多集中在北京、上海、广东、江苏、浙江等发达省份，尤以北京最为集中。下面对各省FTI得分最高的基金会进行横向比较，同时统计各省满分基金会的数量。

如下表所示，安徽省、北京市、福建省、广东省、贵州省、海南省、河北省、黑龙江省、湖北省、湖南省、江苏省、江西省、辽宁省、内蒙古、青海省、山东省、山西省、陕西省、上海市、四川省、天津市、新疆、云南省、浙江省、重庆市这25个省份的FTI第一名得到了满分，比去年多了2个省份。越来越多的省份拥有了透明度得分为满分的基金会。

北京市的满分基金会个数最多，达到54个，占北京市所有注册基金会数量的12.44%；西藏的FTI2016第一名得分最低（64.80分）。由此反映出基金会透明度的地区差异比较显著。

表12　我国各省FTI2016得分最高基金会比较

序号	基金会名称	排名	FTI2016分数	成立时间	注册地	注册地满分基金会数量
1	安徽省仁众教育基金会	1	100	2009/10/20	安徽	1
2	中国红十字基金会	1	100	1994/03/15	北京	54
3	福建省兴业慈善基金会	1	100	2009/10/16	福建	2
4	深圳壹基金公益基金会	1	100	2010/12/03	广东	21
5	贵州文化薪火乡村发展基金会	1	100	2007/08/20	贵州	1
6	海南成美慈善基金会	1	100	2010/10/13	海南	2
7	河北省青少年发展基金会	1	100	1993/06/07	河北	1
8	黑龙江省青少年发展基金会	1	100	1988/08/17	黑龙江	1
9	中国地质大学（武汉）教育发展基金会	1	100	2010/03/19	湖北	2
10	湖南省青少年发展基金会	1	100	1992/04/16	湖南	4
11	爱德基金会	1	100	1985/04/18	江苏	11
12	江西省青少年发展基金会	1	100	1991/08/01	江西	2
13	大连市青少年发展基金会	1	100	2005/10/25	辽宁	1
14	老牛基金会	1	100	2004/12/28	内蒙古	1

续表

序号	基金会名称	排名	FTI2016分数	成立时间	注册地	注册地满分基金会数量
15	三江源生态保护基金会	1	100	2012/10/22	青海	1
16	山东大学教育基金会	1	100	2007/10/11	山东	1
17	山西省残疾人福利基金会	1	100	2007/08/06	山西	4
18	陕西妇女儿童发展基金会	1	100	2009/11/19	陕西	4
19	上海宋庆龄基金会	1	100	1993/12/08	上海	9
20	四川省残疾人福利基金会	1	100	1985/07/19	四川	7
21	天津大学北洋教育发展基金会	1	100	1995/08/16	天津	2
22	新疆妇女儿童发展基金会	1	100	2008/08/05	新疆	1
23	云南省青少年发展基金会	1	100	1994/07/06	云南	2
24	浙江省爱心事业基金会	1	100	1995/06/22	浙江	15
25	重庆儿童救助基金会	1	100	2005/11/16	重庆	4
26	河南大学教育发展基金会	4	98.4	2011/06/10	河南	0
27	兰州大学教育发展基金会	10	95.2	2013/03/14	甘肃	0
28	广西壹方慈善基金会	28	89.2	2012/12/24	广西	0
29	宁夏麦丽燕基金会	32	88.4	2011/03/04	宁夏	0
30	北华大学教育基金会	130	72.4	2009/09/18	吉林	0
31	阴法唐西藏教育基金会	194	64.8	2007/09/12	西藏	0

注：当某省满分基金会不止一家时，本表任意挑选一家基金会列入各省第一横向比较名单，榜单前部有满分基金会的省份排名，不分先后。

资料来源：基金会中心网，中基透明指数FTI，截止时间：2016年4月25日

在今年的满分基金会中，广东的深圳壹基金公益基金会、天津大学北洋教育发展基金会、上海宋庆龄基金会、黑龙江省青少年发展基金会、江苏的爱德基金会、浙江省爱心事业基金会、中国残疾人福利基金会等数家基金会连续取得了FTI满分的优异表现。

第六节　大学基金会透明度情况比较

FTI2016包含了350家大学基金会。如下图所示，350家大学基金会的FTI得分最低为0.80分，最高值为满分，均值为59.08分，得分整体偏度-0.16，说

明多数大学基金会得分在均值59.08以下；得分整体峰度为正值，说明大学基金会的FTI得分分布较为集中。

表13　大学基金会FTI2016得分概览

	个数	最小值	最大值	均值
分数	350	0.80	100.00	59.08
	标准差	偏度	峰度	
	19.90	–0.16	0.55	

资料来源：基金会中心网，中基透明指数FTI，截止时间：2016年4月25日

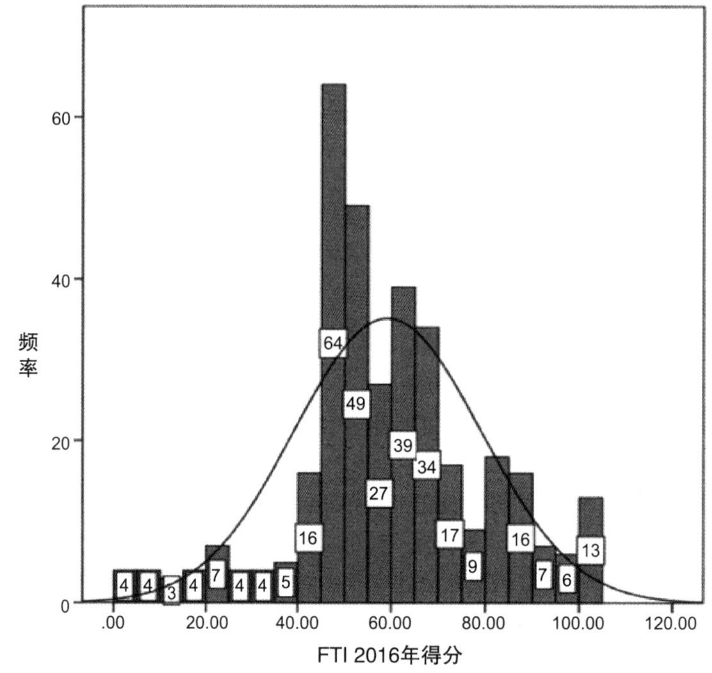

图2　大学基金会FTI2016得分分布

资料来源：基金会中心网，中基透明指数FTI，截止时间：2016年4月25日

350家大学基金会中，公募基金会占4家，非公募基金会有346家。4家公募基金会的FTI得分均值58.20分，略低于346家非公募基金会的得分均值59.09分。

表14 公募与非公募大学基金会FTI2016得分比较

基金会类型	个数	FTI2016得分均值	标准差	中值
公募	4	58.20	6.79	57.00
非公募	346	59.09	20.00	57.90
总计	350	59.08	19.90	57.90

资料来源：基金会中心网，中基透明指数FTI，截止时间：2016年4月25日

350家大学基金会中，17家民办大学基金会的FTI2016均值50.91分，中值49.60分，明显低于333家公办大学背景基金会的得分均值（59.50分）和中值（58.30分）。

表15 民办与非民办大学基金会FTI2016得分比较

基金会背景	个数	FTI2016得分均值	标准差	中值
公办大学	333	59.50	19.99	58.30
民办大学	17	50.91	16.40	49.60
总计	350	59.08	19.90	57.90

资料来源：基金会中心网，中基透明指数FTI，截止时间：2016年4月25日

350家大学基金会中，民政部注册的17家基金会得分均值为81.53分，远高于地方民政部门注册的333家基金会的得分均值（57.93分）。

表16 民政部与地方民政部门注册大学基金会FTI2016得分比较

登记部门	个数	FTI2016得分均值	标准差	中值
民政部	17	81.53	17.38	81.20
地方民政部门	333	57.93	19.35	56.25
总计	350	59.08	19.90	57.90

资料来源：基金会中心网，中基透明指数FTI，截止时间：2016年4月25日

350家大学基金会中，江苏、北京、广东是拥有大学基金会最多的前三个省市。其中，北京市的大学基金会共37家，FTI2016得分均值为74.62，中值为81.20，远高于其他地区大学基金会的FTI得分水平；广东省虽然有26家大学基金会，但其FTI2016得分均值仅为46.68分，中值仅为49.07分，低于FTI2016榜单基金会的均值。

表17　不同所在地大学基金会FTI2016得分比较

序号	所在地	个数	FTI2016得分均值	标准差	中值
1	北京	37	74.62	17.56	81.20
2	浙江	22	70.99	16.79	78.60
3	湖北	23	70.11	19.81	68.00
4	天津	9	65.24	16.05	63.95
5	上海	21	64.00	10.98	63.20
6	安徽	5	61.28	4.47	63.20
7	山东	18	61.13	17.48	59.84
8	内蒙古	2	61.00	12.73	61.00
9	广西	5	58.72	12.82	52.00
10	陕西	11	57.69	27.91	64.49
11	江苏	54	56.72	21.24	50.00
12	重庆	7	56.42	23.86	57.60
13	福建	13	55.87	10.36	53.60
14	四川	13	55.65	15.11	53.60
15	湖南	18	55.07	13.16	52.80
16	河北	2	54.60	8.20	54.60
17	河南	3	54.27	47.50	60.40
18	吉林	11	53.40	12.48	56.01
19	辽宁	16	52.67	6.88	51.40
20	宁夏	2	50.40	2.26	50.40
21	云南	1	50.40	.	50.40
22	黑龙江	17	50.19	16.58	49.60
23	新疆	3	49.33	0.46	49.60
24	山西	2	48.42	6.20	48.42
25	甘肃	3	48.34	40.58	25.23
26	广东	26	46.68	21.04	49.07
27	江西	5	28.01	23.40	16.40
28	海南	1	5.60	.	5.60
总计		350	59.08	19.90	57.90

资料来源：基金会中心网，中基透明指数FTI，截止时间：2016年4月25日

第七节　企业基金会透明度情况比较

FTI2016包含的481家企业基金会的得分最低值0.80分，最高值满分，均值为53.31分；得分整体偏度-0.27，说明多数基金会得分在均值53.31以下；得分整体峰度为负值，说明这些企业基金会的得分分布较为分散。

表18　企业基金会FTI2016得分概览

	个数	最小值	最大值	均值
分数	481	0.80	100.00	53.31
	标准差	偏度	峰度	
	24.16	-0.27	-0.06	

资料来源：基金会中心网，中基透明指数FTI，截止时间：2016年4月25日

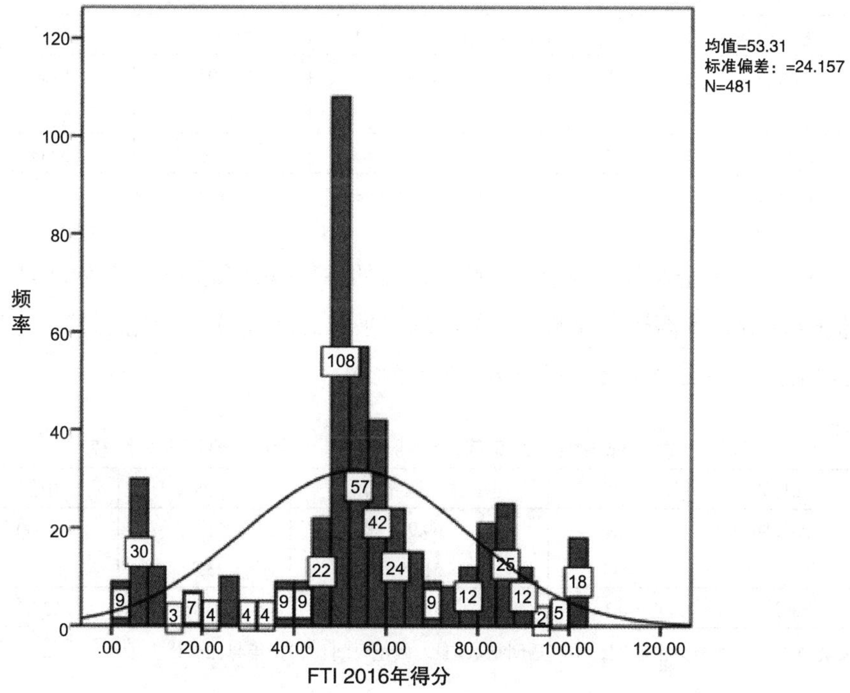

图3　企业基金会FTI2016得分分布

资料来源：基金会中心网，中基透明指数FTI，截止时间：2016年4月25日

如下表所示，这481家企业基金会都是非公募基金会，因此无法进行公募基金会和非公募基金会的得分比较。

表19　非公募企业基金会FTI2016得分概览

基金会类型	个数	FTI2016得分均值	标准差	中值
非公募	481	53.31	24.16	52.00
总计	481	53.31	24.16	52.00

资料来源：基金会中心网，中基透明指数FTI，截止时间：2016年4月25日

在这481家企业基金会中，412家民营企业背景基金会的FTI2016均值为52.79分，中值52.00分。68家非民营企业背景的基金会的得分均值为56.59分，中值52.80分，表现要略好于民营企业背景的企业基金会。

表20　民营与非民营企业背景基金会FTI2016得分比较

基金会背景	个数	FTI2016得分均值	标准差	中值
非民营	68	56.59	21.91	52.80
民营	413	52.78	24.49	52.00
总计	481	53.31	24.16	52.00

资料来源：基金会中心网，中基透明指数FTI，截止时间：2016年4月25日

在这481家企业基金会中，民政部注册的38家基金会得分均值为69.91分，中值67.00分，远高于企业基金会的平均水平（53.31分）。相比之下，地方民政部门注册的443家基金会得分均值仅为51.89分。

表21　民政部与地方民政部门注册企业基金会FTI2016得分比较

登记部门	个数	FTI2016得分均值	标准差	中值
民政部	38	69.91	21.94	67.00
地方民政部门	443	51.89	23.83	52.00
总计	481	53.31	24.16	52.00

资料来源：基金会中心网，中基透明指数FTI，截止时间：2016年4月25日

这481家企业基金会来自全部31个省市，其中有105家所在地在广东，57家所在地为北京，江苏与浙江分别有51家与50家企业基金会。北京的企业基

金会得分表现总体优异，均值为73.84分，在各省市中排名全国第一。

表22 不同所在地企业基金会FTI2016得分比较

序号	所在地	个数	FTI2016得分均值	标准差	中值
1	北京	57	73.84	19.41	77.57
2	浙江	50	73.36	22.56	82.40
3	西藏	1	60.80	.	60.80
4	上海	20	59.13	14.24	57.60
5	新疆	2	58.74	2.74	58.74
6	福建	20	56.94	20.35	50.80
7	山东	12	56.00	7.07	54.40
8	四川	4	55.40	5.32	56.00
9	河北	14	53.93	6.72	53.20
10	山西	14	53.69	18.60	52.00
11	陕西	8	52.90	21.19	50.80
12	贵州	2	52.60	5.37	52.60
13	广西	8	52.04	5.92	49.94
14	辽宁	2	51.60	3.96	51.60
15	青海	1	49.60	.	49.60
16	天津	4	49.30	7.31	50.00
17	广东	103	48.88	26.90	49.60
18	江苏	51	46.34	16.51	49.60
19	吉林	11	46.07	15.46	52.00
20	湖北	8	45.48	14.24	50.00
21	河南	15	44.97	23.16	50.40
22	湖南	9	43.39	16.22	51.20
23	云南	7	42.69	36.50	55.20
24	黑龙江	5	40.96	20.72	49.60
25	内蒙古	13	40.78	17.90	49.60
26	安徽	10	40.62	18.81	48.80
27	重庆	3	38.76	25.29	52.00
28	宁夏	11	29.54	24.42	36.72
29	江西	8	24.59	22.77	20.34
30	海南	4	21.50	30.94	8.40
31	甘肃	4	18.86	21.17	14.40
总计		481	53.31	24.16	52.00

资料来源：基金会中心网，中基透明指数FTI，截止时间：2016年4月25日

第八节　新入榜单基金会情况比较

结论五：新入榜基金会透明度仍有待提高

2013年及之后成立的585家基金会为新入榜基金会，其FTI2016得分均值为44.47分，低于全部入榜基金会的得分均值（51.18分），反映出新入榜基金会的信息披露意识和水平亟待提升。

如下表所示，新入榜基金会的净资产、总资产、年度捐赠收入、公益事业支出、政府补助金额均远低于全部入榜基金会相应指标的均值。

表23　新入榜基金会与全部基金会FTI2016得分比较

	全部基金会		新入榜基金会	
	个数	均值	个数	均值
FTI2016年得分	3635	51.18	585	44.47
基本信息得分	3635	7.63	585	6.32
财务信息得分	3635	13.89	585	12.67
项目信息得分	3635	20.67	585	18.05
捐赠及内部建设得分	3635	9.00	585	7.43
净资产[9]（亿元）	3120	0.33	477	0.09
总资产（亿元）	3120	0.35	477	0.10
本年度捐赠收入（亿元）	3120	0.10	477	0.04
公益事业支出（亿元）	3120	0.10	477	0.03

注：虽然净资产、总资产、捐赠收入和政府补助收入的数据并不是每家基金会都有，但从个数上来看，有数据的基金会均占总量的80%以上，因此对已有数据进行分析可以在一定程度上代表该类基金会的情况。

资料来源：基金会中心网，中基透明指数FTI，截止时间：2016年4月25日

FTI2016新入榜基金会585家，得分均值为44.47分，最低值0分，最高值满分（北京宏信公益基金会、北京立德未来助学公益基金会、北京亿方公益基金会、广东省何享健慈善基金会、海南省残疾人基金会、上海洋泾社区公益

9　在585家新入榜基金会中，公布财务信息的基金会共477家，故本部分对新入榜基金会的财务数据分析时，只针对有财务数据的477家基金会分析，下同。

基金会、浙江省北京师范大学南湖附属学校教育基金会）；得分整体偏度为负值，说明多数基金会得分在均值44.47分以上；得分整体峰度为负值，说明新入榜基金会FTI得分分布较为分散。

表24　新入榜基金会FTI2016得分概览

	个数	最小值	最大值	均值
分数	585	0.00	100.00	44.47
	标准差	偏度	峰度	
	24.71	–0.17	–0.47	

资料来源：基金会中心网，中基透明指数FTI，截止时间：2016年4月25日

新入榜基金会中，公募基金会占108家，非公募基金会占477家。108家公募基金会的FTI得分均值43.85分，低于477家非公募基金会的均值44.62分，然而从中值上来看，公募基金会比非公募基金会的得分高1.6分，说明公募基金会中包含一些得分很低的基金会，拉低了公募基金会的FTI得分均值，但整体来看，公募基金会的透明度表现要更好。

表25　公募与非公募新入榜基金会FTI2016得分比较

基金会类型	个数	FTI2016得分均值	标准差	中值
公募	108	43.85	23.81	50.40
非公募	477	44.62	24.93	48.80
总计	585	44.47	24.71	48.80

资料来源：基金会中心网，中基透明指数FTI，截止时间：2016年4月25日

新入榜基金会个数为585个，占榜单全国基金会的16.09%，但其FTI2016得分均值仅为44.47分，为榜单全国基金会得分均值的86.89%，由于均值较低，其标准差也相应较小，中值也仅为榜单全国基金会得分中值的95.31%。

表26　新入榜基金会与全国基金会FTI2016得分比较

基金会背景	个数	FTI2016得分均值	标准差	中值
新入榜基金会	585	44.47	24.71	48.80
全国基金会	3635	51.18	25.16	51.20
占比	16.09%	86.89%	98.21%	95.31%

资料来源：基金会中心网，中基透明指数FTI，截止时间：2016年4月25日

新入榜基金会中，民政部注册的10家基金会得分均值为54.31分，而地方民政部门注册的575家基金会得分均值仅为44.30分。

表27 民政部与地方民政部门注册新入榜基金会FTI2016得分比较

登记部门	个数	FTI2016得分均值	标准差	中值
民政部	10	54.31	23.86	54.00
地方民政部门	575	44.30	24.71	48.80
总计	585	44.47	24.71	48.80

资料来源：基金会中心网，中基透明指数FTI，截止时间：2016年4月25日

在585家新入榜基金会中，只有578家公布了类别信息。其中，6家家族型、慈善会型基金会表现优秀；78家学校型基金会表现相对较好，得分均值略低于FTI2016榜单基金会的平均水平（51.18分）；5家社区型基金会的得分均值却仅有30.72分，中值也刚刚10分。各类基金会的透明度表现差异显著。

表28 不同类别新入榜基金会FTI2016得分比较

基金会类别	个数	FTI2016得分均值	标准差	中值
家族型	3	90.80	8.27	88.40
慈善会	3	60.03	26.35	60.00
学校型	78	49.36	25.81	48.80
独立型	309	44.74	24.20	48.80
企业型	73	43.70	23.46	48.00
系统型	107	40.73	23.17	48.80
社区型	5	30.72	41.89	10.00
总计	578	44.69	24.57	48.80

资料来源：基金会中心网，中基透明指数FTI，截止时间：2016年4月25日

585家新入榜基金会来自全国各地。单纯从数量上来看，北京和浙江的新入榜基金会不仅数量多，得分表现也较为优异，均值分别为65.26分和61.53分；而广东省虽然新入榜基金会100家，是数量最多的省份，但其新入榜基金会的透明度得分均值仅有32.58分，远低于新入榜基金会的平均水平（44.47分），也远低于FTI2016榜单基金会的平均水平（51.18分）。

表29 不同所在地新入榜基金会FTI2016得分比较

序号	所在地	个数	FTI2016得分均值	标准差	中值
1	北京	71	65.26	24.35	68.02
2	浙江	62	61.53	26.81	76.80
3	西藏	1	60.80	.	60.80
4	贵州	3	53.20	3.94	54.40
5	重庆	10	52.76	11.83	52.00
6	四川	22	52.69	11.12	52.00
7	河南	22	52.04	14.52	56.67
8	湖南	21	52.02	4.16	52.00
9	湖北	14	49.21	19.46	48.80
10	天津	2	48.80	5.66	48.80
11	上海	14	46.62	23.82	48.00
12	河北	14	46.27	14.88	48.80
13	福建	31	45.92	12.34	48.80
14	云南	14	45.40	15.47	50.40
15	安徽	21	44.07	17.40	48.80
16	广西	10	42.19	22.14	50.00
17	江苏	30	41.00	16.16	43.80
18	辽宁	5	39.12	21.64	48.00
19	山西	11	37.91	23.38	44.03
20	山东	14	37.33	21.95	45.97
21	内蒙古	13	33.98	20.05	45.32
22	广东	100	32.58	23.10	37.53
23	吉林	5	30.88	23.82	47.20
24	黑龙江	8	26.80	17.40	25.60
25	陕西	14	26.12	25.33	18.83
26	甘肃	13	25.09	26.02	24.60
27	江西	13	25.06	21.26	13.60
28	宁夏	9	24.85	22.05	22.40
29	新疆	1	22.40	.	22.40
30	青海	5	19.68	18.85	19.20
31	海南	12	11.33	28.37	1.20
总计		585	44.47	24.71	48.80

资料来源：基金会中心网，中基透明指数FTI，截止时间：2016年4月25日

第九节　基金会按规模分类比较

按照基金会的净资产数额，可以将所有基金会分为三类：大型基金会（净资产亿元人民币以上）、中型基金会（净资产千万元以上、亿元以下）、小型基金会（净资产千万元以下）。除此之外，还有515家基金会的资产状况不明，因此不在分析之列。

如下表所示，我国大型基金会共206家，数量比重为6.60%；净资产总额是651.39亿元，占所有基金会的净资产总额的63.19%；FTI2016均值69.07分，总体较高。

中型基金会共1056家，数量比重为33.85%；净资产总额是300.98亿，占所有基金会的净资产总额的29.20%；FTI2016均值为60.79分。

小型基金会共1858家，数量比重是59.55%；净资产总额是78.54亿，占所有基金会的净资产总额的7.62%；FTI2016均值为56.05分。

表30 不同规模基金会FTI2016得分比较

基金会规模	个数	FTI2016均值	标准差	中值
大型基金会	206	69.07	21.61	66.36
中型基金会	1056	60.79	18.83	56.80
小型基金会	1858	56.05	17.87	52.00
总计	3120	58.51	18.80	52.80

资料来源：基金会中心网，中基透明指数FTI，截止时间：2016年4月25日

由此可以看出，尽管大型基金会总数不多，但其资产规模非常巨大，其FTI2016均值比中小型基金会都高，说明我国基金会的净资产越大，其公开透明度也相应越高。

下表对大中小三类基金会的FTI2016均值情况进行了两两对比。由此可以看出，不同规模的基金会的FTI得分两两差异显著。

表31 不同规模基金会FTI2016得分交叉比较

两两对比		均值差	标准误	显著性
大型基金会	中型基金会	8.27519*	1.41	0.00
	小型基金会	13.01880*	1.36	0.00
中型基金会	大型基金会	–8.27519*	1.41	0.00
	小型基金会	4.74361*	0.71	0.00
小型基金会	大型基金会	–13.01880*	1.36	0.00
	中型基金会	–4.74361*	0.71	0.00
*. 均值差的显著性水平为 0.05。				

注：上表中均值差为两两对比的前面一个减后面一个所得的值；而*表示两者对比后，FTI均值差在统计学上很显著（在统计学上，显著性低于0.05，表示此处二者对比数值差异显著）。

资料来源：基金会中心网，中基透明指数FTI，截止时间：2016年4月25日

以下分别对大、中、小型基金会的FTI得分情况进行具体分析：

（一）大型基金会

FTI2016包含净资产在1亿元以上的大型基金会共206家，

（1）得分情况

大型基金会的FTI2016得分最小值19.20分，最大值满分，均值69.07分，高于榜单基金会平均分（51.18分）；大型基金会得分偏度0.10，说明多数大型基金会的得分在均值69.07之上；峰度为负，说明大型基金会的得分分布较为分散。

表32 大型基金会FTI2016得分概览

大型基金会	个数	最小值	最大值	均值
分数	206	19.20	100.00	69.07
	标准差	偏度	峰度	
	21.61	0.10	–0.95	

资料来源：基金会中心网，中基透明指数FTI，截止时间：2016年4月25日

（2）分类比较

在206家大型基金会中，非公募基金会105家，得分均值69.69分，中值68.00分；公募基金会101家，得分均值68.142分，中值65.33分，均略低于非公

募基金会。

表33 公募与非公募大型基金会FTI2016得分比较

基金会类型	个数	FTI2016得分均值	标准差	中值
公募	101	68.42	22.34	65.33
非公募	105	69.69	20.97	68.00
总计	206	69.07	21.61	66.36

资料来源：基金会中心网，中基透明指数FTI，截止时间：2016年4月25日

大型基金会个数为206家，占榜单全国基金会的比例为5.67%，但其FTI2016得分均值高达69.07分，为榜单全国基金会FTI2016得分均值的134.96%，中值为榜单全国基金会FTI2016得分中值的129.61%。

表34 大型基金会与全国基金会FTI2016得分比较

基金会背景	个数	FTI2016得分均值	标准差	中值
大型基金会	206	69.07	21.61	66.36
全国基金会	3635	51.18	25.16	51.20
占比	5.67%	134.96%	85.89%	129.61%

资料来源：基金会中心网，中基透明指数FTI，截止时间：2016年4月25日

在这206家大型基金会中，在民政部注册的基金会共65家，得分均值81.09分，中值84.80分，表现优异；而地方民政部门注册的141家基金会得分均值63.52分，中值59.20，远逊于民政部注册的基金会。

表35 民政部与地方民政部门注册大型基金会FTI2016得分比较

登记部门	个数	FTI2016得分均值	标准差	中值
民政部	65	81.09	18.83	84.80
地方民政部门	141	63.52	20.58	59.20
总计	206	69.07	21.61	66.36

资料来源：基金会中心网，中基透明指数FTI，截止时间：2016年4月25日

从这206家大型基金会的所在地来看，北京处于领跑地位，共有59家大型基金会，且FTI2016平均分超过80分，中值达85.60分；江苏省有36家大型基金会，但得分均值仅为62.86分，中值为59.60分，表现均弱于大型基金会的整体

水平。

表36 不同所在地大型基金会FTI2016得分比较

序号	所在地	个数	FTI2016得分均值	标准差	中值
1	浙江	8	91.75	9.87	94.20
2	山东	2	81.60	26.02	81.60
3	北京	59	80.93	18.80	85.60
4	云南	4	79.50	24.35	83.00
5	湖南	4	74.80	20.95	75.20
6	重庆	1	70.40	.	70.40
7	吉林	1	68.00	.	68.00
8	陕西	5	67.20	29.88	66.80
9	湖北	5	65.28	20.16	67.23
10	四川	4	64.78	8.18	64.77
11	天津	2	63.68	51.36	63.68
12	江苏	36	62.86	23.54	59.60
13	上海	24	62.53	14.07	59.37
14	广西	1	62.40	.	62.40
15	内蒙古	4	61.80	25.47	49.20
16	广东	25	60.63	23.45	55.03
17	黑龙江	2	58.00	15.27	58.00
18	福建	11	56.51	10.52	52.80
19	贵州	4	56.00	6.46	55.40
20	江西	1	54.40	.	54.40
21	安徽	3	48.65	5.71	49.96
总计		206	69.07	21.61	66.36

资料来源：基金会中心网，中基透明指数FTI，截止时间：2016年4月25日

在这206家大型基金会中，社区型1家，FTI2016得分为满分；6家家族型基金会、48家独立型基金会、56家学校型基金会的得分均值分别为76.60分、70.61分和70.00分，高于其余类型基金会的透明度水平；企业型、慈善会型、系统型的基金会数量众多，但得分均值和中值均不及大型基金会的平均水平。

表37 不同类别大型基金会FTI2016得分比较

基金会类别	个数	FTI2016得分均值	标准差	中值
社区型	1	100.00	.	100.00
家族型	6	76.60	26.39	82.20
独立型	48	70.61	22.12	70.00
学校型	56	70.00	19.58	68.80
企业型	22	68.99	19.32	60.00
慈善会	4	68.40	23.93	63.20
系统型	69	66.20	23.20	63.20
总计	206	69.07	21.61	66.36

资料来源：基金会中心网，中基透明指数FTI，截止时间：2016年4月25日

（二）中型基金会

FTI2016包含净资产在1千万元-1亿元的中型基金会共1056家。

（1）得分情况

1056家中型基金会得分最小值21.60分，最大值满分，均值60.79分，高于榜单基金会平均分(51.18分)；中型基金会得分偏度0.47，说明多数中型基金会的得分在均值60.79分之上；峰度为负，说明中型基金会的得分分布较为平均。

表38 中型基金会FTI2016得分概览

中型基金会	个数	最小值	最大值	均值
分数	1056	21.60	100.00	60.79
	标准差	偏度	峰度	
	18.83	0.47	–0.26	

资料来源：基金会中心网，中基透明指数FTI，截止时间：2016年4月25日

（2）分类比较

在1056家中型基金会中，非公募基金会473家，得分均值61.86分，中值56.86分；公募基金会583家，得分均值59.93分，中值56.40分，均低于非公募基金会。

表39 公募与非公募中型基金会FTI2016得分比较

基金会类型	个数	FTI2016得分均值	标准差	中值
公募	583	59.93	18.99	56.40
非公募	473	61.86	18.59	56.86
总计	1056	60.79	18.83	56.80

资料来源：基金会中心网，中基透明指数FTI，截止时间：2016年4月25日

中型基金会个数为1056家，占榜单全国基金会的比例为29.05%，但其FTI2016得分均值高达60.79分，为榜单全国基金会FTI2016得分均值的118.78%，中值为榜单全国基金会FTI2016得分中值的110.94%。

表40 中型基金会与全国基金会FTI2016得分比较

基金会背景	个数	FTI2016得分均值	标准差	中值
中型基金会	1056	60.79	18.83	56.80
全国基金会	3635	51.18	25.16	51.20
占比	29.05%	118.78%	74.84%	110.94%

资料来源：基金会中心网，中基透明指数FTI，截止时间：2016年4月25日

1056家中型基金会中，在民政部注册的基金会共106家，得分均值70.93分，中值67.45分，表现较为优异；而地方民政部门注册的950家基金会得分均值59.66分，中值54.40，表现不及民政部注册的基金会，但仍超过榜单全部基金会的平均水平（51.18分）。

表41 民政部与地方民政部门注册中型基金会FTI2016得分比较

登记部门	个数	FTI2016得分均值	标准差	中值
民政部	106	70.93	18.65	67.45
地方民政部门	950	59.66	18.52	54.40
总计	1056	60.79	18.83	56.80

资料来源：基金会中心网，中基透明指数FTI，截止时间：2016年4月25日

从中型基金会的所在地来看，海南、浙江省、重庆市和北京市四地的中型基金会透明度得分均值与中值都在70分以上，总体表现较好。而拥有中型基金会数量最多（177家）的江苏省，其透明度均值仅有45.18分，低于榜单全部基金会的平均水平（51.18分）。

表42 不同所在地中型基金会FTI2016得分比较

序号	所在地	个数	FTI2016得分均值	标准差	中值
1	海南	4	81.20	25.01	88.80
2	浙江	100	79.09	13.72	82.80
3	重庆	12	75.08	21.94	76.60
4	北京	159	74.31	17.98	77.20
5	青海	3	69.36	31.12	70.31
6	河北	13	66.05	20.07	56.97
7	新疆	5	64.32	23.25	50.40
8	湖北	21	63.04	14.71	52.80
9	四川	36	62.54	16.30	55.97
10	上海	61	61.79	16.84	59.60
11	山西	18	61.47	17.28	58.80
12	广西	14	61.11	14.17	60.40
13	河南	22	59.55	11.71	56.20
14	湖南	73	59.47	14.13	56.80
15	云南	11	59.25	10.31	53.60
16	黑龙江	13	58.43	14.55	52.00
17	陕西	16	58.39	18.38	53.80
18	广东	94	58.17	19.55	52.00
19	江西	5	56.65	27.03	51.20
20	安徽	15	56.10	7.69	52.00
21	贵州	9	56.09	7.60	59.20
22	宁夏	11	55.90	9.71	52.80
23	福建	46	55.87	12.45	50.80
24	西藏	3	55.07	8.45	50.80
25	辽宁	26	54.96	11.52	50.40
26	天津	17	54.22	10.71	52.80
27	山东	32	54.22	14.20	50.00
28	甘肃	7	53.78	20.37	42.59
29	内蒙古	15	51.73	9.99	50.40
30	吉林	18	48.38	11.43	51.60
31	江苏	177	45.18	14.59	48.80
总计		1056	60.79	18.83	56.80

资料来源：基金会中心网，中基透明指数FTI，截止时间：2016年4月25日

从中型基金会的类别来看，独立型、企业型、家族型和学校型中型基金会的透明度得分均值都在60分以上，而慈善会型中型基金会的得分均值不及榜单基金会得分的平均水平（51.18分）。

表43　不同类别中型基金会FTI2016得分比较

基金会类别	个数	FTI2016得分均值	标准差	中值
独立型	271	65.58	19.65	60.80
企业型	104	64.90	17.89	58.37
家族型	14	63.59	20.61	57.60
学校型	162	60.41	17.79	58.35
社区型	5	58.96	13.53	52.80
系统型	466	58.09	18.26	52.80
慈善会	34	48.07	15.09	48.80
总计	1056	60.79	18.83	56.80

资料来源：基金会中心网，中基透明指数FTI，截止时间：2016年4月25日

（三）小型基金会

FTI2016包含净资产在1千万元以下的小型基金会共1858家，占据了榜单的半壁江山。

（1）得分情况

小型基金会的FTI2016得分最小值13.60分，最大值满分，均值56.05分，高于榜单基金会的平均分；小型基金会得分偏度0.48，说明多数小型基金会的得分在均值56.05分之上；峰度为正，说明小型基金会的得分分布较为集中。

表44　小型基金会FTI2016得分概览

	个数	最小值	最大值	均值
分数	1858	13.60	100.00	56.05
	标准差	偏度	峰度	
	17.87	0.48	0.05	

资料来源：基金会中心网，中基透明指数FTI，截止时间：2016年4月25日

（2）分类比较：

在小型基金会中，非公募基金会1306家，得分均值57.06分，中值52.00分，公募基金会552家，得分均值53.64分，低于非公募基金会，中值51.40分，仍低于非公募基金会。

表45 公募与非公募小型基金会FTI2016得分比较

基金会类型	个数	FTI2016得分均值	标准差	中值
公募	552	53.64	17.84	51.40
非公募	1306	57.06	17.80	52.00
总计	1858	56.05	17.87	52.00

资料来源：基金会中心网，中基透明指数FTI，截止时间：2016年4月25日

小型基金会个数为1858家，占榜单全国基金会的比例为51.11%，但其FTI2016得分均值为56.05分，为榜单全国基金会FTI2016得分均值的109.52%，中值为榜单全国基金会FTI2016得分中值的101.56%。

表46 小型基金会与全国基金会FTI2016得分比较

基金会背景	个数	FTI2016得分均值	标准差	中值
小型基金会	1858	56.05	17.87	52.00
全国基金会	3635	51.18	25.16	51.20
占比	51.11%	109.52%	71.03%	101.56%

资料来源：基金会中心网，中基透明指数FTI，截止时间：2016年4月25日

在1858家小型基金会中，在民政部注册的基金会共15家，得分均值57.25分，中值57.60分，表现较为优异；而地方民政部门注册的1843家基金会，得分均值56.04分，中值52.00，表现不及民政部注册的基金会，但仍略超榜单全部基金会的平均水平。

表47 民政部与地方民政部门注册小型基金会FTI2016得分比较

登记部门	个数	FTI2016得分均值	标准差	中值
民政部	15	57.25	15.95	57.60
地方民政部门	1843	56.04	17.89	52.00
总计	1858	56.05	17.87	52.00

资料来源：基金会中心网，中基透明指数FTI，截止时间：2016年4月25日

从小型基金会的所在地来看，浙江共有198家小型基金会，其得分均值74.40分（各省市最高）、中值80.60分；北京市共注册201家小型基金会，其得分均值73.65分、中值83.60分，表现也远优于其他省份；而小型基金会分布最广（203家）的江苏省，其得分均值仅为44.75分，低于榜单全部基金会的平均水平。

表48 不同所在地小型基金会FTI2016得分比较

序号	所在地	个数	FTI2016得分均值	标准差	中值
1	浙江	198	74.40	15.57	80.60
2	北京	201	73.65	20.06	83.60
3	重庆	32	57.70	13.21	52.80
4	河南	68	56.60	11.44	56.67
5	上海	66	56.03	15.44	56.02
6	四川	70	55.80	13.30	52.80
7	湖北	50	55.00	14.60	52.00
8	山西	30	54.64	14.89	52.00
9	贵州	19	54.28	18.44	52.80
10	天津	33	54.24	12.07	52.00
11	广西	23	54.13	11.57	52.00
12	陕西	35	53.20	16.96	52.00
13	河北	35	53.18	8.78	52.57
14	福建	100	53.08	10.36	50.40
15	广东	195	52.72	18.76	49.60
16	湖南	88	51.88	9.61	52.00
17	吉林	32	51.79	10.09	52.00
18	新疆	17	51.76	18.12	49.60
19	云南	40	51.67	13.66	52.00
20	辽宁	46	50.94	6.76	49.20
21	江西	13	49.48	18.82	48.80
22	安徽	48	49.40	14.57	48.80
23	宁夏	29	48.47	13.93	49.60
24	山东	48	48.03	10.44	49.60
25	黑龙江	37	47.85	14.08	50.40
26	内蒙古	62	46.82	10.85	48.80
27	西藏	5	45.16	15.51	48.80

续表

序号	所在地	个数	FTI2016得分均值	标准差	中值
28	江苏	203	44.75	13.92	48.80
29	海南	4	41.44	21.04	39.87
30	甘肃	16	37.63	10.63	35.35
31	青海	15	36.52	11.95	39.14
总计		1858	56.05	17.87	52.00

资料来源：基金会中心网，中基透明指数FTI，截止时间：2016年4月25日

小型基金会中，有1851家具有类别信息，从小型基金会的类别来看，独立型、企业型小型基金会的得分均值较高，排名前两位，而慈善会小型基金会的得分均值较低，仅为49.54分，远低于小型基金会的平均透明度水平，也不及榜单全部基金会透明度得分的平均水平。

表49 不同类别小型基金会FTI2016得分比较

基金会类别	个数	FTI2016得分均值	标准差	中值
独立型	768	57.89	18.89	52.00
企业型	294	57.53	17.11	52.80
家族型	31	55.84	16.20	52.80
社区型	21	55.43	20.89	49.60
学校型	260	55.37	16.95	51.60
系统型	461	52.79	16.71	50.40
慈善会	16	49.54	14.01	48.80
总计	1851	56.08	17.87	52.00

资料来源：基金会中心网，中基透明指数FTI，截止时间：2016年4月25日

第五章
FTI2016榜单TOP100基金会分析

根据责权对等的原则，公益基金会的规模越大、资源越多，就承担着更大的公开透明责任。本章对各类TOP100基金会的透明状况进行比较分析，全面展示这些“排头兵”的透明状况。

第一节　净资产TOP100基金会的总体状况

结论六：净资产TOP100基金会透明度表现差异显著

（1）净资产TOP100基金会概况

净资产TOP100基金会个数为100个，占榜单全国基金会的比例为2.75%，但其FTI2016得分均值为73.13分，为榜单全国基金会FTI2016得分均值的142.89%，中值为榜单全国基金会FTI2016得分中值的137.50%。

表1　净资产TOP100基金会FTI2016得分概览

基金会背景	个数	FTI2016得分均值	标准差	中值
净资产TOP100基金会	100	73.13	21.55	70.40
全国基金会	3635	51.18	25.16	51.20
占比	2.75%	142.89%	85.65%	137.50%

资料来源：基金会中心网，中基透明指数FTI，截止时间：2016年4月25日

在净资产TOP100基金会中，公募类基金会的FTI2016得分均值为73.60分，非公募类基金会得分均值为72.72分，经统计检验，该二者之间不存在明显的差距。

表2　净资产TOP100中公募与非公募基金会FTI2016得分比较

基金会类型	个数	FTI2016得分均值	标准差	中值
公募	47	73.60	23.42	68.40
非公募	53	72.72	19.96	71.36
总计	100	73.13	21.55	70.40

资料来源：基金会中心网，中基透明指数FTI，截止时间：2016年4月25日

从所在地来看，净资产TOP100基金会分布于16个省市，且大部分分布于北京、上海、江苏、广东这四个省市。其中，北京市的净资产TOP100基金会有34家，得分均值在80分以上，中值达到了94.60分，极为优秀。江苏省与上海市共有35家净资产TOP100基金会，其得分均值低于净资产TOP100基金会的平均水平（73.13分）。

表3　净资产TOP100基金会中不同所在地FTI2016得分比较

所在地	个数	FTI2016得分均值	标准差	中值
浙江省	1	100.00	.	100.00
北京市	34	86.03	17.46	94.60
陕西省	3	81.20	25.02	90.80
湖南省	1	76.80	.	76.80
内蒙古	2	74.80	35.64	74.80
江苏省	19	71.58	21.79	72.00
吉林省	1	68.00	.	68.00
广东	10	66.50	26.39	62.72
上海市	16	64.17	15.89	60.81
四川省	1	58.73	.	58.73
福建省	7	58.36	9.78	58.00
江西省	1	54.40	.	54.40
安徽省	1	53.60	.	53.60
贵州	1	48.80	.	48.80
黑龙江	1	47.20	.	47.20
天津市	1	27.36	.	27.36
总计	100	73.13	21.55	70.40

资料来源：基金会中心网，中基透明指数FTI，截止时间：2016年4月25日

（2）净资产TOP100基金会分项得分及排名情况

如下表所示，净资产TOP100基金会的FTI2016均值为73.13分，分布接近正态分布，在均值以上及以下的基金会数量基本相当，数据分布较为分散；基本信息均值为10.64分，且其中半数以上得分高于10.64分，得分分布较为分散；财务信息得分均值为18.97分，分布接近正态分布，在均值以上及以下的基金会数量基本相当，数据分布较为分散；项目信息均值为27.86分，且其中半数以上得分低于27.86分，得分分布较为集中；捐赠及内部建设得分均值15.66分，在均值以上及以下的基金会数量基本相当，数据分布较为分散。

表4 净资产TOP100基金会FTI2016各分项得分分布

	个数	极小值	极大值	均值	标准差	偏度	峰度
FTI2016年得分	100	24.99	100.00	73.13	21.55	–0.08	–1.15
基本信息得分	100	5.60	13.20	10.64	2.62	–0.79	–0.79
财务信息得分	100	12.80	24.00	18.97	4.99	–0.11	–1.84
项目信息得分	100	0.00	39.20	27.86	10.57	–0.86	0.37
捐赠及内部建设得分	100	1.60	23.60	15.66	6.65	–0.21	–1.23

资料来源：基金会中心网，中基透明指数FTI，截止时间：2016年4月25日

净资产TOP100基金会的整体排名分布情况如下[10]，其中处于FTI2016总榜单前十名（包括并列）的基金会共30家，前一百名的基金会共40家，前二百名的基金会共62家，说明净资产TOP100基金会的整体排名情况较为乐观。

10 本次FTI2016完整榜单详见附件，排名最大值为768。

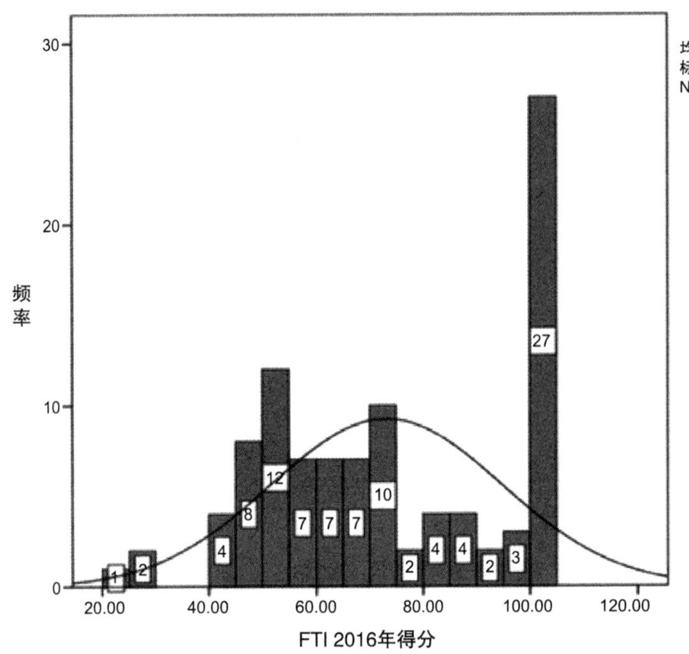

图1 净资产TOP100基金会FTI2016得分分布

资料来源：基金会中心网，中基透明指数FTI，截止时间：2016年4月25日

需要指出的是，在净资产TOP100基金会中，依然存在排名在300名之后的基金会，详细名单如下：

表5 净资产TOP100基金会FTI2016全国排名（300名之后）

序号	基金会名称	成立时间	注册地	排名	FTI2016得分	净资产（亿元）
1	南京金陵文化保护发展基金会	2010/12/08	江苏	710	24.99	10.33
2	广州市番禺区教育基金会	1993/05/18	广东	692	26.85	2.52
3	天津市华夏未来文化艺术基金会	1993/04/26	天津	688	27.36	2.83
4	深圳大运留学基金会	2011/07/19	广东	537	42.00	2.06
5	上海工商界爱国建设特种基金会	1993/01/08	上海	527	42.46	2.08
6	泰州市见义勇为基金会	2002/07/20	江苏	501	43.80	1.80
7	中国宋庆龄基金会	1982/05/29	北京	486	44.32	3.23
8	福建省黄仲咸教育基金会	2004/09/28	福建	460	45.60	2.02
9	广东省华南理工大学教育发展基金会	2007/10/16	广东	427	47.16	1.98
10	哈尔滨市道里区慈善基金会	2000/12/21	黑龙江	425	47.20	2.27

续表

序号	基金会名称	成立时间	注册地	排名	FTI2016得分	净资产（亿元）
11	中国公安民警英烈基金会	2003/01/07	北京	415	47.69	2.03
12	紫金矿业慈善基金会	2012/09/04	福建	397	48.80	2.23
13	贵州省信合公益基金会	2013/05/30	贵州	397	48.80	2.18
14	乌兰夫基金会	1991/08/21	内蒙古	383	49.60	1.97
15	无锡公安大病特困救助基金会	2009/11/06	江苏	383	49.60	1.96
16	上海市老年基金会	1992/11/28	上海	365	51.15	3.79
17	广东省雁洋公益基金会	2013/04/26	广东	345	52.80	2.81
18	上海民生艺术基金会	2010/09/21	上海	345	52.80	8.13
19	福建富闽基金会	1993/11/08	福建	345	52.80	2.18
20	徐州市慈善基金会	2008/10/31	江苏	345	52.80	2.11
21	陕西省府谷县城乡居民大病医疗救助基金会	2010/07/27	陕西	345	52.80	2.00
22	北京航空航天大学教育基金会	2005/05/17	北京	340	53.18	4.95
23	南京林业大学教育发展基金会	2008/07/10	江苏	336	53.60	1.95
24	中国科学技术大学教育基金会	1996/07/08	安徽	336	53.60	2.39
25	上海市拥军优属基金会	1995/04/07	上海	336	53.60	6.83
26	上海同济大学教育发展基金会	2006/03/26	上海	331	54.05	1.80
27	江西省农村信用社百福慈善基金会	2011/06/21	江西	328	54.40	2.02
28	广州市教育基金会	1989/01/12	广东	315	55.03	1.84
29	上海交通大学教育发展基金会	2005/01/27	上海	310	55.37	8.09

资料来源：基金会中心网，中基透明指数FTI，截止时间：2016年4月25日

（3）净资产TOP100基金会资产情况

净资产TOP100基金会净资产最小值1.74亿，最大值43.89亿，均值5.17亿，半数以上基金会的净资产低于该均值，且净资产分布非常集中。根据计算，净资产由大到小前20家基金会的净资产占到净资产TOP100基金会净资产总额的56.05%。

净资产TOP100基金会总资产最小值1.74亿，最大值44.00亿，均值5.49亿，半数以上基金会的总资产低于该均值，总资产的分布也非常集中。根据计算，总资产由大到小前20家基金会的总资产占到净资产TOP100基金会总资产总额的57.83%。

表6　净资产TOP100基金会资产概览

	最小值	最大值	均值	标准差	偏度	峰度
净资产	1.74亿	43.89亿	5.17亿	6.72亿	3.79	15.92
总资产	1.74亿	44.00亿	5.49亿	7.27亿	3.47	12.86

资料来源：基金会中心网，中基透明指数FTI，截止时间：2016年4月25日

（4）净资产TOP100基金会捐赠收入情况

净资产TOP100基金会的捐赠收入最小值为0，最大值为21.31亿，均值为1.51亿，捐赠收入在均值1.51亿以下的基金会多于半数，且捐赠收入十分集中。根据计算，捐赠收入由大到小前20家基金会的捐赠收入，占净资产TOP100基金会捐赠收入总额的72.45%。

表7　净资产TOP100基金会捐赠收入概览

	个数	最小值	最大值	均值
捐赠收入金额	100	0	21.31亿	1.51亿
	标准差	偏度	峰度	
	2.91亿	4.51	25.22	

资料来源：基金会中心网，中基透明指数FTI，截止时间：2016年4月25日

（5）净资产TOP100基金会公益支出情况

净资产TOP100基金会公益事业支出的最小值为36万，最大值为19.11亿，均值为1.38亿，公益事业支出在均值1.38亿以下的基金会多于半数，且公益事业支出极为集中。根据计算，公益事业支出由大到小前20家基金会的公益事业支出，占净资产TOP100基金会公益支出总额的71.72%。

表8 净资产TOP100基金会公益支出概览

	个数	最小值	最大值	均值
公益事业支出金额	100	36万	19.11亿	1.38亿
	标准差	偏度	峰度	
	2.56亿	4.36	24.55	

资料来源：基金会中心网，中基透明指数FTI，截止时间：2016年4月25日

（6）净资产TOP100基金会类别

净资产TOP100榜单中，系统型、学校型、独立型基金会占据基金会数量

前三的位置；从各类基金会的透明度来看，慈善会、企业型、家族型和独立型基金会的透明度低于净资产TOP100得分均值。

表9　不同类别净资产TOP100基金会FTI2016得分比较

基金会类别	个数	FTI2016得分均值	标准差	中值
社区型	1	100.00	.	100.00
学校型	27	74.61	16.90	71.36
系统型	29	73.85	23.17	65.60
独立型	26	72.71	24.22	71.80
家族型	3	70.00	27.63	64.40
企业型	11	68.81	21.15	58.00
慈善会	3	66.67	29.00	52.80
总计	100	73.13	21.55	70.40

资料来源：基金会中心网，中基透明指数FTI，截止时间：2016年4月25日

第二节　捐赠收入TOP100基金会的总体状况

结论七：公众捐赠偏爱透明度高的基金会

（1）捐赠收入TOP100基金会概况

捐赠收入TOP100基金会个数为100个，占榜单全国基金会的比例为2.75%，但其FTI2016得分均值为74.42分，为榜单全国基金会FTI2016得分均值的145.41%，中值为榜单全国基金会FTI2016得分中值的138.44%。

表10　捐赠收入TOP100基金会FTI2016得分概览

基金会背景	个数	FTI2016得分均值	标准差	中值
捐赠收入TOP100基金会	100	74.42	21.62	70.88
全国基金会	3635	51.18	25.16	51.20
占比	2.75%	145.41%	85.93%	138.44%

资料来源：基金会中心网，中基透明指数FTI，截止时间：2016年4月25日

从捐赠收入TOP100基金会的公募与非公募类型FTI2016得分情况来看，公募类基金会得分均值为77.61分，非公募类基金会得分均值为70.68分，经统计检验，该二者之间不存在明显的差距。

表11 公募与非公募捐赠收入TOP100基金会FTI2016得分比较

基金会类型	个数	FTI 2016均值	标准差	中值
公募	54	77.61	22.46	78.20
非公募	46	70.68	20.21	68.80
总计	100	74.42	21.62	70.88

资料来源：基金会中心网，中基透明指数FTI，截止时间：2016年4月25日

从捐赠收入TOP100基金会的所在地来看，分布于20个省市，且大部分分布于北京、江苏、广东这三个省市，天津市、浙江省、陕西省与北京市的基金会表现极为优异，均值和中值都在80分以上，而江苏的捐赠收入TOP100基金会透明度，则要低于捐赠收入TOP100基金会透明度均值12.85分。

表12 不同所在地捐赠收入TOP100基金会FTI2016得分比较

所在地	个数	FTI2016得分均值	标准差	中值
天津市	1	100.00	.	100.00
浙江省	2	100.00	0.00	100.00
陕西省	1	90.80	.	90.80
北京市	42	82.78	17.94	86.15
云南省	2	79.40	29.13	79.40
广东	10	76.92	25.67	85.20
内蒙古	2	74.80	35.64	74.80
黑龙江	1	68.80	.	68.80
湖南省	2	68.60	11.60	68.60
吉林省	1	68.00	.	68.00
上海市	8	67.91	20.65	57.65
宁夏	1	67.62	.	67.62
辽宁省	1	63.20	.	63.20
山东省	1	63.20	.	63.20
江苏省	12	61.57	29.11	53.92
河南省	3	60.44	2.57	60.00
湖北省	2	60.32	21.04	60.32
贵州	3	57.60	3.94	56.40
福建省	4	55.50	8.46	53.40
安徽省	1	49.96	.	49.96
总计	100	74.42	21.62	70.88

资料来源：基金会中心网，中基透明指数FTI，截止时间：2016年4月25日

（2）捐赠收入TOP100基金会得分及排名情况

捐赠收入TOP100基金会的FTI2016均值为74.42分，高于均值与低于均值的基金会个数基本相当，得分分布较为分散；基本信息均值为10.81分，且其中半数以上得分高于10.81分，得分分布较为分散；财务信息得分均值为18.56分，分布接近正态分布，高于均值与低于均值的基金会个数基本相当，数据分布较为分散；项目信息均值为29.04分，且其中半数以上得分低于29.04分，得分分布较为集中；捐赠及内部建设得分均值16.00分，且其中得分不低于16.00分的基金会稍多于50家，得分分布较为分散。

表13 捐赠收入TOP100基金会FTI2016各分项得分

	个数	最小值	最大值	均值	标准差	偏度	峰度
FTI2016年得分	100	22.45	100.00	74.42	21.62	–0.18	–1.12
基本信息得分	100	4.80	13.20	10.81	2.60	–0.92	–0.56
财务信息得分	100	12.80	24.00	18.56	5.27	0.00	–1.93
项目信息得分	100	0.05	39.20	29.04	9.69	–0.85	0.66
捐赠及内部建设得分	100	4.00	23.60	16.00	6.54	–0.24	–1.23

资料来源：基金会中心网，中基透明指数FTI，截止时间：2016年4月25日

捐赠收入TOP100基金会的整体排名分布情况如下，其中处于FTI2016总榜单前十名（包括并列）的基金会共32家，前一百名的基金会共43家，前二百名的基金会共60家，说明捐赠收入TOP100基金会的整体透明度表现较好。

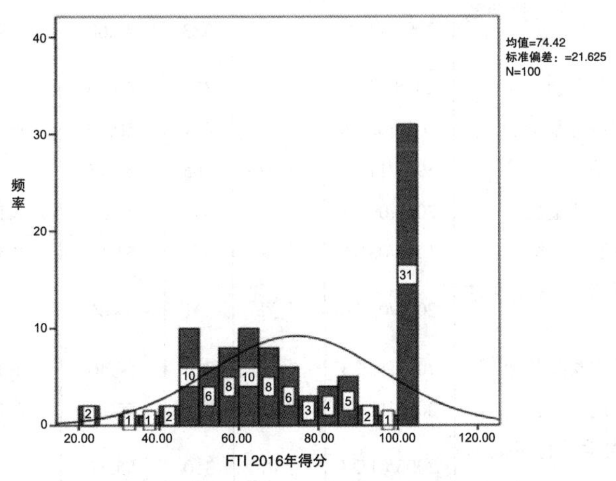

图2 捐赠收入TOP100基金会FTI2016得分分布

资料来源：基金会中心网，中基透明指数FTI，截止时间：2016年4月25日

然而，在捐赠收入TOP100基金会中，依然存在排名在300名之后的基金会，详细名单如下：

表14 捐赠收入TOP100基金会FTI2016全国排名（300名之后）

单位：亿元

序号	基金会名称	成立时间	注册地	排名	FTI2016得分	净资产（亿元）	捐赠收入（亿元）
1	姜堰市教育发展基金会	2012/08/24	江苏	722	22.45	0.20	0.74
2	南京金陵文化保护发展基金会	2010/12/08	江苏	710	24.99	10.33	3.00
3	张家港市慈善基金会	2008/07/15	江苏	642	32.95	0.76	0.56
4	深圳市同心慈善基金会	2013/11/21	广东	582	38.41	0.37	0.65
5	南京中医药大学教育发展基金会	2006/07/05	江苏	489	44.21	1.66	0.62
6	中国宋庆龄基金会	1982/05/29	北京	486	44.32	3.23	1.86
7	湖北省扶贫基金会	1994/06/13	湖北	464	45.44	1.08	0.65
8	中华艺文基金会	2013/06/25	北京	428	47.12	1.34	0.65
9	广东省国强公益基金会	2013/10/14	广东	397	48.80	1.56	1.87
10	厦门仁爱医疗基金会	2013/12/25	福建	397	48.80	0.18	1.39
11	紫金矿业慈善基金会	2012/09/04	福建	397	48.80	2.23	0.61
12	北京民生文化艺术基金会	2010/06/22	北京	383	49.60	0.40	1.89
13	乌兰夫基金会	1991/08/21	内蒙古	383	49.60	1.97	1.04
14	苏州市吴江区慈善基金会	2008/07/15	江苏	383	49.60	0.71	0.73
15	无锡公安大病特困救助基金会	2009/11/06	江苏	383	49.60	1.96	0.66
16	安徽省人口基金会	2008/12/30	安徽	378	49.96	1.38	0.92
17	广东省德耆慈善基金会	2012/08/06	广东	371	50.40	0.49	0.55
18	上海市老年基金会	1992/11/28	上海	365	51.15	3.79	0.73
19	上海民生艺术基金会	2010/09/21	上海	345	52.80	8.13	1.17
20	中国人权发展基金会	1994/08/15	北京	341	53.17	0.53	0.78
21	上海同济大学教育发展基金会	2006/03/26	上海	331	54.05	1.80	0.80
22	贵州省孔学堂发展基金会	2013/12/23	贵州	328	54.40	1.01	0.96
23	中国健康促进基金会	2006/12/18	北京	312	55.25	0.77	0.76
24	上海交通大学教育发展基金会	2005/01/27	上海	310	55.37	8.09	1.57

资料来源：基金会中心网，中基透明指数FTI，截止时间：2016年4月25日

（3）捐赠收入TOP100基金会捐赠收入情况

在捐赠收入TOP100基金会，捐赠收入最小值为0.54亿，最大值为21.31亿，均值为1.92亿，捐赠收入在均值1.92亿以下的基金会多于半数，且捐赠收入分布十分集中。根据计算，捐赠收入前20家基金会的捐赠收入，占这一百家基金会捐赠收入总额的57.67%。

表15　捐赠收入TOP100基金会捐赠收入概览

	个数	最小值	最大值	均值
捐赠收入金额	100	0.54亿	21.31亿	1.92亿
	标准差	偏度	峰度	
	2.77亿	4.82	28.24	

资料来源：基金会中心网，中基透明指数FTI，截止时间：2016年4月25日

（4）捐赠收入TOP100基金会资产情况

捐赠收入TOP100基金会净资产最小值0.05亿，最大值43.89亿，均值3.68亿，半数以上基金会的净资产低于该均值，且净资产分布非常集中。根据计算，其中净资产前20家基金会的净资产占到捐赠收入TOP100基金会净资产总额的64.48%。

捐赠收入TOP100基金会总资产最小值0.05亿，最大值44.00亿，均值3.88亿，半数以上基金会的总资产低于该均值，总资产的分布也非常集中。根据计算，总资产前20家基金会的总资产，占到捐赠收入TOP100基金会总资产总额的65.26%。

表16　捐赠收入TOP100基金会资产概览

	极小值	极大值	均值	标准差	偏度	峰度
净资产	0.05亿	43.89亿	3.68亿	6.20亿	4.49	23.80
总资产	0.05亿	44.00亿	3.88亿	6.47亿	4.14	20.08

资料来源：基金会中心网，中基透明指数FTI，截止时间：2016年4月25日

（5）捐赠收入TOP100基金会公益支出情况

捐赠收入TOP100基金会，公益事业支出的最小值为0，最大值为23.50亿，均值为1.76亿，公益事业支出在均值1.76亿以上的基金会少于半数，且公

益事业支出极为集中，根据计算，其中公益事业支出前20家基金会的公益事业支出，占捐赠收入TOP100基金会公益支出总额的66.21%。

表17 捐赠收入TOP100基金会公益支出概览

	个数	最小值	最大值	均值
公益事业支出金额	100	0	23.50亿	1.76亿
	标准差	偏度	峰度	
	3.26亿	4.89	27.59	

资料来源：基金会中心网，中基透明指数FTI，截止时间：2016年4月25日

（6）捐赠收入TOP100基金会类别

在捐赠收入TOP100基金会中，系统型、独立型和学校型基金会的数量居前三。从各类基金会的透明度来看，慈善会、独立型和学校型基金会的透明度低于捐赠收入TOP100基金会的均值。

表18 不同类别捐赠收入TOP100基金会FTI2016得分比较

基金会类别	个数	FTI2016得分均值	标准差	中值
家族型	3	89.21	18.69	100.00
企业型	8	76.31	19.95	80.40
系统型	32	76.03	22.61	74.20
学校型	22	73.90	15.92	70.20
独立型	31	72.89	24.28	68.40
慈善会	4	61.44	28.53	56.40
总计	100	74.42	21.62	70.88

资料来源：基金会中心网，中基透明指数FTI，截止时间：2016年4月25日

第三节　公益支出TOP100基金会的总体状况

结论八：公益支出TOP100基金会透明度表现优异

（1）公益支出TOP100基金会概况

公益支出TOP100基金会个数为100个，占榜单全国基金会的比例为2.75%，但其FTI2016得分均值为75.95分，为榜单全国基金会FTI2016得分均值的148.40%，

中值为榜单全国基金会FTI2016得分中值的141.41%。

表19　公益支出TOP100基金会FTI2016得分概览

基金会背景	个数	FTI2016得分均值	标准差	中值
公益支出TOP100基金会	100	75.95	21.12	72.40
全国基金会	3635	51.18	25.16	51.20
占比	2.75%	148.40%	83.94%	141.41%

资料来源：基金会中心网，中基透明指数FTI，截止时间：2016年4月25日

在公益支出TOP100基金会中，公募类基金会FTI2016得分均值为76.34分，非公募类基金会得分均值为75.37分，经统计检验，该二者之间不存在明显的差距。

表20　公募与非公募公益支出TOP100基金会FTI2016得分比较

基金会类型	个数	FTI2016得分均值	标准差	中值
公募	60	76.34	22.19	73.80
非公募	40	75.37	19.68	71.48
总计	100	75.95	21.12	72.40

资料来源：基金会中心网，中基透明指数FTI，截止时间：2016年4月25日

从所在地来看，公益支出TOP100基金会分布于19个省市，且大部分集中于北京、江苏、广东、上海这四个省市。总体而言，内蒙古、陕西省、浙江省、北京市和湖南省的公益支出TOP100基金会透明度表现较为优秀，均值和中值都在80分以上，北京市的42家公益支出TOP100基金会，中值甚至达到了90.60分。

表21 不同所在地公益支出TOP100基金会FTI2016得分比较

所在地	个数	FTI2016得分均值	标准差	中值
内蒙古	1	100.00	.	100.00
陕西	1	100.00	.	100.00
浙江	2	100.00	0.00	100.00
北京	42	85.72	16.74	90.60
湖南	2	80.20	28.00	80.20
云南	2	79.40	29.13	79.40
广东	10	71.73	27.48	69.00

续表

所在地	个数	FTI2016得分均值	标准差	中值
重庆	1	70.40	.	70.40
江苏	12	68.02	25.05	63.80
宁夏	1	67.62	.	67.62
上海	10	66.09	18.99	59.09
辽宁	1	63.20	.	63.20
山东	1	63.20	.	63.20
贵州	1	62.00	.	62.00
河南	3	60.44	2.57	60.00
湖北	2	60.32	21.04	60.32
福建	5	58.72	10.27	58.00
四川	2	54.55	5.92	54.55
安徽	1	49.96	.	49.96
总计	100	75.95	21.12	72.40

资料来源：基金会中心网，中基透明指数FTI，截止时间：2016年4月25日

（2）公益支出TOP100基金会得分及排名情况

公益支出TOP100基金会的FTI得分均值为75.95分，且其中半数以上得分低于75.95分，得分分布较为分散；基本信息均值为11.14分，且其中半数以上得分高于11.14分，得分分布较为集中；财务信息得分均值为18.88分，得分在均值左右的基金会数量基本相当，数据分布较为分散；项目信息均值为29.21分，且其中半数以上得分低于29.21分，得分分布较为集中；捐赠及内部建设得分均值16.71分，得分在均值左右的基金会数量基本相当，得分分布较为分散。

表22 公益支出TOP100基金会各分项得分

	个数	最小值	最大值	均值	标准差	偏度	峰度
FTI2016年得分	100	22.45	100.00	75.95	21.12	–0.22	–1.11
基本信息得分	100	5.60	13.20	11.14	2.32	–1.11	0.13
财务信息得分	100	12.80	24.00	18.88	5.13	–0.10	–1.88
项目信息得分	100	0.00	39.20	29.21	10.01	–0.99	0.93
捐赠及内部建设得分	100	4.00	23.60	16.71	6.13	–0.30	–1.09

资料来源：基金会中心网，中基透明指数FTI，截止时间：2016年4月25日

公益支出TOP100基金会的整体排名分布情况如下。其中处于FTI2016总榜单前十名（包括并列）的基金会共35家，前一百名的基金会共46家，前二百名的基金会共63家，说明公益支出TOP100基金会的整体排名情况较为乐观。

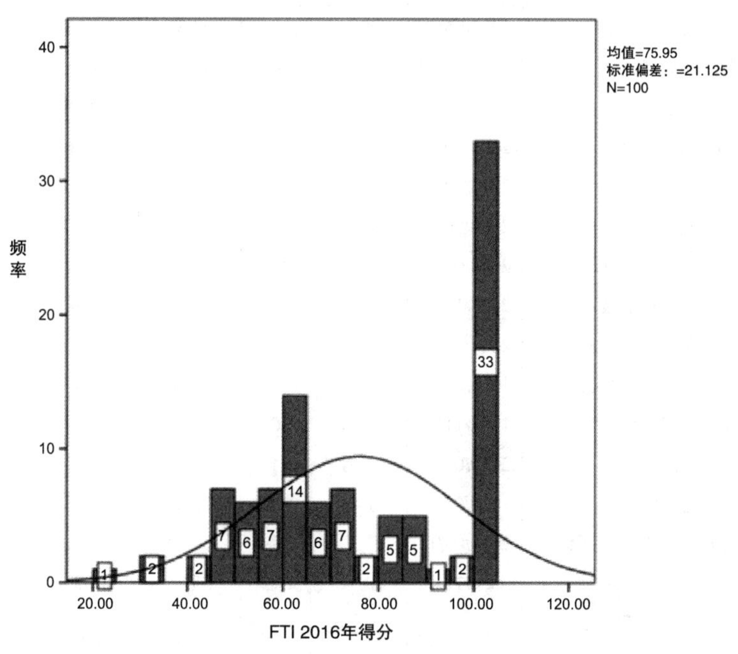

图3　公益支出TOP100基金会得分分布

资料来源：基金会中心网，中基透明指数FTI，截止时间：2016年4月25日

然而，在公益支出TOP100基金会中，依然存在排名在300名之后的基金会，详细名单如下：

表23　公益支出TOP100基金会FTI2016全国排名（300名之后）

单位：亿元

序号	基金会名称	成立时间	注册地	排名	FTI2016得分	净资产（亿元）	公益事业支出（亿元）
1	姜堰市教育发展基金会	2012/08/24	江苏	722	22.45	0.20	0.62
2	深圳市李伟波慈善基金会	2013/11/13	广东	668	30.40	0.02	0.79
3	汕头市潮阳区公益基金会	2012/09/13	广东	635	33.60	0.08	0.56
4	南京中医药大学教育发展基金会	2006/07/05	江苏	489	44.21	1.66	0.61

续表

序号	基金会名称	成立时间	注册地	排名	FTI2016得分	净资产（亿元）	公益事业支出（亿元）
5	中国宋庆龄基金会	1982/05/29	北京	486	44.32	3.23	1.69
6	湖北省扶贫基金会	1994/06/13	湖北	464	45.44	1.08	0.73
7	厦门仁爱医疗基金会	2013/12/25	福建	397	48.80	0.18	1.25
8	常熟市慈善基金会	2007/10/17	江苏	397	48.80	0.36	0.74
9	紫金矿业慈善基金会	2012/09/04	福建	397	48.80	2.23	0.52
10	北京民生文化艺术基金会	2010/06/22	北京	383	49.60	0.40	1.55
11	苏州市吴江区慈善基金会	2008/07/15	江苏	383	49.60	0.71	0.92
12	安徽省人口基金会	2008/12/30	安徽	378	49.96	1.38	0.66
13	四川省宜宾市教育基金会	2007/02/08	四川	373	50.36	0.62	0.74
14	上海科技发展基金会	1992/01/30	上海	372	50.38	0.37	0.46
15	上海市老年基金会	1992/11/28	上海	365	51.15	3.79	1.26
16	上海民生艺术基金会	2010/09/21	上海	345	52.80	8.13	1.79
17	上海市拥军优属基金会	1995/04/07	上海	336	53.60	6.83	0.56
18	深圳市佳兆业公益基金会	2011/05/11	广东	329	54.14	0.01	0.50
19	中国健康促进基金会	2006/12/18	北京	312	55.25	0.77	0.60
20	上海交通大学教育发展基金会	2005/01/27	上海	310	55.37	8.09	0.80

资料来源：基金会中心网，中基透明指数FTI，截止时间：2016年4月25日

（3）公益支出TOP100基金会公益支出情况

在公益支出TOP100基金会中，公益支出的最小值为0.46亿，最大值为23.50亿，均值为1.98亿，公益支出在均值1.98亿以下的基金会多于半数，且公益支出分布十分集中。根据计算，其中公益支出前20名基金会的公益支出，占公益支出TOP100基金会公益支出总额的62.42%。

表24 公益事业支出TOP100基金会公益支出概览

	个数	最小值	最大值	均值
公益事业支出金额	100	0.46亿	23.50亿	1.98亿
	标准差	偏度	峰度	
	3.27亿	4.73	25.87	

资料来源：基金会中心网，中基透明指数FTI，截止时间：2016年4月25日

（4）公益支出TOP100基金会资产情况

公益支出TOP100基金会净资产最小值52.46万，最大值43.89亿，均值4.09亿，半数以上基金会的净资产低于该均值，且净资产分布非常集中。根据计算，其中净资产前20名基金会的净资产占到公益支出TOP100基金会净资产总额的65.94%。

公益支出TOP100基金会总资产最小值52.46万，最大值44.00亿，均值4.36亿，半数以上基金会的总资产低于该均值，总资产的分布也非常集中。根据计算，其中总资产前20名基金会的总资产占到公益支出TOP100基金会总资产总额的67.12%。

表25　公益支出TOP100基金会资产概览

	个数	最小值	最大值	均值	标准差	偏度	峰度
净资产	100	52.46万	43.89亿	4.09亿	6.97亿	3.76	15.66
总资产	100	52.46万	44.00亿	4.36亿	7.48亿	3.53	13.24

资料来源：基金会中心网，中基透明指数FTI，截止时间：2016年4月25日

（5）公益支出TOP100基金会捐赠收入情况

公益支出TOP100基金会，捐赠收入的最小值为0，最大值为21.31亿，均值为1.70亿，捐赠收入在均值1.70亿以下的基金会多于半数，且捐赠收入分布十分集中。根据计算，其中捐赠收入前20家基金会的捐赠收入，占公益支出TOP100基金会捐赠收入总额的61.52%。

表26　公益事业支出TOP100基金会捐赠收入概览

	个数	极小值	极大值	均值
捐赠收入金额	100	0	21.31亿	1.70亿
	标准差	偏度	峰度	
	2.78亿	4.91	29.30	

资料来源：基金会中心网，中基透明指数FTI，截止时间：2016年4月25日

（6）公益支出TOP100基金会类别

在公益支出TOP100基金会中，系统型、独立型和学校型这三类基金会数量居于前三；从透明度来看，5家慈善会基金会的FTI2016得分均值远低于公

益支出TOP100基金会均值（75.95分），不甚理想。

表27 不同类别公益事业支出TOP100基金会FTI2016得分比较

基金会类别	个数	FTI2016得分均值	标准差	中值
社区型	1	100.00	.	100.00
家族型	2	83.81	22.90	83.81
独立型	27	79.21	22.38	85.79
企业型	9	78.59	20.55	84.80
系统型	39	74.93	22.09	66.32
学校型	17	74.35	15.01	70.40
慈善会	5	59.04	25.18	49.60
总计	100	75.95	21.12	72.40

资料来源：基金会中心网，中基透明指数FTI，截止时间：2016年4月25日

第四节　政府补助TOP100基金会的总体状况

结论九：政府补助TOP100基金会透明度表现优异

（1）政府补助TOP100基金会概况

政府补助TOP100基金会个数为100个，占榜单全国基金会的比例为2.75%，但其FTI2016得分均值为61.29分，为榜单全国基金会FTI2016得分均值的119.75%，中值为榜单全国基金会FTI2016得分中值的114.06%。

表28 政府补助TOP100基金会FTI2016得分概览

基金会背景	个数	FTI2016得分均值	标准差	中值
政府补助TOP100基金会	100	61.29	21.98	58.40
全国基金会	3635	51.18	25.16	51.20
占比	2.75%	119.75%	87.36%	114.06%

资料来源：基金会中心网，中基透明指数FTI，截止时间：2016年4月25日

在政府补助TOP100基金会中，公募类基金会得分均值为60.67分，非公募类基金会得分均值为66.87分，经统计检验，该二者之间不存在明显的差距。

表29 公募与非公募政府补助TOP100基金会FTI2016得分比较

基金会类型	个数	FTI2016得分均值	标准差	中值
公募	90	60.67	22.31	58.20
非公募	10	66.87	18.81	65.60
总计	100	61.29	21.98	58.40

资料来源：基金会中心网，中基透明指数FTI，截止时间：2016年4月25日

从所在地来看，政府补助TOP100基金会分布于21个省市，且大部分集中于北京、江苏两地。北京市、浙江省、重庆市、青海省的政府补助TOP100基金会透明度表现较为出色，均值和中值都在70分以上，其中北京市的16家基金会得分中值甚至达到了86.21分；江苏的政府补助TOP100基金会的得分均值仅为36.34，远低于全部100家基金会的均值61.29分。

表30 不同所在地政府补助TOP100基金会FTI2016得分比较

所在地	个数	FTI2016得分均值	标准差	中值
北京	16	82.99	18.36	86.21
浙江	7	80.40	9.68	79.20
重庆	5	79.36	12.36	76.40
青海	1	70.31	.	70.31
陕西	3	69.47	26.99	59.60
湖南	7	65.54	18.13	61.20
上海	8	65.24	16.99	60.80
广西	1	63.20	.	63.20
四川	6	60.79	24.28	58.20
河南	1	60.00	.	60.00
广东	5	59.13	27.13	58.40
宁夏	2	58.00	8.49	58.00
吉林	3	57.73	6.38	60.80
山东	3	56.98	19.94	53.60
福建	3	54.38	12.86	61.60
内蒙古	3	49.33	8.21	47.20
辽宁	4	48.20	0.77	48.40
湖北	2	46.07	0.88	46.07
甘肃	1	44.00	.	44.00
新疆	3	38.93	14.32	47.20

续表

所在地	个数	FTI2016得分均值	标准差	中值
江苏	16	36.34	13.09	35.55
总计	100	61.29	21.98	58.40

资料来源：基金会中心网，中基透明指数FTI，截止时间：2016年4月25日

（2）政府补助TOP100基金会得分及排名情况

政府补助TOP100基金会的FTI2016得分均值为61.29分，且其中半数以上得分低于61.29分，得分分布较为分散；基本信息均值为8.91分，且其中半数以上得分低于8.91分，得分分布较为分散；财务信息得分均值为16.56分，且其中半数以上得分低于16.56分，得分分布较为分散；项目信息均值为24.59分，且其中半数以上得分高于24.59分，得分分布较为平均；捐赠及内部建设得分均值11.23分，且其中半数以上得分低于11.23分，得分分布较为分散。

表31 政府补助TOP100基金会各分项得分

	个数	最小值	最大值	均值	标准差	偏度	峰度
FTI2016	100.00	21.60	100.00	61.29	21.98	0.22	–0.57
基本信息得分	100.00	4.80	13.20	8.91	2.83	0.17	–1.51
财务信息得分	100.00	12.80	24.00	16.56	4.42	0.86	–0.86
项目信息得分	100.00	0.00	39.20	24.59	11.27	–0.93	0.45
捐赠及内部建设得分	100.00	1.60	23.60	11.23	6.55	0.65	–0.78

资料来源：基金会中心网，中基透明指数FTI，截止时间：2016年4月25日

政府补助TOP100基金会的整体排名分布情况如下，其中处于FTI2016总榜单前十名（包括并列）的基金会共13家，前一百名的基金会共23家，前二百名的基金会共38家，说明政府补助TOP100基金会的整体排名情况并不是很乐观。

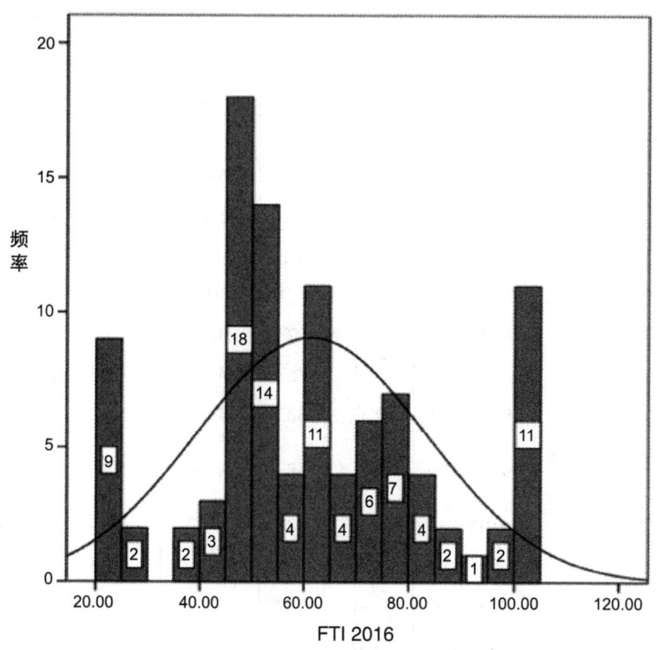

图4 政府补助TOP100基金会FTI2016得分分布

资料来源：基金会中心网，中基透明指数FTI，截止时间：2016年4月25日

然而，在政府补助TOP100基金会中，排名在300名之后的基金会多达48家，详细名单如下：

表32 政府补助TOP100基金会FTI2016全国排名（300名之后）

单位：亿元

序号	基金会名称	成立时间	所在地	排名	FTI2016得分	净资产（亿元）	政府补助（亿元）
1	上海市拥军优属基金会	1995/04/07	上海	336	53.6	6.83	0.12
2	山东省体育基金会	2013/04/27	山东	336	53.6	0.57	0.05
3	上海市职工帮困基金会	1992/07/16	上海	345	52.8	0.87	0.28
4	成都市见义勇为基金会	2008/12/03	四川	345	52.8	0.09	0.05
5	徐州市慈善基金会	2008/10/31	江苏	345	52.8	2.11	0.03
6	珠海市禁毒基金会	2005/08/15	广东	351	52.32	0.24	0.05
7	宁夏银川大学教育发展基金会	2005/07/26	宁夏	354	52	0.12	0.16
8	常德市鼎城区教育基金会	2013/02/04	湖南	354	52	0.14	0.02

续表

序号	基金会名称	成立时间	所在地	排名	FTI2016得分	净资产（亿元）	政府补助（亿元）
9	邵阳市教育基金会	2013/01/24	湖南	354	52	0.10	0.02
10	上海市长宁区教育基金会	1992/05/28	上海	363	51.2	0.37	0.05
11	中国京剧艺术基金会	1992/11/23	北京	363	51.2	0.28	0.04
12	上海市老年基金会	1992/11/28	上海	365	51.15	3.79	0.54
13	吉林省人才开发基金会	2006/06/11	吉林	371	50.4	0.61	0.30
14	四川省宜宾市教育基金会	2007/02/08	四川	373	50.36	0.62	0.39
15	淮安大众助保基金会	2006/12/30	江苏	383	49.6	0.08	0.06
16	北京市体育基金会	1992/08/31	北京	383	49.6	0.82	0.03
17	南京市中小学幼儿教师奖励基金会	1993/03/09	江苏	383	49.6	0.16	0.03
18	启东市见义勇为基金会	2010/07/15	江苏	384	49.57	0.19	0.06
19	陕西省老龄事业发展基金会	1988/02/03	陕西	397	48.8	0.48	0.03
20	张家港市见义勇为基金会	2006/11/07	江苏	397	48.8	0.19	0.08
21	南通市爱心帮困基金会	2008/08/20	江苏	397	48.8	0.16	0.04
22	辽宁省公安民警英烈救助基金会	2012/04/01	辽宁	397	48.8	0.42	0.04
23	湖南省关心下一代基金会	2013/07/29	湖南	397	48.8	0.10	0.03
24	抚顺市公安民警救助基金会	2007/08/31	辽宁	397	48.8	0.12	0.02
25	抚顺市雷锋基金会	2013/12/18	辽宁	407	48	0.05	0.05
26	新疆维吾尔自治区送温暖工程基金会	1993/01/08	新疆	425	47.2	0.11	0.06
27	新疆巴音郭楞蒙古自治州送温暖工程基金会	1996/07/10	新疆	425	47.2	0.09	0.04
28	内蒙古包头市青山区教育基金会	2013/05/22	内蒙古	425	47.2	0.07	0.03
29	辽宁省见义勇为基金会	1997/06/09	辽宁	425	47.2	0.04	0.03
30	南京市浦口区扶贫基金会	2007/04/20	江苏	425	47.2	0.13	0.02
31	湖北省荆门聂绀弩诗词研究基金会	2012/11/01	湖北	440	46.69	0.08	0.02
32	湖北省扶贫基金会	1994/06/13	湖北	464	45.44	1.08	0.07
33	高邮市慈善基金会	2007/08/08	江苏	479	44.7	0.25	0.03
34	甘肃省残疾人福利基金会	2007/11/29	甘肃	496	44	0.08	0.02
35	内蒙古社会治安见义勇为基金会	1994/10/11	内蒙古	528	42.4	0.07	0.02

续表

序号	基金会名称	成立时间	所在地	排名	FTI2016得分	净资产（亿元）	政府补助（亿元）
36	福州见义勇为基金会	1995/08/01	福建	575	39.53	0.14	0.05
37	潍坊市见义勇为基金会	2013/10/15	山东	579	38.94	0.10	0.03
38	宜宾市关心下一代基金会	2013/12/24	四川	690	27.2	0.07	0.05
39	常州市天宁区见义勇为基金会	2008/06/17	江苏	694	26.4	0.58	0.40
40	常州市钟楼区见义勇为基金会	2008/10/19	江苏	712	24.8	0.52	0.20
41	常州市新北区见义勇为基金会	2008/06/17	江苏	712	24.8	0.48	0.02
42	深圳市拥军优属基金会	2008/12/16	广东	716	24.14	0.12	0.13
43	溧阳市见义勇为基金会	2007/04/28	江苏	717	24	0.54	0.13
44	苏州市相城区慈善基金会	2008/07/15	江苏	717	24	0.45	0.05
45	南通市通州区见义勇为基金会	2011/12/19	江苏	723	22.4	0.10	0.05
46	镇江市新区见义勇为基金会	2007/06/10	江苏	723	22.4	0.14	0.05
47	新疆生产建设兵团青年创业增收基金会	2013/09/13	新疆	723	22.4	0.02	0.02
48	镇江市润州区见义勇为基金会	2007/08/23	江苏	725	21.6	0.11	0.02

资料来源：基金会中心网，中基透明指数FTI，截止时间：2016年4月25日

（3）政府补助TOP100基金会公益支出情况

政府补助TOP100基金会公益支出最小值为0，最大值为10.69亿，均值为0.52亿，公益支出在均值0.52亿以下的基金会多于半数，且公益支出分布十分集中。根据计算，其中公益支出前20家基金会的公益支出占政府补助TOP100基金会公益支出总额的90.77%。

表33　政府补助TOP100基金会公益事业支出概览

	个数	最小值	最大值	均值
公益事业支出金额	100	0	10.69亿	0.52亿
	标准差	偏度	峰度	
	1.60亿	4.74	24.37	

资料来源：基金会中心网，中基透明指数FTI，截止时间：2016年4月25日

（4）政府补助TOP100基金会资产情况

政府补助TOP100基金会净资产最小值212万，最大值26.62亿，均值1.35亿，半数以上基金会的净资产低于该均值，且净资产分布非常集中。根据计

算，其中净资产前20家基金会的净资产占政府补助TOP100基金会净资产总额的84.04%。

政府补助TOP100基金会总资产最小值212万，最大值26.63亿，均值1.42亿，半数以上基金会的总资产低于该均值，总资产的分布也非常集中。根据计算，其中总资产前20家基金会的总资产占到政府补助TOP100基金会总资产总额的83.99%。

表34 政府补助TOP100基金会资产概览

	个数	最小值	最大值	均值	标准差	偏度	峰度
净资产	100	212万	26.62亿	1.35亿	3.80亿	5.28	30.55
总资产	100	212万	26.63亿	1.42亿	3.96亿	5.02	27.03

资料来源：基金会中心网，中基透明指数FTI，截止时间：2016年4月25日

（5）政府补助TOP100基金会捐赠收入情况

政府补助TOP100基金会捐赠收入最小值为0，最大值为7.30亿，均值为0.28亿，捐赠收入在均值0.28亿以下的基金会多于半数，且捐赠收入分布十分集中。根据计算，其中捐赠收入前20家基金会的捐赠收入占政府补助TOP100基金会捐赠收入总额的91.71%。

表35 政府补助TOP100基金会捐赠收入概览

	个数	最小值	最大值	均值
捐赠收入金额	100	0	7.30亿	0.28亿
	标准差	偏度	峰度	
	0.89亿	5.90	41.17	

资料来源：基金会中心网，中基透明指数FTI，截止时间：2016年4月25日

（6）政府补助TOP100基金会政府补助情况

在政府补助TOP100基金会中，政府补助的最小值为212万，最大值为8.90亿，均值为0.33亿，政府补助在均值0.33亿以下的基金会多于半数，且政府补助分布十分集中。根据计算，政府补助前20家基金会所获得的政府补助，占TOP100基金会所获政府补助总额的88.36%，由此可见政府补助的分布非常集中。

表36　政府补助TOP100基金会政府补助概览

	个数	最小值	最大值	均值
政府补助金额	100	210万	8.90亿	0.33亿
	标准差	偏度	峰度	
	1.23亿	6.34	41.35	

资料来源：基金会中心网，中基透明指数FTI，截止时间：2016年4月25日

（7）政府补助TOP100基金会类别

政府补助TOP100基金会中，系统型、独立型合计93家；从类别来看，75家系统型基金会、2家学校型基金会和4家慈善会型基金会的FTI2016得分均值皆低于政府补助TOP100基金会得分均值61.29分，不甚理想。

表37　不同类别政府补助TOP100基金会FTI2016得分比较

基金会类别	个数	均值	标准差	中值
社区型	1	100.00	.	100.00
独立型	18	70.77	19.06	70.00
学校型	2	61.20	13.01	61.20
系统型	75	58.82	21.65	53.60
慈善会	4	55.38	32.13	48.75
总计	100	61.29	21.98	58.40

资料来源：基金会中心网，中基透明指数FTI，截止时间：2016年4月25日

第六章
基金会透明案例

第一节　地区案例：北京基金会的信息公开[11]

2016年3月份通过的《慈善法》要求慈善组织应当依法履行信息公开义务，每年向社会公开其年度工作报告和财务会计报告，并在民政部门确定的信息平台发布慈善信息。在互联网时代，通过网站披露基金会信息已成主流，这不仅符合法律的要求，也便于公众查询。

北京市社团办非常重视北京市各公益基金会的信息披露情况。在2016年3月的中基透明指数地域排名中，北京市的基金会平均得分61.37分（见图1），位列全国第二，但与浙江省有着10分的差距。北京市的基金会分为民政部注册和北京市注册两类，其中民政部注册基金会的FTI平均分超过71分，基本和浙江省持平，而北京市注册的282家基金会平均分为56.23分，和浙江省相差15分。

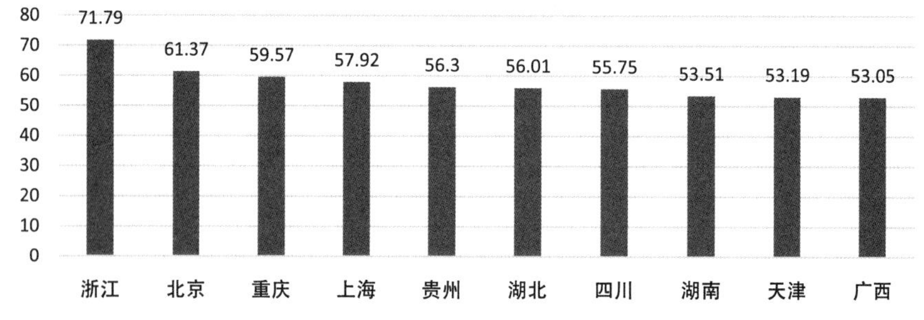

图1　2016年3月各省市FTI均值TOP10

11　这里所指北京市基金会是指办公地址为北京市的基金会，含注册在北京市和注册在民政部的，办公地址为北京市的基金会。

另外，当时北京市各公益基金会建有网站的比例为57%（见图2），与排名第一的浙江省97%的网站覆盖率差距较大。

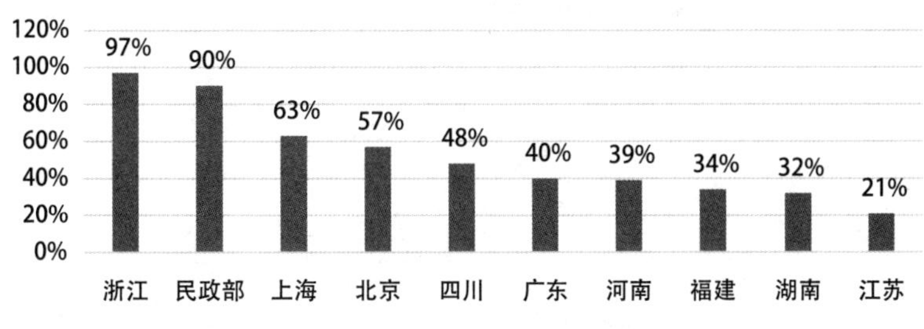

图2　2016年3月各省市基金会网站覆盖率TOP10

针对上述问题，北京市社团办主动联系基金会中心网，希望能提升北京市基金会的均值。双方经过沟通，决定共同致力于改善北京市基金会的公开透明状况。

北京市社团办在北京市社会组织公开服务平台公开了北京市全部基金会的2014年度工作报告全文和审计报告，并与未在官网公开年报的基金会和未建立网站的基金会进行了沟通，敦促其开展信息公开工作。

在北京市社团办的推动下，北京市已建立网站的各基金会先后在其网站上发布年检报告等相关信息，这些基金会的FTI分值得到提升。对于因为自身资源有限尚未建立网站的基金会，北京市社团办采纳基金会中心网的建议，参照浙江省基金会信息公开服务平台的模式，组织160家北京市基金会在北京市基金会信息公开平台（网址http://bjnpo.foundationcenter.org.cn/manage/login.aspx，见图3）建立了属于自己的官网，使得这些基金会的FTI分值得到迅速提升。

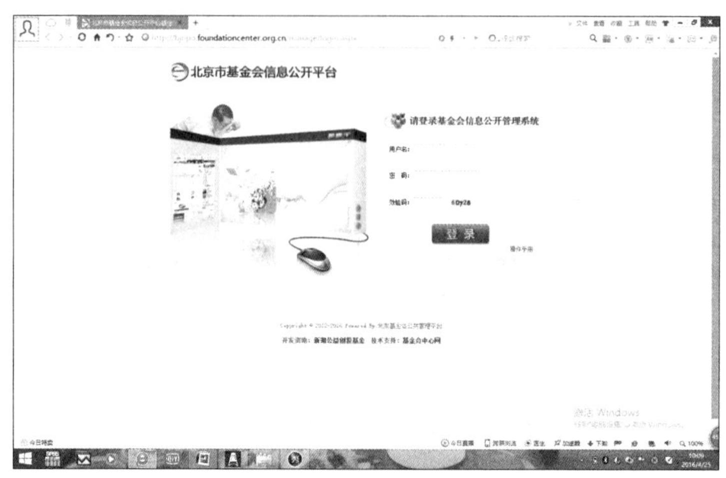

图3　北京市基金会信息公开平台

在北京市社团办的努力推动下，2016年4月北京市各基金会的中基透明指数均值达到72.44分，北京市注册的282家基金会的平均得分提升到73.09分，双双名列全国第一。

这充分说明只要政府充分重视，基金会积极配合，再加上方法得当，提升基金会透明度大有可为。

第二节　优秀基金会案例

（一）新入榜满分基金会

1、亿方公益基金会——专业平等促行业发展，责任自律树透明典范

一、亿方公益基金会的基本情况

亿方公益基金会是由百度联合创始人徐勇博士于2013年捐资设立，定位为资助型的非公募基金会。基金会以“激发民间智慧行动，创建公平美好社会”为愿景，以“关注公益研究与社会企业，支持民间公益组织，推动社会创新发展”为使命，主要资助范围为教育、公益行业发展和养老领域的公益研究，从2015年起开始将社会企业相关的社企创投、社企研究、社企平台等

纳入资助范围。

公益研究和社会企业是我国慈善事业的前沿，同时也是亟需发展的薄弱环节。亿方公益基金会将以上两者作为资助对象，可见其前瞻性和引领行业发展的使命感。基金会副理事长陆景锴先生认为：“亿方公益基金会不是为了资助研究而资助，而是为了使研究产生最大的效果和影响力。为了达到这个目的，亿方公益基金会不仅对资助项目方的人员稳定性和专业性提出要求，更是以身作则，不断提升基金会自身的专业度和透明度。”

二、亿方公益基金会信息公开的基本情况和优秀经验

1、提高认识，积极推动信息公开

亿方公益基金会自成立之初，领导层和工作团队就信息公开达成了共识。陆理事长认为：“信息公开在公益圈是一个非常重要的指标，若是一个基金会在信息公开方面有所隐瞒，我们认为是不可思议的。既然进入公益圈，就应该在公开透明方面做出更符合本行业的表现。”[12]

在这种理念指导之下，基金会在治理机制和结构层面采取了诸多措施以实现信息公开。基金会在其官方网站公示常规信息（见图4），其最大的亮点则是公开资助项目成果及申请流程。

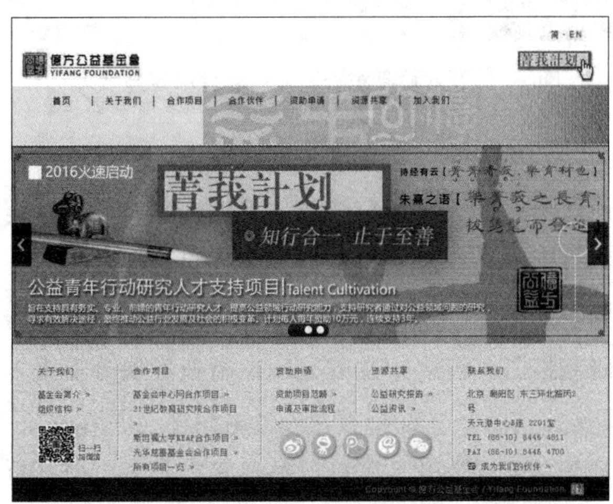

图4　亿方公益基金会官方网站常规信息公示页面[13]

12　根据2016年3月29日对亿方公益基金会副理事长陆景锴（Tony C Luh）先生的访谈录音稿整理。

13　信息来源：亿方公益基金会官方网站http://www.yifangfoundation.org/index.html

2、公开报告，推广成功模式

在公益研究方面，截至到目前为止，亿方公益基金会已经与中央民族大学基金会研究中心、21世纪教育研究院、歌路营等30家机构进行合作，开展了公益创投的SPPP模式研究、我国农村小规模学校教师研究与政策倡导、新一千零一夜农村住校生睡前故事公益项目科学评估等20余个项目（见图5）。

图5　亿方公益基金会官方网站开展项目一览[14]

难能可贵的是，亿方公益基金会资助的研究项目均以研究报告等形式对社会公开，从而让更多的人了解公益领域发展现状，参与社会改革和创新。目前，基金会在官网上公开并提供下载的研究报告包括《新公益领导力培训开发模式研究》系列报告、《社会投资回报评估SROI调研报告》手册、《基金会运作模式研究报告》、《中国养老NGO行业发展分析报告》、《社会企业与社会投资研究报告》、《2013教育公益组织年会评估报告》等。

亿方公益基金会不仅公开其资助的公益研究成果，而且也公开其资助的社会企业的经营模式和成果。社会企业不仅应具有可持续发展的商业模式，同时还要有非常明确的社会使命。陆理事长认为透明度可以作为衡量社会企

14　信息来源：億方公益基金会官方网站http://www.yifangfoundation.org/projects–all.html

业的指标之一，而商业模式则是社会企业最需要公开的内容。基金会希望通过资助这些社会企业并公开其成功的商业模式，为其他有意通过社会企业开展公益活动的个人或团体提供借鉴，从而将这些成功模式复制推广到其他地方，汇聚全社会的力量，解决社会问题。

信息公开并非绝对，而应符合法律要求。亿方公益基金会在信息披露时会与合作伙伴进行沟通和磋商，对其中法律规定并未要求必须公开而且涉及合作伙伴商业机密的信息进行筛选，从而保护合作伙伴的隐私，赢得各方的信任。

3、扩大影响，完善自身建设

为了加强信息公开的组织保障，亿方公益基金会安排专人负责信息发布和披露工作，而且其工作不受任何管理层级的限制，能够从理事会、工作部门搜集资料并予以发布。

陆理事长认为，中基透明指数（FTI）对于整个行业发展具有积极正面的作用，亿方公益基金会一直支持并践行信息透明，因此获得满分属于水到渠成。同时他也提到，今后FTI的发展方向是通过宣传教育，让更多的公众和基金会认识到信息公开的重要性[15]。

在访谈中，陆理事长提得最多的就是要通过学习，不断提升自身的专业度和透明度，从而有能力影响整个行业甚至整个社会的专业度和透明度。亿方人始终认为，信息公开最重要的阻碍是自己，只有怀着对整个行业负责的态度，不断完善自身的理念和治理机制，并以平等合作提高自身和相关方的专业度和透明度，才能获得推动整个行业公开透明的无穷力量。

2、海南省残疾人基金会——弘扬人道奉献爱心，全心全意为残疾人服务

一、海南省残疾人基金会的基本情况

在海南省委的支持下，在海南省残疾人联合会的业务指导下，海南省残疾人基金会于2014年1月成立，并在2015年9月被评为5A等级基金会。

两年多来，海南省残疾人基金会用实实在在的行动为残疾人朋友奉献爱心，积极做好残疾人的公共服务工作，努力让每一位残疾人得到关爱和温

15　根据2016年3月29日对億方公益基金会副理事长陆景锴（Tony C Luh）先生的访谈录音稿整理。

暖。[16]

二、海南省残疾人基金会信息公开的情况

目前，海南省残疾人基金会的中基透明指数（FTI）得分为100分，这足以说明该基金会在信息公开透明方面所作出的努力及取得的优异成果。

海南省残疾人基金会在信息公开透明方面所取得的成绩，与其自身的工作理念和工作方法密切相关。基金会理事长符永一直秉承信息透明公开的工作原则。早在2005年符永理事长主政临高县的时候，他就把自己的私人手机号码通过网络向外界公布，并且经常在天涯社区等网络媒体平台与公众进行互动，这种工作思路一直延续到他主管海南省残疾人基金会。他坚持认为："在网络信息时代，更应该做好慈善组织的透明工作。因为慈善组织通过发动全社会进行资金募集，信息一定要公开透明，要利用媒体进行及时的公示。"

从成立的第一天起，海南省残疾人基金会的决策层和管理层就高度重视信息公开工作，并建立了多维度立体化的公开模式，主动接受社会各界的监督。

首先，他们主动利用新闻媒体、电视、报纸、杂志等渠道向公众进行信息披露，接受新闻媒体的监督；其次，他们会主动地向捐赠者进行信息推送，接受捐赠者监督。目前基金会要面对全海南省50万残疾人，为了让残疾人受捐者能够清楚地知道自己和他人的受助情况，他们会将信息汇总并向受捐者进行公示，接受受捐者的监督，保证募集资金的使用过程公平公开；再次，基金会从社会上聘请德高望重的人士作为基金会的总监事，聘请社会各行各业人士担任顾问和爱心大使，基金会定期向这些人士推送相关消息，接

16 其业务范围主要包括：1、宣传残疾人事业，呼吁社会理解、尊重、关心和帮助残疾人，支持残疾人事业，鼓励残疾人自尊、自信、自强、自立；2、多渠道开展各种形式募捐活动，接受海内外法人、自然人及其他组织捐赠的财产，管理和使用残疾人基金，在国家政府法律许可的范围内进行基金保值增值；3、开展和资助有利于残疾人康复、教育就业、文化体育、法律维权、扶贫、社会保障、社会服务和残疾预防等社会公益活动；4、兴办或参与建立残疾人机构和设施；5、奖励残疾人优秀人才和为残疾人事业作出较大贡献的个人和团体，奖励热心为残疾人服务的集体和个人；6加强与港澳台同胞、海外侨胞、国际友好团体、慈善机构和知名人士以及各国残疾人组织的友好往来与合作交流；7、推动与各基金会组织和其他残疾人公益组织间的协作。

受他们的监督。最后，基金会定期接受审计部门、财政部门等相关部门的监督和检查，保证组织运行合理合规。

正是因为有这样全面、公开、全过程透明的工作模式，爱心人士对于海南省残疾人基金会的信任度很高，基金会在当地具有很强的公信力。短短两年，基金会募集资金超过一亿元人民币，资助了50000余名贫困残疾人及其家庭，得到社会的广泛认可，并且在成立之后短时间被评为5A级基金会。同时，基金会募集资金的范围已从海南省扩展到全国乃至全世界，美国、加拿大、澳大利亚的华人华侨都通过基金会奉献爱心。

三、海南省残疾人基金会信息公开平台的建设

1、海南省残疾人基金会官方网站的建设

海南省残疾人基金会特别重视官网建设。基金会建立之初就克服各种困难，快速搭建网络信息平台。其官网地址为www.hifdp.org.cn（见图6），网站内容丰富，美观明晰，设置“首页”、“关于我们”、“新闻中心”、“信息披露”、“公益项目”、“我要捐款”和“联系我们”7个一级标题。

图6　海南省残疾人基金会官方网站

在“首页”（见图7）中，“最新动态”、“爱心专访”两个部分分别介绍了基金会的近期捐助情况、项目情况及相关新闻；“爱心捐赠”模块实时循环公示捐赠人、捐赠金额和捐赠时间等信息，同时提供快速查询功

能；“我要捐款”模块直接链接到“公益项目”一级标题，会列出目前募款中的各个项目，并且公开项目信息和进展状况，便于捐款人实时查询；“首页”中还展示了以往项目的照片和视频摘要，形象地展示项目过程及成果；同时，在“首页”中还有“理事长在线交流平台”，公众可以与理事长进行实时的在线沟通，也可以通过对外公示的二维码关注海南省残疾人基金会的微博和微信账号，更加便捷地了解基金会的相关资讯。

图7　海南省残疾人基金会首页

“关于我们”板块介绍了基金会的基本情况，包括基金会介绍、基本信息、章程、大事记等信息。其中“机构设置”介绍十分详细，包括各个部门的具体分工、管理人员的详细简历等都在公开之列。在“管理制度”一项中，介绍了有关项目、人事、物资、财务、信息披露等方面的管理制度，内容详细明了。基金会在其官网上向社会公众公示其内部管理及运作信息，充分展现了其运作的规范性和透明度。

“新闻中心”板块分为“最新动态”、“爱心专访”、“图片新闻”、“视频新闻”和“专题报道”5个部分。网站的新闻报道及时性很强，对于项目的跟踪报道深入全面，同时除文字以外，还有大量的图片和视频，让公众能够更加全面客观地了解到基金会活动情况。据基金会相关负责人介绍，整理这些信息确实需要大量的精力，但是信息公开是基金会发展的重要动力，所以这些工作必不可少。

在“信息披露”板块中，海南省残疾人基金会发布了成立以来的年度报告和审计报告全文，以此让公众更加清楚基金会的运行情况。公示这两类报告也说明基金会对于自身工作特别是财务相关工作的自信。正如符永理事长所言：“如果资金和相关信息不公示，那么人家一定会对你质疑，其实这些质疑会给我们增加很多工作量，特别是如果其中存在一些问题，那公信力问题就更严重了。中国有句古话‘心底无私天地宽’，我们主动公开透明，在过程中接受监督，反而工作量会减少。将公开行为制度化、规范化、科学化、合理化、法规化，可以让我们有更多的精力投入到做事当中去。”

“公益项目”板块（见图8）可以查询从2013年至今的所有项目，具体了解项目说明和进展情况，并且可通过新闻中心了解项目成果。

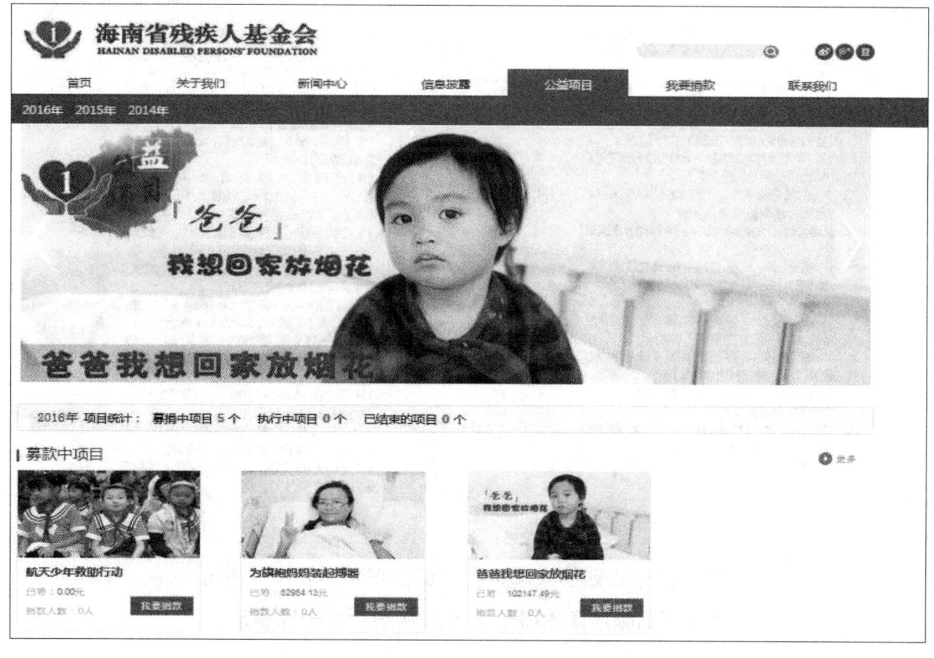

图8　海南省残疾人基金会公益项目展示

2、广泛利用各类媒体，打造全方位信息披露模式

海南省残疾人基金会除了通过官方网站向外界披露相关信息，还与新浪海南、海南网、天涯社区、海南省残疾人联合会官网、《今日海南残联》报

纸等十余家纸媒、网媒和电视媒体合作，进行相关信息的披露和公示。

符永理事长将这些媒体比作太阳，基金会在“太阳”下的任何行为公众都可以看得见，所以基金会运作不能有阴影，不能躲躲闪闪做见不得人的事情。也正是因为有“太阳”存在，基金会所有工作人员也时刻提醒自己，确保工作不能出现纰漏。

除了利用以上媒体进行广泛的信息公示外，海南省残疾人基金会特别重视利用社交平台进行信息的定向推送。基金会通过微信群和朋友圈两个信息发布渠道，向特定人群进行及时的信息公示。仅以“爱心大使团—2”微信群为例（见图9），在2016年4月的其中一周时间内，基金会就发布消息将近40条，除了项目相关信息外，还有捐款的实时信息。

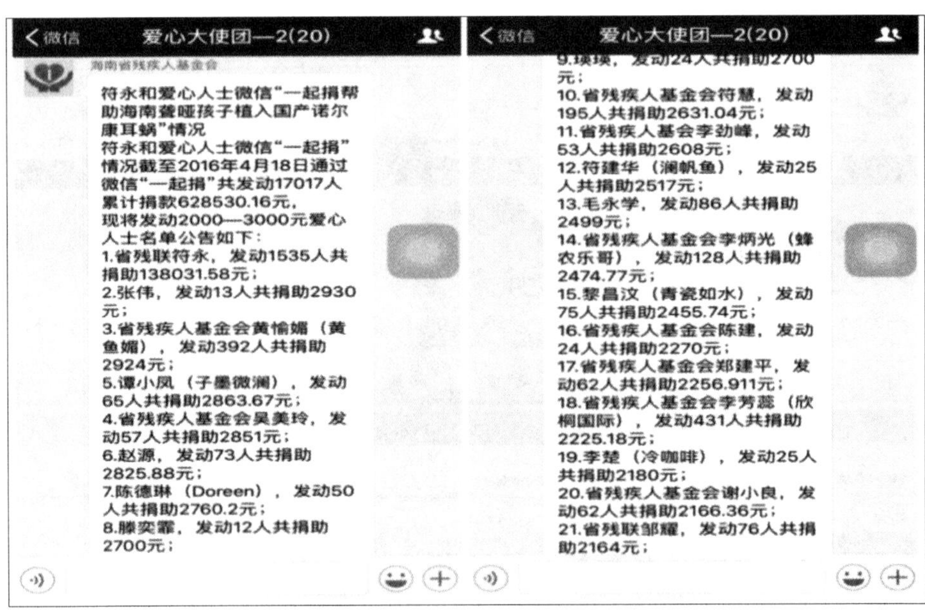

图9　海南省残疾人基金会在微信群聊中发布的消息

（由于篇幅所限本微信内容未在图片中全部显示）

与此同时，海南省残疾人基金会的工作人员也通过自己的朋友圈，向社会公众披露相关消息。以符永理事长的实名微信朋友圈为例，他在2016年4月的一周时间内，累计转发与海南省残疾人基金会相关的信息共计76条。这种“刷屏”式转发一方面可以提高组织的公信力，另一方面也让海南省残疾人基金会得到更多的社会关注，起到了良好的宣传作用。

符永理事长只是基金会的一名代表，而海南省残疾人基金会的每一名员工都将信息公开、信息披露作为工作原则和工作要求。基金会由此享受到了信息公开的福利，更多人相信海南省残疾人基金会，并愿意通过他们将爱心奉献给需要帮助的人。

四、海南省残疾人基金会在信息公开方面的经验

1、公开的重点是主动

“主动公开”的态度对于基金会的信息公开尤为重要。今年出台的《慈善法》高度重视慈善组织信息公开工作，强化了其在信息公开方面的义务与责任。然而，基金会自身如果缺乏主动公开的态度与行动，其信息公开的效果将会大打折扣。海南省残疾人基金会一直主动与公众进行交流，主动与基金会中心网等第三方平台进行沟通，主动在信息平台上公开信息。正是因为如此，才能取得新入榜即获FTI满分的优异成绩。

2、多角度、立体化的公开渠道

据符永理事长介绍，海南省残疾人基金会通过全国十余家合作媒体进行信息公开。同时，基金会积极利用微信、微博的社交功能，可针对特定人群公开基金会相关信息。这种多角度、立体化的公开渠道保证了信息的时效性、完整性和权威性。

五、结语

基金会的业务活动与其影响力、公信力相辅相成。公信力是基金会存在的基础，只有公信力提高了，才能获得公众的理解、支持和参与，才能使基金会获得生存的土壤。一旦基金会失去了公信力，没有人愿意通过它向需要的人奉献爱心、捐款捐物，那么这个基金会也就失去了存在的意义。公信力对于基金会的重要程度是不言而喻的，而信息公开是获得公信力最有效的手段之一。人们了解基金会，主要通过它向外界公开的信息，公开的信息越多，人们就会越清楚基金会的相关情况，也就会相应产生更多的信任感，那么基金会在募集资金、运营活动等方面就会有获得更多的支持。

基金会作为慈善组织，承载着捐助人对于社会的爱，承载着受助者对于未来的期待，更承载着这个时代的良心。因此，信息公开、透明运作是基金

会不可推卸的责任和义务，也是基金会行业长远发展的源泉动力。

（二）分数提升较快基金会

1、北京智善公益基金会——秉持初心行至善之事，公开透明践智善之实

一、北京智善公益基金会的基本情况

2012年，九位企业家秉承致善、至善、智善的价值理念，捐赠善款1亿元成立了一家非公募基金会——智善公益基金会。基金会成立三年多来，始终以弘扬慈善精神、恪守社会责任、致力公益慈善、促进社会和谐为宗旨，践行真实、规范、透明、平等、专业的行为准则，积极开展对残疾人和弱势群体的救助和捐赠，成为全国唯一一家专门救治脊柱侧弯的慈善基金会（见图10）。

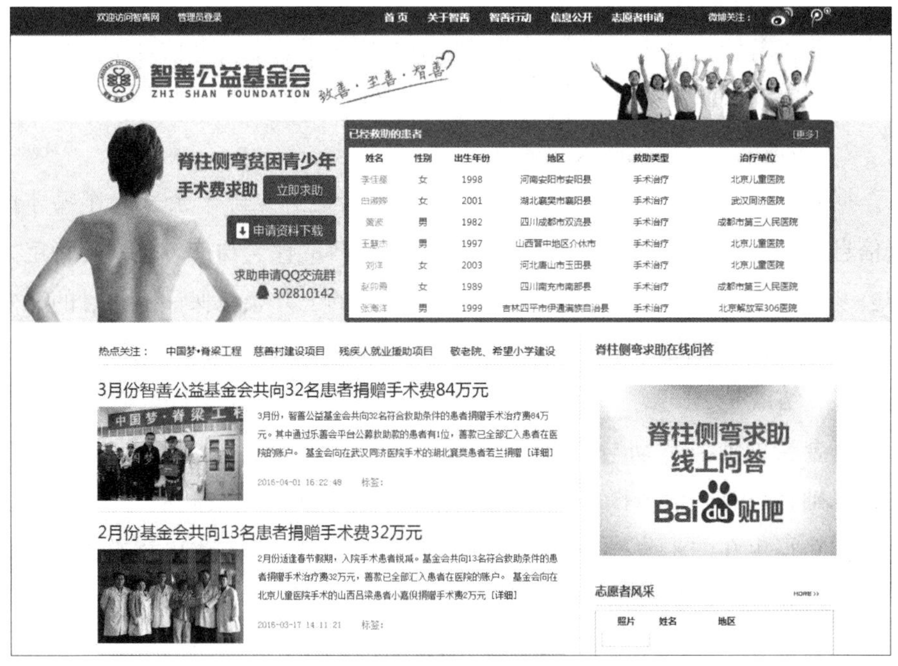

图10 智善公益基金会官方网站首页[17]

基金会发起人代表在基金会成立大会曾致辞：“今天的成立大会上，除了邀请各级领导和社会名流之外，我们还邀请家人来到了会场，就是让我

17 智善公益基金会官方网站地址http://www.zhishanjijin.cn

们的父母放心，您的儿子秉承着家族乐善好施的传统美德；让我们的妻子放心，您的丈夫正在从事着一件济世积德的快乐之事；让我们的孩子用心，种善因，得善果，慈对人生，善待他人，这才是真正的爱国家、爱人民、爱自己。”[18]这段致辞展现出基金会发起人“真搞慈善”的决心，而其后来公开透明的实际行动也彰显了他们“搞真慈善”的信心。

据基金会执行秘书长苗强先生透露，几位基金会发起人召开理事会和理事出差的所有费用也均由自己承担[19]。捐赠人一致认同：捐赠出来的资产就是社会资产，应该自觉接受社会监督。这种以身作则的慈善态度引导着基金会在公开透明的道路上越走越远。

二、智善公益基金会加强信息披露的基本做法

捐赠人的透明问责理念是信息公开的关键，一系列的实际行动则是信息公开的保障。智善公益基金会主要从增强组织交流、丰富披露内容、拓展披露渠道、规范工作流程四方面来加强信息披露工作。

1、增强组织交流

智善公益基金会自成立之初就自觉接受民政部的指导和管理，加强与其他基金会的交流，把握行业发展动态，适应行业透明标准。同时，基金会加强与基金会中心网的交流与合作，多次出席其组织的论坛和交流活动，并经常和中心网工作人员一起探讨如何提升自己的中基透明指数得分。

2、丰富披露内容

登录基金会官网，首先看到的是最上方滚动播报的公益慈善项目动态进展，基金会的年度报告、财务信息、工作新闻也实时披露（见图11）。苗秘书长认为，基金会信息披露不应局限于已有内容，而应该打开思路，披露多样化的信息，比如通过一些工作花絮，把基金会开展的公益慈善项目细节从不同角度展现出来，让基金会的形象更加生动、丰满，更加贴近日常生活。

18　根据2016年3月30日对智善公益基金会执行秘书长苗强先生的访谈录音稿整理

19　根据2016年3月30日对智善公益基金会执行秘书长苗强先生的访谈录音稿整理

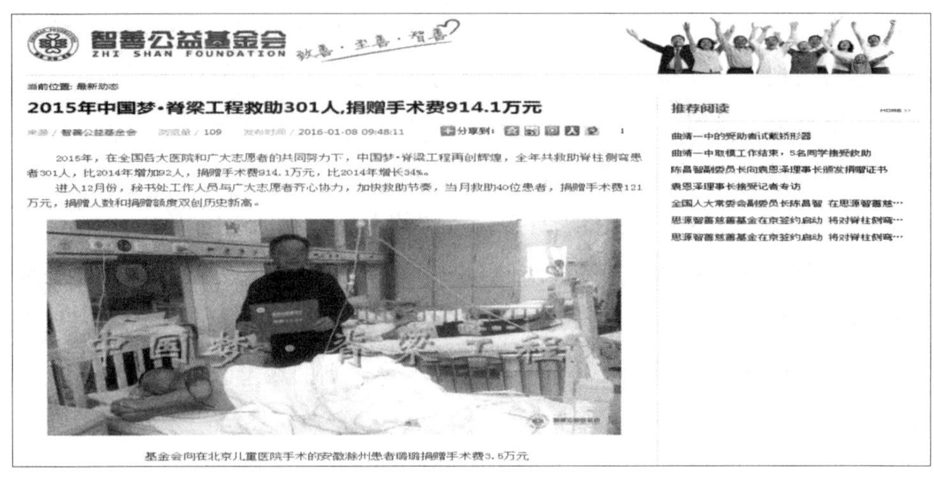

图11　智善公益基金会官方网站捐赠新闻页面[20]

3、拓宽披露渠道

智善公益基金会不仅在官方指定渠道上进行信息披露，同时也通过微信公众号、QQ、百度贴吧等网络媒体进行公开，扩大了受众覆盖面，提升了信息时效性（见图12、图13）。基金会希望通过各种媒体的信息披露，最大限度地向公众展示自身和行业发展情况。

图12　智善公益基金会微信公众号

20　消息来源：智善公益基金会官方网站http://www.zhishanjijin.cn/eap/43.news.detail?news_id=722

图13　智善公益基金会百度贴吧[21]

4、规范工作流程

智善公益基金会的信息披露包括每月的工作信息报告和每年的工作年报。工作人员在每月固定时间节点收集整理相关材料，审核通过后在月末统一发布。每年的工作年报也有固定的收集、处理、审核和发布时间。目前，基金会已形成良好的信息发布工作规范。（见图14）。

图14　智善公益基金会秘书处部分救助档案[22]

21　消息来源：http://tieba.baidu.com/f?kw=%D6%C7%C9%C6%B9%AB%D2%E6%BB%F9%BD%F0%BB%E1

22　信息来源：2016年3月30日拍摄于智善公益基金会秘书处办公室

智善公益基金会总结了自身信息公开的经验：首先是信息公开的态度要端正，只有自身行得正，才敢毫无保留的披露信息；其次，信息公开不要拘泥于内容和渠道上的条条框框；最后，信息公开要及时，养成习惯、形成规律。只有不断地披露真实、有效、及时的信息，形成完整的信息链条，才能将基金会工作完整地展示在公众面前。

三、智善公益基金会的未来发展

智善公益基金会诞生于慈善行业发展受阻的2012年。它凭着自身的规范运作和透明公开，扭转了部分民众对企业办慈善基金会的质疑。智善公益基金会在开展中国梦·脊梁工程救助项目中，不指定救治医院，不参与任何药品和器械经营活动，赢得了医院和受助患者双方的尊重和信任。

智善公益基金会秉承着致善、至善、智善的理念，坚持自我发展、需求带动、平台运作的机制，正在影响和带动着更多的有识之士关注和投身于公益慈善事业中。

智善公益基金会努力加强与基金会中心网等第三方机构合作，呼吁建立跨行业、跨领域的慈善行业监管体系和机制。同时还加强对自身项目的信息公开与数据分析，让更多的民众了解基金会，了解公益慈善事业，不断提高公益慈善机构的社会影响力。

2、北京语言大学教育基金会——德行言语，敦睦天下

一、北京语言大学教育基金会的基本情况

为了进一步推动北京语言大学教育事业发展，提高教育质量和科研水平，培养高素质人才，加强学校与社会的联系，争取国内外团体和个人的支持与捐助，北京语言大学教育基金会于2013年5月21日获北京市民政局批准成立，并正式登记注册。

北京语言大学教育基金会主要接受国内外各类公益组织、企事业单位、社会团体和个人的捐赠，基金会基金主要用于支持北京语言大学教育事业；奖励优秀学生和教师；资助贫困学生；资助教学研究、科学研究和著作出版；资助教师出国深造及参加国际学术合作和国际学术会议；改善教学设施，包括建筑物、仪器设备、图书资料等；以及其他教育公益事业等等。

二、北京语言大学教育基金会信息公开的基本情况

目前，北京语言大学教育基金会的中基透明指数（FTI）得分为99.60分，在北京市各家基金会中名列第二。从得分上看，基金会较好地完成了信息披露工作，这与该基金会对信息披露的重视程度是分不开的。

北京语言大学教育基金会秘书长金珂认为："首先，基金会信息公开透明是民政部的规定，我们必须严格执行；其次，基金会信息公开透明是其生存与发展的根本，我们必须立足长远。"

北京语言大学教育基金会从一开始就明确了信息披露的工作理念，并努力探索信息公开的有效渠道。基金会加强与基金会中心网的业务合作，与其他信息公开工作做得比较好的高校基金会开展交流学习，积极开展信息公开工作，不断提升自身的社会公信力，使得事业不断发展壮大。

三、北京语言大学教育基金会信息披露平台的建设

1、北京语言大学教育基金会官方网站

北京语言大学教育基金会成立伊始就建立了官方网站（官网地址为http://jjhfb.blcu.edu.cn/），用于向全社会公示基金会相关各类信息，方便公众进行查询。经过一年多的完善，目前网站已经能够实现信息公开化的目的和功能。

图15 北京语言大学教育基金会官方网站首页

在首页中（见图15），共有"首页导航"、"关于我们"、"新闻公

告”、“筹款项目”、“捐赠使用”、“捐赠指南”、“捐赠免税”、“学生公益组织”、“信息公开”、“常见问题”和“下载专栏”等11个一级标题。在首页的下滑页面中，共有九个模块的快速链接。其中“北语印象”主要展现了北京语言大学的校园风情；“丝路文化基金”和“语言现代应用基金”介绍了两个目前基金会的重点项目；“捐赠人故事”主要介绍了捐赠人事迹和相关捐赠情况；“新闻动态”介绍了基金会的相关新闻，公示的新闻具有很强的时效性，可以快速了解基金会的近期动向；“捐赠指南”详细介绍了北京语言大学教育基金会具体捐赠的流程、实施办法、免税事宜等相关事项，信息清楚明了，方便捐赠者进行操作；“受捐人故事”介绍了部分资助对象的相关情况；“通知公告”用于基金会相关信息的公示和公告；“捐款名单”这一项目中实时滚动捐款的相关信息，包括“捐款时间”、“捐款人姓名或捐款单位名称”、“捐款项目”以及“捐款金额”，让公众能够清楚明白地了解基金会的基本收入情况。

下面详细介绍与信息披露相关的“关于我们”、“筹款项目”和“信息公开”三个一级标题。“关于我们”涵盖“基金会简介”、“校长致辞”、“理事长致辞”、“组织架构”、“基金会章程及管理制度”、“北语印象”和“联系方式”等若干二级标题，详细介绍了北京语言大学教育基金会的相关具体信息，还向外界公示了关于志愿者、人事、项目捐赠、基金与财务的具体管理办法及基金会章程（见图2），主动接受公众监督。公开自身内部管理信息，足以说明北京语言大学教育基金会对于自身制度建设和机构运作的自信。

图16　北京语言大学教育基金会章程及管理制度

“筹款项目”主要列出了基金会募集资金的支出，向捐赠者和公众清楚地公示出“钱是怎样花的”，其中每个具体项目（见图17）以及详细的项目信息均可通过登陆官网查询。这里特别要提到的是“丝路文化基金”项目。2013年国家主席习近平同志提出构建“丝绸之路经济带”和“21世纪海上丝绸之路计划”宏伟构想。北京语言大学教育基金会积极响应，建立了“丝路文化基金”，下设“中国周边语言保护基金”、“图书版权交易基金”和“中国影视译制基金”，以语言文化为纽带，以教育传播为载体，德行言语，敦睦天下。

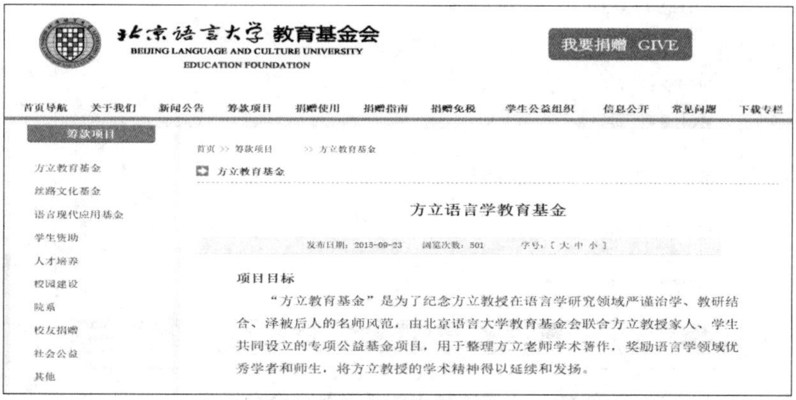

图17　北京语言大学教育基金会捐款项目公示

“信息公开”一级标题包含“捐款名单”、“年度工作报告”、“审计报告”三项内容。“捐款名单”中详细列出了捐赠人姓名或捐赠企业名称、捐赠项目、捐赠金额及捐赠时间，并且表头提供检索功能，让捐赠者和公众能轻松查询自己或他人的捐赠信息。

北京语言大学教育基金会同时向公众披露了从建立年份至今的年度工作报告和审计报告全文，任何人都可以通过网站进行下载，从中能够了解北京语言大学教育基金会的运作情况和募集资金使用情况。

2、北京语言大学教育基金会社交媒体平台建设

北京语言大学教育基金会不仅通过官网发布信息，还通过微信、微博平台进一步拓宽信息发布渠道。北京语言大学教育基金会已经建立了自己的微信公众号（BLCUEF，见图18）。公众号可以实现官网的大部分功能，不仅更加方便公众接收信息，并且能够更加快速、广泛、及时地公示和披露基金会信息。微博方面，北京语言大学教育基金会除了公示与其自身相关的信息以外，还转发或原创公益、大学生相关信息。微信和微博终端的开设进一步提高了用户友好性，提高了信息传递的有效性。北京语言大学教育基金会可以通过微信和微博终端与公众进行实时互动，及时解答后者存在的问题和疑惑。

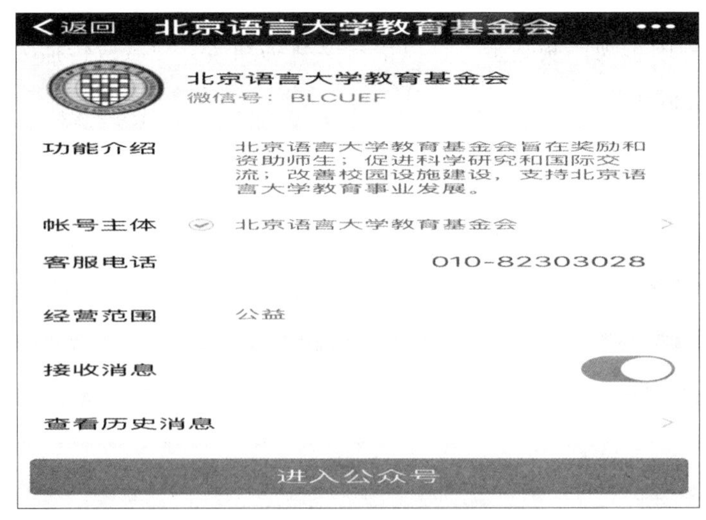

图18　北京语言大学教育基金会公众号

四、北京语言大学教育基金会在信息公开方面的经验

北京语言大学教育基金会清楚地认识到公信力是慈善组织的立足之本，必须将加强公信力建设作为工作重点。维护公信力最有效的途径之一就是进行信息公开，因为只有让捐赠者和公众清楚资金的来源、去向以及基金会相关的运作，才能让大家对基金会产生信任感，才能放心将善款交于基金会进行管理。与此同时，基金会在进行信息披露的过程中也要注意方式方法，才能够更加高效地将信息及时、准确、完整地传递给外界。

牢固的信息公开理念和有效的信息公开途径，使得北京语言大学教育基金会在信息公开方面取得了优异的成绩，在业界赢得了良好的口碑，为行业树立了典范。

结 语

2016年堪称是我国公益慈善事业发展的里程碑。《慈善法》的颁布实施将对我国主要的慈善组织——公益基金会产生行业重构性的影响。今后，我国将有更多的社会捐款通过公益基金会流向各类弱势群体。慈善事业的发展不仅需要社会的有效监管，更需要慈善公益机构自身的透明运行。因此，基金会组织乃至整个公益慈善领域的公开透明，已经成为社会日益关注的焦点。

2016年，基金会中心网和清华大学廉政与治理研究中心联合推出的中基透明指数（FTI）和《中国基金会透明度发展研究报告》也走过了五年的历程。五年来，主流媒体与新兴媒体的共同关注，加上基金会加强自身建设的客观需要，使得中基透明指数的社会影响力不断扩大。中基透明指数以引领中国基金会行业进入信息时代为己任，一方面树立行业透明度标准，另一方面分享实践经验和互联网工具，逐渐成为具有广泛影响力的有关中国基金会透明性、规范性、专业性的权威榜单。

五年来，为了适应基金会行业内外部的发展变化，中基透明指数（FTI）也在不断更新，其指标及算法体系共进行了三次大的调整，但其公开性、科学性、倡导性、民间性、发展性、国际性的设计原则一直贯穿始终。不忘初心，方得始终。

公益慈善事业作为中国特色社会主义事业和社会保障体系的重要组成部分，不仅需要良好的社会氛围来维护，更需要公众的慈善意识来支撑。而慈善组织的信息公开透明可以唤起公众的参与感，使得慈善事业真正成为社会正能量的源泉动力。基金会公开透明是一项长期而艰巨的任务，我们将继续努力下去。

附　录

附录一　相关法律法规

中华人民共和国慈善法

（2016年3月16日第十二届全国人民代表大会第四次会议通过）

中华人民共和国主席令
第四十三号

《中华人民共和国慈善法》已由中华人民共和国第十二届全国人民代表大会第四次会议于2016年3月16日通过，现予公布，自2016年9月1日起施行。

中华人民共和国主席习近平

2016年3月16日

第一章　总则

第一条　为了发展慈善事业，弘扬慈善文化，规范慈善活动，保护慈善组织、捐赠人、志愿者、受益人等慈善活动参与者的合法权益，促进社会进步，共享发展成果，制定本法。

第二条　自然人、法人和其他组织开展慈善活动以及与慈善有关的活动，适用本法。其他法律有特别规定的，依照其规定。

第三条　本法所称慈善活动，是指自然人、法人和其他组织以捐赠财产或者提供服务等方式，自愿开展的下列公益活动：

（一）扶贫、济困；

（二）扶老、救孤、恤病、助残、优抚；

（三）救助自然灾害、事故灾难和公共卫生事件等突发事件造成的损害；

（四）促进教育、科学、文化、卫生、体育等事业的发展；

（五）防治污染和其他公害，保护和改善生态环境；

（六）符合本法规定的其他公益活动。

第四条 开展慈善活动，应当遵循合法、自愿、诚信、非营利的原则，不得违背社会公德，不得危害国家安全、损害社会公共利益和他人合法权益。

第五条 国家鼓励和支持自然人、法人和其他组织践行社会主义核心价值观，弘扬中华民族传统美德，依法开展慈善活动。

第六条 国务院民政部门主管全国慈善工作，县级以上地方各级人民政府民政部门主管本行政区域内的慈善工作；县级以上人民政府有关部门依照本法和其他有关法律法规，在各自的职责范围内做好相关工作。

第七条 每年9月5日为“中华慈善日”。

第二章 慈善组织

第八条 本法所称慈善组织，是指依法成立、符合本法规定，以面向社会开展慈善活动为宗旨的非营利性组织。

慈善组织可以采取基金会、社会团体、社会服务机构等组织形式。

第九条 慈善组织应当符合下列条件：

（一）以开展慈善活动为宗旨；

（二）不以营利为目的；

（三）有自己的名称和住所；

（四）有组织章程；

（五）有必要的财产；

（六）有符合条件的组织机构和负责人；

（七）法律、行政法规规定的其他条件。

第十条 设立慈善组织，应当向县级以上人民政府民政部门申请登记，民政部门应当自受理申请之日起三十日内作出决定。符合本法规定条件的，准予登记并向社会公告；不符合本法规定条件的，不予登记并书面说明理由。

本法公布前已经设立的基金会、社会团体、社会服务机构等非营利性组织，可以向其登记的民政部门申请认定为慈善组织，民政部门应当自受理申请之日起二十日内作出决定。符合慈善组织条件的，予以认定并向社会公告；不符合慈善组织条件的，不予认定并书面说明理由。

有特殊情况需要延长登记或者认定期限的，报经国务院民政部门批准，可以适当延长，但延长的期限不得超过六十日。

第十一条 慈善组织的章程，应当符合法律法规的规定，并载明下列事项：

（一）名称和住所；

（二）组织形式；

（三）宗旨和活动范围；

（四）财产来源及构成；

（五）决策、执行机构的组成及职责；

（六）内部监督机制；

（七）财产管理使用制度；

（八）项目管理制度；

（九）终止情形及终止后的清算办法；

（十）其他重要事项。

第十二条 慈善组织应当根据法律法规以及章程的规定，建立健全内部治理结构，明确决策、执行、监督等方面的职责权限，开展慈善活动。

慈善组织应当执行国家统一的会计制度，依法进行会计核算，建立健全会计监督制度，并接受政府有关部门的监督管理。

第十三条 慈善组织应当每年向其登记的民政部门报送年度工作报告和财务会计报告。报告应当包括年度开展募捐和接受捐赠情况、慈善财产的管理使用情况、慈善项目实施情况以及慈善组织工作人员的工资福利情况。

第十四条 慈善组织的发起人、主要捐赠人以及管理人员，不得利用其关联关系损害慈善组织、受益人的利益和社会公共利益。

慈善组织的发起人、主要捐赠人以及管理人员与慈善组织发生交易行为的，不得参与慈善组织有关该交易行为的决策，有关交易情况应当向社会公开。

第十五条 慈善组织不得从事、资助危害国家安全和社会公共利益的活动，不得接受附加违反法律法规和违背社会公德条件的捐赠，不得对受益人附加违反法律法规和违背社会公德的条件。

第十六条 有下列情形之一的，不得担任慈善组织的负责人：

（一）无民事行为能力或者限制民事行为能力的；

（二）因故意犯罪被判处刑罚，自刑罚执行完毕之日起未逾五年的；

（三）在被吊销登记证书或者被取缔的组织担任负责人，自该组织被吊销登记证书或者被取缔之日起未逾五年的；

（四）法律、行政法规规定的其他情形。

第十七条 慈善组织有下列情形之一的，应当终止：

（一）出现章程规定的终止情形的；

（二）因分立、合并需要终止的；

（三）连续二年未从事慈善活动的；

（四）依法被撤销登记或者吊销登记证书的；

（五）法律、行政法规规定应当终止的其他情形。

第十八条 慈善组织终止，应当进行清算。

慈善组织的决策机构应当在本法第十七条规定的终止情形出现之日起三十日内成立清算组进行清算，并向社会公告。不成立清算组或者清算组不履行职责的，民政部门可以申请人民法院指定有关人员组成清算组进行清算。

慈善组织清算后的剩余财产，应当按照慈善组织章程的规定转给宗旨相同或者相近的慈善组织；章程未规定的，由民政部门主持转给宗旨相同或者相近的慈善组织，并向社会公告。

慈善组织清算结束后，应当向其登记的民政部门办理注销登记，并由民政部门向社会公告。

第十九条　慈善组织依法成立行业组织。

慈善行业组织应当反映行业诉求，推动行业交流，提高慈善行业公信力，促进慈善事业发展。

第二十条　慈善组织的组织形式、登记管理的具体办法由国务院制定。

第三章　慈善募捐

第二十一条　本法所称慈善募捐，是指慈善组织基于慈善宗旨募集财产的活动。

慈善募捐，包括面向社会公众的公开募捐和面向特定对象的定向募捐。

第二十二条　慈善组织开展公开募捐，应当取得公开募捐资格。依法登记满二年的慈善组织，可以向其登记的民政部门申请公开募捐资格。民政部门应当自受理申请之日起二十日内作出决定。慈善组织符合内部治理结构健全、运作规范的条件的，发给公开募捐资格证书；不符合条件的，不发给公开募捐资格证书并书面说明理由。

法律、行政法规规定自登记之日起可以公开募捐的基金会和社会团体，由民政部门直接发给公开募捐资格证书。

第二十三条　开展公开募捐，可以采取下列方式：

（一）在公共场所设置募捐箱；

（二）举办面向社会公众的义演、义赛、义卖、义展、义拍、慈善晚会等；

（三）通过广播、电视、报刊、互联网等媒体发布募捐信息；

（四）其他公开募捐方式。

慈善组织采取前款第一项、第二项规定的方式开展公开募捐的，应当在其登记的民政部门管辖区域内进行，确有必要在其登记的民政部门管辖区域外进行的，应当报其开展募捐活动所在地的县级以上人民政府民政部门备案。捐赠人的捐赠行为不受地域限制。

慈善组织通过互联网开展公开募捐的，应当在国务院民政部门统一或者指定的慈善信息平台发布募捐信息，并可以同时在其网站发布募捐信息。

第二十四条 开展公开募捐，应当制定募捐方案。募捐方案包括募捐目的、起止时间和地域、活动负责人姓名和办公地址、接受捐赠方式、银行账户、受益人、募得款物用途、募捐成本、剩余财产的处理等。

募捐方案应当在开展募捐活动前报慈善组织登记的民政部门备案。

第二十五条 开展公开募捐，应当在募捐活动现场或者募捐活动载体的显著位置，公布募捐组织名称、公开募捐资格证书、募捐方案、联系方式、募捐信息查询方法等。

第二十六条 不具有公开募捐资格的组织或者个人基于慈善目的，可以与具有公开募捐资格的慈善组织合作，由该慈善组织开展公开募捐并管理募得款物。

第二十七条 广播、电视、报刊以及网络服务提供者、电信运营商，应当对利用其平台开展公开募捐的慈善组织的登记证书、公开募捐资格证书进行验证。

第二十八条 慈善组织自登记之日起可以开展定向募捐。

慈善组织开展定向募捐，应当在发起人、理事会成员和会员等特定对象的范围内进行，并向募捐对象说明募捐目的、募得款物用途等事项。

第二十九条 开展定向募捐，不得采取或者变相采取本法第二十三条规定的方式。

第三十条 发生重大自然灾害、事故灾难和公共卫生事件等突发事件，需要迅速开展救助时，有关人民政府应当建立协调机制，提供需求信息，及时有序引导开展募捐和救助活动。

第三十一条 开展募捐活动，应当尊重和维护募捐对象的合法权益，保障募捐对象的知情权，不得通过虚构事实等方式欺骗、诱导募捐对象实施捐赠。

第三十二条 开展募捐活动，不得摊派或者变相摊派，不得妨碍公共秩序、企业生产经营和居民生活。

第三十三条 禁止任何组织或者个人假借慈善名义或者假冒慈善组织开展

募捐活动，骗取财产。

第四章 慈善捐赠

第三十四条 本法所称慈善捐赠，是指自然人、法人和其他组织基于慈善目的，自愿、无偿赠与财产的活动。

第三十五条 捐赠人可以通过慈善组织捐赠，也可以直接向受益人捐赠。

第三十六条 捐赠人捐赠的财产应当是其有权处分的合法财产。捐赠财产包括货币、实物、房屋、有价证券、股权、知识产权等有形和无形财产。

捐赠人捐赠的实物应当具有使用价值，符合安全、卫生、环保等标准。

捐赠人捐赠本企业产品的，应当依法承担产品质量责任和义务。

第三十七条 自然人、法人和其他组织开展演出、比赛、销售、拍卖等经营性活动，承诺将全部或者部分所得用于慈善目的的，应当在举办活动前与慈善组织或者其他接受捐赠的人签订捐赠协议，活动结束后按照捐赠协议履行捐赠义务，并将捐赠情况向社会公开。

第三十八条 慈善组织接受捐赠，应当向捐赠人开具由财政部门统一监（印）制的捐赠票据。捐赠票据应当载明捐赠人、捐赠财产的种类及数量、慈善组织名称和经办人姓名、票据日期等。捐赠人匿名或者放弃接受捐赠票据的，慈善组织应当做好相关记录。

第三十九条 慈善组织接受捐赠，捐赠人要求签订书面捐赠协议的，慈善组织应当与捐赠人签订书面捐赠协议。

书面捐赠协议包括捐赠人和慈善组织名称，捐赠财产的种类、数量、质量、用途、交付时间等内容。

第四十条 捐赠人与慈善组织约定捐赠财产的用途和受益人时，不得指定捐赠人的利害关系人作为受益人。

任何组织和个人不得利用慈善捐赠违反法律规定宣传烟草制品，不得利用慈善捐赠以任何方式宣传法律禁止宣传的产品和事项。

第四十一条 捐赠人应当按照捐赠协议履行捐赠义务。捐赠人违反捐赠协议逾期未交付捐赠财产，有下列情形之一的，慈善组织或者其他接受捐赠的人可以要求交付；捐赠人拒不交付的，慈善组织和其他接受捐赠的人可以依法向人民法院申请支付令或者提起诉讼：

（一）捐赠人通过广播、电视、报刊、互联网等媒体公开承诺捐赠的；

（二）捐赠财产用于本法第三条第一项至第三项规定的慈善活动，并签订书面捐赠协议的。

捐赠人公开承诺捐赠或者签订书面捐赠协议后经济状况显著恶化，严重影响其生产经营或者家庭生活的，经向公开承诺捐赠地或者书面捐赠协议签订地的民政部门报告并向社会公开说明情况后，可以不再履行捐赠义务。

第四十二条　捐赠人有权查询、复制其捐赠财产管理使用的有关资料，慈善组织应当及时主动向捐赠人反馈有关情况。

慈善组织违反捐赠协议约定的用途，滥用捐赠财产的，捐赠人有权要求其改正；拒不改正的，捐赠人可以向民政部门投诉、举报或者向人民法院提起诉讼。

第四十三条　国有企业实施慈善捐赠应当遵守有关国有资产管理的规定，履行批准和备案程序。

第五章　慈善信托

第四十四条　本法所称慈善信托属于公益信托，是指委托人基于慈善目的，依法将其财产委托给受托人，由受托人按照委托人意愿以受托人名义进行管理和处分，开展慈善活动的行为。

第四十五条　设立慈善信托、确定受托人和监察人，应当采取书面形式。受托人应当在慈善信托文件签订之日起七日内，将相关文件向受托人所在地县级以上人民政府民政部门备案。

未按照前款规定将相关文件报民政部门备案的，不享受税收优惠。

第四十六条　慈善信托的受托人，可以由委托人确定其信赖的慈善组织或者信托公司担任。

第四十七条 慈善信托的受托人违反信托义务或者难以履行职责的，委托人可以变更受托人。变更后的受托人应当自变更之日起七日内，将变更情况报原备案的民政部门重新备案。

第四十八条 慈善信托的受托人管理和处分信托财产，应当按照信托目的，恪尽职守，履行诚信、谨慎管理的义务。

慈善信托的受托人应当根据信托文件和委托人的要求，及时向委托人报告信托事务处理情况、信托财产管理使用情况。慈善信托的受托人应当每年至少一次将信托事务处理情况及财务状况向其备案的民政部门报告，并向社会公开。

第四十九条 慈善信托的委托人根据需要，可以确定信托监察人。

信托监察人对受托人的行为进行监督，依法维护委托人和受益人的权益。信托监察人发现受托人违反信托义务或者难以履行职责的，应当向委托人报告，并有权以自己的名义向人民法院提起诉讼。

第五十条 慈善信托的设立、信托财产的管理、信托当事人、信托的终止和清算等事项，本章未规定的，适用本法其他有关规定；本法未规定的，适用《中华人民共和国信托法》的有关规定。

第六章　慈善财产

第五十一条 慈善组织的财产包括：

（一）发起人捐赠、资助的创始财产；

（二）募集的财产；

（三）其他合法财产。

第五十二条 慈善组织的财产应当根据章程和捐赠协议的规定全部用于慈善目的，不得在发起人、捐赠人以及慈善组织成员中分配。

任何组织和个人不得私分、挪用、截留或者侵占慈善财产。

第五十三条 慈善组织对募集的财产，应当登记造册，严格管理，专款专用。

捐赠人捐赠的实物不易储存、运输或者难以直接用于慈善目的的，慈善组织可以依法拍卖或者变卖，所得收入扣除必要费用后，应当全部用于慈善目的。

第五十四条 慈善组织为实现财产保值、增值进行投资的，应当遵循合法、安全、有效的原则，投资取得的收益应当全部用于慈善目的。慈善组织的重大投资方案应当经决策机构组成人员三分之二以上同意。政府资助的财产和捐赠协议约定不得投资的财产，不得用于投资。慈善组织的负责人和工作人员不得在慈善组织投资的企业兼职或者领取报酬。

前款规定事项的具体办法，由国务院民政部门制定。

第五十五条 慈善组织开展慈善活动，应当依照法律法规和章程的规定，按照募捐方案或者捐赠协议使用捐赠财产。慈善组织确需变更募捐方案规定的捐赠财产用途的，应当报民政部门备案；确需变更捐赠协议约定的捐赠财产用途的，应当征得捐赠人同意。

第五十六条 慈善组织应当合理设计慈善项目，优化实施流程，降低运行成本，提高慈善财产使用效益。

慈善组织应当建立项目管理制度，对项目实施情况进行跟踪监督。

第五十七条 慈善项目终止后捐赠财产有剩余的，按照募捐方案或者捐赠协议处理；募捐方案未规定或者捐赠协议未约定的，慈善组织应当将剩余财产用于目的相同或者相近的其他慈善项目，并向社会公开。

第五十八条 慈善组织确定慈善受益人，应当坚持公开、公平、公正的原则，不得指定慈善组织管理人员的利害关系人作为受益人。

第五十九条 慈善组织根据需要可以与受益人签订协议，明确双方权利义务，约定慈善财产的用途、数额和使用方式等内容。

受益人应当珍惜慈善资助，按照协议使用慈善财产。受益人未按照协议使用慈善财产或者有其他严重违反协议情形的，慈善组织有权要求其改正；受益人拒不改正的，慈善组织有权解除协议并要求受益人返还财产。

第六十条 慈善组织应当积极开展慈善活动，充分、高效运用慈善财产，并遵循管理费用最必要原则，厉行节约，减少不必要的开支。慈善组织中具有公开募捐资格的基金会开展慈善活动的年度支出，不得低于上一年总收入的百分之七十或者前三年收入平均数额的百分之七十；年度管理费用不得超过当年总支出的百分之十，特殊情况下，年度管理费用难以符合前述规定的，应当报告其登记的民政部门并向社会公开说明情况。

具有公开募捐资格的基金会以外的慈善组织开展慈善活动的年度支出和管理费用的标准，由国务院民政部门会同国务院财政、税务等部门依照前款规定的原则制定。

捐赠协议对单项捐赠财产的慈善活动支出和管理费用有约定的，按照其约定。

第七章　慈善服务

第六十一条　本法所称慈善服务，是指慈善组织和其他组织以及个人基于慈善目的，向社会或者他人提供的志愿无偿服务以及其他非营利服务。

慈善组织开展慈善服务，可以自己提供或者招募志愿者提供，也可以委托有服务专长的其他组织提供。

第六十二条　开展慈善服务，应当尊重受益人、志愿者的人格尊严，不得侵害受益人、志愿者的隐私。

第六十三条　开展医疗康复、教育培训等慈善服务，需要专门技能的，应当执行国家或者行业组织制定的标准和规程。

慈善组织招募志愿者参与慈善服务，需要专门技能的，应当对志愿者开展相关培训。

第六十四条　慈善组织招募志愿者参与慈善服务，应当公示与慈善服务有关的全部信息，告知服务过程中可能发生的风险。

慈善组织根据需要可以与志愿者签订协议，明确双方权利义务，约定服务的内容、方式和时间等。

第六十五条　慈善组织应当对志愿者实名登记，记录志愿者的服务时间、内容、评价等信息。根据志愿者的要求，慈善组织应当无偿、如实出具志愿服务记录证明。

第六十六条 慈善组织安排志愿者参与慈善服务，应当与志愿者的年龄、文化程度、技能和身体状况相适应。

第六十七条 志愿者接受慈善组织安排参与慈善服务的，应当服从管理，接受必要的培训。

第六十八条 慈善组织应当为志愿者参与慈善服务提供必要条件，保障志愿者的合法权益。

慈善组织安排志愿者参与可能发生人身危险的慈善服务前，应当为志愿者购买相应的人身意外伤害保险。

第八章 信息公开

第六十九条 县级以上人民政府建立健全慈善信息统计和发布制度。

县级以上人民政府民政部门应当在统一的信息平台，及时向社会公开慈善信息，并免费提供慈善信息发布服务。

慈善组织和慈善信托的受托人应当在前款规定的平台发布慈善信息，并对信息的真实性负责。

第七十条 县级以上人民政府民政部门和其他有关部门应当及时向社会公开下列慈善信息：

（一）慈善组织登记事项；

（二）慈善信托备案事项；

（三）具有公开募捐资格的慈善组织名单；

（四）具有出具公益性捐赠税前扣除票据资格的慈善组织名单；

（五）对慈善活动的税收优惠、资助补贴等促进措施；

（六）向慈善组织购买服务的信息；

（七）对慈善组织、慈善信托开展检查、评估的结果；

（八）对慈善组织和其他组织以及个人的表彰、处罚结果；

（九）法律法规规定应当公开的其他信息。

第七十一条 慈善组织、慈善信托的受托人应当依法履行信息公开义务。

信息公开应当真实、完整、及时。

第七十二条 慈善组织应当向社会公开组织章程和决策、执行、监督机构成员信息以及国务院民政部门要求公开的其他信息。上述信息有重大变更的，慈善组织应当及时向社会公开。

慈善组织应当每年向社会公开其年度工作报告和财务会计报告。具有公开募捐资格的慈善组织的财务会计报告须经审计。

第七十三条 具有公开募捐资格的慈善组织应当定期向社会公开其募捐情况和慈善项目实施情况。

公开募捐周期超过六个月的，至少每三个月公开一次募捐情况，公开募捐活动结束后三个月内应当全面公开募捐情况。

慈善项目实施周期超过六个月的，至少每三个月公开一次项目实施情况，项目结束后三个月内应当全面公开项目实施情况和募得款物使用情况。

第七十四条 慈善组织开展定向募捐的，应当及时向捐赠人告知募捐情况、募得款物的管理使用情况。

第七十五条 慈善组织、慈善信托的受托人应当向受益人告知其资助标准、工作流程和工作规范等信息。

第七十六条 涉及国家秘密、商业秘密、个人隐私的信息以及捐赠人、慈善信托的委托人不同意公开的姓名、名称、住所、通讯方式等信息，不得公开。

第九章 促进措施

第七十七条 县级以上人民政府应当根据经济社会发展情况，制定促进慈善事业发展的政策和措施。

县级以上人民政府有关部门应当在各自职责范围内，向慈善组织、慈善信托受托人等提供慈善需求信息，为慈善活动提供指导和帮助。

第七十八条 县级以上人民政府民政部门应当建立与其他部门之间的慈善信息共享机制。

第七十九条 慈善组织及其取得的收入依法享受税收优惠。

第八十条 自然人、法人和其他组织捐赠财产用于慈善活动的，依法享受税收优惠。企业慈善捐赠支出超过法律规定的准予在计算企业所得税应纳税所得额时当年扣除的部分，允许结转以后三年内在计算应纳税所得额时扣除。

境外捐赠用于慈善活动的物资，依法减征或者免征进口关税和进口环节增值税。

第八十一条 受益人接受慈善捐赠，依法享受税收优惠。

第八十二条 慈善组织、捐赠人、受益人依法享受税收优惠的，有关部门应当及时办理相关手续。

第八十三条 捐赠人向慈善组织捐赠实物、有价证券、股权和知识产权的，依法免征权利转让的相关行政事业性费用。

第八十四条 国家对开展扶贫济困的慈善活动，实行特殊的优惠政策。

第八十五条 慈善组织开展本法第三条第一项、第二项规定的慈善活动需要慈善服务设施用地的，可以依法申请使用国有划拨土地或者农村集体建设用地。慈善服务设施用地非经法定程序不得改变用途。

第八十六条 国家为慈善事业提供金融政策支持，鼓励金融机构为慈善组织、慈善信托提供融资和结算等金融服务。

第八十七条 各级人民政府及其有关部门可以依法通过购买服务等方式，支持符合条件的慈善组织向社会提供服务，并依照有关政府采购的法律法规向社会公开相关情况。

第八十八条 国家采取措施弘扬慈善文化，培育公民慈善意识。

学校等教育机构应当将慈善文化纳入教育教学内容。国家鼓励高等学校培养慈善专业人才，支持高等学校和科研机构开展慈善理论研究。

广播、电视、报刊、互联网等媒体应当积极开展慈善公益宣传活动，普及慈善知识，传播慈善文化。

第八十九条 国家鼓励企业事业单位和其他组织为开展慈善活动提供场所和其他便利条件。

第九十条 经受益人同意，捐赠人对其捐赠的慈善项目可以冠名纪念，法律法规规定需要批准的，从其规定。

第九十一条　国家建立慈善表彰制度，对在慈善事业发展中做出突出贡献的自然人、法人和其他组织，由县级以上人民政府或者有关部门予以表彰。

第十章　监督管理

第九十二条　县级以上人民政府民政部门应当依法履行职责，对慈善活动进行监督检查，对慈善行业组织进行指导。

第九十三条　县级以上人民政府民政部门对涉嫌违反本法规定的慈善组织，有权采取下列措施：

（一）对慈善组织的住所和慈善活动发生地进行现场检查；

（二）要求慈善组织作出说明，查阅、复制有关资料；

（三）向与慈善活动有关的单位和个人调查与监督管理有关的情况；

（四）经本级人民政府批准，可以查询慈善组织的金融账户；

（五）法律、行政法规规定的其他措施。

第九十四条　县级以上人民政府民政部门对慈善组织、有关单位和个人进行检查或者调查时，检查人员或者调查人员不得少于二人，并应当出示合法证件和检查、调查通知书。

第九十五条　县级以上人民政府民政部门应当建立慈善组织及其负责人信用记录制度，并向社会公布。

民政部门应当建立慈善组织评估制度，鼓励和支持第三方机构对慈善组织进行评估，并向社会公布评估结果。

第九十六条　慈善行业组织应当建立健全行业规范，加强行业自律。

第九十七条　任何单位和个人发现慈善组织、慈善信托有违法行为的，可以向民政部门、其他有关部门或者慈善行业组织投诉、举报。民政部门、其他有关部门或者慈善行业组织接到投诉、举报后，应当及时调查处理。

国家鼓励公众、媒体对慈善活动进行监督，对假借慈善名义或者假冒慈善组织骗取财产以及慈善组织、慈善信托的违法违规行为予以曝光，发挥舆论和社会监督作用。

第十一章　法律责任

第九十八条　慈善组织有下列情形之一的，由民政部门责令限期改正；逾期不改正的，吊销登记证书并予以公告：

（一）未按照慈善宗旨开展活动的；

（二）私分、挪用、截留或者侵占慈善财产的；

（三）接受附加违反法律法规或者违背社会公德条件的捐赠，或者对受益人附加违反法律法规或者违背社会公德的条件的。

第九十九条　慈善组织有下列情形之一的，由民政部门予以警告、责令限期改正；逾期不改正的，责令限期停止活动并进行整改：

（一）违反本法第十四条规定造成慈善财产损失的；

（二）将不得用于投资的财产用于投资的；

（三）擅自改变捐赠财产用途的；

（四）开展慈善活动的年度支出或者管理费用的标准违反本法第六十条规定的；

（五）未依法履行信息公开义务的；

（六）未依法报送年度工作报告、财务会计报告或者报备募捐方案的；

（七）泄露捐赠人、志愿者、受益人个人隐私以及捐赠人、慈善信托的委托人不同意公开的姓名、名称、住所、通讯方式等信息的。

慈善组织违反本法规定泄露国家秘密、商业秘密的，依照有关法律的规定予以处罚。

慈善组织有前两款规定的情形，经依法处理后一年内再出现前款规定的情形，或者有其他情节严重情形的，由民政部门吊销登记证书并予以公告。

第一百条　慈善组织有本法第九十八条、第九十九条规定的情形，有违法所得的，由民政部门予以没收；对直接负责的主管人员和其他直接责任人员处二万元以上二十万元以下罚款。

第一百零一条 开展募捐活动有下列情形之一的，由民政部门予以警告、责令停止募捐活动；对违法募集的财产，责令退还捐赠人；难以退还的，由民政部门予以收缴，转给其他慈善组织用于慈善目的；对有关组织或者个人处二万元以上二十万元以下罚款：

（一）不具有公开募捐资格的组织或者个人开展公开募捐的；

（二）通过虚构事实等方式欺骗、诱导募捐对象实施捐赠的；

（三）向单位或者个人摊派或者变相摊派的；

（四）妨碍公共秩序、企业生产经营或者居民生活的。

广播、电视、报刊以及网络服务提供者、电信运营商未履行本法第二十七条规定的验证义务的，由其主管部门予以警告，责令限期改正；逾期不改正的，予以通报批评。

第一百零二条 慈善组织不依法向捐赠人开具捐赠票据、不依法向志愿者出具志愿服务记录证明或者不及时主动向捐赠人反馈有关情况的，由民政部门予以警告，责令限期改正；逾期不改正的，责令限期停止活动。

第一百零三条 慈善组织弄虚作假骗取税收优惠的，由税务机关依法查处；情节严重的，由民政部门吊销登记证书并予以公告。

第一百零四条 慈善组织从事、资助危害国家安全或者社会公共利益活动的，由有关机关依法查处，由民政部门吊销登记证书并予以公告。

第一百零五条 慈善信托的受托人有下列情形之一的，由民政部门予以警告，责令限期改正；有违法所得的，由民政部门予以没收；对直接负责的主管人员和其他直接责任人员处二万元以上二十万元以下罚款：

（一）将信托财产及其收益用于非慈善目的的；

（二）未按照规定将信托事务处理情况及财务状况向民政部门报告或者向社会公开的。

第一百零六条 慈善服务过程中，因慈善组织或者志愿者过错造成受益人、第三人损害的，慈善组织依法承担赔偿责任；损害是由志愿者故意或者重大过失造成的，慈善组织可以向其追偿。

志愿者在参与慈善服务过程中，因慈善组织过错受到损害的，慈善组织依法承担赔偿责任；损害是由不可抗力造成的，慈善组织应当给予适当补偿。

第一百零七条 自然人、法人或者其他组织假借慈善名义或者假冒慈善组织骗取财产的，由公安机关依法查处。

第一百零八条 县级以上人民政府民政部门和其他有关部门及其工作人员有下列情形之一的，由上级机关或者监察机关责令改正；依法应当给予处分的，由任免机关或者监察机关对直接负责的主管人员和其他直接责任人员给予处分：

（一）未依法履行信息公开义务的；

（二）摊派或者变相摊派捐赠任务，强行指定志愿者、慈善组织提供服务的；

（三）未依法履行监督管理职责的；

（四）违法实施行政强制措施和行政处罚的；

（五）私分、挪用、截留或者侵占慈善财产的；

（六）其他滥用职权、玩忽职守、徇私舞弊的行为。

第一百零九条 违反本法规定，构成违反治安管理行为的，由公安机关依法给予治安管理处罚；构成犯罪的，依法追究刑事责任。

第十二章 附则

第一百一十条 城乡社区组织、单位可以在本社区、单位内部开展群众性互助互济活动。

第一百一十一条 慈善组织以外的其他组织可以开展力所能及的慈善活动。

第一百一十二条 本法自2016年9月1日起施行。

附录二 中基透明指数指标及算法详解

编制机构：基金会中心网

手册版本：2015年第1版

一、手册用户

基金会工作人员。

二、手册用途

·介绍中基透明指数FTI指标含义，指导基金会提升中基透明指数FTI得分与排名；

·展示各指标的模范基金会样板，提供信息更新的参考依据；

·进一步了解中基透明指数FTI指标体系和计算方法。

三、透明度提升总体原则

1. 完整披露2014年度基金会工作报告：中基透明指数FTI指标主要来自于民政登记机关要求基金会报送的年度工作报告模板，其中主要财务信息和主要项目信息的评分完全依靠2014年度报告的填写和披露情况而定。所以，建议完整填写2014年度报告并在互联网上公开报告全文，这样会大幅提升基金会的透明度分数和排名。

2. 建立基金会官方网站和微博：一方面，中基透明指数FTI指标中包含反映基金会信息化建设水平的指标，没有官方网站和微博的基金会将完全损失这些分数；另一方面，根据透明指数分值的计算方法，引入披露渠道这一参数，通过基金会官方网站披露参数值为1.2，通过其他渠道披露参数值为0.8，即同样披露一个指标，通过官网披露的分值将是通过其他渠道披露分值的1.5倍。所以，建议基金会建立自身官方网站，并在网站上建立信息披露栏目、项目展示栏目、捐赠方查询模块等。基金会中心网提供网站建设等服务。

3. 信息完善后告知基金会中心网：中基透明指数FTI中各基金会的分数和名次每月更新一次，全国基金会的透明度排名会随之发生变化。虽然基金会中心网的工作人员日常会观察各基金会的最新信息披露情况，但我们还是建议基金会信息完善后及时告知基金会中心网，可以保证第一时间反映基金会的新的透明度分数和排名。

四、计算方法

中基透明指数FTI总分等于41个指标的分数之和，满分100分，其中基本信息总分为13.2分，财务信息总分为24分，项目信息总分为39.2分，捐赠信息及内部建设信息总分为23.6分。计算公式如下：

中基透明指数FTI分数将由四个参数决定，包括：指标是否披露Ti、指标权重Wi、信息披露渠道Si和信息披露的完整程度Ci。某家基金会的透明度分数FTIn等于单个指标对应的四个参数的乘积的合计，公式如下：

$$FTIn=\sum(Ti \times Wi \times Si \times Ci)$$

· n: 基金会序号，如1，2，3……

· i：指标序号，值介于1至47

· Ti：第i个三级指标是否披露，值为0或1

· Wi：第i个三级指标的权重，值范围为1至6

· Si：第i个指标的信息来源，来源官网时Si 值为1.2，来源其他渠道时Si值为0.8

· Ci：第i个指标信息披露完整度,值介于0到1之间，完整度越高值越接近1（该参数仅应用于主要项目信息分数的计算）

为了快速理解指标和计算方法，请基金会工作人员参照下面表格具体描述和模范基金会的案例参考。

因部分2014年成立的基金会不需要提交2014年度工作报告，及2014年以后成立的基金会无2014年度工作报告，所以默认只包含2014年1月1日前成立的基金会，2014年成立的基金会可以自愿加入，可按照下方的联系方式向基金会中心网提供相关数据信息。

指标及算法详解

类别	指标	权重	说明	模范基金会样板
基本信息	1.1宗旨	2	年度工作报告中的填写的宗旨 通过机构官网披露，分数=2×1.2=2.4分；通过其他渠道披露，分数=2×0.8=1.6分；没有披露，分数=0 建议通过官方网站披露机构宗旨	老牛基金会 http://www.lnfund.org/ueditor/php/upload/20150910/14418768031670.pdf
	1.2原始基金	1	年度工作报告中的填写的原始基金数额 评分和建议参考1.2成立时间中的说明	老牛基金会 http://www.lnfund.org/ueditor/php/upload/20150910/14418768031670.pdf
	1.3秘书长简历	1	现任秘书长的工作简历 评分和建议参考1.2成立时间中的说明	中华少年儿童慈善救助基金会 http://www.ccafc.org.cn/templates/T_Common/index.aspx?nodeid=504
	1.4全职员工数量	1	2014年度工作报告中全职员工总数 评分和建议参考1.2成立时间中的说明	老牛基金会 http://www.lnfund.org/ueditor/php/upload/20150910/14418768031670.pdf
	1.5原始基金出资方	1	为基金会成立提供注册资金的单位或个人 评分和建议参考1.2成立时间中的说明	南都公益基金会 http://www.naradafoundation.org/html/jgjs/index.html
	1.6联系电话	1	基金会的联系电话 评分和建议参考1.2成立时间中的说明	海南成美慈善基金会 http://www.cmjjh.com/Contact.aspx
	1.7办公地址	1	基金会实际办公地址 评分和建议参考1.2成立时间中的说明	海南成美慈善基金会 http://www.cmjjh.com/Contact.aspx
	1.8理事姓名	1	现任理事会的理事姓名 评分和建议参考1.2成立时间中的说明	中国青少年发展基金会 http://www.cydf.org.cn/benjielishihui/
	1.9理事工作单位	1	现任理事会的理事工作单位 评分和建议参考1.2成立时间中的说明	中国青少年发展基金会 http://www.cydf.org.cn/benjielishihui/

续表

类别	指标	权重	说明	模范基金会样板
基本信息	1.10章程	1	规定基金会活动范围和管理制度的文件 通过机构官网披露，分数=1 × 1.2=1.2分；通过其他渠道披露，分数=1 × 0.8=0.8分；没有披露，分数=0	上海市慈善基金会 http://www.scf.org.cn/csjjh/node4/xxgk/jjhgk/node2690/u1a53857.html
财务信息	2.1审计报告正文及会计报表	4	电子扫描版会计师事务所审计的2014年度审计报告，应至少包括：基金会的基本情况、基本财务数据及三大财务报表、会计师事务所及注册会计师的签名盖章 基金会官网披露，分数=4 × 1.2=4.8；其他渠道披露，分数=4 × 0.8=3.2；没有披露，分数=0	爱佑慈善基金会 http://www.ayfoundation.org//upload/Attach/mrbj/2662218291.pdf
	2.2捐赠收入	2	2014年度工作报告全文或摘要或审计报告中的业务活动表中填写的捐赠收入数额 基金会官网披露，分数=2 × 1.2=2.4；其他渠道披露，分数=2 × 0.8=1.6；没有披露，分数为0	爱佑慈善基金会 http://www.ayfoundation.org//upload/Attach/mrbj/2667179214.pdf
	2.3公益事业支出	2	2014年度工作报告全文或摘要中的公益事业支出数额 评分规则参考2.3捐赠收入	爱佑慈善基金会 http://www.ayfoundation.org//upload/Attach/mrbj/2667179214.pdf
	2.4总资产	1	2014年度工作报告全文或摘要中的总资产数额 评分规则参考2.3捐赠收入	爱佑慈善基金会 http://www.ayfoundation.org//upload/Attach/mrbj/2667179214.pdf
	2.5净资产	1	2014年度工作报告全文或摘要中的净资产数额 评分规则参考2.3捐赠收入	爱佑慈善基金会 http://www.ayfoundation.org//upload/Attach/mrbj/2667179214.pdf
	2.6总收入	1	2014年度工作报告全文或摘要中的总收入数额 评分规则参考2.3捐赠收入	爱佑慈善基金会 http://www.ayfoundation.org//upload/Attach/mrbj/2667179214.pdf

续表

类别	指标	权重	说明	模范基金会样板
财务信息	2.7投资收益	1	2014年度工作报告全文或摘要中的投资收益数额 评分规则参考2.3捐赠收入	爱佑慈善基金会 http://www.ayfoundation.org//upload/Attach/mrbj/2667179214.pdf
	2.8政府补助收入	1	2014年度工作报告全文或摘要中的政府补助收入数额 评分规则参考2.3捐赠收入	爱佑慈善基金会 http://www.ayfoundation.org//upload/Attach/mrbj/2667179214.pdf
	2.9服务收入	1	2014年度工作报告全文或摘要中的服务收入数额 评分规则参考2.3捐赠收入	爱佑慈善基金会 http://www.ayfoundation.org//upload/Attach/mrbj/2667179214.pdf
	2.10总支出	1	2014年度工作报告全文或摘要中的总支出数额 评分规则参考2.3捐赠收入	爱佑慈善基金会 http://www.ayfoundation.org//upload/Attach/mrbj/2667179214.pdf
	2.11工资福利支出	1	2014年度工作报告全文或摘要中的工资福利支出数额 评分规则参考2.3捐赠收入	爱佑慈善基金会 http://www.ayfoundation.org//upload/Attach/mrbj/2667179214.pdf
	2.12行政办公支出	1	2014年度工作报告全文或摘要中的行政办公支出数额 评分规则参考2.3捐赠收入	爱佑慈善基金会 http://www.ayfoundation.org//upload/Attach/mrbj/2667179214.pdf
	2.13业务活动成本	1	2014年度工作报告全文或摘要中的业务活动成本数额 评分规则参考2.3捐赠收入	爱佑慈善基金会 http://www.ayfoundation.org//upload/Attach/mrbj/2667179214.pdf
	2.14管理费用	1	2014年度工作报告全文或摘要中的管理费用数额 评分规则参考2.3捐赠收入	爱佑慈善基金会 http://www.ayfoundation.org//upload/Attach/mrbj/2667179214.pdf

续表

类别	指标	权重	说明	模范基金会样板
财务信息	2.15筹资费用	1	2014年度工作报告全文或摘要中的筹资费用数额 评分规则参考2.3捐赠收入	爱佑慈善基金会 http://www.ayfoundation.org//upload/Attach/mrbj/2667179214.pdf
项目信息	3.1项目支出	9	2014年度工作报告本年度业务活动情况报告中的项目本年度支出数额； 该指标得分由年度业务活动情况报告表中的公益活动数量、项目年度支出，以及2014年度工作报告中公益支出情况表中的公益事业支出数额三个参数决定。如果公益事业支出为0或者未填写，则该指标分数为0。 完整度Ci=所有公益活动的项目本年度支出合计/公益事业支出数额； 例如某家基金会年度开展了5个项目，项目支出合计800万元，公益事业支出1000万元，并将年度报告全文在机构官网上披露。那么项目支出指标的透明分值等于=指标是否披露×权重×渠道×完整度 =1×9×1.2×(800/1000) =8.64 同样是上面的例子，如果项目支出合计900万元，则视为项目支出金额已达到披露标准。分值=1×9×1.2×1=10.8。 填写基金会中心网的项目信息采集表并提交给基金会中心网，视为已经通过其他渠道披露项目信息，计分方式与来源于非官网的年度工作报告中的项目信息相同。 建议：第一，完整详细的填写每一个公益活动的信息保证每个项目主要信息指标都完整披露；第二，保证项目支出合计接近公益事业支出金额，越接近公益支出，说明基金会能够清楚的告诉公众本基金会年度公益支出的具体去向；第三，务必保证填写公益支出情况表中的公益事业支出数额	爱佑慈善基金会 http://www.ayfoundation.org//upload/Attach/mrbj/2667179214.pdf

续表

类别	指标	权重	说明	模范基金会样板
项目信息	3.2项目收入	6	2014年度工作报告本年度业务活动情况报告中的项目本年度收入数额； 计算方法和建议参考3.1项目支出	爱佑慈善基金会 http://www.ayfoundation.org//upload/Attach/mrbj/2667179214.pdf
	3.3项目名称	1	2014年度工作报告本年度业务活动情况报告中的项目名称； 计算方法和建议参考3.1项目支出	爱佑慈善基金会 http://www.ayfoundation.org//upload/Attach/mrbj/2667179214.pdf
	3.4项目概述	3	2014年度工作报告本年度业务活动情况报告中的项目内容简述； 计算方法和建议参考3.1项目支出	爱佑慈善基金会 http://www.ayfoundation.org//upload/Attach/mrbj/2667179214.pdf
	3.5资金用途	6	2014年度工作报告本年度业务活动情况报告中的项目内容简述得出项目的资金使用方式； 计算方法和建议参考3.1.1项目支出	中国绿化基金会——2014年，“幸福家园—西部绿化行动”生态扶贫项目 “幸福家园—西部绿化行动“生态扶贫项目，由中国绿化基金会于2007年发起，旨在动员社会力量，关注中国西部偏远山区的气候贫困人口，捐赠资金支持他们种植生态经济林，以应对气候变化带来的生存挑战，通过劳动获得可持续发展机会。在西北地区以“修护保护”为模式，在甘肃通渭县援助当地贫困家庭种植大果沙棘生态经济林，截止2011年已援助当地1.7万户贫困家庭种植近10万亩大果沙棘经济林。在西南地区以“替代保护”为模式，在广西金秀县援助当地贫困家庭种植石崖茶生态经济树，截至目前以捐助当地600户家庭种植2400亩石崖茶生态经济林，项目获得了良好的生态、经济和社会效应。

续表

类别	指标	权重	说明	模范基金会样板
项目信息	3.6执行地点	3	2014根据年度工作报告本年度业务活动情况报告中的项目内容简述得出项目的执行地点； 计算方法和建议参考3.1.1项目支出	招商局慈善基金会——2014年，“湖北省蕲春县搬迁扶贫项目” 蕲春县大别山区搬迁扶贫项目始于2013年，当年捐赠扶贫资金460万元，资助青石镇大屋村建设、安置困难户126户，于2013年9月中旬动工，预计2014年5月竣工。2014年度蕲春县移民搬迁扶贫工程，在大同镇柳林村和向桥乡桐油村实施。其中，搬迁户补助费用：171户，每户2.7万，共计461.7万元；公共建筑分担：100万元。
	3.7活动领域	3	2014年度工作报告本年度业务活动情况报告中的项目内容简述得出项目的活动领域； 计算方法和建议参考3.1.1项目支出	浙江敦和慈善基金会——2014年，“大爱清尘基金” 尘肺病是由于在劳动中长期吸入生产性粉尘，导致末梢支气管下的肺泡积存灰尘，从而引起的以肺组织弥漫性纤维化为主的全身性疾病。30年的粗放发展，使中国产生出庞大的尘肺病群体，保守估计有数百万。大爱清尘基金，源自2011年6月15日由著名记者王克勤联合中华社会救助基金会共同发起的“大爱清尘・寻救中国尘肺病农民兄弟大行动”，是专项救治在死亡线上苦苦挣扎、缺失救助与关心的中国600万尘肺病农民的公益基金。 浙江敦和慈善基金会捐赠中华社会救助基金会200万元，用于大爱清尘基金。合作方为中华社会救助基金会大爱清尘基金，运行时间为2014年。
	3.8项目展示栏目	2	基金会官网展示项目细节信息的栏目 设有专门栏目，分数=2；没有设计，分数=0	南都公益基金会 http://www.naradafoundation.org/category/34

续表

类别	指标	权重	说明	模范基金会样板
捐赠及内部建设信息	4.1捐赠方查询模块	2	基金会官网展示捐赠细节信息的模块 设有专门栏目，分数=2；没有设计，分数=0	中华少年儿童慈善救助基金会 http://www.ccafc.org.cn/templates/DonationSearch/index.aspx?nodeid=106
	4.2主要捐赠人信息	2	年度工作报告业务活动情况部分的大额捐赠收入情况信息表 通过机构官网披露，分数=2×1.2=2.4分；通过其他渠道披露，分数=2×0.8=1.6分；没有披露，分数=0	爱佑慈善基金会 http://www.ayfoundation.org//upload/Attach/mrbj/2667179214.pdf
	4.3人事管理制度	2	基金会员工招聘、薪酬、休假和福利等管理制度 通过机构官网披露，分数=2×1.2=2.4分；通过其他渠道披露，分数=2×0.8=1.6分；没有披露，分数=0	南都公益基金会 http://www.naradafoundation.org/content/1143
	4.4财务管理制度	2	基金会财务管理制度 评分规则参考4.3人事管理制度	南都公益基金会 http://www.naradafoundation.org/content/1134
	4.5项目管理制度	2	基金会项目管理制度 评分规则参考4.3人事管理制度	中国绿色碳汇基金会 http://www.thjj.org/about-rule-project.html
	4.6年度工作报告	5	指向登记机关提交的2014年度工作报告 基金会官网披露2014年度工作报告全文，分数=5×1.2=6；其他渠道披露全文，分数=5×0.8=4 基金会官网披露2014年度工作报告摘要，分数=1×1.2=1.2分；其他渠道披露摘要，分数=1×0.8=0.8，没有披露，分数=0 建议：通过基金会官网公开向登记机关报送的2014年度工作报告	爱佑慈善基金会 http://www.ayfoundation.org//upload/Attach/mrbj/2667179214.pdf

续表

类别	指标	权重	说明	模范基金会样板
捐赠及内部建设信息	4.7机构官网	4	基金会独立网站、挂靠在相关机构下面的基金会信息页面、在信息公开平台开设基金会页面并填写有效信息均被视为基金会官网，信息公开平台为无官方网站的基金会提供免费官方网站建设服务。 开设官网，分数=4；没有开设，分数=0	南都公益基金会 http://www.naradafoundation.org/
	4.8信息披露栏目	2	基金会官网上的独立栏目，主要展示基金会年度工作报告、财务信息等需要公示的信息，栏目名称为信息披露、信息公开等。 在官网导航栏或首页其他位置开设信息披露栏目，分数=2；在导航栏二级栏目开设，分数=1，没有开设，分数=0	上海宋庆龄基金会 http://www.ssclf.org/

附录三　FTI2016总榜单

1. 净资产TOP100基金会榜单

基金会名称	成立时间	所在地	排名	FTI 2016 得分	净资产（元）
清华大学教育基金会	1994/01/25	北京	76	81.20	4,389,173,919.96
北京大学教育基金会	1995/07/04	北京	20	91.60	3,467,529,684.31
河仁慈善基金会	2010/06/07	福建	138	71.60	2,789,174,557.00
陕西省神木县民生慈善基金会	2011/06/16	陕西	1	100.00	2,662,269,589.14
上海市慈善基金会	1994/05/06	上海	1	100.00	2,335,288,801.79
浙江大学教育基金会	2006/07/27	浙江	1	100.00	1,366,234,527.30
上海市大学生科技创业基金会	2006/08/15	上海	148	70.40	1,091,331,246.27
中国青少年发展基金会	1989/03/09	北京	1	100.00	1,044,737,248.75
江苏陶欣伯助学基金会	2006/09/28	江苏	123	74.00	1,037,470,292.15
南京金陵文化保护发展基金会	2010/12/08	江苏	710	24.99	1,032,883,711.67
中华全国体育基金会	1994/04/01	北京	188	65.60	956,891,256.37
中国扶贫基金会	1989/03/13	北京	1	100.00	919,333,360.90
南京大学教育发展基金会	2005/04/30	江苏	1	100.00	863,502,139.75
上海民生艺术基金会	2010/09/21	上海	345	52.80	812,972,346.66
上海交通大学教育发展基金会	2005/01/27	上海	310	55.37	809,211,382.82
中国残疾人福利基金会	1984/03/15	北京	1	100.00	771,463,871.53
中国光华科技基金会	1993/06/09	北京	1	100.00	764,868,083.56
上海市拥军优属基金会	1995/04/07	上海	336	53.60	682,865,923.95
老牛基金会	2004/12/28	内蒙古	1	100.00	598,104,799.40
神华公益基金会	2010/07/01	北京	46	85.60	596,209,785.25
中国癌症基金会	1984/10/26	北京	121	74.40	593,259,781.71
中国海油海洋环境与生态保护公益基金会	2012/07/09	北京	112	76.00	544,687,926.40
上海宋庆龄基金会	1993/12/08	上海	1	100.00	531,686,015.25
北京航空航天大学教育基金会	2005/05/17	北京	340	53.18	495,194,978.48
中国红十字基金会	1994/03/15	北京	1	100.00	490,893,001.06
北京市中国人民大学教育基金会	2004/12/08	北京	142	71.36	477,631,866.14
东南大学教育基金会	2005/10/31	江苏	80	80.80	466,776,525.52

续表

基金会名称	成立时间	所在地	排名	FTI 2016 得分	净资产（元）
腾讯公益慈善基金会	2007/06/26	广东	1	100.00	456,975,802.81
四川省青少年发展基金会	1988/08/21	四川	254	58.73	447,984,833.36
江苏元林慈善基金会	2012/02/15	江苏	236	60.00	440,363,680.28
北京师范大学教育基金会	2007/01/30	北京	44	85.76	430,724,278.69
中国教育发展基金会	2003/12/16	北京	1	100.00	428,833,981.41
上海市体育发展基金会	1992/07/21	上海	167	68.00	424,218,145.45
深圳壹基金公益基金会	2010/12/03	广东	1	100.00	408,129,538.09
中国儿童少年基金会	1981/07/28	北京	1	100.00	399,344,923.28
中远慈善基金会	2005/12/20	北京	1	100.00	382,203,482.01
上海市老年基金会	1992/11/28	上海	365	51.15	379,346,849.38
中国妇女发展基金会	1988/12/25	北京	1	100.00	365,068,188.43
厦门大学教育发展基金会	2006/03/20	福建	182	66.40	356,838,343.23
慈济慈善事业基金会	2008/01/14	江苏	1	100.00	348,805,690.91
上海汽车工业科技发展基金会	1996/02/14	上海	269	58.00	329,782,742.08
中国宋庆龄基金会	1982/05/29	北京	486	44.32	322,864,807.97
中国和平发展基金会	2011/01/14	北京	35	87.60	320,790,589.86
广东省扶贫基金会	1994/02/04	广东	1	100.00	320,024,568.29
爱德基金会	1985/04/18	江苏	1	100.00	313,961,481.26
中国光彩事业基金会	2005/06/14	北京	206	63.44	311,657,205.98
上海复旦大学教育发展基金会	2004/06/01	上海	150	70.00	304,913,320.28
南京航空航天大学教育发展基金会	2006/04/10	江苏	4	98.40	300,186,497.37
西北工业大学教育基金会	2007/05/18	陕西	22	90.80	287,104,910.65
天津市华夏未来文化艺术基金会	1993/04/26	天津	688	27.36	282,881,760.52
中国博士后科学基金会	1990/01/06	北京	269	58.00	281,981,870.07
广东省雁洋公益基金会	2013/04/26	广东	345	52.80	281,105,906.21
上海文化发展基金会	1992/08/10	上海	213	62.80	271,571,957.70
苏州大学教育发展基金会	2006/11/16	江苏	64	82.80	262,700,763.41
中南大学教育基金会	2011/03/04	湖南	107	76.80	258,816,038.93
中国社会福利基金会	2005/06/14	北京	1	100.00	254,670,957.91
广州市番禺区教育基金会	1993/05/18	广东	692	26.85	252,247,452.20
深圳市警察基金会	1995/02/12	广东	145	70.80	251,863,757.50
常州市见义勇为基金会	1995/04/10	江苏	213	62.80	251,662,709.58

续表

基金会名称	成立时间	所在地	排名	FTI 2016 得分	净资产（元）
北京交通大学教育基金会	2009/07/29	北京	1	100.00	251,235,048.87
中国初级卫生保健基金会	1996/12/30	北京	1	100.00	247,776,187.35
广东省中山大学教育发展基金会	2004/11/17	广东	148	70.40	241,970,972.01
中国科学技术大学教育基金会	1996/07/08	安徽	336	53.60	238,526,822.26
中国发展研究基金会	1997/11/27	北京	3	98.80	237,238,053.03
上海市教育发展基金会	1994/02/08	上海	194	64.80	236,354,945.74
哈尔滨市道里区慈善基金会	2000/12/21	黑龙江	425	47.20	227,164,495.62
爱佑慈善基金会	2008/05/06	北京	1	100.00	224,700,045.20
紫金矿业慈善基金会	2012/09/04	福建	397	48.80	223,191,127.36
福建富闽基金会	1993/11/08	福建	345	52.80	218,258,608.22
贵州省信合公益基金会	2013/05/30	贵州	397	48.80	217,657,109.04
中国青年创业就业基金会	2006/10/08	北京	26	89.60	216,491,388.99
徐州市慈善基金会	2008/10/31	江苏	345	52.80	210,775,073.58
中国绿化基金会	1985/09/27	北京	6	97.60	210,767,409.82
上海工商界爱国建设特种基金会	1993/01/08	上海	527	42.46	208,017,116.16
深圳大运留学基金会	2011/07/19	广东	537	42.00	206,164,820.51
中国公安民警英烈基金会	2003/01/07	北京	415	47.69	202,682,079.11
福建省黄仲咸教育基金会	2004/09/28	福建	460	45.60	202,406,496.96
江西省农村信用社百福慈善基金会	2011/06/21	江西	328	54.40	201,596,272.25
苏州市党员关爱暨帮扶困难群众基金会	2012/04/18	江苏	135	72.00	200,578,813.57
陕西省府谷县城乡居民大病医疗救助基金会	2010/07/27	陕西	345	52.80	200,190,175.42
泛海公益基金会	2010/10/25	北京	50	84.80	200,073,380.98
广东省华南理工大学教育发展基金会	2007/10/16	广东	427	47.16	197,745,988.67
乌兰夫基金会	1991/08/21	内蒙古	383	49.60	197,283,027.64
厦门市教育基金会	1988/09/20	福建	190	65.33	196,687,978.99
无锡公安大病特困救助基金会	2009/11/06	江苏	383	49.60	196,245,898.47
上海唐君远教育基金会	1999/05/27	上海	196	64.40	195,296,604.91
南京林业大学教育发展基金会	2008/07/10	江苏	336	53.60	194,957,681.33
南京师范大学教育发展基金会	2006/02/17	江苏	130	72.40	194,747,720.79
中国友好和平发展基金会	1996/05/15	北京	1	100.00	193,517,649.44
友成企业家扶贫基金会	2007/03/01	北京	1	100.00	191,949,929.58
福建新华都慈善基金会	2009/09/30	福建	269	58.00	188,861,378.05

续表

基金会名称	成立时间	所在地	排名	FTI 2016 得分	净资产（元）
南京工程学院教育发展基金会	2007/06/06	江苏	194	64.80	187,138,169.60
广州市教育基金会	1989/01/12	广东	315	55.03	184,075,693.63
南京审计学院教育发展基金会	2006/07/26	江苏	174	67.20	183,143,150.46
上海市华东师范大学教育发展基金会	2007/12/28	上海	252	58.81	180,877,098.92
泰州市见义勇为基金会	2002/07/20	江苏	501	43.80	180,348,165.24
上海同济大学教育发展基金会	2006/03/26	上海	331	54.05	180,020,696.56
江苏大学教育发展基金会	2007/12/24	江苏	1	100.00	179,596,680.61
中国绿色碳汇基金会	2010/07/19	北京	163	68.40	179,127,153.70
吉林大学教育基金会	1997/04/18	吉林	167	68.00	174,183,739.88

2. 捐赠收入TOP100榜单

基金会名称	成立时间	所在地	排名	FTI 2016 得分	捐赠收入（元）
中国癌症基金会	1984/10/26	北京	121	74.40	2,130,919,673.62
清华大学教育基金会	1994/01/25	北京	76	81.20	1,489,970,548.12
上海市慈善基金会	1994/05/06	上海	1	100.00	729,651,420.93
江苏陶欣伯助学基金会	2006/09/28	江苏	123	74.00	700,815,908.97
中国光华科技基金会	1993/06/09	北京	1	100.00	652,515,968.71
中国扶贫基金会	1989/03/13	北京	1	100.00	13,218,149.40
北京大学教育基金会	1995/07/04	北京	20	91.60	67,967,683.26
中国妇女发展基金会	1988/12/25	北京	1	100.00	467,790,054.75
广东省扶贫基金会	1994/02/04	广东	1	100.00	438,429,124.04
中国青少年发展基金会	1989/03/09	北京	1	100.00	422,124,511.25
中国残疾人福利基金会	1984/03/15	北京	1	100.00	353,797,545.26
中国初级卫生保健基金会	1996/12/30	北京	1	100.00	317,276,378.35
腾讯公益慈善基金会	2007/06/26	广东	1	100.00	314,347,527.15
华润慈善基金会	2010/01/14	广东	1	100.00	310,847,716.00
浙江大学教育基金会	2006/07/27	浙江	1	100.00	302,204,769.70
南京金陵文化保护发展基金会	2010/12/08	江苏	710	24.99	300,000,000.00
中国教育发展基金会	2003/12/16	北京	1	100.00	252,948,073.01

续表

基金会名称	成立时间	所在地	排名	FTI 2016 得分	捐赠收入（元）
中国社会福利基金会	2005/06/14	北京	1	100.00	244,178,938.10
中国儿童少年基金会	1981/07/28	北京	1	100.00	224,037,675.01
福建新华都慈善基金会	2009/09/30	福建	269	58.00	216,000,000.00
爱佑慈善基金会	2008/05/06	北京	1	100.00	202,794,179.38
云南省医疗扶贫基金会	2009/11/03	云南	253	58.80	198,772,310.00
北京民生文化艺术基金会	2010/06/22	北京	383	49.60	189,000,000.00
广东省国强公益基金会	2013/10/14	广东	397	48.80	186,935,000.00
中国宋庆龄基金会	1982/05/29	北京	486	44.32	185,688,468.74
中国光彩事业基金会	2005/06/14	北京	206	63.44	179,637,921.17
北京市红十字基金会	2008/05/19	北京	26	89.60	177,805,920.16
中国人口福利基金会	1987/06/10	北京	1	100.00	168,675,165.06
深圳壹基金公益基金会	2010/12/03	广东	1	100.00	168,181,333.51
湖南省文化艺术基金会	2008/10/22	湖南	232	60.40	164,714,900.00
中国红十字基金会	1994/03/15	北京	1	100.00	164,392,508.72
中华思源工程扶贫基金会	2007/03/22	北京	1	100.00	158,175,592.31
上海交通大学教育发展基金会	2005/01/27	上海	310	55.37	157,208,144.64
河南省宋庆龄基金会	1992/12/31	河南	236	60.00	154,187,728.57
宁夏回族自治区燕宝慈善基金会	2010/12/22	宁夏	169	67.62	150,097,200.00
广东省中山大学教育发展基金会	2004/11/17	广东	148	70.40	147,331,816.74
贵州省青少年发展基金会	1991/05/01	贵州	217	62.00	146,806,956.86
厦门仁爱医疗基金会	2013/12/25	福建	397	48.80	138,500,000.00
广东省何享健慈善基金会	2013/12/17	广东	1	100.00	130,000,200.00
慈济慈善事业基金会	2008/01/14	江苏	1	100.00	129,653,112.91
厦门大学教育发展基金会	2006/03/20	福建	182	66.40	127,665,863.88
北京市搜候中国城市文化基金会	2005/04/02	北京	38	86.51	127,000,000.00
广东省汕头大学教育基金会	2009/12/25	广东	223	61.20	122,859,799.12
北京师范大学教育基金会	2007/01/30	北京	44	85.76	122,265,999.21
上海民生艺术基金会	2010/09/21	上海	345	52.80	117,450,000.00
吉林大学教育基金会	1997/04/18	吉林	167	68.00	116,486,491.94
乌兰夫基金会	1991/08/21	内蒙古	383	49.60	103,750,000.00
中国绿色碳汇基金会	2010/07/19	北京	163	68.40	103,259,148.38
云南省青少年发展基金会	1994/07/06	云南	1	100.00	98,858,082.62

续表

基金会名称	成立时间	所在地	排名	FTI 2016 得分	捐赠收入（元）
中华全国体育基金会	1994/04/01	北京	188	65.60	98,722,841.26
中国华侨公益基金会	1998/10/05	北京	43	85.79	98,028,590.84
中华环境保护基金会	1993/03/03	北京	1	100.00	97,671,099.88
山东省教育基金会	2007/01/19	山东	209	63.20	97,200,511.80
贵州省孔学堂发展基金会	2013/12/23	贵州	328	54.40	95,880,000.00
西北工业大学教育基金会	2007/05/18	陕西	22	90.80	94,963,348.05
中华少年儿童慈善救助基金会	2009/09/10	北京	1	100.00	94,653,514.80
安徽省人口基金会	2008/12/30	安徽	378	49.96	91,520,000.00
爱德基金会	1985/04/18	江苏	1	100.00	89,856,568.99
中国青年创业就业基金会	2006/10/08	北京	26	89.60	87,987,003.96
中国下一代教育基金会	2010/07/09	北京	188	65.60	86,039,101.40
韬奋基金会	1986/09/12	北京	213	62.80	84,951,705.51
上海复旦大学教育发展基金会	2004/06/01	上海	150	70.00	81,649,317.02
中国老龄事业发展基金会	1986/05/01	北京	76	81.20	81,091,556.94
上海同济大学教育发展基金会	2006/03/26	上海	331	54.05	80,343,977.95
泛海公益基金会	2010/10/25	北京	50	84.80	79,671,356.00
老牛基金会	2004/12/28	内蒙古	1	100.00	79,477,700.00
中南大学教育基金会	2011/03/04	湖南	107	76.80	79,237,248.86
中国人权发展基金会	1994/08/15	北京	341	53.17	78,387,638.77
苏州大学教育发展基金会	2006/11/16	江苏	64	82.80	78,299,139.02
中国海油海洋环境与生态保护公益基金会	2012/07/09	北京	112	76.00	76,970,000.00
中国健康促进基金会	2006/12/18	北京	312	55.25	76,311,039.20
中国友好和平发展基金会	1996/05/15	北京	1	100.00	75,620,650.54
大连慈善基金会	2006/03/02	辽宁	209	63.20	74,996,197.75
上海真爱梦想公益基金会	2008/08/14	上海	1	100.00	74,753,525.51
姜堰市教育发展基金会	2012/08/24	江苏	722	22.45	74,213,846.00
南京医科大学教育发展基金会	2007/06/22	江苏	263	58.24	73,888,848.65
上海市老年基金会	1992/11/28	上海	365	51.15	73,484,292.46
苏州市吴江区慈善基金会	2008/07/15	江苏	383	49.60	72,837,004.41
河南省光彩事业基金会	2007/09/06	河南	265	58.12	70,278,492.65
中国发展研究基金会	1997/11/27	北京	3	98.80	69,363,522.87
无锡公安大病特困救助基金会	2009/11/06	江苏	383	49.60	66,499,374.14

续表

基金会名称	成立时间	所在地	排名	FTI 2016得分	捐赠收入（元）
湖北省扶贫基金会	1994/06/13	湖北	464	45.44	65,416,428.27
深圳市同心慈善基金会	2013/11/21	广东	582	38.41	65,216,740.00
中华艺文基金会	2013/06/25	北京	428	47.12	65,000,000.00
河南足球事业发展基金会	2008/01/18	河南	209	63.20	64,485,635.18
天津大学北洋教育发展基金会	1995/08/16	天津	1	100.00	63,756,355.45
南京中医药大学教育发展基金会	2006/07/05	江苏	489	44.21	62,088,810.00
湖北省青少年发展基金会	1992/06/20	湖北	117	75.20	61,985,290.31
紫金矿业慈善基金会	2012/09/04	福建	397	48.80	61,174,255.21
中央财经大学教育基金会	2009/08/06	北京	159	68.80	60,851,743.22
浙江省新华爱心教育基金会	2007/06/29	浙江	1	100.00	60,243,524.94
贵州省宏立城公益基金会	2013/06/05	贵州	295	56.40	60,200,000.00
北京市中国人民大学教育基金会	2004/12/08	北京	142	71.36	59,581,966.98
中华社会救助基金会	2009/01/12	北京	212	62.82	58,721,965.89
上海中欧国际工商学院教育发展基金会	2005/03/28	上海	237	59.92	56,247,812.06
张家港市慈善基金会	2008/07/15	江苏	642	32.95	55,590,283.90
南京大学教育发展基金会	2005/04/30	江苏	1	100.00	55,263,736.41
广东省德耆慈善基金会	2012/08/06	广东	371	50.40	54,643,958.40
中国文学艺术基金会	1994/02/18	北京	126	73.20	53,787,382.19
哈尔滨工业大学教育发展基金会	2009/11/24	黑龙江	159	68.80	53,753,192.14

3. 公益事业支出TOP100榜单

基金会名称	成立时间	所在地	排名	FTI 2016得分	公益支出（元）
河南省宋庆龄基金会	1992/12/31	河南	236	60.00	2,350,028,265.41
中国癌症基金会	1984/10/26	北京	121	74.40	1,910,696,449.52
中国教育发展基金会	2003/12/16	北京	1	100.00	1,069,115,742.91
中国博士后科学基金会	1990/01/06	北京	269	58.00	885,288,502.46
上海市慈善基金会	1994/05/06	上海	1	100.00	574,453,314.57
中国光华科技基金会	1993/06/09	北京	1	100.00	574,159,946.00
清华大学教育基金会	1994/01/25	北京	76	81.20	571,958,373.99

续表

基金会名称	成立时间	所在地	排名	FTI 2016 得分	公益支出（元）
中国妇女发展基金会	1988/12/25	北京	1	100.00	531,091,626.21
广东省扶贫基金会	1994/02/04	广东	1	100.00	418,958,379.28
中国扶贫基金会	1989/03/13	北京	1	100.00	410,001,624.48
中国残疾人福利基金会	1984/03/15	北京	1	100.00	405,344,861.64
华润慈善基金会	2010/01/14	广东	1	100.00	396,183,539.40
中国儿童少年基金会	1981/07/28	北京	1	100.00	368,217,697.32
中国青少年发展基金会	1989/03/09	北京	1	100.00	363,239,957.20
中国红十字基金会	1994/03/15	北京	1	100.00	350,425,861.45
北京大学教育基金会	1995/07/04	北京	20	91.60	302,509,385.07
中国初级卫生保健基金会	1996/12/30	北京	1	100.00	238,320,678.62
深圳壹基金公益基金会	2010/12/03	广东	1	100.00	224,472,338.16
云南省医疗扶贫基金会	2009/11/03	云南	253	58.80	196,778,920.30
浙江大学教育基金会	2006/07/27	浙江	1	100.00	194,480,238.94
老牛基金会	2004/12/28	内蒙古	1	100.00	186,258,841.30
北京市红十字基金会	2008/05/19	北京	26	89.60	181,085,471.17
上海民生艺术基金会	2010/09/21	上海	345	52.80	179,150,900.00
中国宋庆龄基金会	1982/05/29	北京	486	44.32	168,706,852.15
中国社会福利基金会	2005/06/14	北京	1	100.00	164,789,732.40
湖南省文化艺术基金会	2008/10/22	湖南	232	60.40	161,805,607.68
中国人口福利基金会	1987/06/10	北京	1	100.00	159,691,122.50
北京民生文化艺术基金会	2010/06/22	北京	383	49.60	154,776,300.00
爱佑慈善基金会	2008/05/06	北京	1	100.00	154,495,630.09
神华公益基金会	2010/07/01	北京	46	85.60	154,189,218.40
福建新华都慈善基金会	2009/09/30	福建	269	58.00	152,329,000.00
宁夏回族自治区燕宝慈善基金会	2010/12/22	宁夏	169	67.62	151,918,100.00
贵州省青少年发展基金会	1991/05/01	贵州	217	62.00	146,310,780.53
北京市中国人民大学教育基金会	2004/12/08	北京	142	71.36	134,787,157.01
中华思源工程扶贫基金会	2007/03/22	北京	1	100.00	133,462,197.73
中国光彩事业基金会	2005/06/14	北京	206	63.44	132,838,737.74
中国法律援助基金会	1997/05/26	北京	183	66.32	126,254,664.20
上海市老年基金会	1992/11/28	上海	365	51.15	126,030,793.20
厦门仁爱医疗基金会	2013/12/25	福建	397	48.80	125,000,000.00

续表

基金会名称	成立时间	所在地	排名	FTI 2016 得分	公益支出（元）
中国文学艺术基金会	1994/02/18	北京	126	73.20	124,744,249.82
广东省汕头大学教育基金会	2009/12/25	广东	223	61.20	123,218,882.00
河仁慈善基金会	2010/06/07	福建	138	71.60	118,289,400.00
中华少年儿童慈善救助基金会	2009/09/10	北京	1	100.00	116,845,856.64
中国青年创业就业基金会	2006/10/08	北京	26	89.60	113,495,491.62
中国绿色碳汇基金会	2010/07/19	北京	163	68.40	106,615,553.26
重庆大学教育发展基金会	2013/03/05	重庆	148	70.40	105,576,996.46
北京师范大学教育基金会	2007/01/30	北京	44	85.76	104,127,539.45
中国下一代教育基金会	2010/07/09	北京	188	65.60	99,577,453.54
中国华侨公益基金会	1998/10/05	北京	43	85.79	98,751,283.93
厦门大学教育发展基金会	2006/03/20	福建	182	66.40	97,362,537.34
腾讯公益慈善基金会	2007/06/26	广东	1	100.00	96,099,649.59
敦和基金会	2012/05/11	浙江	1	100.00	95,501,370.74
中国海油海洋环境与生态保护公益基金会	2012/07/09	北京	112	76.00	94,102,611.90
苏州市吴江区慈善基金会	2008/07/15	江苏	383	49.60	91,969,593.50
中华环境保护基金会	1993/03/03	北京	1	100.00	88,001,703.75
上海文化发展基金会	1992/08/10	上海	213	62.80	87,982,701.30
泛海公益基金会	2010/10/25	北京	50	84.80	87,311,356.00
慈济慈善事业基金会	2008/01/14	江苏	1	100.00	81,797,924.66
山东省教育基金会	2007/01/19	山东	209	63.20	81,507,312.82
上海交通大学教育发展基金会	2005/01/27	上海	310	55.37	80,304,449.77
深圳市李伟波慈善基金会	2013/11/13	广东	668	30.40	78,929,898.00
大连慈善基金会	2006/03/02	辽宁	209	63.20	78,188,256.63
四川省青少年发展基金会	1988/08/21	四川	254	58.73	74,903,765.19
爱德基金会	1985/04/18	江苏	1	100.00	74,380,391.31
四川省宜宾市教育基金会	2007/02/08	四川	373	50.36	74,276,050.61
常熟市慈善基金会	2007/10/17	江苏	397	48.80	74,129,626.00
安利公益基金会	2011/01/24	北京	1	100.00	74,016,844.00
湖北省扶贫基金会	1994/06/13	湖北	464	45.44	73,363,653.39
广东省中山大学教育发展基金会	2004/11/17	广东	148	70.40	71,919,559.37
云南省青少年发展基金会	1994/07/06	云南	1	100.00	70,620,197.20
南京大学教育发展基金会	2005/04/30	江苏	1	100.00	70,341,817.38

续表

基金会名称	成立时间	所在地	排名	FTI 2016 得分	公益支出（元）
苏州大学教育发展基金会	2006/11/16	江苏	64	82.80	67,048,054.00
安徽省人口基金会	2008/12/30	安徽	378	49.96	66,048,110.00
江苏元林慈善基金会	2012/02/15	江苏	236	60.00	64,993,967.12
河南省光彩事业基金会	2007/09/06	河南	265	58.12	64,825,005.00
河南足球事业发展基金会	2008/01/18	河南	209	63.20	64,040,740.90
湖北省青少年发展基金会	1992/06/20	湖北	117	75.20	63,032,184.20
上海市教育发展基金会	1994/02/08	上海	194	64.80	62,565,919.93
姜堰市教育发展基金会	2012/08/24	江苏	722	22.45	61,698,950.00
南京中医药大学教育发展基金会	2006/07/05	江苏	489	44.21	60,901,600.00
常州市见义勇为基金会	1995/04/10	江苏	213	62.80	59,864,029.10
中国健康促进基金会	2006/12/18	北京	312	55.25	59,778,539.10
广东省暨南大学教育发展基金会	2010/01/22	广东	170	67.60	56,637,336.19
汕头市潮阳区公益基金会	2012/09/13	广东	635	33.60	56,400,000.00
陕西省神木县民生慈善基金会	2011/06/16	陕西	1	100.00	56,377,724.86
上海市拥军优属基金会	1995/04/07	上海	336	53.60	55,971,500.92
湖南省青少年发展基金会	1992/04/16	湖南	1	100.00	55,422,806.14
韬奋基金会	1986/09/12	北京	213	62.80	53,482,623.83
上海真爱梦想公益基金会	2008/08/14	上海	1	100.00	52,960,956.87
中国老龄事业发展基金会	1986/05/01	北京	76	81.20	52,252,956.54
紫金矿业慈善基金会	2012/09/04	福建	397	48.80	52,152,311.71
中国发展研究基金会	1997/11/27	北京	3	98.80	50,826,762.66
友成企业家扶贫基金会	2007/03/01	北京	1	100.00	50,557,902.63
南京工程学院教育发展基金会	2007/06/06	江苏	194	64.80	50,413,414.00
深圳市佳兆业公益基金会	2011/05/11	广东	329	54.14	49,641,020.66
东南大学教育基金会	2005/10/31	江苏	80	80.80	48,753,218.99
北京市企业家环保基金会	2008/12/23	北京	1	100.00	47,610,316.01
中国绿化基金会	1985/09/27	北京	6	97.60	47,552,946.79
上海复旦大学教育发展基金会	2004/06/01	上海	150	70.00	47,188,448.98
上海科技发展基金会	1992/01/30	上海	372	50.38	45,694,185.80

4. 政府补助TOP100榜单

基金会名称	成立时间	所在地	排名	FTI 2016得分	政府补助（元）
中国博士后科学基金会	1990/01/06	北京	269	58.00	890,200,000.00
中国教育发展基金会	2003/12/16	北京	1	100.00	828,000,000.00
陕西省神木县民生慈善基金会	2011/06/16	陕西	1	100.00	170,500,000.00
中国红十字基金会	1994/03/15	北京	1	100.00	161,000,000.00
上海市大学生科技创业基金会	2006/08/15	上海	148	70.40	121,190,000.00
中国文学艺术基金会	1994/02/18	北京	126	73.20	102,800,000.00
中国法律援助基金会	1997/05/26	北京	183	66.32	100,000,000.00
上海市慈善基金会	1994/05/06	上海	1	100.00	90,392,344.00
中国儿童少年基金会	1981/07/28	北京	1	100.00	78,316,600.00
重庆大学教育发展基金会	2013/03/05	重庆	148	70.40	71,307,912.00
上海市老年基金会	1992/11/28	上海	365	51.15	53,635,950.45
常州市天宁区见义勇为基金会	2008/06/17	江苏	694	26.40	40,000,000.00
四川省宜宾市教育基金会	2007/02/08	四川	373	50.36	38,773,470.00
成都市锦江区社会组织发展基金会	2011/11/30	四川	1	100.00	30,000,000.00
吉林省人才开发基金会	2006/06/11	吉林	371	50.40	30,000,000.00
上海市职工帮困基金会	1992/07/16	上海	345	52.80	27,720,000.00
吉林省残疾人福利基金会	2001/07/02	吉林	217	62.00	20,000,000.00
常州市钟楼区见义勇为基金会	2008/10/19	江苏	712	24.80	20,000,000.00
北京国际音乐节艺术基金会	2005/03/22	北京	26	89.60	19,902,200.00
广东省博物馆事业发展基金会	2012/10/23	广东	257	58.40	17,000,000.00
宁夏银川大学教育发展基金会	2005/07/26	宁夏	354	52.00	16,413,500.00
重庆社会救助基金会	2011/08/18	重庆	156	69.60	15,000,000.00
中国人口福利基金会	1987/06/10	北京	1	100.00	14,616,400.00
深圳市拥军优属基金会	2008/12/16	广东	716	24.14	12,987,500.00
溧阳市见义勇为基金会	2007/04/28	江苏	717	24.00	12,500,000.00
四川省志愿服务基金会	2009/11/25	四川	202	63.60	12,100,000.00
上海市拥军优属基金会	1995/04/07	上海	336	53.60	11,946,834.20
中华见义勇为基金会	1993/06/01	北京	6	97.60	10,000,000.00
北京志愿服务基金会	2009/12/03	北京	89	79.13	10,000,000.00
湖南省教育基金会	1990/12/25	湖南	1	100.00	8,200,000.00
中国绿化基金会	1985/09/27	北京	6	97.60	8,032,200.00

续表

基金会名称	成立时间	所在地	排名	FTI 2016 得分	政府补助（元）
张家港市见义勇为基金会	2006/11/07	江苏	397	48.80	7,794,600.00
湖北省扶贫基金会	1994/06/13	湖北	464	45.44	6,597,762.00
淮安大众助保基金会	2006/12/30	江苏	383	49.60	6,073,664.29
启东市见义勇为基金会	2010/07/15	江苏	384	49.57	6,000,000.00
新疆维吾尔自治区送温暖工程基金会	1993/01/08	新疆	425	47.20	6,000,000.00
广州市羊城志愿服务基金会	2009/12/15	广东	228	60.80	6,000,000.00
常德市教育基金会	1992/08/25	湖南	159	68.80	5,500,000.00
南通市通州区见义勇为基金会	2011/12/19	江苏	723	22.40	5,001,298.89
重庆市青年创新创业基金会	2009/12/07	重庆	108	76.40	5,000,000.00
上海市长宁区教育基金会	1992/05/28	上海	363	51.20	5,000,000.00
宜宾市关心下一代基金会	2013/12/24	四川	690	27.20	5,000,000.00
珠海市禁毒基金会	2005/08/15	广东	351	52.32	5,000,000.00
吉林省青年创业就业基金会	2009/08/31	吉林	228	60.80	5,000,000.00
山东省体育基金会	2013/04/27	山东	336	53.60	5,000,000.00
成都市见义勇为基金会	2008/12/03	四川	345	52.80	5,000,000.00
福建省见义勇为基金会	1994/09/13	福建	218	61.60	4,711,400.00
福州见义勇为基金会	1995/08/01	福建	575	39.53	4,711,400.00
抚顺市雷锋基金会	2013/12/18	辽宁	407	48.00	4,690,000.00
镇江市新区见义勇为基金会	2007/06/10	江苏	723	22.40	4,575,000.00
苏州市相城区慈善基金会	2008/07/15	江苏	717	24.00	4,549,500.00
深圳市社会公益基金会	1992/04/02	广东	1	100.00	4,500,000.00
浙江省老年事业发展基金会	1989/07/25	浙江	100	78.01	4,316,000.00
中国京剧艺术基金会	1992/11/23	北京	363	51.20	4,300,000.00
嘉兴市农业技术推广基金会	2013/11/15	浙江	70	82.00	4,220,000.00
中国残疾人福利基金会	1984/03/15	北京	1	100.00	4,000,000.00
新疆巴音郭楞蒙古自治州送温暖工程基金会	1996/07/10	新疆	425	47.20	3,850,000.00
湖南省扶贫基金会	1997/09/18	湖南	112	76.00	3,749,219.44
南通市爱心帮困基金会	2008/08/20	江苏	397	48.80	3,742,700.00
中国电影基金会	1989/10/27	北京	64	82.80	3,700,000.00
辽宁省公安民警英烈救助基金会	2012/04/01	辽宁	397	48.80	3,675,000.00
长沙县教育基金会	2004/11/29	湖南	223	61.20	3,600,000.00
首都见义勇为基金会	2001/09/18	北京	63	82.81	3,579,900.00

续表

基金会名称	成立时间	所在地	排名	FTI 2016 得分	政府补助（元）
青海省青少年发展基金会	1991/02/01	青海	149	70.31	3,334,722.38
中国孔子基金会	1984/09/20	山东	96	78.39	3,180,000.00
内蒙古包头市青山区教育基金会	2013/05/22	内蒙古	425	47.20	3,041,250.00
徐州市慈善基金会	2008/10/31	江苏	345	52.80	3,000,000.00
北京市体育基金会	1992/08/31	北京	383	49.60	3,000,000.00
重庆市教育发展基金会	2009/11/16	重庆	82	80.40	3,000,000.00
重庆市儿童医疗救助基金会	2005/08/22	重庆	1	100.00	3,000,000.00
广西见义勇为基金会	1994/05/21	广西	209	63.20	3,000,000.00
河南省见义勇为基金会	2005/08/15	河南	236	60.00	3,000,000.00
湖南省关心下一代基金会	2013/07/29	湖南	397	48.80	3,000,000.00
内蒙古草原文化保护发展基金会	2006/12/27	内蒙古	257	58.40	3,000,000.00
南京市中小学幼儿教师奖励基金会	1993/03/09	江苏	383	49.60	3,000,000.00
浙江省农业技术推广基金会	1995/08/08	浙江	32	88.40	3,000,000.00
潍坊市见义勇为基金会	2013/10/15	山东	579	38.94	3,000,000.00
陕西省老龄事业发展基金会	1988/02/03	陕西	397	48.80	2,900,900.00
浙江省台州市农业技术推广基金会	2011/12/01	浙江	13	94.40	2,820,000.00
辽宁省见义勇为基金会	1997/06/09	辽宁	425	47.20	2,800,000.00
上海市体育发展基金会	1992/07/21	上海	167	68.00	2,700,000.00
四川省扶贫基金会	1992/05/14	四川	145	70.80	2,625,000.00
高邮市慈善基金会	2007/08/08	江苏	479	44.70	2,600,000.00
厦门市翔安区教育基金会	2012/08/06	福建	217	62.00	2,550,000.00
抚顺市公安民警救助基金会	2007/08/31	辽宁	397	48.80	2,480,000.00
内蒙古社会治安见义勇为基金会	1994/10/11	内蒙古	528	42.40	2,470,000.00
上海科普教育发展基金会	2001/10/23	上海	118	74.80	2,430,000.00
常德市鼎城区教育基金会	2013/02/04	湖南	354	52.00	2,410,000.00
宁波市海曙区公益组织发展基金会	2013/10/28	浙江	105	77.20	2,313,187.60
绍兴市见义勇为基金会	1989/02/10	浙江	202	63.60	2,291,000.00
常州市新北区见义勇为基金会	2008/06/17	江苏	712	24.80	2,211,072.00
湖北省荆门聂绀弩诗词研究基金会	2012/11/01	湖北	440	46.69	2,210,000.00
南京市浦口区扶贫基金会	2007/04/20	江苏	425	47.20	2,200,000.00
甘肃省残疾人福利基金会	2007/11/29	甘肃	496	44.00	2,122,800.00
宁夏盐池教育发展基金会	2009/12/31	宁夏	198	64.00	2,120,000.00

续表

基金会名称	成立时间	所在地	排名	FTI 2016 得分	政府补助（元）
新疆生产建设兵团青年创业增收基金会	2013/09/13	新疆	723	22.40	2,120,000.00
镇江市润州区见义勇为基金会	2007/08/23	江苏	725	21.60	2,110,000.00
陕西省西安市老龄事业发展基金会	1995/04/04	陕西	244	59.60	2,107,500.00
邵阳市教育基金会	2013/01/24	湖南	354	52.00	2,100,000.00
浙江省富阳市老龄事业发展基金会	2013/06/05	浙江	88	79.20	2,100,000.00

5. 中字头基金会榜单

基金会名称	成立时间	所在地	排名	FTI 2016 得分	净资产（元）
中国青少年发展基金会	1989/03/09	北京	1	100.00	1,044,737,248.75
中华全国体育基金会	1994/04/01	北京	188	65.60	956,891,256.37
中国扶贫基金会	1989/03/13	北京	1	100.00	919,333,360.90
中国残疾人福利基金会	1984/03/15	北京	1	100.00	771,463,871.53
中国光华科技基金会	1993/06/09	北京	1	100.00	764,868,083.56
中国癌症基金会	1984/10/26	北京	121	74.40	593,259,781.71
中国海油海洋环境与生态保护公益基金会	2012/07/09	北京	112	76.00	544,687,926.40
中国红十字基金会	1994/03/15	北京	1	100.00	490,893,001.06
中国教育发展基金会	2003/12/16	北京	1	100.00	428,833,981.41
中国儿童少年基金会	1981/07/28	北京	1	100.00	399,344,923.28
中国妇女发展基金会	1988/12/25	北京	1	100.00	365,068,188.43
中国宋庆龄基金会	1982/05/29	北京	486	44.32	322,864,807.97
中国和平发展基金会	2011/01/14	北京	35	87.60	320,790,589.86
中国光彩事业基金会	2005/06/14	北京	206	63.44	311,657,205.98
中国博士后科学基金会	1990/01/06	北京	269	58.00	281,981,870.07
中国社会福利基金会	2005/06/14	北京	1	100.00	254,670,957.91
中国初级卫生保健基金会	1996/12/30	北京	1	100.00	247,776,187.35
中国发展研究基金会	1997/11/27	北京	3	98.80	237,238,053.03
中国青年创业就业基金会	2006/10/08	北京	26	89.60	216,491,388.99
中国绿化基金会	1985/09/27	北京	6	97.60	210,767,409.82
中国公安民警英烈基金会	2003/01/07	北京	415	47.69	202,682,079.11

续表

基金会名称	成立时间	所在地	排名	FTI 2016 得分	净资产（元）
中国友好和平发展基金会	1996/05/15	北京	1	100.00	193,517,649.44
中国绿色碳汇基金会	2010/07/19	北京	163	68.40	179,127,153.70
中华农业科教基金会	1995/10/25	北京	278	57.41	164,879,513.43
中华思源工程扶贫基金会	2007/03/22	北京	1	100.00	161,762,241.20
中国法律援助基金会	1997/05/26	北京	183	66.32	159,534,092.27
中华环境保护基金会	1993/03/03	北京	1	100.00	148,454,592.44
中国老龄事业发展基金会	1986/05/01	北京	76	81.20	147,478,076.39
中国人口福利基金会	1987/06/10	北京	1	100.00	142,588,951.30
中国人寿慈善基金会	2007/06/16	北京	322	54.72	134,178,426.13
中华艺文基金会	2013/06/25	北京	428	47.12	133,851,459.95
中华见义勇为基金会	1993/06/01	北京	6	97.60	132,772,824.17
中国航天基金会	1995/03/01	北京	135	72.00	131,605,587.56
中国文学艺术基金会	1994/02/18	北京	126	73.20	130,536,143.98
中国禁毒基金会	1999/04/28	北京	424	47.28	107,163,070.74
中国华侨公益基金会	1998/10/05	北京	43	85.79	105,720,213.55
中国医药卫生事业发展基金会	2005/12/07	北京	123	74.00	101,322,745.63
中国移动慈善基金会	2009/07/13	北京	188	65.60	100,319,785.96
中国检察官教育基金会	1993/06/14	北京	1	100.00	91,862,803.92
中国志愿服务基金会	2009/02/16	北京	409	47.97	86,126,516.03
中国下一代教育基金会	2010/07/09	北京	188	65.60	83,426,096.89
中国健康促进基金会	2006/12/18	北京	312	55.25	77,040,888.26
中国华文教育基金会	2004/09/30	北京	159	68.80	76,391,754.63
中华少年儿童慈善救助基金会	2009/09/10	北京	1	100.00	72,517,557.18
中社社会工作发展基金会	2011/03/29	北京	109	76.30	71,600,277.64
中国金融教育发展基金会	1992/06/27	北京	1	100.00	68,864,711.23
中华健康快车基金会	2002/08/02	北京	107	76.80	61,882,843.43
中国民航科普基金会	2006/03/06	北京	363	51.20	61,421,906.51
中国马克思主义研究基金会	1992/03/31	北京	143	71.20	58,904,293.18
中国人权发展基金会	1994/08/15	北京	341	53.17	52,977,460.75
中国孔子基金会	1984/09/20	山东	96	78.39	50,407,942.56
中国国际文化交流基金会	1984/07/05	北京	46	85.60	50,302,928.97
中国西部人才开发基金会	2006/09/18	北京	1	100.00	50,060,443.72

续表

基金会名称	成立时间	所在地	排名	FTI 2016 得分	净资产（元）
中国职工发展基金会	1994/04/05	北京	679	29.10	49,969,812.77
中国肝炎防治基金会	1998/08/22	北京	154	69.69	49,785,798.63
中国煤矿尘肺病防治基金会	2003/10/31	河北	20	91.60	48,089,101.09
中华同心温暖工程基金会	2011/10/25	北京	3	98.80	47,441,722.56
中华社会救助基金会	2009/01/12	北京	212	62.82	46,981,644.71
中国教师发展基金会	1986/09/10	北京	1	100.00	42,792,863.15
中国经济改革研究基金会	1995/10/25	北京	140	71.50	40,775,872.13
中国保护黄河基金会	2009/10/09	河南	213	62.80	34,959,367.28
中华国际医学交流基金会	1988/6/13	北京	91	78.83	31,420,641.73
中国留学人才发展基金会	2007/01/25	北京	182	66.40	31,253,539.50
中华社会文化发展基金会	1993/02/09	北京	214	62.40	30,955,441.06
中国科技馆发展基金会	2010/11/23	北京	112	76.00	29,466,638.54
中国敦煌石窟保护研究基金会	1995/03/01	甘肃	194	64.80	27,971,914.12
中国华夏文化遗产基金会	2007/08/28	北京	228	60.80	27,521,279.88
中国京剧艺术基金会	1992/11/23	北京	363	51.20	27,516,624.07
中国企业管理科学基金会	1987/03/20	北京	101	78.00	26,142,874.38
中国生物多样性保护与绿色发展基金会	1997/04/14	北京	226	60.91	25,601,480.74
中国国际问题研究基金会	1998/06/10	北京	413	47.76	22,251,747.50
中国预防性病艾滋病基金会	1989/10/16	北京	95	78.40	22,250,332.63
中国国际战略研究基金会	1989/06/24	北京	336	53.60	22,066,810.91
中国少年儿童文化艺术基金会	1991/03/05	北京	318	54.97	21,141,373.21
中国文物保护基金会	1990/07/17	北京	150	70.00	19,211,961.66
中国古生物化石保护基金会	2008/10/30	北京	1	100.00	13,307,681.35
中国电影基金会	1989/10/27	北京	64	82.80	13,219,220.87
中国出生缺陷干预救助基金会	2011/05/24	北京	112	76.00	12,895,838.67
中国听力医学发展基金会	1995/04/06	北京	50	84.80	12,842,658.26
中国煤矿文化宣传基金会	1982/10/23	北京	177	66.80	12,237,380.95
中华文学基金会	1986/06/14	北京	198	64.00	11,283,261.31
中国益民文化建设基金会	1993/08/31	北京	127	72.80	10,800,727.84
中国关心下一代健康体育基金会	2003/10/10	北京	218	61.60	10,326,069.85
中国保护消费者基金会	1989/11/27	北京	295	56.40	10,316,278.86
中国医学基金会	1987/07/08	北京	13	94.40	9,779,805.97

续表

基金会名称	成立时间	所在地	排名	FTI 2016 得分	净资产（元）
中国法学交流基金会	1986/05/15	北京	218	61.60	9,770,790.09
中国少数民族文化艺术基金会	1988/08/13	北京	209	63.20	9,651,883.71
中华国际科学交流基金会	1999/07/01	北京	228	60.80	8,497,460.87
中国拥军优属基金会	2008/01/17	北京	328	54.40	8,375,409.99
中国牙病防治基金会	1994/04/01	北京	167	68.00	8,336,725.52
中国器官移植发展基金会	1995/11/02	北京	717	24.00	8,000,707.78
中国交响乐发展基金会	1994/07/05	北京	228	60.80	4,033,864.47
中国艺术节基金会	1987/09/01	北京	635	33.60	3,035,846.41
中国治理荒漠化基金会	2006/09/05	北京	272	57.60	−4,141,023.88
中华诗词发展基金会	2013/12/09	北京	768	0.00	
中华援疆发展基金会	2011/05/19	新疆	727	20.40	

6. 大学型基金会榜单

基金会名称	成立时间	所在地	排名	FTI 2016 得分	净资产（元）
清华大学教育基金会	1994/01/25	北京	76	81.20	4,389,173,919.96
北京大学教育基金会	1995/07/04	北京	20	91.60	3,467,529,684.31
浙江大学教育基金会	2006/07/27	浙江	1	100.00	1,366,234,527.30
南京大学教育发展基金会	2005/04/30	江苏	1	100.00	863,502,139.75
上海交通大学教育发展基金会	2005/01/27	上海	310	55.37	809,211,382.82
北京航空航天大学教育基金会	2005/05/17	北京	340	53.18	495,194,978.48
北京市中国人民大学教育基金会	2004/12/08	北京	142	71.36	477,631,866.14
东南大学教育基金会	2005/10/31	江苏	80	80.80	466,776,525.52
北京师范大学教育基金会	2007/01/30	北京	44	85.76	430,724,278.69
厦门大学教育发展基金会	2006/03/20	福建	182	66.40	356,838,343.23
上海复旦大学教育发展基金会	2004/06/01	上海	150	70.00	304,913,320.28
南京航空航天大学教育发展基金会	2006/04/10	江苏	4	98.40	300,186,497.37
西北工业大学教育基金会	2007/05/18	陕西	22	90.80	287,104,910.65
苏州大学教育发展基金会	2006/11/16	江苏	64	82.80	262,700,763.41
中南大学教育基金会	2011/03/04	湖南	107	76.80	258,816,038.93

续表

基金会名称	成立时间	所在地	排名	FTI 2016 得分	净资产（元）
北京交通大学教育基金会	2009/07/29	北京	1	100.00	251,235,048.87
广东省中山大学教育发展基金会	2004/11/17	广东	148	70.40	241,970,972.01
中国科学技术大学教育基金会	1996/07/08	安徽	336	53.60	238,526,822.26
广东省华南理工大学教育发展基金会	2007/10/16	广东	427	47.16	197,745,988.67
南京林业大学教育发展基金会	2008/07/10	江苏	336	53.60	194,957,681.33
南京师范大学教育发展基金会	2006/02/17	江苏	130	72.40	194,747,720.79
南京工程学院教育发展基金会	2007/06/06	江苏	194	64.80	187,138,169.60
南京审计学院教育发展基金会	2006/07/26	江苏	174	67.20	183,143,150.46
上海市华东师范大学教育发展基金会	2007/12/28	上海	252	58.81	180,877,098.92
上海同济大学教育发展基金会	2006/03/26	上海	331	54.05	180,020,696.56
江苏大学教育发展基金会	2007/12/24	江苏	1	100.00	179,596,680.61
吉林大学教育基金会	1997/04/18	吉林	167	68.00	174,183,739.88
南京信息大学教育发展基金会	2005/10/21	江苏	383	49.60	172,368,922.95
中央财经大学教育基金会	2009/08/06	北京	159	68.80	165,976,159.70
南京中医药大学教育发展基金会	2006/07/05	江苏	489	44.21	165,568,431.88
南京理工大学教育发展基金会	2006/07/07	江苏	1	100.00	161,898,570.75
福建华侨大学教育基金会	2006/08/31	福建	371	50.40	161,451,671.94
哈尔滨工业大学教育发展基金会	2009/11/24	黑龙江	159	68.80	158,528,372.14
广东省汕头大学教育基金会	2009/12/25	广东	223	61.20	150,059,938.42
中科院研究生教育基金会	2009/11/23	北京	156	69.60	149,004,039.45
武汉大学教育发展基金会	1995/10/24	湖北	153	69.83	144,012,612.46
重庆大学教育发展基金会	2013/03/05	重庆	148	70.40	143,623,271.97
宁波大学教育发展基金会	2007/01/17	浙江	36	87.20	143,115,469.57
华中科技大学教育发展基金会	2010/02/8	湖北	9	95.60	134,177,085.00
四川大学教育基金会	2010/04/22	四川	127	72.80	134,154,658.11
南京财经大学教育发展基金会	2006/06/20	江苏	191	65.20	127,518,835.11
西交利物浦大学教育发展基金会	2011/07/11	江苏	397	48.80	127,121,456.06
南京医科大学教育发展基金会	2007/06/22	江苏	263	58.24	124,962,308.62
福建集美大学教育发展基金会	1993/09/10	福建	570	39.88	121,451,888.83
中国传媒大学南广学院教育发展基金会	2006/07/26	江苏	248	59.20	120,152,842.65
天津大学北洋教育发展基金会	1995/08/16	天津	1	100.00	119,339,919.11
西安交通大学教育基金会	2006/03/31	陕西	177	66.80	116,173,493.10

续表

基金会名称	成立时间	所在地	排名	FTI 2016 得分	净资产（元）
山东大学教育基金会	2007/10/11	山东	1	100.00	113,423,185.90
江苏南航金城教育发展基金会	2006/05/16	江苏	721	22.51	112,348,241.22
复旦管理学奖励基金会	2005/09/22	上海	337	53.35	111,777,507.96
上海中欧国际工商学院教育发展基金会	2005/03/28	上海	237	59.92	105,826,733.76
华中师范大学教育发展基金会	2010/12/07	湖北	173	67.23	102,782,491.63
扬州大学教育发展基金会	2008/12/03	江苏	1	100.00	101,677,867.07
上海视觉艺术学院教育发展基金会	2012/12/05	上海	407	48.00	100,868,607.09
北京理工大学教育基金会	2010/01/11	北京	1	100.00	97,811,301.02
安徽大学教育基金会	2008/09/21	安徽	209	63.20	97,052,415.09
南京工业大学教育发展基金会	2007/03/12	江苏	397	48.80	91,286,420.21
安徽工业大学教育发展基金会	2013/04/09	安徽	198	64.00	86,628,506.73
北京化工大学教育基金会	2011/11/18	北京	14	94.00	85,919,696.53
南京农业大学教育发展基金会	2007/02/26	江苏	602	36.80	80,755,972.14
上海财经大学教育发展基金会	2008/10/31	上海	209	63.20	75,753,465.58
北京中国政法大学教育基金会	2007/10/30	北京	287	56.87	73,877,710.24
东莞市东莞理工学院教育发展基金会	2007/02/05	广东	187	65.73	72,948,882.41
青岛滨海学院教育发展基金会	2008/02/01	山东	383	49.60	72,402,920.14
中国矿业大学教育发展基金会	2007/12/29	江苏	1	100.00	72,100,539.53
山东省石油大学教育发展基金会	2004/12/02	山东	18	92.40	71,268,736.66
四川电子科技大学教育发展基金会	2009/07/03	四川	125	73.60	69,777,213.07
天津南开大学教育基金会	2004/06/02	天津	159	68.80	68,076,523.84
湖南大学教育基金会	2009/12/14	湖南	198	64.00	63,247,295.18
南京晓庄学院教育发展基金会	2008/07/05	江苏	719	23.20	62,581,252.32
北京对外经济贸易大学教育基金会	2009/11/23	北京	40	86.40	61,754,664.61
南通大学教育发展基金会	2006/08/08	江苏	223	61.20	58,545,642.54
传媒大学教育基金会	2007/06/21	北京	345	52.80	57,998,586.40
中国农业大学教育基金会	2009/09/02	北京	8	96.40	57,860,587.61
江南大学教育发展基金会	2007/12/29	江苏	52	84.40	55,560,144.52
苏州科技学院教育发展基金会	2007/06/29	江苏	232	60.40	55,350,657.87
东南大学成贤学院教育发展基金会	2006/11/08	江苏	244	59.60	54,800,531.62
合肥工业大学教育基金会	2008/05/07	安徽	223	61.20	54,364,841.19
常州大学教育发展基金会	2008/07/16	江苏	383	49.60	50,696,361.57

续表

基金会名称	成立时间	所在地	排名	FTI 2016 得分	净资产（元）
盐城师范学院教育发展基金会	2007/07/08	江苏	223	61.20	49,327,226.29
哈尔滨工程大学教育发展基金会	2008/05/10	黑龙江	258	58.37	46,976,607.18
重庆西南大学教育基金会	2011/08/18	重庆	64	82.80	46,583,176.46
哈尔滨医科大学发展基金会	2010/08/11	黑龙江	354	52.00	46,159,141.28
北京华北电力大学教育基金会	2010/04/14	北京	30	88.93	44,554,431.70
北京科技大学教育发展基金会	2012/05/09	北京	209	63.20	43,835,400.55
南京邮电大学教育发展基金会	2007/07/30	江苏	264	58.20	42,724,943.14
北京外国语大学教育基金会	2010/11/18	北京	39	86.43	42,448,742.08
陕西师范大学教育基金会	2011/02/18	陕西	195	64.49	42,377,595.78
中国地质大学(武汉)教育发展基金会	2010/03/19	湖北	1	100.00	42,164,516.42
河海大学教育发展基金会	2007/06/22	江苏	209	63.20	42,094,489.96
北京电影学院教育基金会	2012/09/29	北京	53	84.00	41,363,650.81
辽宁省大连理工大学教育发展基金会	2009/03/09	辽宁	227	60.88	39,632,262.30
西北农林科技大学教育发展基金会	2011/06/10	陕西	1	100.00	39,603,677.96
无锡太湖学院教育发展基金会	2009/07/23	江苏	409	47.97	38,532,790.68
河南大学教育发展基金会	2011/06/10	河南	4	98.40	38,292,903.15
北京林业大学教育基金会	2006/11/23	北京	208	63.39	37,669,355.37
张学良教育基金会	2006/03/16	辽宁	251	58.82	37,549,133.43
长江大学教育发展基金会	2010/04/23	湖北	167	68.00	37,021,973.96
广东省暨南大学教育发展基金会	2010/01/22	广东	170	67.60	35,157,214.85
江苏师范大学教育发展基金会	2006/07/26	江苏	232	60.40	34,488,899.68
南京理工大学紫金学院教育发展基金会	2008/12/05	江苏	272	57.60	33,415,702.93
广西师范大学教育发展基金会	2006/11/28	广西	82	80.40	33,227,751.96
北京邮电大学教育基金会	2002/12/30	北京	189	65.40	32,165,438.14
北京中央民族大学教育基金会	2010/09/09	北京	116	75.22	31,700,659.52
三明学院教育发展基金会	2013/12/06	福建	407	48.00	31,411,468.04
湖北工业大学教育发展基金会	2012/04/05	湖北	125	73.60	30,829,760.48
广东省华南师范大学教育发展基金会	2011/10/12	广东	235	60.12	30,645,427.28
上海东华大学教育发展基金会	2010/09/21	上海	25	90.00	30,643,914.24
兰州大学教育发展基金会	2013/3/14	甘肃	10	95.20	30,213,201.90
湖南省湘潭大学教育基金会	2007/12/01	湖南	16	93.20	29,712,025.74
广东省华南农业大学教育发展基金会	2010/12/31	广东	468	45.22	29,585,815.48

续表

基金会名称	成立时间	所在地	排名	FTI 2016 得分	净资产（元）
天津中国民航大学教育发展基金会	2006/08/01	天津	167	68.00	28,762,113.47
南京理工大学泰州科技学院教育发展基金会	2008/07/10	江苏	397	48.80	27,871,012.48
宁波诺丁汉大学教育发展基金会	2012/09/04	浙江	420	47.47	27,749,324.83
江苏警官学院教育发展基金会	2008/06/22	江苏	397	48.80	27,695,530.38
浙江树人大学暨王宽诚教育基金会	1992/03/24	浙江	233	60.28	26,996,223.81
山东财经大学教育基金会	2008/07/07	山东	148	70.40	26,648,037.10
南京师范大学泰州学院教育发展基金会	2006/12/12	江苏	425	47.20	26,510,432.61
广东省广东外语外贸大学教育发展基金会	2010/04/20	广东	245	59.36	26,468,422.90
福州大学教育发展基金会	2008/05/14	福建	196	64.40	26,457,196.72
温州大学教育发展基金会	2012/05/11	浙江	40	86.40	25,734,594.30
三江学院教育发展基金会	2006/04/27	江苏	383	49.60	24,844,006.99
淮海工学院教育发展基金会	2011/05/05	江苏	383	49.60	24,838,306.45
广西大学教育发展基金会	2013/07/22	广西	363	51.20	24,368,217.34
浙江中医药大学教育基金会	2013/03/29	浙江	101	78.00	24,359,624.25
湖北大学教育发展基金会	2011/05/13	湖北	186	65.80	24,131,211.25
深圳市深圳大学教育发展基金会	2013/09/18	广东	719	23.20	22,735,531.50
山东农业大学教育发展基金会	2012/05/30	山东	185	66.00	22,385,479.63
南京体育学院体育发展基金会	2010/05/24	江苏	425	47.20	22,358,492.92
江苏科技大学教育发展基金会	2007/08/01	江苏	624	34.89	22,014,296.97
辽宁省沈阳农业大学教育基金会	2012/03/12	辽宁	260	58.32	21,881,034.41
上海师范大学教育发展基金会	2008/10/09	上海	188	65.60	21,764,357.18
广东省广州中医药大学教育发展基金会	2011/08/24	广东	531	42.25	21,392,629.41
上海理工大学教育发展基金会	2006/05/26	上海	167	68.00	21,250,445.20
首都师范大学教育基金会	2011/10/19	北京	41	86.27	20,212,637.18
内蒙古师范大学教育发展基金会	2011/02/28	内蒙古	150	70.00	20,173,843.06
中南财经政法大学教育发展基金会	2009/12/24	湖北	12	94.80	19,788,730.78
延边大学教育基金会	2006/10/31	吉林	513	42.97	19,676,642.19
南京中国药科大学教育发展基金会	2006/08/08	江苏	712	24.80	19,297,303.90
山东省中国海洋大学教育基金会	2010/04/29	山东	232	60.40	19,172,512.60
安徽师范大学教育基金会	2011/12/07	安徽	196	64.40	18,955,807.46
淮阴工学院教育发展基金会	2011/05/29	江苏	689	27.28	18,718,473.63
福建农林大学教育发展基金会	2006/07/01	福建	244	59.60	18,161,759.28

续表

基金会名称	成立时间	所在地	排名	FTI 2016 得分	净资产（元）
常熟理工学院教育发展基金会	2008/10/31	江苏	185	66.00	18,069,915.88
长春师范大学教育基金会	2009/11/23	吉林	561	40.26	18,025,144.91
广东省柯麟医学教育基金会	1995/05/23	广东	388	49.34	17,670,060.93
广东省广州美术学院教育发展基金会	2011/11/30	广东	397	48.80	17,000,938.67
武汉理工大学教育发展基金会	2010/07/15	湖北	82	80.40	16,748,446.64
上海华东理工大学教育发展基金会	2011/10/08	上海	112	76.00	16,681,012.02
江西财经大学教育发展基金会	2013/06/06	江西	288	56.86	16,512,417.14
山西财经大学教育发展基金会	2013/05/23	山西	345	52.80	16,501,759.35
浙江工业大学教育基金会	2012/10/14	浙江	408	47.99	16,116,791.18
西安电子科技大学教育基金会	2010/05/07	陕西	511	43.05	15,242,956.45
辽宁省大连海事大学教育发展基金会	2010/12/30	辽宁	358	51.60	14,235,877.84
北京中央音乐学院教育基金会	2011/06/15	北京	397	48.80	14,126,733.71
上海外国语大学教育发展基金会	2009/12/17	上海	123	74.00	14,050,203.62
江苏理工学院教育发展基金会	2006/12/12	江苏	397	48.80	13,038,519.75
北京中国石油大学教育基金会	2008/07/09	北京	47	85.33	13,003,944.85
金陵科技学院教育发展基金会	2009/07/13	江苏	407	48.00	12,633,403.06
长春理工大学教育基金会	2011/06/13	吉林	253	58.80	12,450,414.42
东北师范大学教育基金会	2010/05/13	吉林	673	29.39	12,358,596.85
宁夏银川大学教育发展基金会	2005/07/26	宁夏	354	52.00	12,241,420.72
天津市音苑教育发展基金会	2003/04/23	天津	199	63.95	12,056,505.38
浙江师范大学教育基金会	2012/12/24	浙江	357	51.65	11,392,027.43
山东科技大学教育发展基金会	2008/11/07	山东	58	83.60	11,090,274.16
泉州师范学院教育发展基金会	2011/07/18	福建	371	50.40	11,018,131.10
盐城工学院教育发展基金会	2007/09/03	江苏	371	50.40	10,974,465.57
上海电力学院教育发展基金会	2010/02/12	上海	236	60.00	10,955,097.13
广西医学教育与科学研究发展基金会	2010/07/27	广西	232	60.40	10,896,220.44
重庆邮电大学教育基金会	2012/11/09	重庆	606	36.53	10,883,820.64
辽宁省辽宁工程技术大学教育基金会	2009/07/29	辽宁	434	46.79	10,766,362.15
榆林学院教育发展基金会	2012/06/20	陕西	309	55.60	10,713,379.11
湖北文理学院教育发展基金会	2007/10/17	湖北	357	51.65	10,675,298.08
哈尔滨师范大学教育发展基金会	2010/08/11	黑龙江	383	49.60	10,453,094.67
北京中国地质大学教育基金会	2012/06/06	北京	498	43.98	10,384,381.73

续表

基金会名称	成立时间	所在地	排名	FTI 2016 得分	净资产（元）
辽宁省大连海事大学博联助学基金会	2008/01/08	辽宁	363	51.20	10,382,494.51
浙江财经大学教育基金会	2013/08/02	浙江	88	79.20	10,099,069.57
湖南省南华大学教育基金会	2007/12/25	湖南	345	52.80	9,736,107.93
福建农林大学安溪茶学院教育发展基金会	2013/11/08	福建	295	56.40	9,649,789.55
浙江大学宁波理工学院教育发展基金会	2011/03/01	浙江	67	82.40	9,617,708.56
武汉张培刚发展经济学研究基金会	2004/06/01	湖北	1	100.00	9,372,157.61
徐州工程学院教育发展基金会	2010/05/13	江苏	638	33.20	8,882,382.76
江汉大学教育发展基金会	2011/02/14	湖北	345	52.80	8,875,751.78
武汉工程大学教育发展基金会	2012/05/18	湖北	150	70.00	8,863,581.74
长春建筑学院教育基金会	2010/06/30	吉林	383	49.60	8,852,178.32
杭州师范大学教育基金会	2012/02/03	浙江	176	66.83	8,772,111.94
长安大学教育基金会	2010/12/06	陕西	150	70.00	8,747,598.52
湖南理工学院教育基金会	2012/05/17	湖南	397	48.80	8,672,548.38
湖北工程学院教育发展基金会	2010/12/02	湖北	170	67.60	8,314,429.01
上海华东政法大学教育发展基金会	2011/06/10	上海	363	51.20	8,311,203.80
重庆师范大学教育发展基金会	2011/12/27	重庆	397	48.80	8,140,353.63
浙江海洋学院教育基金会	2013/01/08	浙江	463	45.48	7,957,786.72
宁波工程学院教育发展基金会	2010/10/28	浙江	231	60.43	7,825,621.21
北京工业大学教育基金会	1994/10/16	北京	220	61.53	7,793,013.54
北京协和医学院教育基金会	2007/11/01	北京	50	84.80	7,628,772.87
宁夏回族自治区北方民族大学教育发展基金会	2012/09/06	宁夏	397	48.80	7,542,748.92
吉林大学唐敖庆教育基金会	2009/05/15	吉林	223	61.20	7,525,770.30
兰州交通大学教育发展基金会	2013/09/16	甘肃	707	25.23	7,500,236.72
哈尔滨商业大学教育发展基金会	2011/10/31	黑龙江	185	66.00	7,405,499.34
河北师范大学教育基金会	2010/03/05	河北	397	48.80	7,298,022.44
上海应用技术学院教育发展基金会	2012/12/05	上海	48	85.20	7,226,192.86
石河子大学教育基金会	2012/05/16	新疆	397	48.80	6,953,070.54
重庆西南政法大学教育基金会	2012/05/10	重庆	272	57.60	6,939,032.56
辽宁省大连交通大学教育基金会	2012/01/04	辽宁	334	53.80	6,867,452.08
西安科技大学教育基金会	2013/07/03	陕西	161	68.57	6,795,634.32
南通市广播电视大学教育发展基金会	2011/08/08	江苏	590	37.64	6,789,567.06
上海海事大学教育发展基金会	2012/11/06	上海	209	63.20	6,747,290.22

续表

基金会名称	成立时间	所在地	排名	FTI 2016 得分	净资产（元）
湖南城市学院教育发展基金会	2007/04/19	湖南	336	53.60	6,685,059.02
上海海洋大学教育发展基金会	2012/03/29	上海	371	50.40	6,594,203.12
湖南省长沙理工大学教育基金会	2006/09/27	湖南	345	52.80	6,547,996.93
广东省肇庆学院教育发展基金会	2010/11/02	广东	95	78.40	6,520,357.77
西安建筑科技大学教育基金会	2013/07/26	陕西	744	13.66	6,518,410.06
中南民族大学教育发展基金会	2010/12/06	湖北	53	84.00	6,431,688.72
天津理工大学教育发展基金会	2008/01/24	天津	425	47.20	6,397,053.96
北京中央美术学院教育发展基金会	2011/09/29	北京	99	78.26	6,318,438.84
武汉大学马克昌法学基金会	2007/11/27	湖北	336	53.60	6,317,253.10
浙江水利水电学院教育基金会	2013/06/05	浙江	82	80.40	6,271,345.44
天津外国语大学教育发展基金会	2005/10/14	天津	123	74.00	6,151,826.21
山东理工大学教育发展基金会	2011/05/09	山东	496	44.00	6,032,454.01
福建中医药大学教育发展基金会	2008/06/25	福建	93	78.80	5,854,672.87
辽宁省沈阳师范大学教育基金会	2010/05/05	辽宁	321	54.79	5,744,604.10
苏州大学文正学院教育发展基金会	2012/05/21	江苏	223	61.20	5,647,680.00
北京中国矿业大学教育基金会	2010/08/13	北京	40	86.40	5,643,430.17
黑龙江省东北林业大学教育发展基金会	2010/04/12	黑龙江	397	48.80	5,572,627.37
湖南工学院教育基金会	2010/01/25	湖南	654	32.34	5,400,152.68
广西民族大学教育基金会	2012/06/08	广西	354	52.00	5,365,671.70
北华大学教育基金会	2009/09/18	吉林	130	72.40	5,353,506.88
青岛大学教育发展基金会	2011/12/06	山东	345	52.80	5,323,099.03
湖南科技学院教育基金会	2011/08/08	湖南	557	40.45	5,146,061.49
陕西鱼化龙创业基金会	2010/02/05	陕西	354	52.00	5,141,762.84
辽宁省辽宁工业大学教育基金会	2010/04/01	辽宁	541	41.60	5,113,422.37
江苏教育学院教育发展基金会	2009/07/17	江苏	407	48.00	5,020,378.00
兰州理工大学教育发展基金会	2013/07/19	甘肃	715	24.60	4,994,124.72
重庆金平法学教育基金会	2010/08/20	重庆	80	80.80	4,655,155.64
天津市南开菁英教育基金会	2011/11/21	天津	202	63.60	4,635,637.53
河南理工大学教育发展基金会	2010/06/01	河南	232	60.40	4,618,219.90
黑龙江省佳木斯大学教育发展基金会	2012/05/09	黑龙江	261	58.30	4,600,442.07
辽宁省沈阳理工大学教育基金会	2011/09/01	辽宁	482	44.49	4,573,546.32
南京艺术学院教育发展基金会	2006/05/29	江苏	383	49.60	4,565,924.81

续表

基金会名称	成立时间	所在地	排名	FTI 2016 得分	净资产（元）
广东省广东警官学院教育发展基金会	2009/04/16	广东	383	49.60	4,561,572.00
湖南省中南林业科技大学教育基金会	2004/09/22	湖南	257	58.40	4,539,914.25
福建工程学院教育发展基金会	2012/09/04	福建	397	48.80	4,463,697.49
宿迁学院教育发展基金会	2007/08/24	江苏	407	48.00	4,433,259.27
黑龙江大学教育发展基金会	2010/12/21	黑龙江	658	32.18	4,392,893.17
北京工商大学教育基金会	2009/12/03	北京	26	89.60	4,376,425.87
温州医科大学教育发展基金会	2012/12/11	浙江	296	56.25	4,338,527.41
黑龙江中医药大学教育发展基金会	2011/08/30	黑龙江	383	49.60	4,337,445.06
青岛科技大学教育发展基金会	2011/12/30	山东	177	66.80	4,314,306.80
深圳市南方科技大学教育基金会	2011/12/31	广东	120	74.46	4,311,021.90
湖南商学院教育基金会	2009/03/06	湖南	354	52.00	4,213,579.03
聊城大学教育发展基金会	2012/10/10	山东	397	48.80	4,098,228.47
广东省广东工业大学教育发展基金会	2011/11/30	广东	383	49.60	4,095,118.79
武汉理工大学华夏学院教育基金会	2010/11/17	湖北	37	86.80	4,054,420.37
浙江中国计量学院教育基金会	2013/09/11	浙江	53	84.00	3,914,288.20
湖南省湘南学院教育基金会	2012/07/30	湖南	354	52.00	3,870,630.63
河北省燕山大学教育基金会	2013/12/27	河北	232	60.40	3,855,710.97
广东省广东财经大学教育发展基金会	2013/12/31	广东	546	41.20	3,827,470.41
山东英才学院教育发展基金会	2012/05/15	山东	247	59.28	3,743,122.98
南京海外工商管理专修学院教育基金会	2008/06/05	江苏	383	49.60	3,657,194.09
浙江传媒学院教育基金会	2012/12/14	浙江	132	72.21	3,655,250.00
浙江农林大学教育基金会	2010/12/23	浙江	40	86.40	3,646,234.84
牡丹江师范学院教育发展基金会	2012/03/22	黑龙江	397	48.80	3,570,319.40
辽宁省辽宁师范大学教育基金会	2011/06/20	辽宁	397	48.80	3,538,426.97
辽宁省辽宁石油化工大学教育发展基金会	2011/07/15	辽宁	221	61.35	3,520,728.10
济南大学教育发展基金会	2013/06/24	山东	177	66.80	3,515,018.79
辽宁省沈阳化工大学教育基金会	2012/05/14	辽宁	397	48.80	3,511,443.56
黑龙江省齐齐哈尔医学院教育发展基金会	2013/01/11	黑龙江	717	24.00	3,440,994.01
吉林师范大学助学基金会	2008/01/28	吉林	289	56.82	3,384,387.76
黑龙江工程学院教育发展基金会	2011/11/27	黑龙江	354	52.00	3,345,003.19
上海商学院教育发展基金会	2012/07/10	上海	156	69.60	3,224,877.45
北京语言大学教育基金会	2013/05/21	北京	2	99.60	3,222,721.09

续表

基金会名称	成立时间	所在地	排名	FTI 2016 得分	净资产（元）
辽宁省辽宁大学教育基金会	2012/02/23	辽宁	455	45.86	3,216,960.47
新疆大学教育基金会	2012/09/28	新疆	383	49.60	3,213,974.70
武昌工学院教育发展基金会	2013/09/17	湖北	67	82.40	3,169,703.48
新疆农业大学教育发展基金会	2012/08/10	新疆	383	49.60	3,146,133.57
湖南农业大学教育基金会	2013/12/26	湖南	397	48.80	3,140,176.06
辽宁省大连海洋大学教育发展基金会	2010/11/15	辽宁	185	66.00	3,095,470.13
广东省北京师范大学珠海校区教育发展基金会	2011/10/26	广东	352	52.23	3,082,753.92
湖南省吉首大学教育基金会	2010/12/23	湖南	244	59.60	3,081,179.20
四川西华师范大学教育发展基金会	2012/07/16	四川	371	50.40	3,065,754.91
山西工商学院教育基金会	2013/08/01	山西	495	44.03	3,030,884.48
四川共缘教育基金会	2007/06/25	四川	214	62.40	3,028,159.89
湖南文理学院教育发展基金会	2012/12/29	湖南	345	52.80	3,002,673.72
齐齐哈尔大学教育发展基金会	2012/09/21	黑龙江	397	48.80	2,932,114.80
杭州电子科技大学教育发展基金会	2013/02/05	浙江	88	79.20	2,865,756.41
黑龙江省东北石油大学教育发展基金会	2010/09/13	黑龙江	223	61.20	2,850,586.77
烟台大学教育发展基金会	2013/11/22	山东	549	40.99	2,820,534.09
武汉音乐学院教育发展基金会	2013/10/19	湖北	188	65.60	2,733,608.85
闽江学院教育发展基金会	2008/11/24	福建	435	46.78	2,709,154.42
长春工程学院教育基金会	2010/09/08	吉林	303	56.01	2,700,858.23
上海立信会计学院潘序伦教育发展基金会	2012/09/29	上海	188	65.60	2,692,697.37
辽宁省东北财经大学教育基金会	2011/06/07	辽宁	383	49.60	2,676,164.74
成都信息工程学院科技教育基金会	2005/07/13	四川	202	63.60	2,669,689.51
青岛农业大学教育发展基金会	2012/05/30	山东	194	64.80	2,651,652.73
四川西南石油大学教育发展基金会	2007/04/08	四川	371	50.40	2,610,541.22
北京中央戏剧学院教育发展基金会	2012/07/19	北京	348	52.40	2,580,617.23
四川音乐学院艺术教育基金会	2001/07/10	四川	345	52.80	2,568,079.03
北京中国青年政治学院教育基金会	2013/01/15	北京	40	86.40	2,520,072.56
天津城建大学教育发展基金会	2013/12/13	天津	345	52.80	2,511,592.18
湖北汽车工业学院教育发展基金会	2012/06/19	湖北	354	52.00	2,511,100.72
上海木兰教育基金会	2006/11/09	上海	214	62.40	2,451,252.59
哈尔滨理工大学教育发展基金会	2010/10/12	黑龙江	48	85.20	2,419,154.56
四川西南民族大学教育基金会	2013/10/22	四川	182	66.40	2,389,175.73

续表

基金会名称	成立时间	所在地	排名	FTI 2016 得分	净资产（元）
北京第二外国语学院教育发展基金会	2013/11/18	北京	394	48.86	2,388,689.81
天津广播电视大学教育发展基金会	2007/02/06	天津	397	48.80	2,385,784.95
广东省广东药学院教育发展基金会	2013/12/31	广东	397	48.80	2,316,528.88
北京财贸学院校友促进教育基金会	1993/09/20	北京	516	42.79	2,302,218.88
湖南科技大学教育基金会	2010/09/02	湖南	336	53.60	2,294,062.79
广东省星海音乐学院教育发展基金会	2009/06/26	广东	314	55.10	2,288,366.10
成都理工大学教育发展基金会	2011/09/07	四川	336	53.60	2,234,025.34
福建医科大学教育发展基金会	2005/10/15	福建	336	53.60	2,222,124.04
内蒙古民族大学教育基金会	2013/04/01	内蒙古	354	52.00	2,218,399.47
湖南正阳大学生创业基金会	2010/10/25	湖南	371	50.40	2,216,493.97
广西华鼎教育基金会	2013/02/01	广西	383	49.60	2,179,482.01
北京中国音乐学院教育基金会	2013/04/02	北京	421	47.42	2,173,133.88
北京物资学院教育基金会	2013/10/08	北京	53	84.00	2,141,009.17
武汉大学韩德培法学基金会	2009/09/24	湖北	182	66.40	2,130,134.70
四川西南科技大学教育发展基金会	2013/05/02	四川	177	66.80	2,094,220.20
青岛理工大学教育发展基金会	2013/09/11	山东	383	49.60	2,086,062.02
浙江中国美术学院夏朋（姚馥）奖学金基金会	2011/03/01	浙江	36	87.20	2,062,600.42
浙江工商大学教育基金会	2013/02/05	浙江	536	42.04	2,041,822.00
广东省培正学院教育发展基金会	2013/01/08	广东	397	48.80	2,026,341.78
黑龙江省哈尔滨体育学院教育发展基金会	2013/09/05	黑龙江	723	22.40	2,024,501.36
山东工商学院教育发展基金会	2011/11/27	山东	397	48.80	2,020,947.15
湖南湖大秋实教育基金会	2010/06/22	湖南	397	48.80	2,017,848.80
长春工业大学人文信息学院陈坚奖学基金会	2011/04/18	吉林	354	52.00	2,005,968.97
丽水学院教育基金会	2013/11/28	浙江	80	80.80	2,005,417.86
厦门大学陈安国际法学发展基金会	2011/11/30	福建	213	62.80	2,005,299.29
四川宜宾学院教育发展基金会	2013/10/24	四川	499	43.88	2,001,178.15
齐齐哈尔工程学院教育发展基金会	2013/11/04	黑龙江	690	27.20	2,000,729.45
湖北省吴汉东法学教育基金会	2011/04/08	湖北	371	50.40	1,881,998.76
成都中医药大学教育基金会	2013/09/13	四川	371	50.40	1,827,500.00
云南农业大学有勇奖学基金会	2012/10/26	云南	371	50.40	1,801,574.62
广东省北京师范大学-香港浸会大学联合国际学院教育基金会	2013/06/25	广东	397	48.80	1,766,363.27

续表

基金会名称	成立时间	所在地	排名	FTI 2016 得分	净资产（元）
广东省吉林大学珠海学院教育发展基金会	2013/06/25	广东	732	18.40	1,664,570.90
江西科技学院基金会	2009/09/18	江西	383	49.60	1,461,271.51
曲阜师范大学孔子教育基金会	2010/07/23	山东	618	35.20	1,345,416.84
广东省华南理工大学广州学院教育发展基金会	2012/04/11	广东	760	5.60	
广东省粤安公共卫生安全事业发展基金会	2011/07/05	广东	766	1.60	
广东省中山大学南方学院助学基金会	2013/01/25	广东	767	0.80	
海南大学教育基金会	2005/05/31	海南	760	5.60	
河南农业大学教育发展基金会	2010/11/03	河南	763	4.00	
华中农业大学教育发展基金会	2009/12/31	湖北	743	14.00	
江西农业大学教育基金会	2010/09/28	江西	754	10.00	
江西师范大学教育发展基金会	2011/07/25	江西	737	16.40	
景德镇陶瓷学院教育基金会	2008/09/28	江西	758	7.20	
南京人口管理干部学院教育发展基金会	2009/12/16	江苏	763	4.00	
陕西省楠竹教育基金会	2008/08/12	陕西	755	9.60	
四川西南交通大学教育基金会	2004/07/07	四川	737	16.40	
重庆大学教育基金会	2007/12/29	重庆	733	18.00	

7. 企业型基金会榜单

基金会名称	成立时间	所在地	排名	FTI 2016 得分	净资产（元）
神华公益基金会	2010/07/01	北京	46	85.60	596,209,785.25
中国海油海洋环境与生态保护公益基金会	2012/07/09	北京	112	76.00	544,687,926.40
腾讯公益慈善基金会	2007/06/26	广东	1	100.00	456,975,802.81
中远慈善基金会	2005/12/20	北京	1	100.00	382,203,482.01
上海汽车工业科技发展基金会	1996/02/14	上海	269	58.00	329,782,742.08
紫金矿业慈善基金会	2012/09/04	福建	397	48.80	223,191,127.36
贵州省信合公益基金会	2013/05/30	贵州	397	48.80	217,657,109.04
上海工商界爱国建设特种基金会	1993/01/08	上海	527	42.46	208,017,116.16
江西省农村信用社百福慈善基金会	2011/06/21	江西	328	54.40	201,596,272.25
泛海公益基金会	2010/10/25	北京	50	84.80	200,073,380.98

续表

基金会名称	成立时间	所在地	排名	FTI 2016 得分	净资产（元）
福建新华都慈善基金会	2009/09/30	福建	269	58.00	188,861,378.05
国家电网公益基金会	2009/03/12	北京	363	51.20	136,871,889.71
中国人寿慈善基金会	2007/06/16	北京	322	54.72	134,178,426.13
北京市搜候中国城市文化基金会	2005/04/02	北京	38	86.51	128,552,376.43
万科公益基金会	2008/09/04	广东	257	58.40	112,540,378.55
福建省龙岩市李新炎慈善基金会	2007/06/26	福建	345	52.80	106,564,551.86
桃源居公益事业发展基金会	2008/07/16	广东	1	100.00	104,617,316.93
浙江富中教育集团教育发展基金会	2012/10/18	浙江	125	73.60	104,386,232.10
广东省易方达教育基金会	2007/11/30	广东	218	61.60	102,740,357.88
贵州省宏立城公益基金会	2013/06/05	贵州	295	56.40	100,824,464.97
云南大益爱心基金会	2007/12/12	云南	1	100.00	100,584,784.43
中国移动慈善基金会	2009/07/13	北京	188	65.60	100,319,785.96
浙江海亮慈善基金会	2007/08/25	浙江	26	89.60	95,845,651.06
江苏海澜教育发展基金会	2008/11/24	江苏	371	50.40	92,862,806.55
华润慈善基金会	2010/01/14	广东	1	100.00	90,899,840.73
宁波华茂教育基金会	2009/05/25	浙江	67	82.40	89,904,837.70
青岛市天泰公益基金会	2010/01/09	山东	498	43.98	72,737,533.51
浙江正泰公益基金会	2009/12/03	浙江	1	100.00	72,542,565.69
香江社会救助基金会	2005/06/14	广东	163	68.40	70,734,362.51
阿里巴巴公益基金会	2011/12/22	浙江	19	92.00	63,507,837.41
石嘴山银行“爱心”基金会	2012/06/29	宁夏	383	49.60	63,016,969.68
亨通慈善基金会	2011/02/25	江苏	383	49.60	62,730,706.65
华阳慈善基金会	2009/07/29	福建	397	48.80	62,658,126.92
人保慈善基金会	2008/03/21	北京	304	56.00	61,648,808.52
宝钢教育基金会	2005/12/20	上海	259	58.34	58,368,606.95
招商局慈善基金会	2009/06/15	广东	1	100.00	55,588,984.72
北京华彬文化基金会	2011/05/19	北京	184	66.27	53,941,823.68
东风公益基金会	2012/05/15	湖北	345	52.80	53,431,875.76
北京SMC教育基金会	2008/03/28	北京	384	49.57	52,139,908.43
福建尚德教育基金会	2002/10/09	福建	217	62.00	51,075,072.30
包商银行公益基金会	2012/11/08	北京	397	48.80	50,307,882.00
凯风公益基金会	2007/03/01	北京	253	58.80	50,142,145.74

续表

基金会名称	成立时间	所在地	排名	FTI 2016 得分	净资产（元）
山东泛海公益基金会	2013/08/02	山东	336	53.60	50,040,328.85
中兴通讯公益基金会	2012/10/30	广东	135	72.00	49,950,143.77
江苏中大公益基金会	2009/09/22	江苏	687	27.48	49,852,281.69
安利公益基金会	2011/01/24	北京	1	100.00	45,967,648.91
广东省广发证券社会公益基金会	2011/01/19	广东	223	61.20	43,908,291.40
宁波太平洋慈善基金会	2007/11/28	浙江	32	88.40	43,228,226.72
河南省超越救助基金会	2009/09/08	河南	348	52.40	41,838,963.60
北京市华夏人慈善基金会	2009/10/19	北京	3	98.80	41,578,185.60
吉林省富奥汽车技术与管理创新基金会	2012/03/06	吉林	345	52.80	36,386,421.16
深圳市华强公益基金会	2012/04/11	广东	379	49.94	35,389,555.68
陕西九九老龄事业基金会	2011/04/01	陕西	354	52.00	35,001,171.38
哈尔滨市百威英博城市发展基金会	2004/07/30	黑龙江	363	51.20	34,980,120.57
江苏新潮仁爱基金会	2007/04/03	江苏	253	58.80	34,829,244.83
上海市应昌期围棋教育基金会	2002/01/10	上海	308	55.69	33,801,177.97
上海华信公益基金会	2011/05/03	上海	167	68.00	32,501,271.50
北京光彩公益基金会	2006/11/23	北京	122	74.19	32,255,706.29
威盛信望爱公益基金会	2009/02/09	北京	159	68.80	31,705,648.09
江苏国信企业发展研究基金会	2013/04/17	江苏	425	47.20	30,816,746.16
山西省西山慈善基金会	2007/12/03	山西	354	52.00	30,748,407.78
顶新公益基金会	2010/11/02	北京	73	81.67	30,632,152.37
广东省大成慈善基金会	2009/04/12	广东	353	52.18	30,266,245.67
浙江富通感恩慈善基金会	2012/09/26	浙江	146	70.75	30,158,954.44
爱慕公益基金会	2013/11/11	北京	383	49.60	30,125,343.23
金龙鱼慈善公益基金会	2013/02/16	上海	76	81.20	30,077,567.56
上海浦发公益基金会	2008/05/07	上海	188	65.60	29,218,934.40
北京苹果慈善基金会	2005/05/25	北京	105	77.20	28,640,722.42
南航“十分”关爱基金会	2005/05/13	广东	272	57.60	28,639,729.27
思利及人公益基金会	2012/12/10	广东	3	98.80	26,998,203.07
浙江省舟山中浪慈善基金会	2010/08/11	浙江	70	82.00	26,558,943.50
河南省宋河老子国学教育基金会	2010/07/22	河南	410	47.94	26,184,568.35
山东省友芳公益基金会	2012/12/05	山东	194	64.80	26,097,536.45
亿利公益基金会	2011/05/16	北京	156	69.60	24,247,568.78

续表

基金会名称	成立时间	所在地	排名	FTI 2016 得分	净资产（元）
上海汇添富公益基金会	2010/02/09	上海	209	63.20	23,796,890.69
福建省兴业慈善基金会	2009/10/16	福建	1	100.00	23,731,088.96
四川省国电大渡河爱心帮扶基金会	2006/09/26	四川	257	58.40	23,142,835.52
比亚迪慈善基金会	2010/07/19	广东	383	49.60	22,810,513.92
北京百度公益基金会	2011/01/07	北京	26	89.60	22,532,613.94
顺丰公益基金会	2012/12/17	广东	3	98.80	22,455,878.83
山东省乐安慈孝公益基金会	2010/08/24	山东	163	68.40	21,680,645.76
湖北省长江证券公益慈善基金会	2008/10/23	湖北	345	52.80	20,934,749.15
上海嘉宝公益基金会	2013/01/29	上海	407	48.00	20,658,991.36
浙江海天慈善基金会	2013/01/08	浙江	88	79.20	20,176,129.98
黄奕聪慈善基金会	2010/05/04	上海	1	100.00	20,099,540.44
永恒慈善基金会	2011/06/02	广东	272	57.60	20,098,222.11
深圳市荣超公益基金会	2013/12/10	广东	407	48.00	20,005,591.96
湖北省兴发之星教师奖励基金会	2009/07/14	湖北	371	50.40	19,830,670.20
浙江省李书福资助教育基金会	2006/08/03	浙江	32	88.40	19,722,669.46
江苏中南慈善基金会	2011/05/16	江苏	363	51.20	19,631,339.61
浙江省杭州滨江阳光公益基金会	2013/05/22	浙江	155	69.61	19,560,880.93
福建大丰文化基金会	1991/01/08	福建	383	49.60	19,510,150.96
河北省京海明珠慈善基金会	2008/03/19	河北	196	64.40	19,460,231.12
宁夏黄河银行助学基金会	2009/08/11	宁夏	324	54.59	18,958,097.32
湖南省铭成公益基金会	2007/06/20	湖南	336	53.60	18,816,673.20
吉林省农村信用社慈善基金会	2013/05/05	吉林	397	48.80	17,911,659.32
宁波舜大慈善基金会	2012/04/06	浙江	67	82.40	17,772,453.46
广东省豪爵慈善基金会	2007/08/03	广东	460	45.60	17,674,136.01
河北省撒可富教育基金会	2005/06/13	河北	272	57.60	17,440,746.15
浙江福泰隆慈善基金会	2010/12/23	浙江	36	87.20	16,963,354.14
深圳市新浩爱心基金会	2005/10/21	广东	397	48.80	16,658,245.10
山西省潞安扶贫助学基金会	2006/08/26	山西	328	54.40	16,393,232.04
湖南飞翔公益基金会	2004/12/02	湖南	354	52.00	16,175,298.66
南京金鹰国际慈济基金会	2006/01/23	江苏	371	50.40	16,112,645.85
山西省汾酒集团公益基金会	2010/12/09	山西	218	61.60	15,252,244.98
深圳市华会所生态环保基金会	2012/02/27	广东	126	73.20	15,172,975.08

续表

基金会名称	成立时间	所在地	排名	FTI 2016 得分	净资产（元）
北京京安公益基金会	2012/06/19	北京	42	86.00	15,169,645.80
浙江广天日月鲍林春建设科技基金会	2007/11/27	浙江	67	82.40	15,077,939.47
一汽自主创新沈曾华奖励基金会	2007/07/31	吉林	685	28.00	14,479,831.21
福建省郭文梯教育基金会	2004/05/22	福建	282	57.22	14,349,052.82
上海复星公益基金会	2012/09/29	上海	354	52.00	14,299,021.79
北京远洋之帆公益基金会	2008/10/12	北京	129	72.69	13,997,467.00
江苏沙钢公益基金会	2009/09/28	江苏	383	49.60	13,866,580.85
浙江慈溪兴业夕阳红基金会	2005/11/28	浙江	40	86.40	12,511,510.89
北京利星行慈善基金会	2010/08/10	北京	75	81.30	11,968,016.44
广州市时代地产公益基金会	2007/03/30	广东	444	46.44	11,515,481.32
山东省鲁能彩虹援助基金会	2005/12/26	山东	383	49.60	11,240,406.80
广东省合生珠江教育发展基金会	2007/08/16	广东	460	45.60	10,951,437.60
浙江宏达教育基金会	2012/10/18	浙江	118	74.80	10,851,446.25
安徽桐城农商银行公益基金会	2013/07/29	安徽	397	48.80	10,562,929.85
北京金融街慈善基金会	2011/03/22	北京	104	77.57	10,382,090.59
湖南潇湘晨报公益基金会	2011/03/10	湖南	269	58.00	10,159,273.58
江苏省豪爵慈善基金会	2009/06/15	江苏	383	49.60	10,115,261.66
黑龙江飞鹤乳业有限公司助学基金会	2006/08/22	黑龙江	407	48.00	10,088,149.70
浙江省网易慈善基金会	2009/05/04	浙江	36	87.20	10,029,526.34
北京亿方公益基金会	2013/10/26	北京	1	100.00	10,007,957.94
山东省胜利油田地学开拓基金会	2005/03/24	山东	383	49.60	9,966,441.20
泉州金安恒兴教育基金会	2008/03/18	福建	392	49.08	9,913,288.82
无锡华地慈善基金会	2013/04/26	江苏	631	34.00	9,872,181.77
江苏恒力慈善基金会	2012/05/21	江苏	253	58.80	9,863,022.20
江苏中超慈善基金会	2013/09/16	江苏	592	37.61	9,802,522.72
山西省晋驹科教基金会	1996/04/01	山西	371	50.40	9,262,109.79
浙江省实方慈善基金会	2012/10/18	浙江	257	58.40	9,187,217.89
上海国泰君安社会公益基金会	2012/01/18	上海	371	50.40	9,169,520.12
江苏兴达爱心基金会	2008/07/07	江苏	371	50.40	8,961,819.82
内蒙古西蒙公益基金会	2011/07/14	内蒙古	371	50.40	8,895,183.31
江苏长江平民教育基金会	2005/10/31	江苏	248	59.20	8,861,846.49
浙江盛威普世慈善基金会	2012/08/10	浙江	200	63.90	8,660,880.66

续表

基金会名称	成立时间	所在地	排名	FTI 2016 得分	净资产（元）
深圳市三和仁爱文化基金会	2013/08/22	广东	607	36.28	8,045,046.05
盐城胡友林慈善基金会	2011/03/18	江苏	236	60.00	8,003,822.47
北京宏信公益基金会	2014/01/07	北京	1	100.00	7,929,884.43
湖北省树海公益慈善基金会	2009/06/19	湖北	383	49.60	7,885,254.44
内蒙古来喜公益基金会	2010/04/06	内蒙古	397	48.80	7,864,599.47
北京宏昆慈善基金会	2009/07/29	北京	262	58.27	7,852,354.89
江苏宏大青少年人才发展基金会	2009/05/24	江苏	244	59.60	7,610,756.97
江苏华科事业群慈爱基金会	2011/01/25	江苏	397	48.80	7,294,702.74
广西桂嘉汇青少年儿童救助基金会	2008/06/27	广西	397	48.80	7,284,380.24
浙江圣奥慈善基金会	2011/09/02	浙江	52	84.40	6,913,399.24
广东省唯品会慈善基金会	2011/06/10	广东	336	53.60	6,688,920.34
湖南省步步高福光慈善基金会	2012/03/30	湖南	660	31.67	6,630,689.56
厦门建安慈善基金会	2007/11/28	福建	31	88.80	6,359,673.17
北京市阳光保险爱心基金会	2010/05/10	北京	53	84.00	6,250,201.86
厦门集友陈嘉庚教育基金会	1989/10/25	福建	371	50.40	6,237,668.11
广东省南方基金慈善基金会	2011/07/25	广东	174	67.20	6,214,864.27
甘肃亚太慈善基金会	2013/01/31	甘肃	456	45.84	6,206,800.46
深圳市梵融教育基金会	2010/09/15	广东	74	81.60	6,138,714.96
广东省卓如医疗慈善救助基金会	2011/07/19	广东	553	40.72	6,075,712.46
四川美丰教育基金会	2004/11/15	四川	228	60.80	6,072,177.45
广东省茂华慈善基金会	2010/06/01	广东	232	60.40	6,042,237.53
湖南岳阳长炼石化科技创新基金会	2012/12/28	湖南	602	36.80	6,028,694.83
福建省王清海职业教育基金会	2010/05/18	福建	363	51.20	6,023,065.53
厦门市翔业爱心基金会	2013/01/04	福建	397	48.80	5,885,055.65
浙江中信金通教育基金会	2008/07/29	浙江	419	47.60	5,844,510.03
浙江圣爱慈善基金会	2009/12/03	浙江	74	81.60	5,829,514.57
吉林省神华社会救助基金会	2010/05/26	吉林	345	52.80	5,829,494.16
宜兴振球慈善基金会	2009/10/29	江苏	371	50.40	5,735,622.96
广西荣和爱心基金会	2009/07/22	广西	304	56.00	5,663,544.37
内蒙古弘业光彩事业扶困助学基金会	2008/07/30	内蒙古	228	60.80	5,637,297.80
温州百润教育基金会	2011/07/10	浙江	67	82.40	5,518,738.45
深圳市花样年公益基金会	2013/03/19	广东	383	49.60	5,489,577.05

续表

基金会名称	成立时间	所在地	排名	FTI 2016 得分	净资产（元）
陕西泰尔文化教育基金会	2013/01/14	陕西	425	47.20	5,363,638.87
新奥公益慈善基金会	2005/12/25	河北	429	47.02	5,331,577.10
河南省金鑫爱心教育基金会	2009/12/30	河南	70	82.00	5,305,366.25
北京三一公益基金会	2013/12/31	北京	101	78.00	5,298,491.53
内蒙古林来嵘慈善事业发展基金会	2007/03/22	内蒙古	371	50.40	5,177,738.79
北京太阳谷慈善基金会	2010/09/09	北京	48	85.20	5,052,016.88
上海万宇慈善基金会	2013/06/18	上海	320	54.80	5,020,357.63
温州金州永强慈善基金会	2011/06/01	浙江	36	87.20	5,011,851.19
上海新建桥老龄事业发展基金会	2008/04/19	上海	223	61.20	5,004,588.50
内蒙古电力公司扶贫济困基金会	2006/04/24	内蒙古	383	49.60	4,958,034.29
北京市金杜公益基金会	2008/01/18	北京	40	86.40	4,889,484.72
上海东方希望公益基金会	2013/08/06	上海	304	56.00	4,888,420.01
河北华耐同心公益基金会	2012/01/16	河北	182	66.40	4,875,679.64
广东省方圆公益基金会	2011/04/21	广东	480	44.69	4,873,696.19
上海汉庭社会公益基金会	2009/01/07	上海	679	29.10	4,799,658.74
江苏欣乐公益基金会	2007/12/26	江苏	371	50.40	4,676,406.95
上海第一财经公益基金会	2013/07/15	上海	335	53.74	4,525,322.53
天津市宏志教育基金会	2007/09/28	天津	383	49.60	4,475,245.43
湖北省中森华慈善基金会	2013/05/18	湖北	723	22.40	4,470,472.46
深圳市腾邦慈善基金会	2009/04/16	广东	328	54.40	4,392,504.02
广西李宁基金会	2006/09/08	广西	383	49.60	4,307,056.22
鄂尔多斯东联教育基金会	2007/10/15	内蒙古	567	40.00	4,240,536.49
吉林省大禹助学基金会	2013/10/09	吉林	425	47.20	4,124,075.79
陕西宏府慈善基金会	2009/06/09	陕西	1	100.00	4,093,071.57
天诺慈善基金会	2008/01/28	北京	371	50.40	4,088,289.38
广东省建滔慈善基金会	2009/10/09	广东	383	49.60	4,087,248.15
内蒙古汇能慈善基金会	2008/03/17	内蒙古	363	51.20	4,062,811.22
湖南省涟钢公益基金会	2013/05/08	湖南	354	52.00	4,054,323.14
浙江嘉兴南湖国际教育基金会	2012/09/04	浙江	194	64.80	4,046,538.70
浙江省康恩贝慈善救助基金会	2007/12/28	浙江	16	93.20	4,024,052.03
陕西省世联慈善基金会	2013/11/11	陕西	507	43.39	3,985,267.02
北京慈弘慈善基金会	2010/09/03	北京	23	90.45	3,960,294.20

续表

基金会名称	成立时间	所在地	排名	FTI 2016 得分	净资产（元）
北京中金公益基金会	2012/03/21	北京	48	85.20	3,918,741.09
扬州市翔宇妇女儿童基金会	2009/08/24	江苏	371	50.40	3,887,608.48
山西省葵花公益基金会	2005/08/01	山西	1	100.00	3,872,004.73
深圳市东风南方爱心公益基金会	2013/07/04	广东	460	45.60	3,841,449.87
纪念苏天・横河仪器仪表人才发展基金会	1991/10/10	北京	363	51.20	3,715,508.41
云南省俊发教育扶贫基金会	2007/06/01	云南	214	62.40	3,672,262.24
新疆汇嘉十分孝心基金会	2010/06/22	新疆	290	56.80	3,657,753.88
吉林省振国健康事业公益基金会	2011/08/30	吉林	354	52.00	3,605,457.96
常州罗溪南港港机慈善基金会	2007/11/21	江苏	336	53.60	3,574,770.86
福建省正荣公益基金会	2013/03/18	福建	1	100.00	3,558,228.60
北京光华慈善基金会	2005/04/07	北京	3	98.80	3,508,291.26
江苏国泰国际集团企业发展研究基金会	2007/01/11	江苏	371	50.40	3,502,398.48
河北省卓达养老基金会	2009/06/02	河北	345	52.80	3,486,991.92
广东省顺丰慈善基金会	2009/08/12	广东	608	36.22	3,424,648.48
淮安增力爱心基金会	2011/10/25	江苏	342	53.15	3,389,399.46
河北省新联合公益基金会	2011/11/14	河北	203	63.54	3,382,173.74
深圳市博时慈善基金会	2009/09/01	广东	383	49.60	3,378,246.03
甘肃恒滨未来四方书画教育发展基金会	2009/06/17	甘肃	703	25.60	3,373,112.65
山西省程海庆教育基金会	2012/07/31	山西	269	58.00	3,339,449.84
浙江省娃哈哈慈善基金会	2009/07/01	浙江	111	76.11	3,338,760.33
深圳市银联宝慈善基金会	2013/11/15	广东	726	20.80	3,316,822.13
广东省嘉宝莉助学基金会	2010/09/29	广东	177	66.80	3,267,496.60
广东省保利地产和谐文化基金会	2011/05/12	广东	397	48.80	3,228,432.24
河南省羚锐老区扶贫帮困基金会	2008/01/11	河南	610	35.89	3,189,784.95
青海省天佑德教育基金会	2012/06/20	青海	383	49.60	3,136,655.03
广东省慈阳慈善基金会	2011/05/12	广东	264	58.20	3,044,362.25
广西国海扶贫助学基金会	2006/11/24	广西	191	65.20	3,040,782.94
深圳市雅图文化教育慈善基金会	2012/06/13	广东	309	55.60	3,032,012.48
山西省华宇公益基金会	2009/08/18	山西	354	52.00	3,010,324.89
江苏熔盛爱心基金会	2010/10/28	江苏	383	49.60	3,006,512.16
河北慈氏基金会	2010/12/16	河北	397	48.80	2,960,103.04
浙江横店文荣慈善基金会	2007/12/17	浙江	20	91.60	2,951,005.33

续表

基金会名称	成立时间	所在地	排名	FTI 2016 得分	净资产（元）
北京弘毅慈善基金会	2009/06/15	北京	27	89.27	2,932,093.43
上海汤臣慈善基金会	2012/09/29	上海	283	57.20	2,922,888.35
常州君合慈善基金会	2013/08/22	江苏	163	68.40	2,888,382.95
北京国珍爱心基金会	2009/12/03	北京	20	91.60	2,885,997.53
上海华杰仁爱基金会	2005/04/04	上海	214	62.40	2,880,771.43
南京柯菲平公益基金会	2013/12/26	江苏	1	100.00	2,868,505.05
河南省新机救助基金会	2009/05/18	河南	345	52.80	2,867,757.30
江苏振达帮困助学基金会	2008/05/25	江苏	383	49.60	2,841,765.83
无锡多彩公益基金会	2013/08/22	江苏	626	34.65	2,798,146.51
南京牛首山公益慈善基金会	2013/05/08	江苏	425	47.20	2,759,457.31
安徽实践家文教慈善基金会	2012/07/26	安徽	397	48.80	2,752,908.03
北京康盟慈善基金会	2010/06/13	北京	110	76.17	2,741,235.03
河南省嵩岳爱心基金会	2012/01/13	河南	383	49.60	2,720,195.25
北京华严慈善基金会	2010/05/10	北京	425	47.20	2,715,960.29
盐城市李凤祥助学扶困基金会	2008/03/04	江苏	383	49.60	2,689,717.16
山西省汇丰兴业集团公益基金会	2012/05/05	山西	354	52.00	2,680,300.35
广东省陆叶慈善基金会	2010/11/01	广东	313	55.20	2,603,409.43
江苏太平洋技工教育基金会	2008/07/03	江苏	345	52.80	2,602,166.68
安徽双赢慈善基金会	2012/03/16	安徽	266	58.10	2,573,642.03
广东省顺商公益基金会	2011/12/27	广东	336	53.60	2,548,138.98
湖北省全洲慈善公益基金会	2010/05/31	湖北	449	46.24	2,477,200.27
浙江华汇建设美好生活基金会	2011/03/01	浙江	338	53.30	2,457,012.84
浙江豪成慈善基金会	2006/05/30	浙江	36	87.20	2,455,693.27
常熟振华孝心基金会	2011/01/25	江苏	354	52.00	2,429,065.03
安徽国祯爱心慈善基金会	2011/03/23	安徽	452	46.08	2,428,556.00
江苏捷安特自行车文体基金会	2008/10/13	江苏	253	58.80	2,426,921.72
北京联想控股公益基金会	2013/03/08	北京	397	48.80	2,403,893.74
山西省华安扶贫基金会	2011/08/09	山西	609	36.07	2,394,406.18
深圳市徐森慈善基金会	2012/11/27	广东	168	67.88	2,392,927.31
北京万通公益基金会	2008/04/16	北京	1	100.00	2,384,582.37
江苏新英慈爱基金会	2006/06/18	江苏	383	49.60	2,370,455.16
天津市冬朋助学基金会	2007/11/07	天津	371	50.40	2,349,039.11

续表

基金会名称	成立时间	所在地	排名	FTI 2016得分	净资产（元）
海南省李惠智教育基金会	2007/10/08	海南	170	67.60	2,334,908.81
江苏华佳关爱基金会	2010/10/29	江苏	383	49.60	2,327,473.88
湖北省国中医药公益基金会	2009/12/22	湖北	198	64.00	2,318,997.27
广东省岭南教育慈善基金会	2011/10/12	广东	299	56.18	2,287,522.52
北京歌华文化创意产业发展基金会	2008/03/24	北京	40	86.40	2,271,697.56
河南省平煤医疗风险救助基金会	2010/01/25	河南	244	59.60	2,268,677.95
新疆溢达杨元龙教育基金会	2011/06/07	新疆	229	60.68	2,264,336.26
广东省富迪慈善基金会	2009/08/20	广东	219	61.56	2,257,571.50
吉林省中东爱心基金会	2008/10/07	吉林	223	61.20	2,256,929.13
山西省通力达司法救济基金会	2012/12/06	山西	214	62.40	2,251,663.04
重庆协信公益基金会	2012/12/06	重庆	323	54.69	2,240,004.39
广西和正慈善基金会	2009/08/28	广西	374	50.28	2,225,857.96
天津市滨海社会救助基金会	2008/06/26	天津	573	39.71	2,220,064.69
广东省丹姿慈善基金会	2013/09/10	广东	397	48.80	2,212,145.28
四川成都蓝光助学基金会	2010/09/20	四川	336	53.60	2,185,797.72
深圳市澳康达慈善基金会	2013/09/05	广东	503	43.63	2,176,926.38
江苏远东慈善基金会	2007/05/07	江苏	294	56.49	2,174,242.41
云南士恒教育基金会	2009/12/15	云南	232	60.40	2,169,786.18
辽宁省兴隆大家庭大病救助基金会	2009/12/15	辽宁	328	54.40	2,167,469.87
天津市杨兆兰慈善基金会	2012/03/06	天津	277	57.48	2,163,384.01
深圳市花样盛年慈善基金会	2012/02/27	广东	46	85.60	2,154,172.25
陕西省易信慈善基金会	2009/10/21	陕西	383	49.60	2,150,868.40
湖南省何继善基金会	2005/12/31	湖南	363	51.20	2,149,929.67
深圳市郑卫宁慈善基金会	2009/11/18	广东	1	100.00	2,141,280.65
漳州市李瑞河茶文化教育基金会	2010/11/25	福建	383	49.60	2,138,397.13
江西省煌上煌爱心基金会	2013/03/20	江西	508	43.27	2,132,347.90
福建宏利基金会	1999/06/18	福建	272	57.60	2,128,391.32
聊城市陈光教育基金会	2007/02/08	山东	257	58.40	2,121,960.88
深圳市转动热情自行车体育基金会	2011/11/17	广东	82	80.40	2,104,185.04
深圳市荣格爱的力量公益基金会	2013/06/21	广东	269	58.00	2,099,599.64
湖南天龙慈善基金会	2010/08/17	湖南	397	48.80	2,096,850.02
上海百马慈善基金会	2008/10/22	上海	191	65.20	2,095,061.68

续表

基金会名称	成立时间	所在地	排名	FTI 2016 得分	净资产（元）
浙江省陈再爱心基金会	2007/09/06	浙江	32	88.40	2,094,862.10
河南省原动力公益基金会	2012/12/14	河南	371	50.40	2,093,817.99
深圳市同维爱心公益基金会	2012/07/27	广东	76	81.20	2,093,733.73
浙江省必达爱心慈善基金会	2012/08/31	浙江	538	41.74	2,093,273.08
潍坊市铭仁文化发展基金会	2006/10/09	山东	232	60.40	2,092,711.51
北京金榜题名慈善基金会	2010/04/08	北京	383	49.60	2,092,099.44
陕西荣华慈善基金会	2011/04/20	陕西	336	53.60	2,084,054.00
河南省天慈公益基金会	2009/05/20	河南	270	57.74	2,083,912.31
广东省东风日产阳光关爱基金会	2008/06/18	广东	433	46.82	2,077,643.73
河南省慈鑫福利基金会	2009/10/29	河南	167	68.00	2,077,557.70
河北省隆基泰和慈善基金会	2012/12/21	河北	397	48.80	2,072,138.68
南通泰慕士爱心基金会	2009/09/26	江苏	290	56.80	2,071,034.55
广州市平恩慈善基金会	2010/11/01	广东	248	59.20	2,064,065.62
北京好未来公益基金会	2013/10/08	北京	297	56.23	2,061,040.87
深圳市奔达康慈善基金会	2012/06/14	广东	52	84.40	2,057,677.33
内蒙古元和爱心基金会	2013/11/18	内蒙古	465	45.32	2,057,294.72
深圳市雅昌艺术基金会	2012/02/27	广东	74	81.60	2,055,886.63
吴江盛虹爱心基金会	2011/07/21	江苏	665	31.00	2,055,810.13
杭州市金成高尔夫体育发展基金会	2012/09/04	浙江	53	84.00	2,055,383.73
宁夏嘉峰慈善基金会	2012/08/23	宁夏	345	52.80	2,053,473.23
河北省邢钢慈善基金会	2007/04/20	河北	336	53.60	2,053,133.73
河北省静远教育基金会	2006/05/24	河北	336	53.60	2,049,581.51
青岛市华泰公益基金会	2011/10/19	山东	345	52.80	2,048,837.76
广东省绿景慈善基金会	2008/10/16	广东	383	49.60	2,041,129.51
深圳市福德慈善基金会	2013/08/27	广东	407	48.00	2,040,479.29
北京新发展慈善基金会	2010/07/13	北京	42	86.00	2,036,629.83
深圳市捷顺乐善扶贫基金会	2012/07/27	广东	88	79.20	2,031,571.27
北京龙门慈善基金会	2010/09/09	北京	64	82.80	2,030,798.63
广东省棕榈公益基金会	2012/01/17	广东	397	48.80	2,028,955.29
河北省东海爱心助学基金会	2007/07/18	河北	328	54.40	2,027,851.13
浙江省绍兴县盛兴慈善基金会	2004/09/14	浙江	36	87.20	2,027,001.62
安徽梦都慈善基金会	2006/08/19	安徽	345	52.80	2,026,380.02

续表

基金会名称	成立时间	所在地	排名	FTI 2016 得分	净资产（元）
福建喜盈门慈善基金会	2008/07/29	福建	244	59.60	2,026,147.66
吉林康乃尔助学基金会	2012/12/01	吉林	345	52.80	2,026,021.52
辽宁省周延慈善基金会	2008/03/11	辽宁	397	48.80	2,025,024.91
广东省中庆文体慈善基金会	2010/11/24	广东	717	24.00	2,022,772.09
重庆市长寿区聚商公益慈善基金会	2013/07/17	重庆	354	52.00	2,020,180.60
北京环球时报公益基金会	2012/11/26	北京	123	74.00	2,014,071.84
河南省兴达爱心基金会	2010/09/26	河南	304	56.00	2,011,353.97
北京启明星辰慈善公益基金会	2012/05/09	北京	595	37.22	2,011,344.27
广东省圣保堂肿瘤慈善基金会	2010/09/09	广东	399	48.69	2,010,230.72
山西省合创爱心助困基金会	2007/06/14	山西	383	49.60	2,008,886.21
北京凌盛爱心公益基金会	2013/05/07	北京	107	76.80	2,007,800.48
广东省鹏城拥军优抚基金会	2009/11/12	广东	371	50.40	2,007,457.96
福建省亚通助学助残基金会	2009/07/31	福建	371	50.40	2,006,238.50
黑龙江省玛克威慈善基金会	2013/05/16	黑龙江	354	52.00	2,005,303.96
诸暨市九鼎教育基金会	2007/04/20	浙江	36	87.20	2,005,049.85
仁寿县景圣景荟爱教育基金会	2012/08/16	四川	397	48.80	2,003,778.38
东莞市金胜教育发展基金会	2009/05/21	广东	383	49.60	2,002,985.68
北京蔚蓝公益基金会	2011/03/08	北京	3	98.80	2,002,972.19
鄂尔多斯市蒙佳慈善基金会	2011/08/29	内蒙古	723	22.40	2,000,900.00
宁夏金宇爱心慈善基金会	2013/07/24	宁夏	604	36.72	2,000,514.42
宁夏回族自治区敬义泰慈善基金会	2012/11/19	宁夏	383	49.60	2,000,328.22
广东省桂贤慈善基金会	2007/11/26	广东	371	50.40	2,000,175.55
河南省浙鑫助残救孤基金会	2011/04/02	河南	411	47.85	2,000,152.06
山西省汇邦慈善基金会	2013/01/14	山西	236	60.00	1,996,504.40
安徽省中宜教育基金会	2006/06/06	安徽	269	58.00	1,989,219.94
广东省君华公益基金会	2011/11/18	广东	703	25.60	1,987,027.34
福鼎市家景助学基金会	2011/12/12	福建	383	49.60	1,976,825.98
广东省龙光慈善基金会	2012/04/08	广东	723	22.40	1,970,716.46
安徽天徽慈善基金会	2008/10/22	安徽	712	24.80	1,965,332.35
吉林市白山发电厂爱心救助基金会	2012/11/13	吉林	354	52.00	1,951,641.18
北京瑞普华老年救助基金会	2011/02/21	北京	70	82.00	1,931,240.44
揭阳市志英助学基金会	2009/07/30	广东	383	49.60	1,927,921.79

续表

基金会名称	成立时间	所在地	排名	FTI 2016 得分	净资产（元）
河北省秋华教育基金会	2008/11/05	河北	371	50.40	1,914,177.06
江苏长新爱心救助基金会	2006/07/31	江苏	712	24.80	1,882,216.54
浙江省红黄蓝儿童慈善基金会	2009/05/12	浙江	42	86.00	1,839,860.66
内蒙古李琳公益慈善基金会	2011/03/25	内蒙古	371	50.40	1,829,272.51
北海天宁慈善基金会	2012/06/29	广西	397	48.80	1,823,007.31
广东省颐养健康科学基金会	2013/11/04	广东	717	24.00	1,805,317.88
北京探路者公益基金会	2013/12/31	北京	36	87.20	1,805,079.33
广东省利贞慈善基金会	2010/02/09	广东	383	49.60	1,734,138.69
江苏省星美生育关怀基金会	2009/02/18	江苏	383	49.60	1,721,755.94
北京新徽商慈善基金会	2012/07/17	北京	397	48.80	1,705,699.42
北海喷施宝贤林发展基金会	2013/02/07	广西	371	50.40	1,693,849.23
山东省南山老龄事业发展基金会	2012/10/08	山东	313	55.20	1,685,012.75
西藏自治区雪域天使基金会	2013/11/27	西藏	228	60.80	1,640,302.53
广东省明楷慈善基金会	2010/06/30	广东	397	48.80	1,634,840.43
罗定市泗纶庭英教育基金会	2010/08/11	广东	383	49.60	1,614,902.48
江苏牛尾英才助学基金会	2008/09/01	江苏	371	50.40	1,490,367.68
河北润腾慈善公益基金会	2013/10/14	河北	425	47.20	1,432,381.65
江西省萍乡城北地产教育基金会	2009/09/15	江西	630	34.27	1,411,367.53
浙江省敏实爱心基金会	2013/06/05	浙江	88	79.20	1,406,984.79
通化矿业集团扶贫济困基金会	2008/12/12	吉林	345	52.80	1,384,061.36
浙江泰隆慈善基金会	2011/04/21	浙江	198	64.00	1,346,796.07
苏州汇凯爱心基金会	2005/04/07	江苏	397	48.80	1,337,501.28
安徽金牛公益基金会	2013/06/21	安徽	397	48.80	1,330,533.04
湖北省新纪元公益基金会	2010/12/07	湖北	703	25.60	1,178,223.36
烟台市枫林公益基金会	2010/08/03	山东	214	62.40	1,034,797.50
九江银行敬老爱幼慈善基金会	2013/10/20	江西	397	48.80	1,028,919.81
江苏联创爱心基金会	2007/05/08	江苏	717	24.00	1,009,937.46
云南省董勒成公益发展基金会	2007/01/11	云南	313	55.20	1,006,216.53
青岛市爱国健身公益基金会	2010/08/31	山东	345	52.80	1,003,228.84
深圳市欣旺达慈善基金会	2012/10/08	广东	133	72.13	979,802.88
昆山陈李香梅慈善基金会	2006/04/10	江苏	383	49.60	978,434.37
江苏养龙教育基金会	2007/12/28	江苏	383	49.60	960,264.57

续表

基金会名称	成立时间	所在地	排名	FTI 2016 得分	净资产（元）
浙江华策影视育才教育基金会	2013/05/08	浙江	107	76.80	816,860.85
河北斯特龙慈善基金会	2013/02/04	河北	446	46.40	759,204.50
陕西中洲知青帮助基金会	2010/09/19	陕西	346	52.59	630,666.72
浙江永强慈善基金会	2009/07/01	浙江	66	82.47	548,202.30
深圳市佳兆业公益基金会	2011/05/11	广东	329	54.14	524,597.33
广西可高基金会	2013/01/22	广西	425	47.20	474,656.58
浙江健怡慈善基金会	2012/04/16	浙江	70	82.00	424,101.77
一达助学（伊春）基金会	2011/11/16	黑龙江	383	49.60	369,334.86
深圳市千禧之星慈善基金会	2012/07/03	广东	537	42.00	355,855.11
绍兴县中厦慈善基金会	2008/07/02	浙江	67	82.40	283,236.49
浙江一开慈善基金会	2007/02/12	浙江	26	89.60	242,000.00
山西省恒富助学奖学基金会	2012/05/21	山西	354	52.00	233,555.48
广东省华光慈善基金会	2010/01/19	广东	209	63.20	222,249.92
深圳市神州通慈善基金会	2010/12/03	广东	74	81.60	220,332.75
宁夏本念公益基金会	2011/11/04	宁夏	257	58.40	134,249.71
内蒙古永业公益基金会	2011/06/20	内蒙古	383	49.60	100,751.96
吴江常青帮困基金会	2011/05/05	江苏	383	49.60	88,462.73
浙江安正慈善基金会	2011/09/02	浙江	32	88.40	71,468.01
广东省尚东公益基金会	2013/03/25	广东	397	48.80	25,741.06
江苏梦之蓝公益基金会	2010/06/07	江苏	605	36.59	–
深圳市TCL公益基金会	2012/06/20	广东	42	86.00	–
深圳市爱阅公益基金会	2010/11/17	广东	46	85.60	–
浙江华坤教育基金会	2006/03/03	浙江	76	81.20	–
广东省鸿发慈善基金会	2013/01/08	广东	397	48.80	–4,950.05
陕西峰丽文化慈善基金会	2011/09/28	陕西	712	24.80	–192,104.83
深圳市朱树豪纪念慈善基金会	2012/08/02	广东	88	79.20	–433,741.36
安徽省蚌埠市宏业儿童救助基金会	2009/09/17	安徽	763	4.00	
安徽太和保兴助学基金会	2008/03/17	安徽	738	16.00	
包头宝隆爱心公益基金会	2009/09/16	内蒙古	758	7.20	
淳安县丁香教育基金会	2010/09/16	浙江	734	17.60	
福建省诺奇大学生创业基金会	2009/06/24	福建	759	6.40	

注：净资产中“–”代表0值，“空”代表暂时没有获取到相关信息。

续表

基金会名称	成立时间	所在地	排名	FTI 2016 得分	净资产（元）
甘肃国鼎慈善基金会	2013/08/05	甘肃	764	3.20	
广东省百岁山公益基金会	2013/07/17	广东	766	1.60	
广东省海鸥文教基金会	2011/07/05	广东	760	5.60	
广东省华美教育慈善基金会	2008/01/02	广东	751	11.20	
广东省金东海公益基金会	2011/11/07	广东	760	5.60	
广东省凯业慈善基金会	2011/07/26	广东	759	6.40	
广东省利海绿色基金会	2008/09/19	广东	750	11.60	
广东省南山医学发展基金会	2011/07/05	广东	733	18.00	
广东省鹏峰慈善基金会	2008/03/27	广东	749	12.00	
广东省新兴县北英慈善基金会	2005/09/30	广东	759	6.40	
广东省信基公益基金会	2013/08/05	广东	766	1.60	
广东省雅居乐公益基金会	2012/11/11	广东	751	11.20	
广东省长锦慈善基金会	2011/11/28	广东	765	2.40	
广东省钻石世家慈善基金会	2009/10/29	广东	755	9.60	
广州国泰社会发展基金会	2012/11/09	广东	750	11.60	
广州市华新慈善基金会	2012/11/08	广东	766	1.60	
广州市金红棉文化基金会	2013/09/04	广东	754	10.00	
哈尔滨市南岗区仁皇健康工程基金会	2008/06/02	黑龙江	763	4.00	
海仓慈善基金会	2008/12/18	北京	751	11.20	
海南金光助学与环保基金会	2005/12/29	海南	759	6.40	
海南农信慈善基金会	2013/12/09	海南	766	1.60	
海南省慈航公益基金会	2010/10/08	海南	753	10.40	
河南省白象慈善基金会	2009/03/05	河南	763	4.00	
河南省莲花慈善基金会	2008/11/07	河南	763	4.00	
河南省王超斌慈善基金会	2011/03/01	河南	759	6.40	
河源市华达福公益基金会	2013/07/25	广东	749	12.00	
湖南省张炳生慈善基金会	2008/12/12	湖南	759	6.40	
淮安市廉租房爱心基金会	2007/09/24	江苏	759	6.40	
吉林省春雨仁爱基金会	2011/09/13	吉林	759	6.40	
江门市维达慈善基金会	2013/06/20	广东	767	0.80	
江苏金牛助学帮困基金会	2007/05/14	江苏	759	6.40	
江西抚州鸿德慈善基金会	2011/12/20	江西	767	0.80	

续表

基金会名称	成立时间	所在地	排名	FTI 2016 得分	净资产（元）
江西国光教育基金会	2007/04/18	江西	759	6.40	
江西省江铃科技奖励基金会	1992/12/31	江西	762	4.80	
江西新力慈善基金会	2013/12/02	江西	763	4.00	
酒泉市春光爱心基金会	2013/08/27	甘肃	767	0.80	
连云港正大天晴爱心基金会	2011/03/18	江苏	759	6.40	
内蒙古小肥羊公益事业基金会	2010/09/28	内蒙古	763	4.00	
宁夏固原市家道爱心慈善助学济困基金会	2012/06/21	宁夏	762	4.80	
宁夏回族自治区法源交通事故基金会	2012/05/08	宁夏	763	4.00	
宁夏路伏国山区高中生助学基金会	2011/07/11	宁夏	759	6.40	
宁夏梅园甲天下慈善基金会	2013/07/30	宁夏	763	4.00	
宁夏伊品爱心基金会	2012/07/25	宁夏	763	4.00	
潘序伦会计事业基金会	1991/11/18	江苏	763	4.00	
清远市农商银行公益基金会	2013/10/16	广东	729	19.60	
山西省吕梁东江教育基金会	2013/08/01	山西	751	11.20	
汕头市奇丽慈善基金会	2013/09/02	广东	762	4.80	
深圳市汉唐慈善基金会	2012/02/24	广东	743	14.00	
泰顺县育才教育基金会	2008/11/18	浙江	734	17.60	
温州忠成教育基金会	2011/09/02	浙江	737	16.40	
云南海佳助老基金会	2010/04/30	云南	758	7.20	
云南鸿献助学扶贫基金会	2010/12/31	云南	763	4.00	
云南慧邦尼公益基金会	2013/10/31	云南	755	9.60	
浙江省亚德客慈善基金会	2007/01/18	浙江	734	17.60	
浙江文达教育基金会	2012/09/04	浙江	754	10.00	
重庆市麦子扶贫基金会	2008/08/22	重庆	755	9.60	

8. FTI 2016完整榜单

基金会名称	成立时间	所在地	排名	FTI 2016 得分	净资产（元）
爱德基金会	1985/04/18	江苏	1	100.00	313,961,481.26
爱佑慈善基金会	2008/05/06	北京	1	100.00	224,700,045.20
安徽省仁众教育基金会	2009/10/20	安徽	1	100.00	6,297,094.59

续表

基金会名称	成立时间	所在地	排名	FTI 2016 得分	净资产（元）
安利公益基金会	2011/01/24	北京	1	100.00	45,967,648.91
北京彩虹桥慈善基金会	2012/07/19	北京	1	100.00	2,146,136.95
北京成龙慈善基金会	2008/07/10	北京	1	100.00	48,347,150.89
北京春苗儿童救助基金会	2010/10/27	北京	1	100.00	12,724,573.14
北京当代艺术基金会	2008/12/23	北京	1	100.00	4,000,038.68
北京桂馨慈善基金会	2008/11/13	北京	1	100.00	26,337,619.49
北京宏信公益基金会	2014/01/07	北京	1	100.00	7,929,884.43
北京交通大学教育基金会	2009/07/29	北京	1	100.00	251,235,048.87
北京京华公益事业基金会	2010/11/18	北京	1	100.00	6,920,472.17
北京乐平公益基金会	2010/11/18	北京	1	100.00	36,224,833.73
北京理工大学教育基金会	2010/01/11	北京	1	100.00	97,811,301.02
北京立德未来助学公益基金会	2014/04/21	北京	1	100.00	2,006,696.78
北京联益慈善基金会	2011/03/02	北京	1	100.00	7,497,210.09
北京美新路公益基金会	2012/05/15	北京	1	100.00	2,483,064.06
北京青少年发展基金会	1994/05/01	北京	1	100.00	78,587,703.27
北京仁泽公益基金会	2012/06/06	北京	1	100.00	3,586,197.20
北京市残疾人福利基金会	2009/08/14	北京	1	100.00	9,804,242.27
北京市刘鸿儒金融教育基金会	2006/11/23	北京	1	100.00	59,956,125.24
北京市企业家环保基金会	2008/12/23	北京	1	100.00	20,128,876.91
北京市西部阳光农村发展基金会	2006/05/26	北京	1	100.00	18,061,478.10
北京市永源公益基金会	2013/06/25	北京	1	100.00	9,324,565.90
北京市长江科技扶贫基金会	2010/04/09	北京	1	100.00	40,899,949.44
北京万通公益基金会	2008/04/16	北京	1	100.00	2,384,582.37
北京新阳光慈善基金会	2009/04/21	北京	1	100.00	7,950,484.66
北京修远经济与社会研究基金会	2009/11/23	北京	1	100.00	2,929,554.60
北京亿方公益基金会	2013/10/26	北京	1	100.00	10,007,957.94
陈香梅公益基金会	2010/06/22	北京	1	100.00	17,636,607.50
成都大熊猫繁育研究基金会	1993/12/17	四川	1	100.00	60,471,057.00
成都市残疾人福利基金会	1986/06/30	四川	1	100.00	16,927,455.52
成都市锦江区社会组织发展基金会	2011/11/30	四川	1	100.00	40,031,469.18
慈济慈善事业基金会	2008/01/14	江苏	1	100.00	348,805,690.91
大连市青少年发展基金会	2005/10/25	辽宁	1	100.00	29,103,547.36

续表

基金会名称	成立时间	所在地	排名	FTI 2016 得分	净资产（元）
敦和基金会	2012/05/11	浙江	1	100.00	75,455,641.70
福建省兴业慈善基金会	2009/10/16	福建	1	100.00	23,731,088.96
福建省正荣公益基金会	2013/03/18	福建	1	100.00	3,558,228.60
广东省扶贫基金会	1994/02/04	广东	1	100.00	320,024,568.29
广东省妇女儿童基金会	2009/05/08	广东	1	100.00	29,156,789.50
广东省何享健慈善基金会	2013/12/17	广东	1	100.00	103,633,531.21
广东省蓝态幸福文化公益基金会	2012/10/26	广东	1	100.00	4,698,890.18
广东省绿芽乡村妇女发展基金会	2013/02/26	广东	1	100.00	3,156,339.51
广东省麦田教育基金会	2010/09/21	广东	1	100.00	6,758,626.45
广东省千禾社区公益基金会	2009/09/01	广东	1	100.00	7,307,199.52
广东省山海源慈善基金会	2011/07/19	广东	1	100.00	3,523,395.55
广东省与人公益基金会	2012/08/06	广东	1	100.00	11,065,273.83
贵州文化薪火乡村发展基金会	2007/08/20	贵州	1	100.00	2,044,792.80
海南成美慈善基金会	2010/10/13	海南	1	100.00	22,713,555.52
海南省残疾人基金会	2013/12/20	海南	1	100.00	15,809,623.46
杭州市陈伯滔体育发展基金会	1995/06/12	浙江	1	100.00	2,104,686.65
河北省青少年发展基金会	1993/06/07	河北	1	100.00	48,036,402.39
黑龙江省青少年发展基金会	1988/08/17	黑龙江	1	100.00	27,547,535.48
湖南弘慧教育发展基金会	2008/08/29	湖南	1	100.00	29,038,837.87
湖南省残疾人福利基金会	2008/12/15	湖南	1	100.00	20,386,613.92
湖南省教育基金会	1990/12/25	湖南	1	100.00	161,187,619.70
湖南省青少年发展基金会	1992/04/16	湖南	1	100.00	58,233,741.62
华民慈善基金会	2008/03/11	北京	1	100.00	55,476,152.19
华润慈善基金会	2010/01/14	广东	1	100.00	90,899,840.73
黄奕聪慈善基金会	2010/05/04	上海	1	100.00	20,099,540.44
济仁慈善基金会	2011/11/09	北京	1	100.00	17,451,570.22
江苏昌明教育基金会	2010/02/21	江苏	1	100.00	2,523,572.91
江苏大学教育发展基金会	2007/12/24	江苏	1	100.00	179,596,680.61
江苏省儿童少年福利基金会	1984/11/01	江苏	1	100.00	29,652,576.97
江西省青少年发展基金会	1991/08/01	江西	1	100.00	30,450,397.43
老牛基金会	2004/12/28	内蒙古	1	100.00	598,104,799.40
南昌市青少年发展基金会	2013/12/16	江西	1	100.00	3,316,246.10

续表

基金会名称	成立时间	所在地	排名	FTI 2016 得分	净资产（元）
南都公益基金会	2007/05/11	北京	1	100.00	104,685,376.32
南京大学教育发展基金会	2005/04/30	江苏	1	100.00	863,502,139.75
南京柯菲平公益基金会	2013/12/26	江苏	1	100.00	2,868,505.05
南京理工大学教育发展基金会	2006/07/07	江苏	1	100.00	161,898,570.75
宁波鄞州银行公益基金会	2011/09/02	浙江	1	100.00	121,581,264.69
三江源生态保护基金会	2012/10/22	青海	1	100.00	18,857,327.92
山东大学教育基金会	2007/10/11	山东	1	100.00	113,423,185.90
山西省残疾人福利基金会	2007/08/06	山西	1	100.00	44,888,019.45
山西省葵花公益基金会	2005/08/01	山西	1	100.00	3,872,004.73
山西省青少年发展基金会	1993/02/15	山西	1	100.00	26,616,492.75
山西省文化发展基金会	2010/12/09	山西	1	100.00	20,435.61
陕西妇女儿童发展基金会	2009/11/19	陕西	1	100.00	15,906,683.10
陕西宏府慈善基金会	2009/06/09	陕西	1	100.00	4,093,071.57
陕西省神木县民生慈善基金会	2011/06/16	陕西	1	100.00	2,662,269,589.14
上海慈慧公益基金会	2011/02/26	上海	1	100.00	13,021,026.22
上海联劝公益基金会	2009/12/17	上海	1	100.00	20,314,676.70
上海仁德基金会	2011/12/07	上海	1	100.00	5,631,342.08
上海市慈善基金会	1994/05/06	上海	1	100.00	2,335,288,801.79
上海市儿童健康基金会	1992/07/07	上海	1	100.00	24,959,293.09
上海宋庆龄基金会	1993/12/08	上海	1	100.00	531,686,015.25
上海洋泾社区公益基金会	2013/08/09	上海	1	100.00	4,779,364.24
上海真爱梦想公益基金会	2008/08/14	上海	1	100.00	94,219,965.23
深圳市关爱行动公益基金会	2011/03/24	广东	1	100.00	33,388,306.60
深圳市红树林湿地保护基金会	2012/07/12	广东	1	100.00	4,622,631.95
深圳市青少年发展基金会	1988/06/07	广东	1	100.00	20,060,688.22
深圳市社会公益基金会	1992/04/02	广东	1	100.00	10,337,367.56
深圳市郑卫宁慈善基金会	2009/11/18	广东	1	100.00	2,141,280.65
深圳市志愿服务基金会	2012/11/29	广东	1	100.00	12,915,959.78
深圳市综研软科学发展基金会	2007/07/05	广东	1	100.00	27,675,572.61
深圳壹基金公益基金会	2010/12/03	广东	1	100.00	408,129,538.09
四川仁爱医疗基金会	2009/07/20	四川	1	100.00	2,088,085.47
四川省残疾人福利基金会	1985/07/19	四川	1	100.00	10,938,157.01

续表

基金会名称	成立时间	所在地	排名	FTI 2016 得分	净资产（元）
四川省儿童少年基金会	1982/05/29	四川	1	100.00	9,509,671.29
四川省科技扶贫基金会	2010/06/08	四川	1	100.00	4,797,226.98
桃源居公益事业发展基金会	2008/07/16	广东	1	100.00	104,617,316.93
腾讯公益慈善基金会	2007/06/26	广东	1	100.00	456,975,802.81
天津大学北洋教育发展基金会	1995/08/16	天津	1	100.00	119,339,919.11
天津市鹤童老年公益基金会	2007/03/05	天津	1	100.00	4,468,703.95
无锡灵山慈善基金会	2004/12/31	江苏	1	100.00	4,464,981.66
武汉张培刚发展经济学研究基金会	2004/06/01	湖北	1	100.00	9,372,157.61
西北农林科技大学教育发展基金会	2011/06/10	陕西	1	100.00	39,603,677.96
新疆妇女儿童发展基金会	2008/08/05	新疆	1	100.00	29,342,531.63
扬州大学教育发展基金会	2008/12/03	江苏	1	100.00	101,677,867.07
友成企业家扶贫基金会	2007/03/01	北京	1	100.00	191,949,929.58
云南大益爱心基金会	2007/12/12	云南	1	100.00	100,584,784.43
云南省青少年发展基金会	1994/07/06	云南	1	100.00	111,980,870.13
招商局慈善基金会	2009/06/15	广东	1	100.00	55,588,984.72
浙江大学教育基金会	2006/07/27	浙江	1	100.00	1,366,234,527.30
浙江绿色共享教育基金会	2006/10/08	浙江	1	100.00	2,517,024.83
浙江千训爱心慈善基金会	2011/12/06	浙江	1	100.00	14,206,326.80
浙江省爱心事业基金会	1995/06/22	浙江	1	100.00	22,041,514.64
浙江省北京师范大学南湖附属学校教育基金会	2013/07/31	浙江	1	100.00	7,731,768.93
浙江省和平慈善基金会	2013/06/05	浙江	1	100.00	2,783,846.53
浙江省马寅初人口福利基金会	1994/09/06	浙江	1	100.00	24,028,662.52
浙江省青年创业就业基金会	2009/12/28	浙江	1	100.00	18,152,719.58
浙江省青少年发展基金会	1991/03/04	浙江	1	100.00	105,311,965.35
浙江省新华爱心教育基金会	2007/06/29	浙江	1	100.00	117,364,421.03
浙江省阳光教育基金会	2010/08/11	浙江	1	100.00	14,822,866.98
浙江正泰公益基金会	2009/12/03	浙江	1	100.00	72,542,565.69
智善公益基金会	2012/12/22	北京	1	100.00	100,706,782.14
中国残疾人福利基金会	1984/03/15	北京	1	100.00	771,463,871.53
中国初级卫生保健基金会	1996/12/30	北京	1	100.00	247,776,187.35
中国地质大学(武汉)教育发展基金会	2010/03/19	湖北	1	100.00	42,164,516.42
中国儿童少年基金会	1981/07/28	北京	1	100.00	399,344,923.28

续表

基金会名称	成立时间	所在地	排名	FTI 2016 得分	净资产（元）
中国扶贫基金会	1989/03/13	北京	1	100.00	919,333,360.90
中国妇女发展基金会	1988/12/25	北京	1	100.00	365,068,188.43
中国古生物化石保护基金会	2008/10/30	北京	1	100.00	13,307,681.35
中国光华科技基金会	1993/06/09	北京	1	100.00	764,868,083.56
中国红十字基金会	1994/03/15	北京	1	100.00	490,893,001.06
中国检察官教育基金会	1993/06/14	北京	1	100.00	91,862,803.92
中国教师发展基金会	1986/09/10	北京	1	100.00	42,792,863.15
中国教育发展基金会	2003/12/16	北京	1	100.00	428,833,981.41
中国金融教育发展基金会	1992/06/27	北京	1	100.00	68,864,711.23
中国矿业大学教育发展基金会	2007/12/29	江苏	1	100.00	72,100,539.53
中国青少年发展基金会	1989/03/09	北京	1	100.00	1,044,737,248.75
中国人口福利基金会	1987/06/10	北京	1	100.00	142,588,951.30
中国社会福利基金会	2005/06/14	北京	1	100.00	254,670,957.91
中国西部人才开发基金会	2006/09/18	北京	1	100.00	50,060,443.72
中国友好和平发展基金会	1996/05/15	北京	1	100.00	193,517,649.44
中华环境保护基金会	1993/03/03	北京	1	100.00	148,454,592.44
中华少年儿童慈善救助基金会	2009/09/10	北京	1	100.00	72,517,557.18
中华思源工程扶贫基金会	2007/03/22	北京	1	100.00	161,762,241.20
中远慈善基金会	2005/12/20	北京	1	100.00	382,203,482.01
重庆儿童救助基金会	2005/11/16	重庆	1	100.00	41,411,433.12
重庆市儿童医疗救助基金会	2005/08/22	重庆	1	100.00	16,555,214.87
重庆市科技事业发展基金会	2011/12/27	重庆	1	100.00	2,450,641.76
重庆市青少年发展基金会	2009/05/21	重庆	1	100.00	17,958,307.12
北京语言大学教育基金会	2013/05/21	北京	2	99.60	3,222,721.09
湖南省郴州市教育基金会	2005/02/04	湖南	2	99.60	22,153,211.75
北京春晖博爱儿童救助公益基金会	2012/09/04	北京	3	98.80	4,126,082.00
北京光华慈善基金会	2005/04/07	北京	3	98.80	3,508,291.26
北京岐黄中医药文化发展基金会	2009/07/31	北京	3	98.80	4,573,072.92
北京市华夏人慈善基金会	2009/10/19	北京	3	98.80	41,578,185.60
北京蔚蓝公益基金会	2011/03/08	北京	3	98.80	2,002,972.19
广东省春桃慈善基金会	2009/09/25	广东	3	98.80	2,129,743.91
顺丰公益基金会	2012/12/17	广东	3	98.80	22,455,878.83

续表

基金会名称	成立时间	所在地	排名	FTI 2016 得分	净资产（元）
思利及人公益基金会	2012/12/10	广东	3	98.80	26,998,203.07
中国发展研究基金会	1997/11/27	北京	3	98.80	237,238,053.03
中华同心温暖工程基金会	2011/10/25	北京	3	98.80	47,441,722.56
河南大学教育发展基金会	2011/06/10	河南	4	98.40	38,292,903.15
南京航空航天大学教育发展基金会	2006/04/10	江苏	4	98.40	300,186,497.37
北京憨福儿公益基金会	2013/11/13	北京	5	98.00	2,000,000.61
河北省残疾人福利基金会	1986/01/01	河北	6	97.60	18,866,495.24
中国绿化基金会	1985/09/27	北京	6	97.60	210,767,409.82
中华见义勇为基金会	1993/06/01	北京	6	97.60	132,772,824.17
云南省青年创业就业基金会	2009/12/09	云南	7	96.80	8,770,063.86
北京世纪慈善基金会	2010/01/21	北京	8	96.40	8,971,047.51
福建省妇女儿童发展基金会	1981/09/01	福建	8	96.40	18,204,423.89
浙江省宁海县人民教育基金会	1989/05/03	浙江	8	96.40	40,372,973.56
中国农业大学教育基金会	2009/09/02	北京	8	96.40	57,860,587.61
华中科技大学教育发展基金会	2010/02/08	湖北	9	95.60	134,177,085.00
北京永真公益基金会	2013/09/10	北京	10	95.20	2,003,226.50
福建省同心慈善基金会	2012/11/05	福建	10	95.20	7,408,683.23
兰州大学教育发展基金会	2013/03/14	甘肃	10	95.20	30,213,201.90
吴作人国际美术基金会	1989/08/30	北京	10	95.20	11,259,424.68
新疆维吾尔自治区资助教育基金会	2011/06/17	新疆	10	95.20	4,917,046.76
北京天使妈妈慈善基金会	2013/12/26	北京	11	94.92	8,781,593.14
中南财经政法大学教育发展基金会	2009/12/24	湖北	12	94.80	19,788,730.78
北京市美疆助学基金会	2005/09/02	北京	13	94.40	57,267,669.16
浙江省台州市农业技术推广基金会	2011/12/01	浙江	13	94.40	12,625,366.18
中国医学基金会	1987/07/08	北京	13	94.40	9,779,805.97
重庆市扶贫基金会	1994/09/10	重庆	13	94.40	22,316,366.96
北京化工大学教育基金会	2011/11/18	北京	14	94.00	85,919,696.53
象山县人民教育基金会	2005/02/23	浙江	14	94.00	39,806,356.93
北京市书院中国文化发展基金会	2012/05/02	北京	15	93.73	2,031,352.43
湖南省湘潭大学教育基金会	2007/12/01	湖南	16	93.20	29,712,025.74
浙江省康恩贝慈善救助基金会	2007/12/28	浙江	16	93.20	4,024,052.03
北京桥爱慈善基金会	2013/04/09	北京	17	92.80	3,010,061.23

续表

基金会名称	成立时间	所在地	排名	FTI 2016 得分	净资产（元）
上海民建扶帮公益基金会	2009/07/31	上海	17	92.80	15,367,759.07
四川省青年创业就业基金会	2009/11/26	四川	17	92.80	10,332,020.94
浙江省理想慈善基金会	2010/05/21	浙江	17	92.80	270,869.44
山东省石油大学教育发展基金会	2004/12/02	山东	18	92.40	71,268,736.66
阿里巴巴公益基金会	2011/12/22	浙江	19	92.00	63,507,837.41
北京大学教育基金会	1995/07/04	北京	20	91.60	3,467,529,684.31
北京妇女儿童发展基金会	1992/08/01	北京	20	91.60	8,475,090.08
北京国珍爱心基金会	2009/12/03	北京	20	91.60	2,885,997.53
北京韩红爱心慈善基金会	2012/05/09	北京	20	91.60	31,959,054.04
北京精瑞人居发展基金会	2007/05/21	北京	20	91.60	2,358,166.94
北京市农发扶贫基金会	2004/12/23	北京	20	91.60	5,708,796.65
湖南省妇女儿童发展基金会	2009/05/13	湖南	20	91.60	12,151,598.43
宁波市镇海区老年福利基金会	1988/11/30	浙江	20	91.60	12,961,169.54
深圳市松禾成长关爱基金会	2010/01/27	广东	20	91.60	3,049,154.20
浙江横店文荣慈善基金会	2007/12/17	浙江	20	91.60	2,951,005.33
中国煤矿尘肺病防治基金会	2003/10/31	河北	20	91.60	48,089,101.09
詹天佑科学技术发展基金会	2005/11/17	北京	21	91.20	34,279,263.30
北京爱它动物保护公益基金会	2011/05/19	北京	22	90.80	2,297,891.08
北京惠兰医学基金会	2005/05/24	北京	22	90.80	2,023,781.24
北京文化发展基金会	1996/12/27	北京	22	90.80	15,008,881.91
罗定市泷州教育基金会	2010/08/24	广东	22	90.80	77,793,515.30
西北工业大学教育基金会	2007/05/18	陕西	22	90.80	287,104,910.65
北京慈弘慈善基金会	2010/09/03	北京	23	90.45	3,960,294.20
北京彩虹公益基金会	2013/07/23	北京	24	90.40	2,313,837.04
北京其普乐少年创意教育基金会	2013/01/22	北京	24	90.40	2,088,717.86
北京屈正爱心基金会	2012/05/22	北京	24	90.40	3,696,923.71
北京阳光老年健康基金会	2012/04/10	北京	24	90.40	2,138,343.63
湖南省长沙洗心禅寺慈善基金会	2012/07/30	湖南	24	90.40	6,582,214.83
金华职业技术学院教育发展基金会	2009/01/05	浙江	24	90.40	26,794,776.35
上海能近公益基金会	2007/04/17	上海	24	90.40	3,112,308.19
北京市精益职业教育基金会	1988/11/10	北京	25	90.00	2,811,698.75
上海东华大学教育发展基金会	2010/09/21	上海	25	90.00	30,643,914.24

续表

基金会名称	成立时间	所在地	排名	FTI 2016 得分	净资产（元）
深圳市景安精神关爱基金会	2011/09/30	广东	25	90.00	206,710.86
北京百度公益基金会	2011/01/07	北京	26	89.60	22,532,613.94
北京工商大学教育基金会	2009/12/03	北京	26	89.60	4,376,425.87
北京故宫文物保护基金会	2010/09/28	北京	26	89.60	11,102,993.59
北京国际音乐节艺术基金会	2005/03/22	北京	26	89.60	10,823,770.13
北京济生疼痛医学基金会	2011/03/28	北京	26	89.60	2,502,915.99
北京科学教育发展基金会	2012/07/25	北京	26	89.60	40,645,046.06
北京市红十字基金会	2008/05/19	北京	26	89.60	34,288,804.18
北京市王忠诚医学基金会	2004/11/26	北京	26	89.60	8,785,766.98
北京宋庄艺术发展基金会	2011/02/21	北京	26	89.60	4,286,889.03
北京长林公益基金会	2012/12/25	北京	26	89.60	2,912,867.14
宁波市效实中学教育发展基金会	2011/09/02	浙江	26	89.60	4,869,069.21
浙江光盐爱心基金会	2010/12/23	浙江	26	89.60	723,933.24
浙江海亮慈善基金会	2007/08/25	浙江	26	89.60	95,845,651.06
浙江省妇女儿童基金会	1981/04/04	浙江	26	89.60	8,172,887.04
浙江一开慈善基金会	2007/02/12	浙江	26	89.60	242,000.00
中国青年创业就业基金会	2006/10/08	北京	26	89.60	216,491,388.99
北京弘毅慈善基金会	2009/06/15	北京	27	89.27	2,932,093.43
北京感恩公益基金会	2012/05/15	北京	28	89.20	2,695,673.51
北京锐捷公益基金会	2013/08/12	北京	28	89.20	3,478,466.64
广西壹方慈善基金会	2012/12/24	广西	28	89.20	2,045,783.13
广东省财新公益基金会	2012/09/11	广东	29	89.01	3,376,928.83
北京华北电力大学教育基金会	2010/04/14	北京	30	88.93	44,554,431.70
厦门建安慈善基金会	2007/11/28	福建	31	88.80	6,359,673.17
北京九三王选关怀基金会	2007/04/17	北京	32	88.40	5,263,469.02
北京市第八十中学校友促进教育基金会	2011/10/09	北京	32	88.40	21,197,716.90
北京市华夏中医药发展基金会	2006/02/22	北京	32	88.40	2,267,798.02
北京益公公益基金会	2013/11/29	北京	32	88.40	1,562,852.93
北京郑杭生社会发展基金会	2011/10/18	北京	32	88.40	2,218,177.22
宁波太平洋慈善基金会	2007/11/28	浙江	32	88.40	43,228,226.72
宁夏麦丽燕基金会	2011/03/04	宁夏	32	88.40	4,611,389.57
深圳市陈一丹公益慈善基金会	2013/03/29	广东	32	88.40	30,463,252.62

续表

基金会名称	成立时间	所在地	排名	FTI 2016 得分	净资产（元）
桐庐县老龄事业发展基金会	2009/04/18	浙江	32	88.40	5,424,412.99
新昌爱莲美丽乡村基金会	2011/06/01	浙江	32	88.40	4,781,056.18
新昌县道才公益基金会	2013/01/14	浙江	32	88.40	11,044,169.84
浙江安正慈善基金会	2011/09/02	浙江	32	88.40	71,468.01
浙江省陈再爱心基金会	2007/09/06	浙江	32	88.40	2,094,862.10
浙江省李书福资助教育基金会	2006/08/03	浙江	32	88.40	19,722,669.46
浙江省农业技术推广基金会	1995/08/08	浙江	32	88.40	145,213,512.80
北京巧女公益基金会	2012/11/22	北京	33	88.00	5,023,029.52
北京艺能爱心基金会	2012/06/25	北京	33	88.00	2,239,464.09
嘉兴市见义勇为基金会	2010/04/15	浙江	33	88.00	7,391,550.49
鲁迅文化基金会	2012/08/13	北京	33	88.00	30,101,846.24
广东省百蹊教育基金会	2013/03/28	广东	34	87.61	2,180,114.72
北京教育科学研究优秀成果奖励基金会	1993/06/10	北京	35	87.60	2,656,041.48
北京吴英恺医学发展基金会	2012/01/05	北京	35	87.60	10,300,714.83
北京夕阳秀中老年文化事业发展基金会	2012/10/24	北京	35	87.60	2,002,274.86
北京詹天佑土木工程科学技术发展基金会	2006/03/16	北京	35	87.60	40,245,321.84
首都文明工程基金会	1994/10/01	北京	35	87.60	16,225,061.85
中国和平发展基金会	2011/01/14	北京	35	87.60	320,790,589.86
北京高占祥文化艺术基金会	2010/12/07	北京	36	87.20	3,535,416.50
北京光华设计发展基金会	2010/10/09	北京	36	87.20	4,662,537.46
北京华彩扶贫助学慈善基金会	2012/07/02	北京	36	87.20	2,004,640.63
北京华亚艺术基金会	2009/03/23	北京	36	87.20	2,121,214.91
北京市紧急救援基金会	2010/12/29	北京	36	87.20	5,898,170.08
北京探路者公益基金会	2013/12/31	北京	36	87.20	1,805,079.33
北京同仁张晓楼眼科公益基金会	2013/11/18	北京	36	87.20	5,986,780.46
北京幽兰文化基金会	2010/10/13	北京	36	87.20	8,026,965.93
北京志远功臣关爱基金会	2012/06/08	北京	36	87.20	16,491,363.67
杭州市残疾人福利基金会	1985/09/01	浙江	36	87.20	5,836,023.11
杭州市见义勇为基金会	1992/05/18	浙江	36	87.20	17,324,579.81
杭州市农业技术推广基金会	2003/08/05	浙江	36	87.20	17,373,242.56
杭州市萧山区人民教育基金会	1990/05/08	浙江	36	87.20	15,752,878.57
河南省中原老龄产业发展基金会	2011/12/19	河南	36	87.20	2,296,736.93

续表

基金会名称	成立时间	所在地	排名	FTI 2016 得分	净资产（元）
湖州市见义勇为基金会	2010/11/29	浙江	36	87.20	9,812,807.98
嘉兴市教育基金会	1989/03/28	浙江	36	87.20	47,338,481.49
宁波博约博物馆文化发展基金会	2010/02/20	浙江	36	87.20	1,290,012.89
宁波大学教育发展基金会	2007/01/17	浙江	36	87.20	143,115,469.57
宁波市职工救急济难基金会	1990/09/17	浙江	36	87.20	7,083,675.56
宁波双林预防肿瘤基金会	2010/11/29	浙江	36	87.20	1,283,918.92
松阳县人民教育基金会	2004/11/08	浙江	36	87.20	4,671,536.15
天台县教育基金会	2004/09/03	浙江	36	87.20	21,121,269.64
桐乡市人民教育基金会	2010/04/22	浙江	36	87.20	9,918,016.41
温州金州永强慈善基金会	2011/06/01	浙江	36	87.20	5,011,851.19
温州中学教育发展基金会	2010/07/16	浙江	36	87.20	3,446,956.89
余姚市高级中学教育基金会	2011/03/11	浙江	36	87.20	2,000,039.72
浙江福泰隆慈善基金会	2010/12/23	浙江	36	87.20	16,963,354.14
浙江豪成慈善基金会	2006/05/30	浙江	36	87.20	2,455,693.27
浙江省博爱教育基金会	2005/11/01	浙江	36	87.20	40,304,381.71
浙江省扶贫基金会	1992/06/01	浙江	36	87.20	13,229,517.03
浙江省绍兴县盛兴慈善基金会	2004/09/14	浙江	36	87.20	2,027,001.62
浙江省网易慈善基金会	2009/05/04	浙江	36	87.20	10,029,526.34
浙江中国美术学院夏朋（姚馥）奖学金基金会	2011/03/01	浙江	36	87.20	2,062,600.42
舟山市伟兴教育基金会	2009/08/28	浙江	36	87.20	6,115,994.86
诸暨市九鼎教育基金会	2007/04/20	浙江	36	87.20	2,005,049.85
武汉理工大学华夏学院教育基金会	2010/11/17	湖北	37	86.80	4,054,420.37
心平公益基金会	2008/09/19	北京	37	86.80	51,971,381.40
浙江省大爱慈善基金会	2013/12/01	浙江	37	86.80	-309,749.93
北京市搜候中国城市文化基金会	2005/04/02	北京	38	86.51	128,552,376.43
北京外国语大学教育基金会	2010/11/18	北京	39	86.43	42,448,742.08
北京成达教育基金会	2013/07/23	北京	40	86.40	2,575,707.76
北京慈寿公益基金会	2013/04/26	北京	40	86.40	2,003,969.02
北京对外经济贸易大学教育基金会	2009/11/23	北京	40	86.40	61,754,664.61
北京歌华文化创意产业发展基金会	2008/03/24	北京	40	86.40	2,271,697.56
北京凯恩克劳斯经济研究基金会	2007/11/05	北京	40	86.40	10,356,873.28
北京人大附中教育基金会	2010/08/04	北京	40	86.40	13,371,566.12

续表

基金会名称	成立时间	所在地	排名	FTI 2016 得分	净资产（元）
北京市慈善基金会	2013/11/29	北京	40	86.40	17,277,269.89
北京市华侨事业基金会	1992/08/31	北京	40	86.40	7,057,185.12
北京市金杜公益基金会	2008/01/18	北京	40	86.40	4,889,484.72
北京中国矿业大学教育基金会	2010/08/13	北京	40	86.40	5,643,430.17
北京中国青年政治学院教育基金会	2013/01/15	北京	40	86.40	2,520,072.56
慈溪市老龄事业发展基金会	2011/12/09	浙江	40	86.40	12,833,764.77
温州大学教育发展基金会	2012/05/11	浙江	40	86.40	25,734,594.30
浙江慈溪兴业夕阳红基金会	2005/11/28	浙江	40	86.40	12,511,510.89
浙江农林大学教育基金会	2010/12/23	浙江	40	86.40	3,646,234.84
首都师范大学教育基金会	2011/10/19	北京	41	86.27	20,212,637.18
安吉县企业家助学基金会	2006/11/13	浙江	42	86.00	3,205,036.15
北京慈福公益基金会	2014/01/07	北京	42	86.00	3,007,046.98
北京国际和平文化基金会	2013/02/22	北京	42	86.00	4,039,904.21
北京京安公益基金会	2012/06/19	北京	42	86.00	15,169,645.80
北京尚善公益基金会	2012/10/24	北京	42	86.00	6,112,188.31
北京新发展慈善基金会	2010/07/13	北京	42	86.00	2,036,629.83
岱山县人民教育基金会	2009/02/18	浙江	42	86.00	7,302,896.70
德清县人民教育基金会	1989/07/12	浙江	42	86.00	4,287,176.88
奉化市人民教育基金会	2007/09/06	浙江	42	86.00	21,423,603.18
杭州市富阳区人民教育基金会	1988/08/08	浙江	42	86.00	95,598,042.56
杭州市关爱孤儿基金会	1994/01/08	浙江	42	86.00	2,717,115.02
杭州市送温暖工程基金会	1998/07/28	浙江	42	86.00	18,028,060.06
杭州市西湖区教育基金会	2011/07/04	浙江	42	86.00	24,102,093.95
杭州市西湖区老龄事业发展基金会	2010/11/05	浙江	42	86.00	4,815,649.94
河北进德公益基金会	2011/05/31	河北	42	86.00	11,165,929.55
江山市农村公益基金会	2011/01/25	浙江	42	86.00	4,141,269.59
金华市人民教育基金会	2005/09/27	浙江	42	86.00	1,977,257.06
缙云县人民教育基金会	2003/06/30	浙江	42	86.00	15,306,355.74
兰溪市教育基金会	2004/06/28	浙江	42	86.00	11,036,260.90
临安市见义勇为奖励基金会	2005/05/23	浙江	42	86.00	7,690,471.16
龙游县人民教育基金会	2006/04/07	浙江	42	86.00	9,515,560.56
宁波市北仑区人民教育基金会	1997/11/04	浙江	42	86.00	11,162,264.34

续表

基金会名称	成立时间	所在地	排名	FTI 2016 得分	净资产（元）
宁波市江北区人民教育基金会	2005/11/01	浙江	42	86.00	21,427,406.07
宁波市鄞州区人民教育基金会	2001/02/14	浙江	42	86.00	29,396,053.08
宁波协合预防肿瘤基金会	2010/11/29	浙江	42	86.00	2,564,460.47
衢州市衢江区人民教育基金会	2006/08/22	浙江	42	86.00	2,675,393.60
深圳市TCL公益基金会	2012/06/20	广东	42	86.00	–
台州市路桥区教育发展基金会	2004/10/21	浙江	42	86.00	14,165,930.55
泰顺县雅阳教育发展基金会	2008/11/02	浙江	42	86.00	12,274,970.89
温州市警察基金会	2011/10/16	浙江	42	86.00	15,631,466.02
温州市龙湾区人民教育基金会	2008/06/26	浙江	42	86.00	477,778.32
武义县教育基金会	2004/04/16	浙江	42	86.00	8,014,821.38
云和县人民教育基金会	2007/11/27	浙江	42	86.00	4,444,560.52
浙江省发展侨务事业基金会	1996/12/26	浙江	42	86.00	2,477,118.13
浙江省红黄蓝儿童慈善基金会	2009/05/12	浙江	42	86.00	1,839,860.66
浙江省龙游中学奖教奖学基金会	2003/03/27	浙江	42	86.00	3,543,871.03
浙江省人民对外友好交流基金会	1990/05/05	浙江	42	86.00	6,510,105.57
浙江省余姚中学奖教奖学基金会	2001/06/01	浙江	42	86.00	3,189,614.58
浙江毓芳慈善基金会	2010/07/16	浙江	42	86.00	3,433,446.69
舟山市普陀区人民教育基金会	1989/04/15	浙江	42	86.00	28,512,014.71
中国华侨公益基金会	1998/10/05	北京	43	85.79	105,720,213.55
北京师范大学教育基金会	2007/01/30	北京	44	85.76	430,724,278.69
北京医学奖励基金会	2002/11/13	北京	45	85.64	16,936,911.72
深圳市爱阅公益基金会	2010/11/17	广东	46	85.60	–
深圳市花样盛年慈善基金会	2012/02/27	广东	46	85.60	2,154,172.25
神华公益基金会	2010/07/01	北京	46	85.60	596,209,785.25
台州职业技术学院涌泉奖助基金会	2007/04/20	浙江	46	85.60	8,696,075.42
温岭市人民教育基金会	2006/04/07	浙江	46	85.60	46,270,317.60
中国国际文化交流基金会	1984/07/05	北京	46	85.60	50,302,928.97
北京中国石油大学教育基金会	2008/07/09	北京	47	85.33	13,003,944.85
北京北方阳光文化慈善基金会	2011/02/21	北京	48	85.20	5,262,022.77
北京郭应禄泌尿外科发展基金会	2010/10/18	北京	48	85.20	5,703,531.26
北京国际城市论坛基金会	2010/12/07	北京	48	85.20	4,103,383.45
北京海鹰脊柱健康公益基金会	2011/10/18	北京	48	85.20	2,978,659.22

续表

基金会名称	成立时间	所在地	排名	FTI 2016 得分	净资产（元）
北京民族文化遗产保护基金会	2007/03/12	北京	48	85.20	3,041,418.18
北京市博士爱心基金会	2013/09/10	北京	48	85.20	2,277,283.24
北京市曾宪义法学教育与法律文化基金会	2005/10/21	北京	48	85.20	2,775,521.23
北京市海淀教育基金会	1995/01/10	北京	48	85.20	19,727,602.89
北京市吴秉铨病理学发展基金会	2010/10/18	北京	48	85.20	1,863,829.91
北京太阳谷慈善基金会	2010/09/09	北京	48	85.20	5,052,016.88
北京兴大助学基金会	2010/01/26	北京	48	85.20	39,433,089.27
北京怡海公益基金会	2012/10/24	北京	48	85.20	3,996,943.16
北京萤火虫爱心公益基金会	2013/09/10	北京	48	85.20	2,156,010.67
北京永青农村发展基金会	2013/05/15	北京	48	85.20	2,006,179.10
北京中金公益基金会	2012/03/21	北京	48	85.20	3,918,741.09
哈尔滨理工大学教育发展基金会	2010/10/12	黑龙江	48	85.20	2,419,154.56
杭州市温商慈善基金会	2012/05/11	浙江	48	85.20	12,240,165.12
上海应用技术学院教育发展基金会	2012/12/05	上海	48	85.20	7,226,192.86
浙江工商职业技术学院教育基金会	2013/05/08	浙江	48	85.20	2,015,600.01
浙江省舟山市东海教育基金会	2004/11/01	浙江	48	85.20	7,709,087.60
北京市仁爱慈善基金会	2006/10/25	北京	49	85.11	10,610,413.05
北京市华夏医疗保健基金会	2009/07/29	北京	50	84.80	2,007,500.00
北京协和医学院教育基金会	2007/11/01	北京	50	84.80	7,628,772.87
东阳市社会治安综合治理基金会	1995/07/05	浙江	50	84.80	3,318,484.11
泛海公益基金会	2010/10/25	北京	50	84.80	200,073,380.98
贵州省同心光彩事业基金会	2011/08/08	贵州	50	84.80	6,017,634.27
青田县人民教育基金会	1984/08/03	浙江	50	84.80	13,761,192.75
瑞安市人民教育基金会	2005/11/28	浙江	50	84.80	135,784,781.72
新昌县人民教育基金会	2004/08/03	浙江	50	84.80	5,015,200.47
浙江矾都慈善基金会	2009/08/28	浙江	50	84.80	1,808,465.72
浙江全山石艺术基金会	2011/12/06	浙江	50	84.80	15,553,738.58
中国听力医学发展基金会	1995/04/06	北京	50	84.80	12,842,658.26
广西青少年发展基金会	1994/05/25	广西	51	84.60	52,333,494.76
杭州市关心下一代基金会	1994/12/03	浙江	52	84.40	7,978,031.46
江南大学教育发展基金会	2007/12/29	江苏	52	84.40	55,560,144.52
深圳市奔达康慈善基金会	2012/06/14	广东	52	84.40	2,057,677.33

续表

基金会名称	成立时间	所在地	排名	FTI 2016 得分	净资产（元）
浙江圣奥慈善基金会	2011/09/02	浙江	52	84.40	6,913,399.24
北京柏年公益基金会	2013/08/07	北京	53	84.00	967,117.16
北京电影学院教育基金会	2012/09/29	北京	53	84.00	41,363,650.81
北京国科中小企业科技创新发展基金会	2013/12/10	北京	53	84.00	2,000,090.01
北京红社会公益基金会	2013/01/30	北京	53	84.00	2,504,412.67
北京慧众慈善基金会	2010/01/05	北京	53	84.00	14,385,791.64
北京康万家慈善基金会	2012/04/19	北京	53	84.00	2,022,588.39
北京绿色未来环境基金会	2011/11/14	北京	53	84.00	22,211,991.51
北京师范大学第二附属中学校友发展教育基金会	2013/08/12	北京	53	84.00	6,886,867.39
北京世华公益基金会	2013/10/29	北京	53	84.00	2,139,358.31
北京市黄胄美术基金会	1989/01/05	北京	53	84.00	12,412,190.90
北京市惠民医药卫生事业发展基金会	2008/12/09	北京	53	84.00	17,204,902.80
北京市阳光保险爱心基金会	2010/05/10	北京	53	84.00	6,250,201.86
北京市育英学校校友促进教育基金会	2011/03/21	北京	53	84.00	2,688,026.03
北京四存教育基金会	2011/12/26	北京	53	84.00	3,178,971.17
北京物资学院教育基金会	2013/10/08	北京	53	84.00	2,141,009.17
北京云居寺慈善基金会	2011/05/04	北京	53	84.00	3,073,059.42
北京中联盟中医药发展基金会	2013/04/17	北京	53	84.00	2,006,268.13
北京紫檀文化基金会	2012/06/19	北京	53	84.00	5,964,309.09
杭州市金成高尔夫体育发展基金会	2012/09/04	浙江	53	84.00	2,055,383.73
浙江中国计量学院教育基金会	2013/09/11	浙江	53	84.00	3,914,288.20
中南民族大学教育发展基金会	2010/12/06	湖北	53	84.00	6,431,688.72
福建省青少年发展基金会	1993/07/15	福建	54	83.83	31,801,809.03
北京力生心血管健康基金会	2010/05/31	北京	55	83.80	23,540,928.08
北京市法律援助基金会	1996/04/02	北京	56	83.73	12,574,854.57
北京奥运城市发展基金会	2010/05/10	北京	57	83.71	39,371,782.03
北京市李桓英医学基金会	2005/07/22	北京	58	83.60	2,629,211.79
苍南县人民教育基金会	2001/04/26	浙江	58	83.60	14,129,290.16
慈溪市人民教育基金会	2009/01/05	浙江	58	83.60	10,763,190.01
杭州市下城区老年基金会	1988/10/13	浙江	58	83.60	6,784,812.48
宁波市老年福利基金会	1988/10/12	浙江	58	83.60	4,044,186.62
山东科技大学教育发展基金会	2008/11/07	山东	58	83.60	11,090,274.16

续表

基金会名称	成立时间	所在地	排名	FTI 2016 得分	净资产（元）
温州市人民教育基金会	1989/01/08	浙江	58	83.60	66,852,458.77
浙江省常山县教育基金会	2008/05/08	浙江	58	83.60	6,060,342.76
浙江省青少年英才奖励基金会	1992/06/23	浙江	58	83.60	7,054,484.39
北京市温暖基金会	1995/12/22	北京	59	83.31	59,267,197.40
河南省残疾人福利基金会	2006/09/28	河南	60	83.20	21,002,082.53
乐清市社会组织发展基金会	2012/06/04	浙江	60	83.20	4,838,704.60
宁波市鄞州区正始中学教育发展基金会	2013/04/15	浙江	60	83.20	6,039,868.22
温州市温商慈善基金会	2012/11/13	浙江	60	83.20	3,403,655.05
浙江省华福慈善基金会	2008/07/29	浙江	60	83.20	1,742,185.24
浙江省微笑明天慈善基金会	2013/12/30	浙江	60	83.20	2,385,373.81
浙江省宗文慈善基金会	2006/08/29	浙江	60	83.20	38,699,388.24
北京阳光知识产权与法律发展基金会	2010/12/29	北京	61	83.01	3,212,081.97
北京荷风艺术基金会	2013/05/03	北京	62	82.99	571,224.80
北京景山教育基金会	1993/07/30	北京	62	82.99	129,355,986.98
首都见义勇为基金会	2001/09/18	北京	63	82.81	37,883,343.25
北京龙门慈善基金会	2010/09/09	北京	64	82.80	2,030,798.63
北京绿能煤炭经济研究基金会	2011/11/01	北京	64	82.80	9,210,293.20
北京市刘光鼎地球物理科学基金会	2007/03/28	北京	64	82.80	1,575,299.55
北京中国国家博物馆事业发展基金会	2011/03/22	北京	64	82.80	15,652,728.38
河南省黄帝故里建设基金会	2008/02/01	河南	64	82.80	4,070,762.36
绍兴市上虞区人民教育基金会	2002/10/01	浙江	64	82.80	7,120,981.65
苏州大学教育发展基金会	2006/11/16	江苏	64	82.80	262,700,763.41
中国电影基金会	1989/10/27	北京	64	82.80	13,219,220.87
重庆西南大学教育基金会	2011/08/18	重庆	64	82.80	46,583,176.46
北京华育助学基金会	2005/10/31	北京	65	82.48	11,249,691.20
浙江永强慈善基金会	2009/07/01	浙江	66	82.47	548,202.30
河南省中原文化建设发展基金会	2009/08/24	河南	67	82.40	3,992,497.14
宁波华茂教育基金会	2009/05/25	浙江	67	82.40	89,904,837.70
宁波舜大慈善基金会	2012/04/06	浙江	67	82.40	17,772,453.46
陕西省青少年发展基金会	2011/12/19	陕西	67	82.40	8,616,025.26
绍兴县中厦慈善基金会	2008/07/02	浙江	67	82.40	283,236.49
温州百润教育基金会	2011/07/10	浙江	67	82.40	5,518,738.45

续表

基金会名称	成立时间	所在地	排名	FTI 2016 得分	净资产（元）
武昌工学院教育发展基金会	2013/09/17	湖北	67	82.40	3,169,703.48
浙江大学宁波理工学院教育发展基金会	2011/03/01	浙江	67	82.40	9,617,708.56
浙江广天日月鲍林春建设科技基金会	2007/11/27	浙江	67	82.40	15,077,939.47
浙江省残疾人福利基金会	1985/06/08	浙江	67	82.40	17,405,191.53
浙江省舟山中学教育发展基金会	2011/04/21	浙江	67	82.40	4,032,838.14
江山市人民教育基金会	2006/07/10	浙江	68	82.38	6,552,383.12
温州市瓯海区人民教育基金会	2005/11/28	浙江	69	82.06	8,344,509.83
北京复兴大国学文化基金会	2010/01/26	北京	70	82.00	2,163,080.79
北京瑞普华老年救助基金会	2011/02/21	北京	70	82.00	1,931,240.44
杭州市图书馆事业基金会	2003/12/08	浙江	70	82.00	33,468,228.41
河南省金鑫爱心教育基金会	2009/12/30	河南	70	82.00	5,305,366.25
嘉兴市农业技术推广基金会	2013/11/15	浙江	70	82.00	13,209,916.02
平湖市农业技术推广基金会	2013/11/19	浙江	70	82.00	9,550,196.49
浙江家禾慈善基金会	2012/07/09	浙江	70	82.00	4,859.61
浙江健怡慈善基金会	2012/04/16	浙江	70	82.00	424,101.77
浙江省弘毅公益基金会	2012/11/14	浙江	70	82.00	1,449,115.81
浙江省南海实验学校伟兴教育发展基金会	2012/04/16	浙江	70	82.00	5,201,710.99
浙江省舟山中浪慈善基金会	2010/08/11	浙江	70	82.00	26,558,943.50
北京长策经济研究基金会	2011/01/12	北京市	71	81.92	2,480,858.63
武义县君南天使基金会	2011/07/18	浙江	72	81.78	4,500,441.37
顶新公益基金会	2010/11/02	北京	73	81.67	30,632,152.37
北京市发展侨务事业基金会	1995/06/17	北京	74	81.60	1,990,513.60
北京市壹嘉壹慈善基金会	2013/01/25	北京	74	81.60	1,892,131.14
北京协和医学基金会	2008/09/01	北京	74	81.60	8,818,496.15
深圳市梵融教育基金会	2010/09/15	广东	74	81.60	6,138,714.96
深圳市侨商关爱基金会	2012/10/16	广东	74	81.60	3,716,446.56
深圳市神州通慈善基金会	2010/12/03	广东	74	81.60	220,332.75
深圳市桃源社区发展基金会	2012/07/19	广东	74	81.60	25,037,780.76
深圳市雅昌艺术基金会	2012/02/27	广东	74	81.60	2,055,886.63
深圳市远见教育发展基金会	2012/08/06	广东	74	81.60	717,685.03
浙江圣爱慈善基金会	2009/12/03	浙江	74	81.60	5,829,514.57
浙江小百花越剧基金会	1993/05/30	浙江	74	81.60	2,113,891.73

续表

基金会名称	成立时间	所在地	排名	FTI 2016 得分	净资产（元）
北京利星行慈善基金会	2010/08/10	北京	75	81.30	11,968,016.44
杭州市萧山区见义勇为基金会	1992/08/01	浙江	76	81.20	5,469,702.90
杭州市余杭区见义勇为基金会	2008/11/06	浙江	76	81.20	4,740,318.74
金龙鱼慈善公益基金会	2013/02/16	上海	76	81.20	30,077,567.56
宁波市扶贫基金会	1994/10/20	浙江	76	81.20	2,721,758.00
潘天寿基金会（浙江）	1984/01/28	浙江	76	81.20	3,373,809.64
清华大学教育基金会	1994/01/25	北京	76	81.20	4,389,173,919.96
绍兴县人民教育基金会	1989/02/21	浙江	76	81.20	64,682,742.20
深圳市同维爱心公益基金会	2012/07/27	广东	76	81.20	2,093,733.73
台州市见义勇为基金会	2011/03/24	浙江	76	81.20	6,473,377.09
温州市实验小学教育发展基金会	2011/10/16	浙江	76	81.20	8,149,747.64
云南省扶贫基金会	1992/11/01	云南	76	81.20	28,093,375.67
浙江东湖教育基金会	2010/02/10	浙江	76	81.20	2,029,508.41
浙江华坤教育基金会	2006/03/03	浙江	76	81.20	–
浙江省人民教育基金会	1989/02/10	浙江	76	81.20	32,226,004.15
浙江省新浙商创业创新基金会	2008/02/19	浙江	76	81.20	1,536,910.16
中国老龄事业发展基金会	1986/05/01	北京	76	81.20	147,478,076.39
北京市希望公益基金会	2006/02/28	北京	77	81.19	8,835,337.95
北京市国际高尔夫发展基金会	2005/07/22	北京	78	81.15	1,913,330.89
北京友好传承文化基金会	2009/01/19	北京	79	80.95	1,209,765.82
东南大学教育基金会	2005/10/31	江苏	80	80.80	466,776,525.52
杭州市人民教育基金会	1995/05/31	浙江	80	80.80	9,127,768.52
丽水学院教育基金会	2013/11/28	浙江	80	80.80	2,005,417.86
宁波市海曙区人民教育基金会	2005/11/28	浙江	80	80.80	30,695,131.46
上海市人口福利基金会	1992/03/18	上海	80	80.80	6,684,125.25
重庆金平法学教育基金会	2010/08/20	重庆	80	80.80	4,655,155.64
北京市于若木慈善基金会	2005/01/28	北京	81	80.69	3,112,986.56
北京长江药学发展基金会	2010/06/22	北京	82	80.40	2,882,906.45
广西师范大学教育发展基金会	2006/11/28	广西	82	80.40	33,227,751.96
深圳市转动热情自行车体育基金会	2011/11/17	广东	82	80.40	2,104,185.04
武汉理工大学教育发展基金会	2010/07/15	湖北	82	80.40	16,748,446.64
浙江水利水电学院教育基金会	2013/06/05	浙江	82	80.40	6,271,345.44

续表

基金会名称	成立时间	所在地	排名	FTI 2016 得分	净资产（元）
重庆市教育发展基金会	2009/11/16	重庆	82	80.40	63,429,060.22
绍兴市越城区人民教育基金会	2005/11/01	浙江	83	80.00	8,652,329.89
温州市瓯海社会组织发展基金会	2012/11/13	浙江	83	80.00	1,664,671.26
浙江省金融教育基金会	1993/09/18	浙江	83	80.00	27,023,588.76
宁波市人民教育基金会	1998/10/16	浙江	84	79.71	37,072,760.71
宝鸡市残疾人福利基金会	2010/03/03	陕西	85	79.60	8,542,097.19
衡东县教育基金会	2005/05/08	湖南	85	79.60	6,501,259.92
湖南省佛慈基金会	2000/12/15	湖南	85	79.60	11,775,782.73
嘉兴市南湖区农业技术推广基金会	2013/12/23	浙江	85	79.60	5,351,343.82
嘉兴市秀洲区农业技术推广基金会	2013/12/23	浙江	85	79.60	7,572,743.84
深圳市龙越慈善基金会	2011/11/17	广东	85	79.60	10,329,601.70
北京绿化基金会	1996/02/19	北京	86	79.51	12,841,530.62
北京四中校友促进教育基金会	1989/08/10	北京	87	79.40	41,408,460.69
海盐县农业技术推广基金会	2013/12/05	浙江	88	79.20	7,937,382.65
杭州电子科技大学教育发展基金会	2013/02/05	浙江	88	79.20	2,865,756.41
金华市金兰公益基金会	2013/12/30	浙江	88	79.20	8,627,146.61
金华市永远的荣光艺术教育基金会	2012/02/03	浙江	88	79.20	13,472,548.64
宁海王春文慈善基金会	2009/08/03	浙江	88	79.20	2,076,996.69
平阳县社会组织发展基金会	2013/08/05	浙江	88	79.20	5,032,846.69
深圳市捷顺乐善扶贫基金会	2012/07/27	广东	88	79.20	2,031,571.27
深圳市俊才教育基金会	2012/09/19	广东	88	79.20	2,143,670.29
深圳市阳光心理健康基金会	2012/07/27	广东	88	79.20	5,124,927.30
深圳市朱树豪纪念慈善基金会	2012/08/02	广东	88	79.20	-433,741.36
温州基督教会柳市堂慈善基金会	2013/12/17	浙江	88	79.20	1,037,439.22
浙江财经大学教育基金会	2013/08/02	浙江	88	79.20	10,099,069.57
浙江海天慈善基金会	2013/01/08	浙江	88	79.20	20,176,129.98
浙江省富阳市老龄事业发展基金会	2013/06/05	浙江	88	79.20	7,567,034.83
浙江省合盛慈善基金会	2013/11/27	浙江	88	79.20	1,974,759.64
浙江省敏实爱心基金会	2013/06/05	浙江	88	79.20	1,406,984.79
北京志愿服务基金会	2009/12/03	北京	89	79.13	51,951,949.97
台州市黄岩区慈善基金会	2008/06/26	浙江	90	79.06	5,688,907.13
中华国际医学交流基金会	1988/06/13	北京	91	78.83	31,420,641.73

续表

基金会名称	成立时间	所在地	排名	FTI 2016 得分	净资产（元）
杭州市老龄事业发展基金会	1988/12/08	浙江	92	78.82	24,976,652.72
福建中医药大学教育发展基金会	2008/06/25	福建	93	78.80	5,854,672.87
杭州市余杭区老年基金会	1989/12/01	浙江	93	78.80	10,485,075.15
林则徐基金会	1995/11/06	福建	93	78.80	6,953,955.31
宁波市见义勇为基金会	1995/11/01	浙江	93	78.80	4,997,968.22
宁波市江东区人民教育基金会	2005/11/01	浙江	93	78.80	8,587,618.89
浙江萤火虫慈善基金会	2007/10/30	浙江	93	78.80	1,115,943.59
安徽省李恩三教育发展基金会	2013/02/20	安徽	94	78.66	2,001,262.47
广东省肇庆学院教育发展基金会	2010/11/02	广东	95	78.40	6,520,357.77
嘉兴市温商慈善基金会	2013/05/08	浙江	95	78.40	4,221,124.30
上海浦东新区社会发展基金会	1994/04/01	上海	95	78.40	73,344,523.34
中国预防性病艾滋病基金会	1989/10/16	北京	95	78.40	22,250,332.63
中国孔子基金会	1984/09/20	山东	96	78.39	50,407,942.56
浙江宜尔阳光教育基金会	2007/11/27	浙江	97	78.38	2,509,412.92
浙江泰顺司前新农村发展基金会	2011/06/20	浙江	98	78.32	173,870.80
北京中央美术学院教育发展基金会	2011/09/29	北京	99	78.26	6,318,438.84
浙江省老年事业发展基金会	1989/07/25	浙江	100	78.01	18,399,514.35
北京三一公益基金会	2013/12/31	北京	101	78.00	5,298,491.53
深圳市博源经济研究基金会	2011/10/24	广东	101	78.00	2,856,248.33
深圳市马洪经济研究发展基金会	2011/11/28	广东	101	78.00	2,851,182.16
浙江中医药大学教育基金会	2013/03/29	浙江	101	78.00	24,359,624.25
中国企业管理科学基金会	1987/03/20	北京	101	78.00	26,142,874.38
北京球爱的天空慈善基金会	2012/09/21	北京	102	77.77	3,397,501.26
海南改革发展研究基金会	1992/09/03	海南	103	77.60	16,546,925.55
北京金融街慈善基金会	2011/03/22	北京	104	77.57	10,382,090.59
安徽省儿童少年基金会	1982/11/23	安徽	105	77.20	6,279,677.31
北京苹果慈善基金会	2005/05/25	北京	105	77.20	28,640,722.42
杭州泰商慈善基金会	2013/07/12	浙江	105	77.20	9,096,550.12
宁波市海曙区公益组织发展基金会	2013/10/28	浙江	105	77.20	3,474,108.09
宁波市镇海区富的教育基金会	2012/07/09	浙江	105	77.20	21,782,520.46
浙江吃亏是福慈善基金会	2012/03/01	浙江	105	77.20	4,765,366.36
浙江省惠民慈善基金会	2012/09/04	浙江	105	77.20	2,289,574.41

续表

基金会名称	成立时间	所在地	排名	FTI 2016 得分	净资产（元）
浙江省三立慈善基金会	2012/12/11	浙江	105	77.20	3,551,521.78
浙江硕源教育基金会	2012/12/27	浙江	105	77.20	10,231,298.85
北京市戈友公益援助基金会	2011/09/21	北京	106	76.95	4,944,260.19
北京凌盛爱心公益基金会	2013/05/07	北京	107	76.80	2,007,800.48
湖州师范学院陆增镛纪念馆教育基金会	2013/09/25	浙江	107	76.80	9,491,192.16
泰顺县社会组织发展基金会	2013/07/19	浙江	107	76.80	2,004,066.10
温州市锦行慈善基金会	2013/12/16	浙江	107	76.80	1,478,999.68
温州市祥苗慈善基金会	2013/10/15	浙江	107	76.80	1,285,392.64
温州市雁荡山仁德慈善基金会	2013/07/08	浙江	107	76.80	1,310,746.75
永嘉县社会组织发展基金会	2013/09/25	浙江	107	76.80	1,818,974.26
浙江华策影视育才教育基金会	2013/05/08	浙江	107	76.80	816,860.85
浙江省关心下一代基金会	2013/12/30	浙江	107	76.80	10,014,080.69
浙江省美丽洲教育基金会	2013/11/01	浙江	107	76.80	5,172,036.92
中华健康快车基金会	2002/08/02	北京	107	76.80	61,882,843.43
中南大学教育基金会	2011/03/04	湖南	107	76.80	258,816,038.93
金华市外国语学校教育发展基金会	2012/12/11	浙江	108	76.40	2,472,269.33
连云港师范高等专科学校教育发展基金会	2011/11/24	江苏	108	76.40	17,320,414.30
四川广安中学教育发展基金会	2012/01/13	四川	108	76.40	2,308,977.36
重庆市青年创新创业基金会	2009/12/07	重庆	108	76.40	8,790,972.34
中社社会工作发展基金会	2011/03/29	北京	109	76.30	71,600,277.64
北京康盟慈善基金会	2010/06/13	北京	110	76.17	2,741,235.03
浙江省娃哈哈慈善基金会	2009/07/01	浙江	111	76.11	3,338,760.33
湖南省扶贫基金会	1997/09/18	湖南	112	76.00	7,018,309.68
上海华东理工大学教育发展基金会	2011/10/08	上海	112	76.00	16,681,012.02
新疆维吾尔自治区青少年发展基金会	1992/07/08	新疆	112	76.00	16,437,929.27
中国出生缺陷干预救助基金会	2011/05/24	北京	112	76.00	12,895,838.67
中国海油海洋环境与生态保护公益基金会	2012/07/09	北京	112	76.00	544,687,926.40
中国科技馆发展基金会	2010/11/23	北京	112	76.00	29,466,638.54
山西省孝义市扶贫基金会	2009/06/04	山西	113	75.60	14,115,337.15
遂昌县人民教育基金会	2005/08/12	浙江	114	75.34	5,658,458.95
北京茅以升科技教育基金会	2006/08/15	北京	115	75.27	23,280,580.15
北京中央民族大学教育基金会	2010/09/09	北京	116	75.22	31,700,659.52

续表

基金会名称	成立时间	所在地	排名	FTI 2016 得分	净资产（元）
北京非物质文化遗产发展基金会	2013/04/18	北京	117	75.20	4,022,053.71
广西红十字基金会	1995/03/06	广西	117	75.20	26,871,522.62
湖北省青少年发展基金会	1992/06/20	湖北	117	75.20	69,779,244.68
盱眙县教育发展基金会	2010/12/21	江苏	117	75.20	5,400,362.53
云南教育基金会	1988/07/14	云南	117	75.20	34,280,664.23
上海科普教育发展基金会	2001/10/23	上海	118	74.80	90,374,201.15
湘潭市教育发展基金会	2005/05/12	湖南	118	74.80	26,641,210.94
浙江宏达教育基金会	2012/10/18	浙江	118	74.80	10,851,446.25
浙江省职工送温暖基金会	1992/07/23	浙江	118	74.80	11,160,990.47
北京华益公益基金会	2013/12/10	北京	119	74.57	2,374,714.42
深圳市南方科技大学教育基金会	2011/12/31	广东	120	74.46	4,311,021.90
湖南省宜章县教育基金会	2005/10/31	湖南	121	74.40	12,532,464.42
中国癌症基金会	1984/10/26	北京	121	74.40	593,259,781.71
北京光彩公益基金会	2006/11/23	北京	122	74.19	32,255,706.29
安徽省青少年发展基金会	1992/09/01	安徽	123	74.00	41,124,893.66
北京环球时报公益基金会	2012/11/26	北京	123	74.00	2,014,071.84
湖北省吴兆麟基金会	1995/12/01	湖北	123	74.00	2,126,331.10
湖南青年创业就业基金会	2009/07/15	湖南	123	74.00	20,600,375.32
江苏陶欣伯助学基金会	2006/09/28	江苏	123	74.00	1,037,470,292.15
上海外国语大学教育发展基金会	2009/12/17	上海	123	74.00	14,050,203.62
天津外国语大学教育发展基金会	2005/10/14	天津	123	74.00	6,151,826.21
中国医药卫生事业发展基金会	2005/12/07	北京	123	74.00	101,322,745.63
舟山市人民教育基金会	1989/02/01	浙江	124	73.71	49,632,252.85
东台市阳光助残基金会	2012/04/19	江苏	125	73.60	5,165,645.65
湖北工业大学教育发展基金会	2012/04/05	湖北	125	73.60	30,829,760.48
上海市安济医疗救助基金会	2006/03/29	上海	125	73.60	23,070,456.40
四川电子科技大学教育发展基金会	2009/07/03	四川	125	73.60	69,777,213.07
温州市社会组织发展基金会	2013/08/22	浙江	125	73.60	3,197,462.22
长沙市慈善基金会	2011/10/28	湖南	125	73.60	101,844,171.79
浙江富中教育集团教育发展基金会	2012/10/18	浙江	125	73.60	104,386,232.10
深圳市华会所生态环保基金会	2012/02/27	广东	126	73.20	15,172,975.08
增爱公益基金会	2012/08/07	上海	126	73.20	113,956,036.10

续表

基金会名称	成立时间	所在地	排名	FTI 2016 得分	净资产（元）
中国文学艺术基金会	1994/02/18	北京	126	73.20	130,536,143.98
重庆孤残儿童援助基金会	2005/08/24	重庆	126	73.20	8,652,725.45
哈尔滨市残疾人福利基金会	1986/06/25	黑龙	127	72.80	12,321,669.41
四川大学教育基金会	2010/04/22	四川	127	72.80	134,154,658.11
苏州市吴江区党员关爱暨帮扶困难群众基金会	2012/05/21	江苏	127	72.80	93,002,334.75
中国益民文化建设基金会	1993/08/31	北京	127	72.80	10,800,727.84
重庆市红十字基金会	2008/04/21	重庆	127	72.80	47,400,555.65
温州市鹿城区人民教育基金会	2005/09/27	浙江	128	72.70	4,243,791.43
北京远洋之帆公益基金会	2008/10/12	北京	129	72.69	13,997,467.00
北华大学教育基金会	2009/09/18	吉林	130	72.40	5,353,506.88
南京师范大学教育发展基金会	2006/02/17	江苏	130	72.40	194,747,720.79
山西省晋中市扶贫基金会	2006/09/27	山西	130	72.40	8,259,010.62
无锡城市职业技术学院教育发展基金会	2010/07/16	江苏	130	72.40	20,379,966.26
杭州市江干区人民教育基金会	1989/03/03	浙江	131	72.22	33,423,181.87
浙江传媒学院教育基金会	2012/12/14	浙江	132	72.21	3,655,250.00
深圳市欣旺达慈善基金会	2012/10/08	广东	133	72.13	979,802.88
广州市残疾人福利基金会	1982/03/29	广东	134	72.04	39,770,019.69
北流见义勇为慈善基金会	2012/08/13	广西	135	72.00	11,616,950.83
湖南惠民农村留守儿童学前教育基金会	2012/08/10	湖南	135	72.00	2,115,759.89
开明慈善基金会	2012/04/28	北京	135	72.00	31,233,485.42
上海美丽心灵社区公益基金会	2012/09/29	上海	135	72.00	2,233,400.88
苏州市党员关爱暨帮扶困难群众基金会	2012/04/18	江苏	135	72.00	200,578,813.57
中国航天基金会	1995/03/01	北京	135	72.00	131,605,587.56
中兴通讯公益基金会	2012/10/30	广东	135	72.00	49,950,143.77
重庆浙商爱心基金会	2007/12/10	重庆	135	72.00	5,289,267.76
衢州市孔子教育基金会	2006/06/07	浙江	136	71.97	6,419,831.63
杭州市上城区教育发展基金会	2005/09/19	浙江	137	71.66	24,255,932.97
河仁慈善基金会	2010/06/07	福建	138	71.60	2,789,174,557.00
中卫市公益慈善基金会	2011/12/30	宁夏	138	71.60	21,839,779.84
上海市青少年发展基金会	1992/08/10	上海	139	71.55	138,677,751.16
中国经济改革研究基金会	1995/10/25	北京	140	71.50	40,775,872.13
杭州市萧山区老年基金会	1994/12/01	浙江	141	71.43	6,573,469.68

续表

基金会名称	成立时间	所在地	排名	FTI 2016 得分	净资产（元）
北京市中国人民大学教育基金会	2004/12/08	北京	142	71.36	477,631,866.14
河南省黄河文化基金会	2007/01/10	河南	143	71.20	4,236,847.41
欧美同学基金会	1989/06/06	北京	143	71.20	1,553,852.76
孙冶方经济科学基金会	1994/12/22	北京	143	71.20	28,648,018.65
浙江滴水慈善基金会	2011/04/21	浙江	143	71.20	12,610,405.11
中国马克思主义研究基金会	1992/03/31	北京	143	71.20	58,904,293.18
北京市二十一世纪公益基金会	2013/03/27	北京	144	71.02	2,074,486.60
安徽省古籍整理出版基金会	2007/03/02	安徽	145	70.80	4,361,134.08
湖北省育才助学基金会	2014/07/21	湖北	145	70.80	1,960,338.08
揭阳市大学生发展基金会	2012/11/02	广东	145	70.80	15,612,516.22
深圳市警察基金会	1995/02/12	广东	145	70.80	251,863,757.50
四川省城乡统筹发展基金会	2012/07/18	四川	145	70.80	4,439,873.41
四川省扶贫基金会	1992/05/14	四川	145	70.80	117,109,425.48
浙江省新台州人健康救助基金会	2011/07/04	浙江	145	70.80	2,731,864.51
重庆市妇女儿童基金会	2009/05/22	重庆	145	70.80	8,523,267.80
浙江富通感恩慈善基金会	2012/09/26	浙江	146	70.75	30,158,954.44
瑞安市社会组织发展基金会	2013/01/08	浙江	147	70.72	4,986,226.67
广东省中山大学教育发展基金会	2004/11/17	广东	148	70.40	241,970,972.01
南通市老区扶贫基金会	2008/01/04	江苏	148	70.40	65,660,658.97
山东财经大学教育基金会	2008/07/07	山东	148	70.40	26,648,037.10
上海市大学生科技创业基金会	2006/08/15	上海	148	70.40	1,091,331,246.27
重庆大学教育发展基金会	2013/03/05	重庆	148	70.40	143,623,271.97
青海省青少年发展基金会	1991/02/01	青海	149	70.31	25,420,888.79
内蒙古师范大学教育发展基金会	2011/02/28	内蒙古	150	70.00	20,173,843.06
厦门市老年基金会	1992/08/08	福建	150	70.00	100,775,926.67
上海复旦大学教育发展基金会	2004/06/01	上海	150	70.00	304,913,320.28
武汉工程大学教育发展基金会	2012/05/18	湖北	150	70.00	8,863,581.74
新疆维吾尔自治区残疾人福利基金会	1985/03/13	新疆	150	70.00	9,878,416.77
长安大学教育基金会	2010/12/06	陕西	150	70.00	8,747,598.52
中国文物保护基金会	1990/07/17	北京	150	70.00	19,211,961.66
宁夏青少年发展基金会	1993/04/14	宁夏	151	69.98	18,337,890.16
建德市见义勇为基金会	2008/06/26	浙江	152	69.89	10,039,877.72

续表

基金会名称	成立时间	所在地	排名	FTI 2016 得分	净资产（元）
武汉大学教育发展基金会	1995/10/24	湖北	153	69.83	144,012,612.46
中国肝炎防治基金会	1998/08/22	北京	154	69.69	49,785,798.63
浙江省杭州滨江阳光公益基金会	2013/05/22	浙江	155	69.61	19,560,880.93
纺织之光科技教育基金会	2008/05/08	北京	156	69.60	110,016,209.53
上海商学院教育发展基金会	2012/07/10	上海	156	69.60	3,224,877.45
深圳市教育发展基金会	1994/07/28	广东	156	69.60	120,403,675.73
四川省隆昌教育基金会	2004/04/06	四川	156	69.60	16,310,705.01
亿利公益基金会	2011/05/16	北京	156	69.60	24,247,568.78
中科院研究生教育基金会	2009/11/23	北京	156	69.60	149,004,039.45
重庆社会救助基金会	2011/08/18	重庆	156	69.60	17,559,818.04
广东省青少年发展基金会	1994/07/06	广东	157	69.42	91,581,595.61
济源市宝之源慈善基金会	2012/01/12	河南	158	69.20	2,048,571.76
常德市教育基金会	1992/08/25	湖南	159	68.80	33,947,757.32
广西妇女儿童发展基金会	1982/04/30	广西	159	68.80	7,571,343.68
哈尔滨工业大学教育发展基金会	2009/11/24	黑龙江	159	68.80	158,528,372.14
河北省职工互助基金会	2011/12/20	河北	159	68.80	8,196,153.99
湖北省妇女儿童发展基金会	2010/05/21	湖北	159	68.80	30,474,034.07
上海韩哲一教育扶贫基金会	2010/03/08	上海	159	68.80	6,685,159.28
天津南开大学教育基金会	2004/06/02	天津	159	68.80	68,076,523.84
天津市青少年发展基金会	1997/08/20	天津	159	68.80	7,120,721.07
威盛信望爱公益基金会	2009/02/09	北京	159	68.80	31,705,648.09
中国华文教育基金会	2004/09/30	北京	159	68.80	76,391,754.63
中央财经大学教育基金会	2009/08/06	北京	159	68.80	165,976,159.70
陕西纯山教育基金会	2006/09/15	陕西	160	68.70	3,038,721.54
西安科技大学教育基金会	2013/07/03	陕西	161	68.57	6,795,634.32
黑龙江省残疾人福利基金会	1986/10/20	黑龙江	162	68.43	14,431,796.52
常州君合慈善基金会	2013/08/22	江苏	163	68.40	2,888,382.95
德阳市教育基金会	1995/12/01	四川	163	68.40	11,750,242.99
河南省爱心助老基金会	2010/04/12	河南	163	68.40	4,046,292.59
河南省南阳张仲景基金会	2011/11/01	河南	163	68.40	20,832,880.38
南京工业职业技术学院教育发展基金会	2010/06/25	江苏	163	68.40	7,193,051.88
山东省乐安慈孝公益基金会	2010/08/24	山东	163	68.40	21,680,645.76

续表

基金会名称	成立时间	所在地	排名	FTI 2016 得分	净资产（元）
香江社会救助基金会	2005/06/14	广东	163	68.40	70,734,362.51
中国绿色碳汇基金会	2010/07/19	北京	163	68.40	179,127,153.70
湖南省桂东县教育基金会	2005/10/31	湖南	164	68.20	8,642,948.05
吴阶平医学基金会	2002/01/01	北京	165	68.10	47,744,564.48
首都文化艺术公益基金会	2013/07/04	北京	166	68.02	2,626,440.80
北京山花工程慈善基金会	2013/03/27	北京	167	68.00	2,008,110.75
哈尔滨市香坊区残疾人福利基金会	2009/06/26	黑龙江	167	68.00	5,434,777.74
河南省慈鑫福利基金会	2009/10/29	河南	167	68.00	2,077,557.70
吉林大学教育基金会	1997/04/18	吉林	167	68.00	174,183,739.88
秦皇岛市志愿服务基金会	2011/07/08	河北	167	68.00	6,783,097.92
上海恩德公益基金会	2010/08/24	上海	167	68.00	5,347,304.90
上海华信公益基金会	2011/05/03	上海	167	68.00	32,501,271.50
上海理工大学教育发展基金会	2006/05/26	上海	167	68.00	21,250,445.20
上海盛立公益基金会	2012/03/29	上海	167	68.00	2,583,938.41
上海市体育发展基金会	1992/07/21	上海	167	68.00	424,218,145.45
四川省威远县教育基金会	2004/04/06	四川	167	68.00	19,858,433.05
天津中国民航大学教育发展基金会	2006/08/01	天津	167	68.00	28,762,113.47
新疆生产建设兵团青少年发展基金会	2002/08/20	新疆	167	68.00	2,376,842.50
长江大学教育发展基金会	2010/04/23	湖北	167	68.00	37,021,973.96
浙江省义乌市教育基金会	2004/06/28	浙江	167	68.00	5,112,926.34
中国牙病防治基金会	1994/04/01	北京	167	68.00	8,336,725.52
深圳市徐森慈善基金会	2012/11/27	广东	168	67.88	2,392,927.31
宁夏回族自治区燕宝慈善基金会	2010/12/22	宁夏	169	67.62	5,052,188.35
广东省暨南大学教育发展基金会	2010/01/22	广东	170	67.60	35,157,214.85
海南省李惠智教育基金会	2007/10/08	海南	170	67.60	2,334,908.81
湖北工程学院教育发展基金会	2010/12/02	湖北	170	67.60	8,314,429.01
攀枝花市关心下一代基金会	2013/05/13	四川	170	67.60	4,897,781.64
陕西中实弘扬法治教育基金会	2011/11/21	陕西	170	67.60	3,332,593.64
汕头市公益基金会	1995/05/31	广东	170	67.60	16,818,252.78
启东市慈善基金会	2007/10/30	江苏	171	67.41	63,442,082.08
河南省和谐慈善基金会	2013/09/09	河南	172	67.33	2,701,505.56
华中师范大学教育发展基金会	2010/12/07	湖北	173	67.23	102,782,491.63

续表

基金会名称	成立时间	所在地	排名	FTI 2016 得分	净资产（元）
峨眉山行愿慈善事业基金会	2013/07/23	四川	174	67.20	4,092,516.22
广东省残疾人公益基金会	2012/03/05	广东	174	67.20	5,511,295.96
广东省南方基金慈善基金会	2011/07/25	广东	174	67.20	6,214,864.27
广西协力扶助基金会	2006/12/22	广西	174	67.20	5,160,466.42
南京审计学院教育发展基金会	2006/07/26	江苏	174	67.20	183,143,150.46
山西省晋商文化基金会	2012/06/18	山西	174	67.20	73,224,217.35
兴安盟人民教育基金会	2005/05/30	内蒙古	174	67.20	6,169,694.23
海安县慈善基金会	2010/12/22	江苏	175	67.01	60,970,826.38
杭州师范大学教育基金会	2012/02/03	浙江	176	66.83	8,772,111.94
广东省嘉宝莉助学基金会	2010/09/29	广东	177	66.80	3,267,496.60
济南大学教育发展基金会	2013/06/24	山东	177	66.80	3,515,018.79
青岛科技大学教育发展基金会	2011/12/30	山东	177	66.80	4,314,306.80
上海发展研究基金会	1993/08/13	上海	177	66.80	14,578,889.23
上海现代服务业发展研究基金会	2012/04/09	上海	177	66.80	25,844,849.85
上海兴华教育扶贫基金会	2006/09/05	上海	177	66.80	76,344,629.02
四川西南科技大学教育发展基金会	2013/05/02	四川	177	66.80	2,094,220.20
西安交通大学教育基金会	2006/03/31	陕西	177	66.80	116,173,493.10
云南省绿色环境发展基金会	2008/01/14	云南	177	66.80	8,115,149.84
中国煤矿文化宣传基金会	1982/10/23	北京	177	66.80	12,237,380.95
重庆市残疾人福利基金会	2007/08/20	重庆	177	66.80	36,168,085.81
重庆市华岩文教基金会	2006/05/08	重庆	177	66.80	9,766,576.76
武汉白鱀豚保护基金会	1996/12/23	湖北	178	66.77	7,413,822.37
北京市董辅礽经济科学发展基金会	2004/12/31	北京	179	66.75	7,788,239.77
上海特殊关爱基金会	2008/07/31	上海	180	66.66	12,400,991.41
江西省革命老区爱心基金会	2007/08/01	江西	181	66.59	9,694,466.00
河北华耐同心公益基金会	2012/01/16	河北	182	66.40	4,875,679.64
河南省拥军优属基金会	2010/02/05	河南	182	66.40	8,238,563.58
江苏省法律援助基金会	2007/04/28	江苏	182	66.40	84,511,108.17
厦门大学教育发展基金会	2006/03/20	福建	182	66.40	356,838,343.23
厦门市妇女儿童发展基金会	2011/03/21	福建	182	66.40	20,328,112.00
四川西南民族大学教育基金会	2013/10/22	四川	182	66.40	2,389,175.73
王振滔慈善基金会	2006/12/07	浙江	182	66.40	21,374,719.00

续表

基金会名称	成立时间	所在地	排名	FTI 2016 得分	净资产（元）
武汉大学韩德培法学基金会	2009/09/24	湖北	182	66.40	2,130,134.70
张家港市党员关爱暨帮扶困难群众基金会	2012/05/28	江苏	182	66.40	113,450,426.54
中国留学人才发展基金会	2007/01/25	北京	182	66.40	31,253,539.50
中国法律援助基金会	1997/05/26	北京	183	66.32	159,534,092.27
北京华彬文化基金会	2011/05/19	北京	184	66.27	53,941,823.68
丽水市人民教育基金会	2005/09/27	浙江	184	66.27	7,825,512.96
北京水源保护基金会	2007/11/15	北京	185	66.00	7,842,216.64
常熟理工学院教育发展基金会	2008/10/31	江苏	185	66.00	18,069,915.88
成都市老龄事业发展基金会	1986/04/19	四川	185	66.00	7,491,750.32
都江堰友爱教育基金会	2009/08/27	四川	185	66.00	4,538,067.07
贵州省见义勇为基金会	2008/06/30	贵州	185	66.00	6,816,243.05
哈尔滨商业大学教育发展基金会	2011/10/31	黑龙江	185	66.00	7,405,499.34
河南省关心下一代基金会	2011/03/24	河南	185	66.00	7,041,683.90
河南省民营企业信用发展基金会	2011/08/16	河南	185	66.00	2,301,196.79
湖南省汉寿县第一中学教育基金会	2009/06/03	湖南	185	66.00	8,412,778.50
辽宁省大连海洋大学教育发展基金会	2010/11/15	辽宁	185	66.00	3,095,470.13
山东农业大学教育发展基金会	2012/05/30	山东	185	66.00	22,385,479.63
山西省煤炭职业教育基金会	2006/09/27	山西	185	66.00	60,946,963.86
四川省光华教育发展基金会	1997/03/11	四川	185	66.00	53,111,536.13
营口市鲅鱼圈区慈善基金会	2010/04/01	辽宁	185	66.00	9,185,532.14
云南厚德教育基金会	2013/04/24	云南	185	66.00	1,287,648.72
云南省见义勇为基金会	2002/10/22	云南	185	66.00	105,527,988.94
株洲市教育基金会	2005/02/01	湖南	185	66.00	22,887,730.26
湖北大学教育发展基金会	2011/05/13	湖北	186	65.80	24,131,211.25
东莞市东莞理工学院教育发展基金会	2007/02/05	广东	187	65.73	72,948,882.41
河南省教育发展基金会	1998/07/15	河南	188	65.60	27,179,108.71
黑龙江恢先地震工程学基金会	2002/07/16	黑龙江	188	65.60	7,173,559.66
湖南省龙阳助学基金会	2010/06/28	湖南	188	65.60	2,163,350.73
山东省青少年发展基金会	1993/06/08	山东	188	65.60	46,913,792.83
山西省妇女儿童发展基金会	2013/11/28	山西	188	65.60	13,216,707.43
上海立信会计学院潘序伦教育发展基金会	2012/09/29	上海	188	65.60	2,692,697.37
上海浦发公益基金会	2008/05/07	上海	188	65.60	29,218,934.40

续表

基金会名称	成立时间	所在地	排名	FTI 2016 得分	净资产（元）
上海师范大学教育发展基金会	2008/10/09	上海	188	65.60	21,764,357.18
四川省妇女发展基金会	2008/07/07	四川	188	65.60	13,327,249.37
武汉音乐学院教育发展基金会	2013/10/19	湖北	188	65.60	2,733,608.85
永州市慈善基金会	2008/09/20	湖南	188	65.60	14,924,673.26
中国下一代教育基金会	2010/07/09	北京	188	65.60	83,426,096.89
中国移动慈善基金会	2009/07/13	北京	188	65.60	100,319,785.96
中华全国体育基金会	1994/04/01	北京	188	65.60	956,891,256.37
北京邮电大学教育基金会	2002/12/30	北京	189	65.40	32,165,438.14
厦门市教育基金会	1988/09/20	福建	190	65.33	196,687,978.99
安徽张海银种业基金会	2013/08/19	安徽	191	65.20	4,669,401.76
广西国海扶贫助学基金会	2006/11/24	广西	191	65.20	3,040,782.94
南京财经大学教育发展基金会	2006/06/20	江苏	191	65.20	127,518,835.11
桑植县教育基金会	2009/01/07	湖南	191	65.20	9,723,625.08
山西省德盛昌慈善基金会	2012/12/06	山西	191	65.20	2,003,034.33
上海百马慈善基金会	2008/10/22	上海	191	65.20	2,095,061.68
上海思麦公益基金会	2011/12/19	上海	191	65.20	2,155,029.58
天津市残疾人福利基金会	1990/02/09	天津	191	65.20	14,924,555.35
武汉闻一多基金会	1991/08/20	湖北	191	65.20	34,592,970.97
河南省儿童希望救助基金会	2010/03/29	河南	192	65.05	5,846,598.95
河南省老年文化事业发展基金会	2013/02/16	河南	193	65.00	4,052,872.47
广西拥军优属基金会	2011/04/28	广西	194	64.80	3,598,810.01
贵州省贵阳市生态文明基金会	2007/11/14	贵州	194	64.80	42,626,419.98
衡阳市教育基金会	1994/02/07	湖南	194	64.80	18,820,586.38
湖南省郴州市嘉禾县教育基金会	2005/02/01	湖南	194	64.80	15,188,501.65
江苏经贸职业技术学院教育发展基金会	2006/07/20	江苏	194	64.80	2,899,222.49
南京工程学院教育发展基金会	2007/06/06	江苏	194	64.80	187,138,169.60
宁波市慈湖中学教育发展基金会	2012/06/04	浙江	194	64.80	5,473,755.36
宁乡县教育基金会	2005/03/04	湖南	194	64.80	34,550,929.32
青岛农业大学教育发展基金会	2012/05/30	山东	194	64.80	2,651,652.73
如皋市慈善基金会	2007/12/23	江苏	194	64.80	58,059,340.62
山东省友芳公益基金会	2012/12/05	山东	194	64.80	26,097,536.45
陕西美术事业发展基金会	2010/09/28	陕西	194	64.80	5,903,604.17

续表

基金会名称	成立时间	所在地	排名	FTI 2016 得分	净资产（元）
上海民生公益基金会	2010/02/09	上海	194	64.80	27,724,466.41
上海市教育发展基金会	1994/02/08	上海	194	64.80	236,354,945.74
扬州文峰慈善基金会	2013/12/25	江苏	194	64.80	3,404,679.42
阴法唐西藏教育基金会	2007/09/12	西藏	194	64.80	10,539,828.33
云南西双版纳州热带雨林保护基金会	2010/06/21	云南	194	64.80	8,858,748.43
浙江嘉兴南湖国际教育基金会	2012/09/04	浙江	194	64.80	4,046,538.70
中国敦煌石窟保护研究基金会	1995/03/01	甘肃	194	64.80	27,971,914.12
重庆市青年志愿服务基金会	2013/04/24	重庆	194	64.80	4,645,238.33
重庆宣传文化发展基金会	2009/09/07	重庆	194	64.80	6,656,331.43
陕西师范大学教育基金会	2011/02/18	陕西	195	64.49	42,377,595.78
安徽师范大学教育基金会	2011/12/07	安徽	196	64.40	18,955,807.46
福州大学教育发展基金会	2008/05/14	福建	196	64.40	26,457,196.72
贵州省人口福利基金会	2009/03/18	贵州	196	64.40	136,435,581.94
河北省京海明珠慈善基金会	2008/03/19	河北	196	64.40	19,460,231.12
河南省东方文化艺术基金会	2013/10/31	河南	196	64.40	2,262,121.75
河南省体育发展基金会	2013/03/26	河南	196	64.40	6,347,073.93
陕西省宋庆龄基金会	1988/10/10	陕西	196	64.40	43,294,932.68
上海唐君远教育基金会	1999/05/27	上海	196	64.40	195,296,604.91
天津市景华公益基金会	2010/05/27	天津	196	64.40	5,766,043.39
周培源基金会	1993/03/15	北京	196	64.40	13,541,355.53
河南省荆浩艺术公益基金会	2011/02/13	河南	197	64.17	2,072,182.90
安徽工业大学教育发展基金会	2013/04/09	安徽	198	64.00	86,628,506.73
福建省邓子基教育基金会	2007/06/13	福建	198	64.00	11,502,430.83
广东省宋庆龄基金会	2006/12/01	广东	198	64.00	11,915,262.33
广西吕贻标爱心基金会	2013/06/05	广西	198	64.00	10,169,113.05
河北省教育基金会	1996/10/04	河北	198	64.00	2,480,808.98
湖北省国中医药公益基金会	2009/12/22	湖北	198	64.00	2,318,997.27
湖南大学教育基金会	2009/12/14	湖南	198	64.00	63,247,295.18
华侨茶业发展研究基金会	1981/09/08	北京	198	64.00	24,247,144.78
宁夏吴忠慈善基金会	2011/08/30	宁夏	198	64.00	9,187,016.70
宁夏盐池教育发展基金会	2009/12/31	宁夏	198	64.00	14,817,958.00
上海市帮困互助基金会	2003/12/25	上海	198	64.00	134,285,415.36

续表

基金会名称	成立时间	所在地	排名	FTI 2016 得分	净资产（元）
天津宝坻桑梓助学基金会	2004/12/01	天津	198	64.00	92,794,176.29
伊金霍洛旗扶贫基金会	2009/12/04	内蒙古	198	64.00	5,914,552.94
浙江泰隆慈善基金会	2011/04/21	浙江	198	64.00	1,346,796.07
中华文学基金会	1986/06/14	北京	198	64.00	11,283,261.31
天津市音苑教育发展基金会	2003/04/23	天津	199	63.95	12,056,505.38
浙江盛威普世慈善基金会	2012/08/10	浙江	200	63.90	8,660,880.66
广东省慧灵智障人士扶助基金会	2013/10/14	广东	201	63.78	2,723,428.27
成都市教育基金会	1989/03/01	四川	202	63.60	50,443,030.11
成都信息工程学院科技教育基金会	2005/07/13	四川	202	63.60	2,669,689.51
湖北省信义兄弟农民工帮扶基金会	2010/08/23	湖北	202	63.60	3,947,289.84
湖南融达慈善基金会	2013/04/23	湖南	202	63.60	10,301,931.16
吉林省青少年发展基金会	1992/11/03	吉林	202	63.60	17,767,473.44
辽宁省青少年发展基金会	1997/07/07	辽宁	202	63.60	12,572,966.08
内蒙古民族教育发展基金会	2008/12/16	内蒙古	202	63.60	4,590,778.71
泉州市教育基金会	1989/05/10	福建	202	63.60	30,048,354.86
绍兴市见义勇为基金会	1989/02/10	浙江	202	63.60	12,852,846.45
四川省志愿服务基金会	2009/11/25	四川	202	63.60	26,522,386.24
天津市南开菁英教育基金会	2011/11/21	天津	202	63.60	4,635,637.53
天津市青年创业就业基金会	2009/07/01	天津	202	63.60	8,752,525.62
余姚市人民教育基金会	2005/03/23	浙江	202	63.60	10,783,028.22
玉林市见义勇为基金会	2013/10/08	广西	202	63.60	6,319,396.62
河北省新联合公益基金会	2011/11/14	河北	203	63.54	3,382,173.74
浙江省广东商会慈善基金会	2013/09/04	浙江	204	63.51	2,648,836.64
浙江省温州平安慈善基金会	2013/11/01	浙江	205	63.47	1,789,080.49
中国光彩事业基金会	2005/06/14	北京	206	63.44	311,657,205.98
广东省广仁同心公益基金会	2013/12/31	广东	207	63.40	2,103,508.51
北京林业大学教育基金会	2006/11/23	北京	208	63.39	37,669,355.37
安徽大学教育基金会	2008/09/21	安徽	209	63.20	97,052,415.09
北京科技大学教育发展基金会	2012/05/09	北京	209	63.20	43,835,400.55
陈嘉庚科学奖基金会	2003/02/20	北京	209	63.20	44,038,146.44
大连慈善基金会	2006/03/02	辽宁	209	63.20	55,554,780.55
广东省华光慈善基金会	2010/01/19	广东	209	63.20	222,249.92

续表

基金会名称	成立时间	所在地	排名	FTI 2016 得分	净资产（元）
广西见义勇为基金会	1994/05/21	广西	209	63.20	25,866,094.15
河海大学教育发展基金会	2007/06/22	江苏	209	63.20	42,094,489.96
河南省青少年发展基金会	2005/08/15	河南	209	63.20	32,456,569.39
河南省阳光助老基金会	2012/11/23	河南	209	63.20	4,007,657.97
河南足球事业发展基金会	2008/01/18	河南	209	63.20	5,173,054.67
湖南省大药王寺安养基金会	2013/01/24	湖南	209	63.20	2,952,006.39
湖南省娄底市慈善基金会	2010/10/25	湖南	209	63.20	22,127,557.35
宁夏国龙慈善基金会	2010/05/19	宁夏	209	63.20	3,401,914.72
瑞安市公安民警救助奖励基金会	2004/02/26	浙江	209	63.20	9,668,773.67
山东省教育基金会	2007/01/19	山东	209	63.20	131,107,219.43
上海财经大学教育发展基金会	2008/10/31	上海	209	63.20	75,753,465.58
上海海事大学教育发展基金会	2012/11/06	上海	209	63.20	6,747,290.22
上海汇添富公益基金会	2010/02/09	上海	209	63.20	23,796,890.69
上海市建国社会公益基金会	1993/06/18	上海	209	63.20	55,326,830.94
上海同济高廷耀环保科技发展基金会	2003/10/31	上海	209	63.20	5,715,294.70
上海吴孟超医学科技基金会	2004/05/26	上海	209	63.20	18,519,881.90
上海夏征农民族文化教育发展基金会	2008/05/30	上海	209	63.20	2,751,944.47
苏州和合文化基金会	2011/07/08	江苏	209	63.20	3,913,141.82
中国少数民族文化艺术基金会	1988/08/13	北京	209	63.20	9,651,883.71
福建省扶贫基金会	1993/04/27	福建	210	63.09	13,054,841.05
福建省残疾人福利基金会	2006/07/21	福建	211	63.01	31,355,317.90
中华社会救助基金会	2009/01/12	北京	212	62.82	46,981,644.71
安徽省中小学幼儿教师奖励基金会	1989/07/01	安徽	213	62.80	8,674,186.94
常州市见义勇为基金会	1995/04/10	江苏	213	62.80	251,662,709.58
广东省教育基金会	1990/11/08	广东	213	62.80	48,053,241.67
湖南省湘西自治州教育基金会	2004/12/02	湖南	213	62.80	15,642,267.64
湖南省新闻出版发展基金会	2010/12/17	湖南	213	62.80	21,165,168.59
吉林省人口福利基金会	2011/05/04	吉林	213	62.80	4,607,874.60
厦门大学陈安国际法学发展基金会	2011/11/30	福建	213	62.80	2,005,299.29
上海文化发展基金会	1992/08/10	上海	213	62.80	271,571,957.70
上海郑桓公文化研究基金会	2010/08/26	上海	213	62.80	3,394,391.83
上海中华职业教育温暖工程基金会	2007/09/20	上海	213	62.80	3,457,698.86

续表

基金会名称	成立时间	所在地	排名	FTI 2016 得分	净资产（元）
什邡市教育基金会	2011/05/11	四川	213	62.80	11,187,756.30
四川省养老事业基金会	2013/09/13	四川	213	62.80	9,802,269.86
韬奋基金会	1986/09/12	北京	213	62.80	90,305,735.30
天津市海河文化发展基金会	2009/07/27	天津	213	62.80	4,044,686.06
新疆红石慈善基金会	2009/08/04	新疆	213	62.80	4,559,389.65
中国保护黄河基金会	2009/10/09	河南	213	62.80	34,959,367.28
广东省南粤公益基金会	2013/01/25	广东	214	62.40	368,023.79
广西民族教育发展基金会	2009/04/22	广西	214	62.40	128,095,946.57
贵州省黔东南州见义勇为基金会	2012/03/30	贵州	214	62.40	8,850,240.91
湖北博昊济学基金会	2006/12/26	湖北	214	62.40	2,035,654.51
辽宁省教育基金会	1988/09/10	辽宁	214	62.40	23,750,892.31
润慈公益基金会	2013/06/04	北京	214	62.40	21,755,864.37
山西省创业就业基金会	2010/01/26	山西	214	62.40	12,284,621.65
山西省通力达司法救济基金会	2012/12/06	山西	214	62.40	2,251,663.04
山西省阳光教育基金会	2012/05/16	山西	214	62.40	4,330,282.64
上海华杰仁爱基金会	2005/04/04	上海	214	62.40	2,880,771.43
上海木兰教育基金会	2006/11/09	上海	214	62.40	2,451,252.59
寿宁县教育发展基金会	2008/12/18	福建	214	62.40	22,091,659.45
四川共缘教育基金会	2007/06/25	四川	214	62.40	3,028,159.89
文成县陈伯远教育基金会	2011/11/13	浙江	214	62.40	9,971,739.45
湘乡市教育发展基金会	2008/07/24	湖南	214	62.40	12,491,283.03
烟台市枫林公益基金会	2010/08/03	山东	214	62.40	1,034,797.50
云南省俊发教育扶贫基金会	2007/06/01	云南	214	62.40	3,672,262.24
中华社会文化发展基金会	1993/02/09	北京	214	62.40	30,955,441.06
广东省夕阳红慈善基金会	2011/04/12	广东	215	62.21	2,000,000.00
昆明市春蕾少年儿童基金会	2009/11/30	云南	216	62.16	11,011,173.54
安徽省老年基金会	1992/05/19	安徽	217	62.00	6,281,349.70
福建尚德教育基金会	2002/10/09	福建	217	62.00	51,075,072.30
福建省胡金定教育基金会	2007/10/31	福建	217	62.00	2,001,584.66
贵州省青少年发展基金会	1991/05/01	贵州	217	62.00	37,886,207.96
河北省残疾人创业基金会	2009/09/27	河北	217	62.00	2,014,602.19
湖南省九嶷山舜帝陵基金会	2004/09/14	湖南	217	62.00	24,456,851.60

续表

基金会名称	成立时间	所在地	排名	FTI 2016 得分	净资产（元）
吉林省残疾人福利基金会	2001/07/02	吉林	217	62.00	30,459,604.11
江苏宏德文化出版基金会	2009/08/26	江苏	217	62.00	1,135,681.62
江苏中远助学帮老基金会	2012/02/16	江苏	217	62.00	1,950,680.32
闽都中小银行教育发展基金会	2009/01/22	福建	217	62.00	58,557,020.09
厦门市翔安区教育基金会	2012/08/06	福建	217	62.00	42,590,717.70
山东省武训教育基金会	2008/03/18	山东	217	62.00	2,191,180.05
云南中美二战国际友谊基金会	2007/02/14	云南	217	62.00	88,306.54
沈阳市职工爱心慈善基金会	2006/09/19	辽宁	218	61.60	35,497,205.38
成都贺麟教育基金会	2010/02/05	四川	218	61.60	2,706,976.40
福建省海西原生态发展基金会	2013/11/27	福建	218	61.60	1,790,288.83
福建省见义勇为基金会	1994/09/13	福建	218	61.60	13,847,942.31
福建运盛青年基金会	1993/05/24	福建	218	61.60	3,465,258.19
广东省华南农村扶贫基金会	2012/03/27	广东	218	61.60	2,622,020.03
广东省环境保护基金会	2003/02/26	广东	218	61.60	7,330,818.48
广东省易方达教育基金会	2007/11/30	广东	218	61.60	102,740,357.88
贵州省妇女儿童发展基金会	2012/02/17	贵州	218	61.60	16,011,638.15
贵州省青年志愿服务基金会	2010/06/13	贵州	218	61.60	6,788,278.65
河南省张清丰敬老助老基金会	2012/08/22	河南	218	61.60	2,167,205.96
吉林省老龄事业发展基金会	1992/06/05	吉林	218	61.60	18,747,190.25
济南市残疾人福利基金会	2003/12/01	山东	218	61.60	16,310,100.83
乐山市教育基金会	1997/04/05	四川	218	61.60	50,001,540.93
南安市仑苍镇教育发展基金会	2008/09/02	福建	218	61.60	3,449,616.40
平阳县社会治安综合治理基金会	2011/06/01	浙江	218	61.60	3,495,752.03
厦门眼科中心光明基金会	2007/01/15	福建	218	61.60	2,101,140.15
山西省汾酒集团公益基金会	2010/12/09	山西	218	61.60	15,252,244.98
陕西荣禾老年基金会	2010/09/19	陕西	218	61.60	2,088,812.30
陕西省国际文化交流基金会	1990/02/02	陕西	218	61.60	4,678,035.21
陕西省农业发展基金会	2005/09/13	陕西	218	61.60	3,040,959.96
上海向阳公益基金会	2011/11/07	上海	218	61.60	12,763,454.66
上海兴韦信息技术职业学院教育发展基金会	2013/01/04	上海	218	61.60	2,125,991.83
四川省关心下一代基金会	2010/06/18	四川	218	61.60	26,080,879.35
四川省青年科技基金会	1993/06/26	四川	218	61.60	4,458,989.88

续表

基金会名称	成立时间	所在地	排名	FTI 2016 得分	净资产（元）
天津桃李源文化基金会	2010/01/28	天津	218	61.60	5,474,171.17
扬州市残疾人福利基金会	2013/01/04	江苏	218	61.60	6,823,988.58
云南省妇女儿童发展基金会	1982/07/22	云南	218	61.60	11,834,005.11
云南省温暖工程慈善基金会	2011/03/02	云南	218	61.60	5,014,992.09
中国法学交流基金会	1986/05/15	北京	218	61.60	9,770,790.09
中国关心下一代健康体育基金会	2003/10/10	北京	218	61.60	10,326,069.85
广东省富迪慈善基金会	2009/08/20	广东	219	61.56	2,257,571.50
北京工业大学教育基金会	1994/10/16	北京	220	61.53	7,793,013.54
辽宁省辽宁石油化工大学教育发展基金会	2011/07/15	辽宁	221	61.35	3,520,728.10
上海颜德馨中医药基金会	2005/04/14	上海	222	61.33	6,615,876.38
广东省广发证券社会公益基金会	2011/01/19	广东	223	61.20	43,908,291.40
广东省汕头大学教育基金会	2009/12/25	广东	223	61.20	150,059,938.42
合肥工业大学教育基金会	2008/05/07	安徽	223	61.20	54,364,841.19
黑龙江省东北石油大学教育发展基金会	2010/09/13	黑龙	223	61.20	2,850,586.77
湖南省炎帝陵基金会	1994/10/12	湖南	223	61.20	18,950,871.13
湖南省张家界市教育基金会	2006/01/09	湖南	223	61.20	10,564,748.20
吉林大学唐敖庆教育基金会	2009/05/15	吉林	223	61.20	7,525,770.30
吉林省中东爱心基金会	2008/10/07	吉林	223	61.20	2,256,929.13
江阴市朱蒋巷帮扶基金会	2010/08/18	江苏	223	61.20	10,173,297.75
辽宁光达优抚爱心基金会	2009/07/30	辽宁	223	61.20	2,689,556.18
南通大学教育发展基金会	2006/08/08	江苏	223	61.20	58,545,642.54
上海金山卫镇为民大病重病帮扶基金会	2010/02/09	上海	223	61.20	5,068,484.16
上海新建桥老龄事业发展基金会	2008/04/19	上海	223	61.20	5,004,588.50
四川省治理荒漠化基金会	2012/10/16	四川	223	61.20	4,000,141.37
苏州大学文正学院教育发展基金会	2012/05/21	江苏	223	61.20	5,647,680.00
盐城师范学院教育发展基金会	2007/07/08	江苏	223	61.20	49,327,226.29
长沙县教育基金会	2004/11/29	湖南	223	61.20	16,237,237.58
重庆大德公益基金会	2013/10/10	重庆	223	61.20	6,244,738.45
广州市青少年发展基金会	1995/05/04	广东	224	61.13	41,834,896.67
四川省汶川地震灾区重建基金会	2010/05/24	四川	225	61.08	5,464,966.58
中国生物多样性保护与绿色发展基金会	1997/04/14	北京	226	60.91	25,601,480.74
辽宁省大连理工大学教育发展基金会	2009/03/09	辽宁	227	60.88	39,632,262.30

续表

基金会名称	成立时间	所在地	排名	FTI 2016 得分	净资产（元）
沈阳市教育基金会	2005/03/23	辽宁	228	60.80	19,143,198.72
福建省发展体育事业基金会	1999/10/25	福建	228	60.80	8,639,493.99
广州市羊城志愿服务基金会	2009/12/15	广东	228	60.80	2,171,583.58
韩美林艺术基金会	2013/03/14	北京	228	60.80	21,339,065.99
杭州市拱墅区人民教育基金会	2007/10/16	浙江	228	60.80	4,749,819.25
黑龙江省大庆市妇女儿童基金会	2012/06/06	黑龙江	228	60.80	4,257,322.00
湖南省浏阳市第一中学教育基金会	2009/04/15	湖南	228	60.80	8,677,608.50
湖南新农村文化建设基金会	2011/05/31	湖南	228	60.80	6,576,998.70
吉林省青年创业就业基金会	2009/08/31	吉林	228	60.80	7,690,031.68
吉林省志愿服务发展基金会	2012/08/17	吉林	228	60.80	4,072,850.01
江苏铁军文化发展基金会	2012/02/28	江苏	228	60.80	6,441,550.48
江阴长龄助学扶贫基金会	2011/07/11	江苏	228	60.80	4,311,226.83
内蒙古弘业光彩事业扶困助学基金会	2008/07/30	内蒙	228	60.80	5,637,297.80
四川美丰教育基金会	2004/11/15	四川	228	60.80	6,072,177.45
泗阳林中凤凰教育基金会	2012/05/21	江苏	228	60.80	17,170,872.20
苏州市教育发展基金会	2013/01/01	江苏	228	60.80	33,589,708.69
台州市老年事业发展基金会	2011/07/10	浙江	228	60.80	14,550,357.26
西藏自治区雪域天使基金会	2013/11/27	西藏	228	60.80	1,640,302.53
扬州市禹振飞慈善基金会	2011/05/16	江苏	228	60.80	37,465,496.02
云南君仁博爱基金会	2011/01/26	云南	228	60.80	2,588,630.50
漳州市见义勇为基金会	1993/04/18	福建	228	60.80	15,406,906.68
郑州市法律援助基金会	2013/01/18	河南	228	60.80	15,122,224.29
中国华夏文化遗产基金会	2007/08/28	北京	228	60.80	27,521,279.88
中国交响乐发展基金会	1994/07/05	北京	228	60.80	4,033,864.47
中华国际科学交流基金会	1999/07/01	北京	228	60.80	8,497,460.87
新疆溢达杨元龙教育基金会	2011/06/07	新疆	229	60.68	2,264,336.26
上海市医药卫生发展基金会	2012/06/04	上海	230	60.62	33,066,345.94
宁波工程学院教育发展基金会	2010/10/28	浙江	231	60.43	7,825,621.21
福建省商盟公益基金会	2008/05/14	福建	232	60.40	2,005,584.70
富阳市见义勇为基金会	2012/05/18	浙江	232	60.40	5,546,511.23
广东省茂华慈善基金会	2010/06/01	广东	232	60.40	6,042,237.53
广东省南澳岛扶贫助学基金会	2010/04/02	广东	232	60.40	3,224,905.51

续表

基金会名称	成立时间	所在地	排名	FTI 2016 得分	净资产（元）
广东省顺德职业技术学院教育发展基金会	2012/04/20	广东	232	60.40	3,754,285.57
广西华侨爱心基金会	2009/08/18	广西	232	60.40	11,616,950.83
广西医学教育与科学研究发展基金会	2010/07/27	广西	232	60.40	10,896,220.44
河北省燕山大学教育基金会	2013/12/27	河北	232	60.40	3,855,710.97
河南理工大学教育发展基金会	2010/06/01	河南	232	60.40	4,618,219.90
湖北省宜昌金东方助学基金会	2013/03/15	湖北	232	60.40	1,997,439.29
湖南省文化艺术基金会	2008/10/22	湖南	232	60.40	49,100,863.72
江苏师范大学教育发展基金会	2006/07/26	江苏	232	60.40	34,488,899.68
江苏卓越国际交流教育基金会	2008/09/12	江苏	232	60.40	6,273,868.11
南安市李德茂教育基金会	2009/12/05	福建	232	60.40	3,008,558.06
内蒙古蒙古族文化遗产保护与发展基金会	2009/01/09	内蒙古	232	60.40	2,007,504.74
内蒙古自治区扶贫基金会	1997/07/01	内蒙古	232	60.40	1,633,036.61
山东省中国海洋大学教育基金会	2010/04/29	山东	232	60.40	19,172,512.60
上海复大公益基金会	2011/06/10	上海	232	60.40	6,622,723.09
上海阮仪三城市遗产保护基金会	2006/05/26	上海	232	60.40	2,923,335.49
石家庄市佛教慈善基金会	2013/09/11	河北	232	60.40	2,046,396.91
四川省红十字基金会	2010/12/15	四川	232	60.40	8,647,374.60
苏州科技学院教育发展基金会	2007/06/29	江苏	232	60.40	55,350,657.87
天津市福老基金会	2008/12/28	天津	232	60.40	23,681,868.41
天津市联合助学基金会	2005/07/07	天津	232	60.40	4,279,815.26
潍坊市铭仁文化发展基金会	2006/10/09	山东	232	60.40	2,092,711.51
岳阳市特困家庭大病医疗慈善救助基金会	2009/05/25	湖南	232	60.40	91,430,911.68
云南士恒教育基金会	2009/12/15	云南	232	60.40	2,169,786.18
浙江省革命老区发展基金会	2011/06/01	浙江	232	60.40	12,202,562.04
浙江树人大学暨王宽诚教育基金会	1992/03/24	浙江	233	60.28	26,996,223.81
江苏省残疾人福利基金会	1988/05/06	江苏	234	60.13	61,298,331.80
江苏省华侨公益基金会	2013/11/26	江苏	234	60.13	6,124,220.21
广东省华南师范大学教育发展基金会	2011/10/12	广东	235	60.12	30,645,427.28
巴彦淖尔市人民教育基金会	1995/05/01	内蒙古	236	60.00	12,781,763.01
大连市教育基金会	2008/03/24	辽宁	236	60.00	12,466,951.12
丹东市双灵慈善基金会	2012/02/21	辽宁	236	60.00	10,947,619.83
河南大相国寺慈善基金会	2013/08/05	河南	236	60.00	3,917,635.33

续表

基金会名称	成立时间	所在地	排名	FTI 2016 得分	净资产（元）
河南省崇文教育基金会	2013/10/25	河南	236	60.00	2,017,135.00
河南省见义勇为基金会	2005/08/15	河南	236	60.00	25,305,555.52
河南省宋庆龄基金会	1992/12/31	河南	236	60.00	24,971,279.59
湖南省娄底市教育基金会	2006/05/31	湖南	236	60.00	34,918,693.03
江苏博爱助残基金会	2007/06/05	江苏	236	60.00	521,888.18
江苏华夏慈善基金会	2008/07/16	江苏	236	60.00	1,983,592.34
江苏元林慈善基金会	2012/02/15	江苏	236	60.00	440,363,680.28
南通市见义勇为基金会	2000/08/16	江苏	236	60.00	19,262,366.54
内蒙古自治区青少年发展基金会	1990/07/10	内蒙古	236	60.00	26,846,972.51
山西省汇邦慈善基金会	2013/01/14	山西	236	60.00	1,996,504.40
山西省姚奠中国学教育基金会	2010/12/26	山西	236	60.00	17,661,148.74
汕头市潮阳区贵屿慈善基金会	2013/07/01	广东	236	60.00	2,516,234.82
上海电力学院教育发展基金会	2010/02/12	上海	236	60.00	10,955,097.13
四川喜马拉雅慈善基金会	2014/08/14	四川	236	60.00	4,099,488.01
雅安市关心下一代基金会	2013/01/30	四川	236	60.00	8,462,191.93
盐城胡友林慈善基金会	2011/03/18	江苏	236	60.00	8,003,822.47
益阳市教育基金会	2005/07/13	湖南	236	60.00	23,813,747.75
上海中欧国际工商学院教育发展基金会	2005/03/28	上海	237	59.92	105,826,733.76
宁夏妇女儿童发展基金会	1996/08/06	宁夏	238	59.86	15,232,221.60
浙江千手慈善基金会	2006/10/16	浙江	239	59.84	2,800,289.16
湖北省刘道玉教育基金会	1994/03/08	湖北	240	59.79	5,436,404.64
广东省侨心慈善基金会	2007/12/19	广东	241	59.76	10,497,163.20
上海水资源保护基金会	2007/12/28	上海	242	59.75	13,814,958.08
盐城市见义勇为基金会	1995/10/01	江苏	243	59.68	88,830,347.87
东南大学成贤学院教育发展基金会	2006/11/08	江苏	244	59.60	54,800,531.62
福建福海文教基金会	1994/08/03	福建	244	59.60	2,265,813.09
福建农林大学教育发展基金会	2006/07/01	福建	244	59.60	18,161,759.28
福建省老龄事业发展基金会	1993/07/15	福建	244	59.60	5,956,301.52
福建喜盈门慈善基金会	2008/07/29	福建	244	59.60	2,026,147.66
广东省岭南文化艺术促进基金会	2012/12/16	广东	244	59.60	92,847,303.21
广东省青年创业就业基金会	2009/11/19	广东	244	59.60	5,387,022.79
贵州省教育发展基金会	2011/06/30	贵州	244	59.60	22,460,783.30

续表

基金会名称	成立时间	所在地	排名	FTI 2016 得分	净资产（元）
河南省老龄产业发展基金会	2012/06/21	河南	244	59.60	1,554,339.08
河南省平煤医疗风险救助基金会	2010/01/25	河南	244	59.60	2,268,677.95
湖南省吉首大学教育基金会	2010/12/23	湖南	244	59.60	3,081,179.20
吉林省交通助老基金会	2005/03/25	吉林	244	59.60	2,007,826.50
江苏宏大青少年人才发展基金会	2009/05/24	江苏	244	59.60	7,610,756.97
陕西省唐大明宫遗址文物保护基金会	2008/11/27	陕西	244	59.60	9,019,154.06
陕西省西安市老龄事业发展基金会	1995/04/04	陕西	244	59.60	15,650,630.20
上海市残疾人福利基金会	1993/01/04	上海	244	59.60	15,785,729.71
上海市自然与健康基金会	2004/05/28	上海	244	59.60	9,485,291.17
深圳市弘法寺慈善功德基金会	2000/09/15	广东	244	59.60	4,976,313.32
浙江青田之家公益基金会	2012/11/16	浙江	244	59.60	18,955,397.96
广东省广东外语外贸大学教育发展基金会	2010/04/20	广东	245	59.36	26,468,422.90
文成县人民教育基金会	2010/10/14	浙江	246	59.32	4,228,778.44
山东英才学院教育发展基金会	2012/05/15	山东	247	59.28	3,743,122.98
安徽省残疾人福利基金会	1985/12/01	安徽	248	59.20	16,499,151.67
鞍山市教育基金会	2006/04/01	辽宁	248	59.20	6,462,920.53
大庆市残疾人福利基金会	2011/03/14	黑龙江	248	59.20	4,571,611.16
福建省石竹慈善基金会	2004/02/27	福建	248	59.20	7,004,511.16
甘肃黄河之子保护黄河基金会	2012/11/11	甘肃	248	59.20	1,987,796.25
广州市平恩慈善基金会	2010/11/01	广东	248	59.20	2,064,065.62
贵州省体育发展基金会	2011/12/07	贵州	248	59.20	13,809,916.65
江苏长江平民教育基金会	2005/10/31	江苏	248	59.20	8,861,846.49
辽宁省残疾人福利基金会	1985/04/29	辽宁	248	59.20	9,170,542.97
山东省人口关爱基金会	2007/02/13	山东	248	59.20	13,265,994.05
上海市中小学幼儿教师奖励基金会	2003/04/07	上海	248	59.20	92,684,178.85
绍兴市人民教育基金会	1990/06/30	浙江	248	59.20	27,972,524.86
深圳市云龙教育发展基金会	2013/06/07	广东	248	59.20	2,174,661.06
中国传媒大学南广学院教育发展基金会	2006/07/26	江苏	248	59.20	120,152,842.65
重庆市法律援助基金会	2007/06/27	重庆	248	59.20	4,338,563.53
河北慈善联合基金会	2012/09/04	河北	249	59.12	4,325,159.75
武汉市残疾人福利基金会	2010/04/09	湖北	250	58.95	5,154,104.43
张学良教育基金会	2006/03/16	辽宁	251	58.82	37,549,133.43

续表

基金会名称	成立时间	所在地	排名	FTI 2016 得分	净资产（元）
上海市华东师范大学教育发展基金会	2007/12/28	上海	252	58.81	180,877,098.92
广东省潮剧发展与改革基金会	2006/11/05	广东	253	58.80	40,196,347.45
广州市禁毒基金会	2007/07/18	广东	253	58.80	39,585,636.81
河北阳光慈善基金会	2013/05/30	河北	253	58.80	1,578,618.01
河南省博研助学基金会	2006/08/01	河南	253	58.80	1,247,686.00
江苏恒力慈善基金会	2012/05/21	江苏	253	58.80	9,863,022.20
江苏捷安特自行车文体基金会	2008/10/13	江苏	253	58.80	2,426,921.72
江苏新潮仁爱基金会	2007/04/03	江苏	253	58.80	34,829,244.83
凯风公益基金会	2007/03/01	北京	253	58.80	50,142,145.74
辽宁省公益基金会	2006/01/26	辽宁	253	58.80	4,244,753.45
南通市慈善基金会	2007/08/30	江苏	253	58.80	41,993,317.50
云南省医疗扶贫基金会	2009/11/03	云南	253	58.80	11,261,508.54
长春理工大学教育基金会	2011/06/13	吉林	253	58.80	12,450,414.42
四川省青少年发展基金会	1988/08/21	四川	254	58.73	447,984,833.36
江苏省青少年发展基金会	1994/03/24	江苏	255	58.71	37,171,770.73
江苏秉龙慈善基金会	2006/09/05	江苏	256	58.41	15,188,245.05
成都市青少年发展基金会	1993/10/27	四川	257	58.40	5,670,047.05
福建江夏慈善基金会	2005/12/23	福建	257	58.40	48,874,599.93
福建卢嘉锡科学教育基金会	2006/07/27	福建	257	58.40	5,418,411.14
广东省博物馆事业发展基金会	2012/10/23	广东	257	58.40	40,317,101.31
广东省从化中学教育基金会	2010/03/22	广东	257	58.40	3,715,374.30
广东省振兴科技基金会	1989/04/10	广东	257	58.40	44,631,547.40
贵州省春晖行动发展基金会	2009/03/18	贵州	257	58.40	5,500,036.16
河南省荆浩非物质文化遗产传承发展基金会	2013/07/23	河南	257	58.40	1,952,451.75
河南中原大佛基金会	2008/08/25	河南	257	58.40	9,787,091.58
湖南省徐特立教育基金会	2012/11/21	湖南	257	58.40	2,636,123.09
湖南省中南林业科技大学教育基金会	2004/09/22	湖南	257	58.40	4,539,914.25
辽源市见义勇为基金会	2011/03/24	吉林	257	58.40	9,381,102.37
聊城市陈光教育基金会	2007/02/08	山东	257	58.40	2,121,960.88
内蒙古草原文化保护发展基金会	2006/12/27	内蒙古	257	58.40	22,171,940.08
宁夏本念公益基金会	2011/11/04	宁夏	257	58.40	134,249.71
四川孔子教育基金会	2012/11/13	四川	257	58.40	6,682,881.68

续表

基金会名称	成立时间	所在地	排名	FTI 2016 得分	净资产（元）
四川省国电大渡河爱心帮扶基金会	2006/09/26	四川	257	58.40	23,142,835.52
陶行知教育基金会	2013/02/27	北京	257	58.40	21,717,803.02
万科公益基金会	2008/09/04	广东	257	58.40	112,540,378.55
永康市人民教育基金会	2006/08/24	浙江	257	58.40	5,044,848.32
永州市教师奖励基金会	2005/06/21	湖南	257	58.40	11,352,925.25
长春市教育基金会	1989/12/18	吉林	257	58.40	1,829,112.16
浙江省实方慈善基金会	2012/10/18	浙江	257	58.40	9,187,217.89
浙江省寅幸慈善基金会	2012/09/04	浙江	257	58.40	5,608,765.19
浙江同一慈善基金会	2012/03/06	浙江	257	58.40	750,832.46
重庆市急救医疗救助基金会	2006/03/01	重庆	257	58.40	3,934,652.97
哈尔滨工程大学教育发展基金会	2008/05/10	黑龙江	258	58.37	46,976,607.18
河南省大爱文化艺术发展基金会	2013/08/28	河南	258	58.37	1,888,093.91
宝钢教育基金会	2005/12/20	上海	259	58.34	58,368,606.95
湖南省袁隆平农业科技奖励基金会	2004/04/14	湖南	260	58.32	19,822,087.24
辽宁省沈阳农业大学教育基金会	2012/03/12	辽宁	260	58.32	21,881,034.41
黑龙江省佳木斯大学教育发展基金会	2012/05/09	黑龙江	261	58.30	4,600,442.07
北京宏昆慈善基金会	2009/07/29	北京	262	58.27	7,852,354.89
南京医科大学教育发展基金会	2007/06/22	江苏	263	58.24	124,962,308.62
广东省慈阳慈善基金会	2011/05/12	广东	264	58.20	3,044,362.25
南京邮电大学教育发展基金会	2007/07/30	江苏	264	58.20	42,724,943.14
河南省光彩事业基金会	2007/09/06	河南	265	58.12	50,378,519.69
安徽双赢慈善基金会	2012/03/16	安徽	266	58.10	2,573,642.03
东莞市残疾人福利基金会	2011/05/15	广东	267	58.09	18,553,182.62
上海明德公益基金会	2011/12/14	上海	268	58.06	2,013,511.30
安徽省中宜教育基金会	2006/06/06	安徽	269	58.00	1,989,219.94
沈阳市残疾人福利基金会	2008/01/08	辽宁	269	58.00	7,217,577.00
大连市职工慈善基金会	2012/04/26	辽宁	269	58.00	7,899,461.93
福建新华都慈善基金会	2009/09/30	福建	269	58.00	188,861,378.05
河南省金阳光慈善救助基金会	2013/09/09	河南	269	58.00	2,001,586.44
湖南潇湘晨报公益基金会	2011/03/10	湖南	269	58.00	10,159,273.58
南安市黄良庵慈善基金会	2012/01/04	福建	269	58.00	6,346,068.33
内蒙古自治区残疾人福利基金会	2005/12/22	内蒙古	269	58.00	10,321,551.96

续表

基金会名称	成立时间	所在地	排名	FTI 2016 得分	净资产（元）
平潭县林光炜教育基金会	2008/10/17	福建	269	58.00	2,023,415.82
山西省程海庆教育基金会	2012/07/31	山西	269	58.00	3,339,449.84
上海汽车工业科技发展基金会	1996/02/14	上海	269	58.00	329,782,742.08
深圳市荣格爱的力量公益基金会	2013/06/21	广东	269	58.00	2,099,599.64
中国博士后科学基金会	1990/01/06	北京	269	58.00	281,981,870.07
河南省天慈公益基金会	2009/05/20	河南	270	57.74	2,083,912.31
广西残疾人福利基金会	1986/09/01	广西	271	57.61	10,202,142.55
赤峰市人民教育基金会	2013/11/11	内蒙	272	57.60	7,277,881.96
福建宏利基金会	1999/06/18	福建	272	57.60	2,128,391.32
福建张天福茶叶发展基金会	2008/08/26	福建	272	57.60	3,250,914.47
贵州省青年创业就业基金会	2009/08/05	贵州	272	57.60	5,779,347.71
河北省佛教慈善基金会	2012/05/16	河北	272	57.60	8,017,113.13
河北省撒可富教育基金会	2005/06/13	河北	272	57.60	17,440,746.15
湖北省红十字基金会	2012/06/08	湖北	272	57.60	10,224,364.59
湖南省永兴县教育基金会	2005/12/07	湖南	272	57.60	18,695,241.89
湖南省岳阳县教育基金会	2008/12/02	湖南	272	57.60	11,366,514.92
陆河县振兴教育基金会	2010/06/11	广东	272	57.60	4,570,215.29
绵阳市涪城区益生教育基金会	2012/04/17	四川	272	57.60	2,054,218.55
南航“十分”关爱基金会	2005/05/13	广东	272	57.60	28,639,729.27
南京理工大学紫金学院教育发展基金会	2008/12/05	江苏	272	57.60	33,415,702.93
邳州市慈善基金会	2010/09/19	江苏	272	57.60	16,460,215.58
平顶山市人民教育基金会	1991/06/12	河南	272	57.60	4,949,022.11
山西省太原市扶贫基金会	2013/09/04	山西	272	57.60	13,472,827.80
陕西国运教育慈善基金会	2008/11/27	陕西	272	57.60	583,072.43
双流县教育基金会	1995/11/29	四川	272	57.60	7,593,322.59
四川圣爱特殊儿童援助基金会	1994/12/25	四川	272	57.60	1,079,956.19
新乡市教育基金会	2010/05/13	河南	272	57.60	14,232,950.26
永恒慈善基金会	2011/06/02	广东	272	57.60	20,098,222.11
中国治理荒漠化基金会	2006/09/05	北京	272	57.60	-4,141,023.88
重庆西南政法大学教育基金会	2012/05/10	重庆	272	57.60	6,939,032.56
诸暨市人民教育基金会	1998/01/01	浙江	272	57.60	27,557,662.46
李四光地质科学奖基金会	2007/04/03	北京	273	57.59	31,254,462.92

续表

基金会名称	成立时间	所在地	排名	FTI 2016 得分	净资产（元）
上海曙光中医药研究发展基金会	2009/05/20	上海	274	57.58	3,778,848.51
陕西省残疾人福利基金会	1988/12/31	陕西	275	57.56	31,240,587.58
陕西文学基金会	2011/12/19	陕西	276	57.52	10,928,621.65
天津市杨兆兰慈善基金会	2012/03/06	天津	277	57.48	2,163,384.01
中华农业科教基金会	1995/10/25	北京	278	57.41	164,879,513.43
深圳市白盆珠慈善基金会	2013/01/11	广东	279	57.40	2,234,987.02
浙江省仁爱慈善基金会	2011/10/16	浙江	280	57.39	1,839,000.50
上海汽车工业教育基金会	1993/01/08	上海	281	57.34	37,024,517.73
福建省郭文梯教育基金会	2004/05/22	福建	282	57.22	14,349,052.82
广东省关山月艺术基金会	2013/04/12	广东	283	57.20	2,645,073.58
湖南省资兴市教育基金会	2001/05/26	湖南	283	57.20	15,762,147.92
上海交响乐团文化发展基金会	1992/06/19	上海	283	57.20	67,679,109.50
上海汤臣慈善基金会	2012/09/29	上海	283	57.20	2,922,888.35
上海医学创新发展基金会	2012/12/05	上海	283	57.20	4,997,786.34
新沂市慈善基金会	2011/01/25	江苏	283	57.20	10,874,086.87
江西省残疾人福利基金会	2009/11/27	江西	284	57.06	5,422,072.10
河北省见义勇为基金会	1994/06/04	河北	285	56.97	14,253,107.51
云南省杨善洲绿化基金会	2011/05/26	云南	286	56.90	9,155,236.23
北京中国政法大学教育基金会	2007/10/30	北京	287	56.87	73,877,710.24
江西财经大学教育发展基金会	2013/06/06	江西	288	56.86	16,512,417.14
吉林师范大学助学基金会	2008/01/28	吉林	289	56.82	3,384,387.76
滨州市黄河文化基金会	2007/04/29	山东	290	56.80	2,081,340.75
福建闽西陈景河教育基金会	2007/08/20	福建	290	56.80	12,443,778.68
贵州省励业帮扶基金会	2007/12/24	贵州	290	56.80	7,481,610.22
河北省老年事业发展基金会	2011/05/31	河北	290	56.80	4,542,870.50
河南省上上公益基金会	2013/04/11	河南	290	56.80	1,996,772.80
怀化市教育基金会	2006/10/30	湖南	290	56.80	13,755,237.36
南通泰慕士爱心基金会	2009/09/26	江苏	290	56.80	2,071,034.55
南阳油田中小学教师奖励基金会	2006/06/13	河南	290	56.80	2,568,079.66
萨马兰奇体育发展基金会	2012/07/10	北京	290	56.80	20,193,757.63
四川省教育基金会	1992/10/16	四川	290	56.80	143,589,327.97
温州市农业技术推广基金会	2012/06/04	浙江	290	56.80	4,590,447.42

续表

基金会名称	成立时间	所在地	排名	FTI 2016 得分	净资产（元）
新疆汇嘉十分孝心基金会	2010/06/22	新疆	290	56.80	3,657,753.88
岳阳市云溪区慈善基金会	2008/08/18	湖南	290	56.80	4,186,492.35
云南省泸商长江公益基金会	2013/11/18	云南	290	56.80	1,805,861.27
云南省普洱市教育基金会	2008/09/08	云南	290	56.80	4,099,296.64
浙江孤山慈善基金会	2010/04/23	浙江	290	56.80	12,897,611.65
上海市卫生系统青年人才奖励基金会	1992/12/21	上海	291	56.71	6,253,355.96
山东省残疾人福利基金会	1986/12/01	山东	292	56.69	35,578,991.27
河南省福兴儿童公益基金会	2013/01/31	河南	293	56.53	2,175,951.83
江苏远东慈善基金会	2007/05/07	江苏	294	56.49	2,174,242.41
福建农林大学安溪茶学院教育发展基金会	2013/11/08	福建	295	56.40	9,649,789.55
广州市见义勇为基金会	1990/10/10	广东	295	56.40	106,891,661.62
贵州省宏立城公益基金会	2013/06/05	贵州	295	56.40	100,824,464.97
四川省贫困地区人才培育研究基金会	2010/11/17	四川	295	56.40	4,395,179.76
田汉基金会	1995/07/04	北京	295	56.40	2,144,066.47
温州市实验中学教育发展基金会	2011/06/01	浙江	295	56.40	12,493,949.55
西藏民族文化保护与发展基金会	2010/05/24	西藏	295	56.40	3,708,820.72
云南民族文化发展基金会	1995/03/01	云南	295	56.40	8,667,228.56
中国保护消费者基金会	1989/11/27	北京	295	56.40	10,316,278.86
温州医科大学教育发展基金会	2012/12/11	浙江	296	56.25	4,338,527.41
北京好未来公益基金会	2013/10/08	北京	297	56.23	2,061,040.87
广东省中艺文化发展基金会	2012/06/05	广东	297	56.23	1,349,372.83
湖北省青年创业就业基金会	2009/10/19	湖北	298	56.20	7,015,882.53
广东省岭南教育慈善基金会	2011/10/12	广东	299	56.18	2,287,522.52
江苏省发展体育基金会	1989/05/17	江苏	300	56.13	115,900,445.99
广东省环球公益基金会	2010/12/31	广东	301	56.07	5,058,293.99
哈尔滨市南岗区残疾人福利基金会	2012/03/13	黑龙江	302	56.03	4,171,405.36
上海淑德公益基金会	2012/11/06	上海	302	56.03	2,245,212.20
长春工程学院教育基金会	2010/09/08	吉林	303	56.01	2,700,858.23
北京培黎教育基金会	2011/05/05	北京	304	56.00	2,008,896.19
北京市志成教育基金会	2011/05/19	北京	304	56.00	4,514,698.50
常州市教育发展基金会	2011/09/06	江苏	304	56.00	23,385,226.76
广东省国际生命科学基金会	2011/08/24	广东	304	56.00	2,031,138.09

续表

基金会名称	成立时间	所在地	排名	FTI 2016 得分	净资产（元）
广东省利生公益基金会	2013/12/31	广东	304	56.00	1,565,916.92
广西荣和爱心基金会	2009/07/22	广西	304	56.00	5,663,544.37
河南省兴达爱心基金会	2010/09/26	河南	304	56.00	2,011,353.97
凉山州教育基金会	2004/11/18	四川	304	56.00	12,036,835.15
刘天华阿炳中国民族音乐基金会	2008/12/31	江苏	304	56.00	18,273,601.89
内蒙古鄂尔多斯市扶贫基金会	2009/11/24	内蒙古	304	56.00	5,444,214.82
人保慈善基金会	2008/03/21	北京	304	56.00	61,648,808.52
上海东方希望公益基金会	2013/08/06	上海	304	56.00	4,888,420.01
广东省华南师大附中教育基金会	2009/12/24	广东	305	55.95	20,439,223.38
四川自贡市教育基金会	2006/06/02	四川	306	55.93	56,111,697.75
温州市叶康松慈善基金会	2004/07/07	浙江	307	55.85	2,945,467.09
上海市应昌期围棋教育基金会	2002/01/10	上海	308	55.69	33,801,177.97
湖南胡杨助学励学公益基金会	2011/06/29	湖南	309	55.60	22,028,978.42
深圳市归侨侨眷福利基金会	1989/10/04	广东	309	55.60	6,531,487.45
深圳市雅图文化教育慈善基金会	2012/06/13	广东	309	55.60	3,032,012.48
榆林学院教育发展基金会	2012/06/20	陕西	309	55.60	10,713,379.11
云南三益文化国防基金会	2010/01/14	云南	309	55.60	3,972,451.28
上海交通大学教育发展基金会	2005/01/27	上海	310	55.37	809,211,382.82
河北省红十字基金会	2008/12/28	河北	311	55.34	14,510,937.73
中国健康促进基金会	2006/12/18	北京	312	55.25	77,040,888.26
广东省陆叶慈善基金会	2010/11/01	广东	313	55.20	2,603,409.43
山东省南山老龄事业发展基金会	2012/10/08	山东	313	55.20	1,685,012.75
上海长江出版交流基金会	2006/09/27	上海	313	55.20	7,013,943.91
苏州市青少年发展基金会	2012/09/27	江苏	313	55.20	10,126,556.38
新疆维吾尔自治区自然生态保护基金会	2004/09/01	新疆	313	55.20	4,004,041.41
云南省董勒成公益发展基金会	2007/01/11	云南	313	55.20	1,006,216.53
张家界市武陵源区教育基金会	2006/12/22	湖南	313	55.20	10,964,510.76
广东省星海音乐学院教育发展基金会	2009/06/26	广东	314	55.10	2,288,366.10
广州市教育基金会	1989/01/12	广东	315	55.03	184,075,693.63
天津市妇女儿童发展基金会	2004/11/22	天津	316	55.02	10,824,741.02
阿拉善生态基金会	2011/02/11	内蒙古	317	54.98	30,556,754.27
中国少年儿童文化艺术基金会	1991/03/05	北京	318	54.97	21,141,373.21

续表

基金会名称	成立时间	所在地	排名	FTI 2016 得分	净资产（元）
广东省人口基金会	1992/06/22	广东	319	54.84	14,234,876.31
甘肃省玛曲县“教热”教育扶贫基金会	2005/01/01	甘肃	320	54.80	4,152,291.44
河北省扶贫基金会	2013/10/01	河北	320	54.80	9,587,514.80
河南省爱心基金会	2012/05/03	河南	320	54.80	1,807,321.64
河南省会善助老基金会	2012/11/19	河南	320	54.80	2,120,798.40
濮阳市教育发展基金会	2013/01/18	河南	320	54.80	21,700,371.73
上海万宇慈善基金会	2013/06/18	上海	320	54.80	5,020,357.63
深圳市明德实验教育基金会	2013/10/16	广东	320	54.80	94,531,719.08
安徽张治中文化教育基金会	2012/12/26	安徽	321	54.79	2,055,921.96
辽宁省沈阳师范大学教育基金会	2010/05/05	辽宁	321	54.79	5,744,604.10
浙江省见义勇为基金会	1994/03/09	浙江	321	54.79	11,863,970.69
中国人寿慈善基金会	2007/06/16	北京	322	54.72	134,178,426.13
广东省一心公益基金会	2013/06/04	广东	323	54.69	14,204,068.03
重庆协信公益基金会	2012/12/06	重庆	323	54.69	2,240,004.39
宁夏黄河银行助学基金会	2009/08/11	宁夏	324	54.59	18,958,097.32
浙江省幸福助老基金会	2013/04/11	浙江	325	54.57	1,829,055.13
天津市赵以成医学科学基金会	2012/11/26	天津	326	54.52	3,400,697.28
上海市华侨事业发展基金会	2006/05/16	上海	327	54.47	7,138,774.93
常州市武进区见义勇为基金会	2009/06/07	江苏	328	54.40	70,119,904.49
大连市残疾人福利基金会	2006/06/20	辽宁	328	54.40	7,402,356.96
福建省消防事业发展基金会	2007/06/01	福建	328	54.40	3,049,663.99
贵州省孔学堂发展基金会	2013/12/23	贵州	328	54.40	100,972,193.49
桂林市仁济慈善基金会	2007/09/11	广西	328	54.40	23,628,396.57
河北省东海爱心助学基金会	2007/07/18	河北	328	54.40	2,027,851.13
江西省农村信用社百福慈善基金会	2011/06/21	江西	328	54.40	201,596,272.25
辽宁省兴隆大家庭大病救助基金会	2009/12/15	辽宁	328	54.40	2,167,469.87
山西省扶贫基金会	1993/07/01	山西	328	54.40	35,107,517.38
山西省潞安扶贫助学基金会	2006/08/26	山西	328	54.40	16,393,232.04
深圳市腾邦慈善基金会	2009/04/16	广东	328	54.40	4,392,504.02
中国拥军优属基金会	2008/01/17	北京	328	54.40	8,375,409.99
深圳市佳兆业公益基金会	2011/05/11	广东	329	54.14	524,597.33
武汉市社会组织发展基金会	2012/09/26	湖北	330	54.10	5,111,739.74

续表

基金会名称	成立时间	所在地	排名	FTI 2016 得分	净资产（元）
上海同济大学教育发展基金会	2006/03/26	上海	331	54.05	180,020,696.56
保定军校基金会	2005/04/14	河北	332	54.00	14,921,988.61
温州市永乐科技奖励医疗救助基金会	1989/12/01	浙江	333	53.89	4,138,754.93
辽宁省大连交通大学教育基金会	2012/01/04	辽宁	334	53.80	6,867,452.08
上海第一财经公益基金会	2013/07/15	上海	335	53.74	4,525,322.53
安溪县刘鸿基教育基金会	2008/09/24	福建	336	53.60	3,857,260.12
常州罗溪南港港机慈善基金会	2007/11/21	江苏	336	53.60	3,574,770.86
成都理工大学教育发展基金会	2011/09/07	四川	336	53.60	2,234,025.34
福建福光基金会	1990/10/06	福建	336	53.60	5,131,128.38
福建省泉州贤銮福利基金会	1986/10/01	福建	336	53.60	12,294,948.42
福建医科大学教育发展基金会	2005/10/15	福建	336	53.60	2,222,124.04
福建益闽干部教育基金会	2005/12/23	福建	336	53.60	2,265,102.74
广东省顺商公益基金会	2011/12/27	广东	336	53.60	2,548,138.98
广东省唯品会慈善基金会	2011/06/10	广东	336	53.60	6,688,920.34
贵州省安顺市见义勇为基金会	2011/12/28	贵州	336	53.60	7,492,621.69
贵州省扶贫基金会	1996/08/23	贵州	336	53.60	16,314,296.11
河北省静远教育基金会	2006/05/24	河北	336	53.60	2,049,581.51
河北省邢钢慈善基金会	2007/04/20	河北	336	53.60	2,053,133.73
河南牧野文化基金会	2012/03/23	河南	336	53.60	2,045,191.87
河南省本源人文公益基金会	2011/08/30	河南	336	53.60	10,036,634.94
湖北省自强教育基金会	2011/10/25	湖北	336	53.60	2,624,717.51
湖南城市学院教育发展基金会	2007/04/19	湖南	336	53.60	6,685,059.02
湖南科技大学教育基金会	2010/09/02	湖南	336	53.60	2,294,062.79
湖南省安仁县教育基金会	2006/01/09	湖南	336	53.60	9,738,714.67
湖南省湖湘文化基金会	2011/03/15	湖南	336	53.60	2,976,632.41
湖南省基督教信德基金会	1991/01/08	湖南	336	53.60	2,428,756.06
湖南省龙山县教育基金会	2010/05/28	湖南	336	53.60	6,930,855.36
湖南省铭成公益基金会	2007/06/20	湖南	336	53.60	18,816,673.20
湖南省长郡未来基金会	2008/12/02	湖南	336	53.60	10,208,741.21
吉林省教育基金会	1988/06/06	吉林	336	53.60	29,081,045.31
辽宁省红十字基金会	2013/01/04	辽宁	336	53.60	4,751,284.47
南安市英都教育基金会	2008/01/07	福建	336	53.60	2,023,099.19

续表

基金会名称	成立时间	所在地	排名	FTI 2016 得分	净资产（元）
南京林业大学教育发展基金会	2008/07/10	江苏	336	53.60	194,957,681.33
山东泛海公益基金会	2013/08/02	山东	336	53.60	50,040,328.85
山东省青年创业就业基金会	2009/12/25	山东	336	53.60	6,290,877.47
山东省体育基金会	2013/04/27	山东	336	53.60	56,771,181.04
山西省太原市临县商会助学基金会	2011/01/17	山西	336	53.60	1,785,374.18
陕西荣华慈善基金会	2011/04/20	陕西	336	53.60	2,084,054.00
汕头市潮阳实验学校教育慈善基金会	2011/12/02	广东	336	53.60	19,251,869.07
上海慈源爱心基金会	2007/12/28	上海	336	53.60	2,011,865.63
上海市卢湾区教育基金会	1992/06/19	上海	336	53.60	9,302,697.67
上海市拥军优属基金会	1995/04/07	上海	336	53.60	682,865,923.95
上海市甬协公益基金会	2006/04/27	上海	336	53.60	6,104,108.30
深圳市北大创新发展基金会	2011/12/08	广东	336	53.60	11,349,609.88
四川成都蓝光助学基金会	2010/09/20	四川	336	53.60	2,185,797.72
四川资阳五月阳光教育基金会	2011/08/03	四川	336	53.60	4,858,716.69
武汉大学马克昌法学基金会	2007/11/27	湖北	336	53.60	6,317,253.10
西安高新第一中学教育基金会	2013/11/11	陕西	336	53.60	7,139,198.62
云南省老龄事业发展基金会	1988/06/25	云南	336	53.60	14,370,038.22
中国国际战略研究基金会	1989/06/24	北京	336	53.60	22,066,810.91
中国科学技术大学教育基金会	1996/07/08	安徽	336	53.60	238,526,822.26
重庆市彭水教育基金会	2012/06/07	重庆	336	53.60	7,686,120.60
复旦管理学奖励基金会	2005/09/22	上海	337	53.35	111,777,507.96
浙江华汇建设美好生活基金会	2011/03/01	浙江	338	53.30	2,457,012.84
广东省崇善乐慈善基金会	2012/11/29	广东	339	53.20	2,067,257.17
广东省明德幸福文化教育基金会	2013/06/20	广东	339	53.20	2,423,302.25
天津市孙洪森助学基金会	2012/08/16	天津	339	53.20	2,130,715.06
中关村教育基金会	2010/12/17	北京	339	53.20	3,995,217.78
北京航空航天大学教育基金会	2005/05/17	北京	340	53.18	495,194,978.48
中国人权发展基金会	1994/08/15	北京	341	53.17	52,977,460.75
淮安增力爱心基金会	2011/10/25	江苏	342	53.15	3,389,399.46
广东省希贤教育基金会	2013/02/26	广东	343	53.00	5,313,257.61
江苏省老龄事业发展基金会	1994/09/01	江苏	344	52.81	17,320,845.61
安徽华夏产业创新发展基金会	2013/10/17	安徽	345	52.80	9,204,535.28

续表

基金会名称	成立时间	所在地	排名	FTI 2016 得分	净资产（元）
安徽梦都慈善基金会	2006/08/19	安徽	345	52.80	2,026,380.02
安徽省文化艺术基金会	2012/11/06	安徽	345	52.80	10,537,753.28
常宁市教育基金会	2010/05/28	湖南	345	52.80	6,903,841.95
成都市见义勇为基金会	2008/12/03	四川	345	52.80	9,294,096.87
崇州市绍生助学基金会	2009/11/17	四川	345	52.80	2,466,297.08
传媒大学教育基金会	2007/06/21	北京	345	52.80	57,998,586.40
东风公益基金会	2012/05/15	湖北	345	52.80	53,431,875.76
福建富闽基金会	1993/11/08	福建	345	52.80	218,258,608.22
福建省龙岩市李新炎慈善基金会	2007/06/26	福建	345	52.80	106,564,551.86
福建省闽商文化发展基金会	2011/09/03	福建	345	52.80	9,216,771.38
福建省石狮市卢祖荫教育基金会	2008/12/01	福建	345	52.80	5,372,929.16
富顺县育才教育基金会	1994/09/04	四川	345	52.80	3,182,477.63
广东省日慈公益基金会	2013/12/31	广东	345	52.80	3,015,906.90
广东省雁洋公益基金会	2013/04/26	广东	345	52.80	281,105,906.21
广西革命老区建设基金会	2012/12/28	广西	345	52.80	5,914,447.99
贵州省遵义市见义勇为基金会	2011/09/08	贵州	345	52.80	8,092,994.30
哈尔滨市老年基金会	1987/09/30	黑龙江	345	52.80	10,587,917.08
河北省卓达养老基金会	2009/06/02	河北	345	52.80	3,486,991.92
河南省爱心助残基金会	2010/12/13	河南	345	52.80	2,003,669.72
河南省康泰扶贫助困基金会	2010/07/28	河南	345	52.80	–
河南省老区建设基金会	1994/03/29	河南	345	52.80	21,506,421.85
河南省司马光教育基金会	2009/03/05	河南	345	52.80	2,054,599.91
河南省文化产业发展基金会	2007/12/29	河南	345	52.80	6,278,180.21
河南省新机救助基金会	2009/05/18	河南	345	52.80	2,867,757.30
河南省炎黄慈善基金会	2013/04/16	河南	345	52.80	1,800,725.01
河南省张海书法发展基金会	2010/01/25	河南	345	52.80	37,379,305.97
河南省中原发展研究基金会	2011/06/21	河南	345	52.80	20,048,365.97
鹤岗市检察人员救助基金会	2009/09/02	黑龙江	345	52.80	2,746,378.42
黑龙江省公安民警英烈基金会	2005/02/28	黑龙江	345	52.80	27,222,682.13
湖北省文化艺术发展基金会	1994/01/03	湖北	345	52.80	−39,386.87
湖北省炎帝神农故里建设基金会	2009/03/03	湖北	345	52.80	10,526,410.18
湖北省长江证券公益慈善基金会	2008/10/23	湖北	345	52.80	20,934,749.15

续表

基金会名称	成立时间	所在地	排名	FTI 2016 得分	净资产（元）
湖南慧源文化艺术发展基金会	2011/01/11	湖南	345	52.80	2,282,067.00
湖南省郴州市临武县教育基金会	2005/09/07	湖南	345	52.80	12,898,607.05
湖南省老区发展基金会	1996/10/10	湖南	345	52.80	6,927,113.79
湖南省南华大学教育基金会	2007/12/25	湖南	345	52.80	9,736,107.93
湖南省魏朝阳公益基金会	2013/05/30	湖南	345	52.80	3,182,156.64
湖南省长沙理工大学教育基金会	2006/09/27	湖南	345	52.80	6,547,996.93
湖南省志愿服务基金会	2011/06/22	湖南	345	52.80	4,489,604.60
湖南文理学院教育发展基金会	2012/12/29	湖南	345	52.80	3,002,673.72
吉林康乃尔助学基金会	2012/12/01	吉林	345	52.80	2,026,021.52
吉林省富奥汽车技术与管理创新基金会	2012/03/06	吉林	345	52.80	36,386,421.16
吉林省见义勇为基金会	1996/09/15	吉林	345	52.80	18,116,216.68
吉林省神华社会救助基金会	2010/05/26	吉林	345	52.80	5,829,494.16
吉林市公安民警优抚基金会	2011/10/24	吉林	345	52.80	8,451,217.68
建湖县教育基金会	2010/12/27	江苏	345	52.80	8,857,799.99
江汉大学教育发展基金会	2011/02/14	湖北	345	52.80	8,875,751.78
江苏太平洋技工教育基金会	2008/07/03	江苏	345	52.80	2,602,166.68
江西婺源查之家帮扶基金会	2013/08/18	江西	345	52.80	6,879,692.64
晋江市湖中安安老人福利基金会	2005/01/25	福建	345	52.80	10,239,478.79
晋江市英林中心小学教育基金会	2011/10/12	福建	345	52.80	4,549,952.45
辽源市平安基金会	2012/05/18	吉林	345	52.80	15,405,356.93
汨罗市教师奖励基金会	2004/12/28	湖南	345	52.80	9,533,284.57
绵阳市关心下一代基金会	2013/08/07	四川	345	52.80	8,882,255.99
南平市困难党员帮扶基金会	2007/06/16	福建	345	52.80	8,695,298.93
宁夏嘉峰慈善基金会	2012/08/23	宁夏	345	52.80	2,053,473.23
宁夏科技创业基金会	2002/10/21	宁夏	345	52.80	20,709,134.65
宁夏煤炭职工扶贫济困基金会	2005/05/16	宁夏	345	52.80	10,334,354.24
宁夏中宁县教育慈善发展基金会	2011/04/21	宁夏	345	52.80	8,499,444.78
青岛大学教育发展基金会	2011/12/06	山东	345	52.80	5,323,099.03
青岛市爱国健身公益基金会	2010/08/31	山东	345	52.80	1,003,228.84
青岛市华泰公益基金会	2011/10/19	山东	345	52.80	2,048,837.76
厦门苏颂科技教育基金会	2013/05/28	福建	345	52.80	3,202,402.71
山西财经大学教育发展基金会	2013/05/23	山西	345	52.80	16,501,759.35

续表

基金会名称	成立时间	所在地	排名	FTI 2016 得分	净资产（元）
山西省东冶建成教育基金会	2011/11/10	山西	345	52.80	2,473,002.76
山西省平顺县申纪兰扶贫助教基金会	2009/02/10	山西	345	52.80	3,402,094.77
陕西省府谷县城乡居民大病医疗救助基金会	2010/07/27	陕西	345	52.80	200,190,175.42
上海公安金盾基金会	2010/07/30	上海	345	52.80	170,129,262.45
上海民生艺术基金会	2010/09/21	上海	345	52.80	812,972,346.66
上海世华民族艺术瑰宝回归基金会	2009/07/02	上海	345	52.80	2,132,994.32
上海市促进科技成果转化基金会	2008/05/07	上海	345	52.80	37,714,126.71
上海市青年创业就业基金会	2010/02/02	上海	345	52.80	21,619,929.29
上海市徐汇区教育基金会	1992/03/18	上海	345	52.80	24,203,357.16
上海市职工帮困基金会	1992/07/16	上海	345	52.80	86,888,400.69
上海阎宝航社会公益基金会	1991/04/01	上海	345	52.80	2,017,383.73
石狮市蔡辉煌教育基金会	2008/05/06	福建	345	52.80	2,081,019.25
四川省社会科学学术基金会	2005/02/28	四川	345	52.80	11,809,133.89
四川省新农村建设开发基金会	2010/03/18	四川	345	52.80	3,499,898.14
四川西部自然保护基金会	2011/09/05	四川	345	52.80	67,243,575.93
四川音乐学院艺术教育基金会	2001/07/10	四川	345	52.80	2,568,079.03
天津城建大学教育发展基金会	2013/12/13	天津	345	52.80	2,511,592.18
天津市冯骥才民间文化基金会	2004/12/31	天津	345	52.80	10,577,514.08
天津市老年基金会	1992/07/01	天津	345	52.80	16,107,082.52
天津市人口福利基金会	1997/01/01	天津	345	52.80	5,495,167.30
天津市支持教育事业公益基金会	2010/05/06	天津	345	52.80	1,821,386.42
通化矿业集团扶贫济困基金会	2008/12/12	吉林	345	52.80	1,384,061.36
武汉市公安民警英烈基金会	2013/01/14	湖北	345	52.80	49,467,692.86
武汉市见义勇为基金会	1993/09/16	湖北	345	52.80	28,575,932.70
武平县蓝启林慈善教育基金会	2006/06/15	福建	345	52.80	7,385,066.03
徐州市慈善基金会	2008/10/31	江苏	345	52.80	210,775,073.58
云南滇池保护治理基金会	2010/04/06	云南	345	52.80	17,392,179.88
云南蒲公英民族扶贫助学基金会	2010/12/10	云南	345	52.80	2,132,085.22
云南启晨生命生存生活教育基金会	2011/07/18	云南	345	52.80	1,561,462.46
云南省残疾人福利基金会	1986/04/16	云南	345	52.80	10,993,976.51
云南同行公益基金会	2013/06/05	云南	345	52.80	4,925,663.06
云南振英润云公益基金会	2013/12/20	云南	345	52.80	2,057,934.86

续表

基金会名称	成立时间	所在地	排名	FTI 2016 得分	净资产（元）
重庆光彩事业基金会	2013/01/25	重庆	345	52.80	5,214,524.58
重庆市卢作孚教育基金会	2010/06/12	重庆	345	52.80	6,505,220.17
重庆市南川区教育基金会	2010/07/07	重庆	345	52.80	2,527,195.37
陕西中洲知青帮助基金会	2010/09/19	陕西	346	52.59	630,666.72
河北省志愿服务基金会	2013/01/09	河北	347	52.57	5,165,352.52
北京中央戏剧学院教育发展基金会	2012/07/19	北京	348	52.40	2,580,617.23
河南省超越救助基金会	2009/09/08	河南	348	52.40	41,838,963.60
天津方放秘书学与公文写作学研究基金会	2012/03/31	天津	348	52.40	2,696,901.12
武汉市青少年发展基金会	1992/12/01	湖北	349	52.38	17,603,437.73
雅安市教育基金会	2007/12/27	四川	350	52.36	35,127,566.75
珠海市禁毒基金会	2005/08/15	广东	351	52.32	23,632,546.15
广东省北京师范大学珠海校区教育发展基金会	2011/10/26	广东	352	52.23	3,082,753.92
广东省大成慈善基金会	2009/04/12	广东	353	52.18	30,266,245.67
阿坝藏族羌族自治州教育基金会	1994/08/24	四川	354	52.00	10,820,294.76
安徽省红十字基金会	1995/01/01	安徽	354	52.00	12,750,803.38
安徽省见义勇为基金会	2007/12/12	安徽	354	52.00	12,221,254.00
安岳县教育基金会	1998/04/28	四川	354	52.00	6,265,536.83
滨海沿海工业园慈善基金会	2011/11/04	江苏	354	52.00	5,189,738.37
常德市鼎城区教育基金会	2013/02/04	湖南	354	52.00	13,561,408.71
常熟市残疾人福利基金会	2008/08/20	江苏	354	52.00	5,415,081.39
常熟振华孝心基金会	2011/01/25	江苏	354	52.00	2,429,065.03
常州工程职业技术学院教育发展基金会	2008/07/16	江苏	354	52.00	19,108,201.37
成都市龙泉驿区关心下一代基金会	2013/12/16	四川	354	52.00	21,599,461.34
成都市育汉教育基金会	2009/06/22	四川	354	52.00	1,051,289.65
成都羊安宏志教育基金会	2012/09/12	四川	354	52.00	2,093,861.79
东安县教育基金会	2012/12/28	湖南	354	52.00	6,429,096.53
洞口县教育基金会	2010/12/02	湖南	354	52.00	7,163,819.19
福建省少数民族发展基金会	2007/09/05	福建	354	52.00	6,349,705.97
福建自然门教育发展基金会	2007/03/07	福建	354	52.00	2,131,442.42
阜新市公安民警救助基金会	2012/10/25	辽宁	354	52.00	6,941,469.89
甘肃省公安民警英烈基金会	2009/01/19	甘肃	354	52.00	13,339,473.77
广西老年基金会	1990/05/25	广西	354	52.00	6,991,863.22

续表

基金会名称	成立时间	所在地	排名	FTI 2016 得分	净资产（元）
广西民族大学教育基金会	2012/06/08	广西	354	52.00	5,365,671.70
贵州省残疾人福利基金会	2009/05/05	贵州	354	52.00	4,812,969.28
贵州省禁毒基金会	2012/06/15	贵州	354	52.00	16,589,118.73
贵州省送温暖基金会	2004/06/28	贵州	354	52.00	36,941,534.38
哈尔滨市公安民警救助基金会	2010/05/26	黑龙江	354	52.00	30,061,028.67
哈尔滨市香坊区教育发展基金会	2010/08/11	黑龙江	354	52.00	1,167,141.04
哈尔滨医科大学发展基金会	2010/08/11	黑龙江	354	52.00	46,159,141.28
合肥市见义勇为奖励基金会	1994/07/26	安徽	354	52.00	4,687,868.79
河北省公安民警英烈基金会	2009/01/19	河北	354	52.00	11,861,992.51
河北省关心下一代基金会	2012/09/10	河北	354	52.00	4,165,242.23
河南省宝桥助学基金会	2006/11/06	河南	354	52.00	3,398,878.70
河南省华夏历史文明传承创新基金会	2012/09/04	河南	354	52.00	6,088,284.28
河南省善爱公益基金会	2013/04/09	河南	354	52.00	2,578,030.65
河南省中原文物保护基金会	2006/01/20	河南	354	52.00	2,295,873.29
黑龙江工程学院教育发展基金会	2011/11/27	黑龙江	354	52.00	3,345,003.19
黑龙江省哈尔滨师范大学附属中学教育发展基金会	2012/12/25	黑龙江	354	52.00	3,227,259.47
黑龙江省华侨经济文化基金会	2005/11/25	黑龙江	354	52.00	2,337,644.50
黑龙江省玛克威慈善基金会	2013/05/16	黑龙江	354	52.00	2,005,303.96
黑龙江省齐齐哈尔市残疾人福利基金会	2012/09/12	黑龙江	354	52.00	5,364,273.21
黑龙江省青年创业就业基金会	2010/06/18	黑龙江	354	52.00	6,524,699.08
湖北汽车工业学院教育发展基金会	2012/06/19	湖北	354	52.00	2,511,100.72
湖北省弘愿慈善基金会	2012/10/11	湖北	354	52.00	5,454,924.62
湖北省红安惠农公益基金会	2012/12/19	湖北	354	52.00	69,502,665.86
湖北省洪湖丰森助学基金会	2012/10/25	湖北	354	52.00	2,092,133.82
湖北省见义勇为基金会	1995/11/14	湖北	354	52.00	66,317,765.84
湖北省随县金泰扶困基金会	2013/07/26	湖北	354	52.00	4,469,793.74
湖北省体育基金会	1995/10/18	湖北	354	52.00	3,301,494.42
湖北省外出务工农民救助基金会	2009/01/04	湖北	354	52.00	2,998,109.51
湖南飞翔公益基金会	2004/12/02	湖南	354	52.00	16,175,298.66
湖南商学院教育基金会	2009/03/06	湖南	354	52.00	4,213,579.03
湖南省常德职业技术学院教育基金会	2009/07/15	湖南	354	52.00	8,711,451.00

续表

基金会名称	成立时间	所在地	排名	FTI 2016 得分	净资产（元）
湖南省郴州市北湖区教育基金会	2005/06/21	湖南省	354	52.00	13,816,482.62
湖南省楚源医学教育基金会	2012/08/16	湖南	354	52.00	4,522,022.70
湖南省广益实验中学教育基金会	2009/12/23	湖南	354	52.00	2,623,669.41
湖南省桂阳县教育基金会	2005/10/24	湖南	354	52.00	24,371,291.06
湖南省吉首市教育基金会	2013/09/29	湖南	354	52.00	6,061,056.48
湖南省老龄事业发展基金会	1991/10/25	湖南	354	52.00	4,990,033.73
湖南省力邦公益基金会	2013/07/18	湖南	354	52.00	2,937,544.43
湖南省涟钢公益基金会	2013/05/08	湖南	354	52.00	4,054,323.14
湖南省临湘市教师奖励基金会	2004/12/30	湖南	354	52.00	7,812,696.09
湖南省泸溪县教育基金会	2013/09/29	湖南	354	52.00	6,941,494.69
湖南省祁阳县教育基金会	2013/01/24	湖南	354	52.00	5,394,440.12
湖南省汝城县教育基金会	2005/12/07	湖南	354	52.00	9,822,474.39
湖南省谭嗣同爱国公益基金会	2013/06/08	湖南	354	52.00	2,771,019.47
湖南省温暖工程基金会	2008/10/31	湖南	354	52.00	8,535,199.88
湖南省喜生慈善基金会	2013/10/09	湖南	354	52.00	20,910,130.69
湖南省湘南学院教育基金会	2012/07/30	湖南	354	52.00	3,870,630.63
湖南省新田县教育基金会	2013/05/08	湖南	354	52.00	5,172,950.10
湖南省岳阳经济技术开发区教育基金会	2013/12/18	湖南	354	52.00	5,561,679.37
湖南宋祖英助学基金会	2006/05/23	湖南	354	52.00	15,922,417.69
吉林省延边朝鲜族自治州老龄事业发展基金会	2010/01/12	吉林	354	52.00	2,523,816.25
吉林省振国健康事业公益基金会	2011/08/30	吉林	354	52.00	3,605,457.96
吉林市白山发电厂爱心救助基金会	2012/11/13	吉林	354	52.00	1,951,641.18
晋江市青阳教育发展基金会	2007/09/27	福建	354	52.00	61,084,791.02
莱芜市见义勇为基金会	2012/11/19	山东	354	52.00	6,314,330.23
乐山市关心下一代基金会	2013/01/01	四川	354	52.00	7,670,826.50
冷水江市教育基金会	2011/10/13	湖南	354	52.00	5,032,485.06
凉山州关心下一代基金会	2013/10/30	四川	354	52.00	11,221,272.89
洛阳市河洛文物保护基金会	2012/08/02	河南	354	52.00	2,021,367.57
眉山市关心下一代基金会	2013/09/09	四川	354	52.00	10,690,422.26
牡丹江市公安民警救助基金会	2011/04/27	黑龙江	354	52.00	16,605,663.43
南充市高坪区阳光助学基金会	2009/10/22	四川	354	52.00	4,740,332.91
南充市教育基金会	1996/05/01	四川	354	52.00	5,696,227.03

续表

基金会名称	成立时间	所在地	排名	FTI 2016得分	净资产（元）
南宁市教育基金会	1996/06/01	广西	354	52.00	21,201,269.10
南阳市教育发展基金会	2013/08/27	河南	354	52.00	20,462,153.36
内蒙古民族大学教育基金会	2013/04/01	内蒙古	354	52.00	2,218,399.47
宁夏回族自治区见义勇为基金会	2006/05/22	宁夏	354	52.00	6,218,251.94
宁夏路桥公益基金会	2013/03/10	宁夏	354	52.00	2,659,898.09
宁夏银川大学教育发展基金会	2005/07/26	宁夏	354	52.00	12,241,420.72
宁夏正丰慈善基金会	2013/10/30	宁夏	354	52.00	721,746.46
钦州市政协爱心慈善基金会	2012/05/23	广西	354	52.00	5,595,679.24
青岛绿华资源利用基金会	1996/06/18	山东	354	52.00	13,184,338.98
泉州市宝树堂教育基金会	2005/02/09	福建	354	52.00	2,360,000.17
厦门工商旅游学校教育基金会	2006/12/29	福建	354	52.00	2,084,371.24
厦门市集美社公业基金会	1995/01/15	福建	354	52.00	5,241,915.64
山东省胜利石油工程技术创新基金会	2012/09/18	山东	354	52.00	3,502,053.58
山西省出生缺陷干预救助基金会	2012/12/06	山西	354	52.00	4,483,607.93
山西省和顺县扶贫基金会	2012/09/03	山西	354	52.00	9,306,964.55
山西省恒富助学奖学基金会	2012/05/21	山西	354	52.00	233,555.48
山西省华宇公益基金会	2009/08/18	山西	354	52.00	3,010,324.89
山西省汇丰兴业集团公益基金会	2012/05/05	山西	354	52.00	2,680,300.35
山西省晋城市创业就业基金会	2012/05/21	山西	354	52.00	8,968,644.46
山西省龙城卫士伤残救助基金会	2012/05/21	山西	354	52.00	3,030,191.70
山西省人民教育基金会	2005/12/16	山西	354	52.00	25,486,221.49
山西省西山慈善基金会	2007/12/03	山西	354	52.00	30,748,407.78
山西省振兴京剧基金会	2008/12/09	山西	354	52.00	7,243,232.48
陕西九九老龄事业基金会	2011/04/01	陕西	354	52.00	35,001,171.38
陕西省华夏文化艺术发展基金会	2013/11/11	陕西	354	52.00	1,844,215.74
陕西省西安城墙保护基金会	2011/12/02	陕西	354	52.00	4,466,224.08
陕西省阳光慈善基金会	2008/11/27	陕西	354	52.00	2,215,574.16
陕西鱼化龙创业基金会	2010/02/05	陕西	354	52.00	5,141,762.84
陕西赵季平音乐艺术基金会	2013/08/07	陕西	354	52.00	23,587,632.85
上海复星公益基金会	2012/09/29	上海	354	52.00	14,299,021.79
上海市爱心帮教基金会	2005/01/27	上海	354	52.00	32,490,238.01
上海市科普基金会	2005/01/01	上海	354	52.00	11,156,605.54

续表

基金会名称	成立时间	所在地	排名	FTI 2016 得分	净资产（元）
邵阳市教育基金会	2013/01/24	湖南	354	52.00	10,177,876.35
四川省大熊猫保护基金会	2012/11/23	四川	354	52.00	12,148,770.55
四川省洪雅县育才教育基金会	2013/02/22	四川	354	52.00	6,149,698.47
四川省简阳市教育基金会	1999/05/06	四川	354	52.00	7,328,279.71
四川省内江市教育基金会	1997/01/01	四川	354	52.00	16,478,638.64
四川省体育基金会	2011/09/06	四川	354	52.00	13,082,327.15
四川省盐亭县教育基金会	1997/07/01	四川	354	52.00	4,817,659.46
遂宁市关心下一代基金会	2013/10/24	四川	354	52.00	8,548,887.62
天津市旅港同乡教育基金会	1993/06/28	天津	354	52.00	2,951,984.16
天津市民营科技企业发展基金会	1983/02/02	天津	354	52.00	2,047,451.02
天津市青少年科学基金会	1994/06/24	天津	354	52.00	2,018,220.63
天津市振兴文化艺术基金会	2012/10/19	天津	354	52.00	37,573,749.10
通化市公安民警优抚基金会	2012/10/22	吉林	354	52.00	2,555,813.21
同心县同德公益慈善基金会	2012/08/31	宁夏	354	52.00	2,228,452.77
武汉市法律援助基金会	2012/01/18	湖北	354	52.00	11,151,507.31
西昌市关心下一代基金会	2013/10/30	四川	354	52.00	6,237,703.46
湘潭县教育发展基金会	2010/09/15	湖南	354	52.00	21,743,238.73
襄城县成就未来助学基金会	2006/09/30	河南	354	52.00	13,141,788.22
新疆青年创业就业基金会	2010/08/17	新疆	354	52.00	5,178,813.14
延吉市人民教育基金会	2003/04/02	吉林	354	52.00	4,150,923.00
永州市残疾人福利基金会	1995/01/06	湖南	354	52.00	4,551,135.90
永州市冷水滩区教师奖励基金会	2005/10/10	湖南	354	52.00	4,716,313.74
玉林市好人好报基金会	2012/12/12	广西	354	52.00	5,692,655.50
云南东陆教育发展基金会	2012/12/31	云南	354	52.00	2,142,158.25
云南国际文化交流基金会	1986/10/10	云南	354	52.00	4,000,000.00
云南启航教育基金会	2013/06/27	云南	354	52.00	2,667,553.68
云南省工业人才发展基金会	2013/03/04	云南	354	52.00	4,724,855.85
云南省公安民警英烈基金会	2005/09/27	云南	354	52.00	107,502,855.71
云南省光彩事业基金会	2013/10/15	云南	354	52.00	12,949,999.83
云南省生物多样性保护基金会	2010/05/24	云南	354	52.00	38,475,114.45
张家口市残疾人创业慈善基金会	2012/08/29	河北	354	52.00	2,007,105.59
长春工业大学人文信息学院陈坚奖学基金会	2011/04/18	吉林	354	52.00	2,005,968.97

续表

基金会名称	成立时间	所在地	排名	FTI 2016 得分	净资产（元）
长春市残疾人福利基金会	1985/07/01	吉林	354	52.00	4,064,961.38
长春市公安民警优抚基金会	2011/12/09	吉林	354	52.00	12,856,915.43
长沙市见义勇为基金会	2009/11/30	湖南	354	52.00	29,696,309.88
长沙市体育发展基金会	2012/11/21	湖南	354	52.00	4,545,298.00
重庆市沈铁梅文化发展基金会	2013/03/18	重庆	354	52.00	2,005,630.09
重庆市精神健康救助基金会	2009/03/10	重庆	354	52.00	3,014,742.64
重庆市老年事业发展基金会	2010/08/05	重庆	354	52.00	6,444,744.01
重庆市长寿区聚商公益慈善基金会	2013/07/17	重庆	354	52.00	2,020,180.60
资阳市关心下一代基金会	2013/01/07	四川	354	52.00	4,852,560.59
资阳市雁江区教育基金会	1999/06/18	四川	354	52.00	20,533,113.00
广东省源本善慈善基金会	2010/07/12	广东	355	51.82	14,506,382.76
陕西省红十字基金会	2009/03/31	陕西	356	51.80	15,432,224.96
湖北文理学院教育发展基金会	2007/10/17	湖北	357	51.65	10,675,298.08
浙江师范大学教育基金会	2012/12/24	浙江	357	51.65	11,392,027.43
江苏省教育基金会	2010/08/19	江苏	358	51.60	88,189,843.71
辽宁省大连海事大学教育发展基金会	2010/12/30	辽宁	358	51.60	14,235,877.84
上海市九段沙湿地自然保护基金会	2005/03/17	上海	359	51.59	5,331,600.30
上海文学发展基金会	1991/01/02	上海	360	51.54	18,303,987.07
安徽韩再芬黄梅艺术基金会	2009/11/10	安徽	361	51.49	16,785,360.06
丽水市莲都区人民教育基金会	1993/06/30	浙江	362	51.42	13,362,384.00
安徽省国际文化艺术发展基金会	2012/02/13	安徽	363	51.20	2,376,848.30
安徽省刘少雄博爱基金会	1996/09/01	安徽	363	51.20	2,065,618.07
安徽省相淮公益基金会	2008/01/08	安徽	363	51.20	2,929,033.15
蚌埠市人民群众见义勇为奖励基金会	1992/05/08	安徽	363	51.20	3,697,812.67
福建海西青年创业基金会	2007/06/01	福建	363	51.20	2,382,149.86
福建省王清海职业教育基金会	2010/05/18	福建	363	51.20	6,023,065.53
赣州市红十字博爱基金会	2011/05/27	江西	363	51.20	24,860,529.66
广西大学教育发展基金会	2013/07/22	广西	363	51.20	24,368,217.34
国家电网公益基金会	2009/03/12	北京	363	51.20	136,871,889.71
哈尔滨市百威英博城市发展基金会	2004/07/30	黑龙江	363	51.20	34,980,120.57
河南省公安民警英烈基金会	2006/02/21	河南	363	51.20	42,954,219.35
黑龙江垦区一戎水稻科技奖励基金会	2009/11/30	黑龙江	363	51.20	3,911,771.76

续表

基金会名称	成立时间	所在地	排名	FTI 2016 得分	净资产（元）
湖南省郴州市苏仙区教育基金会	2005/03/18	湖南	363	51.20	13,199,189.11
湖南省何继善基金会	2005/12/31	湖南	363	51.20	2,149,929.67
湖南省见义勇为基金会	1993/02/18	湖南	363	51.20	15,129,014.31
吉林大学第一医院医学发展和医学援助基金会	2005/04/13	吉林	363	51.20	39,303,168.29
纪念苏天·横河仪器仪表人才发展基金会	1991/10/10	北京	363	51.20	3,715,508.41
江苏中南慈善基金会	2011/05/16	江苏	363	51.20	19,631,339.61
昆山市党员关爱暨帮扶困难群众基金会	2012/05/21	江苏	363	51.20	113,088,146.97
辽宁省大连海事大学博联助学基金会	2008/01/08	辽宁	363	51.20	10,382,494.51
马海德基金会	1989/12/26	北京	363	51.20	4,939,781.56
南京特殊教育职业技术学院教育发展基金会	2010/02/04	江苏	363	51.20	650,443.79
内蒙古汇能慈善基金会	2008/03/17	内蒙古	363	51.20	4,062,811.22
厦门市红十字基金会	1994/04/08	福建	363	51.20	61,257,623.95
山东省鲁卫预防性病艾滋病基金会	2004/09/30	山东	363	51.20	2,003,990.14
上海华东政法大学教育发展基金会	2011/06/10	上海	363	51.20	8,311,203.80
上海联和新泰战略研究与发展基金会	2001/02/12	上海	363	51.20	128,545,884.66
上海市宝山区教育发展基金会	1992/06/19	上海	363	51.20	7,825,407.98
上海市黄浦区教育基金会	1992/05/28	上海	363	51.20	65,890,155.65
上海市浦东新区教育发展基金会	1992/06/06	上海	363	51.20	11,244,216.39
上海市普陀区教育奖励基金会	1992/10/19	上海	363	51.20	13,483,820.96
上海市长宁区教育基金会	1992/05/28	上海	363	51.20	37,240,452.42
上海天下文化发展基金会	2009/12/17	上海	363	51.20	3,496,698.30
深圳市博雅文化研究基金会	2013/08/21	广东	363	51.20	1,584,231.84
四川省内江市东兴区教育基金会	2008/08/22	四川	363	51.20	8,023,618.51
乌兰浩特市城乡困难群众大病医疗救助基金会	2011/04/13	内蒙古	363	51.20	13,672,951.14
云南省禁毒与防治艾滋病基金会	2005/09/14	云南	363	51.20	2,843,182.56
漳州七方文化基金会	2013/08/27	福建	363	51.20	3,776,609.63
中国京剧艺术基金会	1992/11/23	北京	363	51.20	27,516,624.07
中国民航科普基金会	2006/03/06	北京	363	51.20	61,421,906.51
山东省普觉公益基金会	2013/05/13	山东	364	51.19	2,331,522.05
上海市老年基金会	1992/11/28	上海	365	51.15	379,346,849.38
晋江市侨声中学教育发展基金会	2008/07/29	福建	366	51.06	5,198,679.01
广东省正义阳光救助基金会	2012/09/14	广东	367	50.80	5,287,158.77

续表

基金会名称	成立时间	所在地	排名	FTI 2016 得分	净资产（元）
西藏青少年发展基金会	1992/06/12	西藏	367	50.80	20,702,156.26
珠海市扶贫基金会	2010/06/18	广东	368	50.73	33,516,589.71
辽宁省国防教育基金会	2012/09/03	辽宁	369	50.70	4,002,534.14
百色市教育基金会	2013/06/25	广西	370	50.69	31,357,263.63
安徽省安庆一中教育发展基金会	2006/01/11	安徽	371	50.40	1,825,173.87
安徽省金汇发展教育基金会	1994/04/20	安徽	371	50.40	28,223,874.90
白山市公安民警优抚基金会	2012/02/10	吉林	371	50.40	2,955,689.28
北海喷施宝贤林发展基金会	2013/02/07	广西	371	50.40	1,693,849.23
常州轻工职业技术学院教育发展基金会	2009/01/21	江苏	371	50.40	12,395,388.96
常州三晶慈善基金会	2013/12/26	江苏	371	50.40	2,821,108.18
成都中医药大学教育基金会	2013/09/13	四川	371	50.40	1,827,500.00
赤峰绿化基金会	2010/12/07	内蒙古	371	50.40	13,177,032.94
鄂尔多斯市成吉思汗基金会	1991/07/05	内蒙古	371	50.40	3,606,556.78
福建华侨大学教育基金会	2006/08/31	福建	371	50.40	161,451,671.94
福建省厦门湾红树林湿地自然保护基金会	2006/06/03	福建	371	50.40	2,002,483.87
福建省亚通助学助残基金会	2009/07/31	福建	371	50.40	2,006,238.50
福建省逸仙教育基金会	2009/03/25	福建	371	50.40	7,078,273.83
广东省德耆慈善基金会	2012/08/06	广东	371	50.40	49,158,057.50
广东省桂贤慈善基金会	2007/11/26	广东	371	50.40	2,000,175.55
广东省甲中慈善基金会	2009/11/19	广东	371	50.40	2,044,651.76
广东省鹏城拥军优抚基金会	2009/11/12	广东	371	50.40	2,007,457.96
广州市人口福利基金会	1992/11/26	广东	371	50.40	13,734,061.63
广州市职工济难基金会	1995/01/09	广东	371	50.40	147,358,522.01
贵州省黔南州见义勇为基金会	2012/06/15	贵州	371	50.40	4,287,543.64
海门徐有庠教育基金会	1996/08/16	江苏	371	50.40	9,489,652.91
河北省秋华教育基金会	2008/11/05	河北	371	50.40	1,914,177.06
河南省原动力公益基金会	2012/12/14	河南	371	50.40	2,093,817.99
黑龙江省妇女儿童基金会	1986/05/12	黑龙江	371	50.40	5,548,154.95
黑龙江省求真经济研究基金会	2013/07/05	黑龙江	371	50.40	1,006,068.27
湖北省吴汉东法学教育基金会	2011/04/08	湖北	371	50.40	1,881,998.76
湖北省兴发之星教师奖励基金会	2009/07/14	湖北	371	50.40	19,830,670.20
湖南省华容县教师奖励基金会	2005/01/31	湖南	371	50.40	16,677,243.74

续表

基金会名称	成立时间	所在地	排名	FTI 2016 得分	净资产（元）
湖南省浏阳市教育基金会	2005/03/22	湖南	371	50.40	24,747,956.06
湖南省新邵县教育基金会	2013/05/31	湖南	371	50.40	6,482,810.39
湖南育才关心青少年基金会	2004/12/28	湖南	371	50.40	2,089,177.88
湖南正阳大学生创业基金会	2010/10/25	湖南	371	50.40	2,216,493.97
淮安市关心下一代基金会	2012/06/05	江苏	371	50.40	9,186,461.13
吉林省人才开发基金会	2006/06/11	吉林	371	50.40	61,116,945.87
江苏国泰国际集团企业发展研究基金会	2007/01/11	江苏	371	50.40	3,502,398.48
江苏海澜教育发展基金会	2008/11/24	江苏	371	50.40	92,862,806.55
江苏教育传媒基金会	2008/11/28	江苏	371	50.40	2,232,488.90
江苏牛尾英才助学基金会	2008/09/01	江苏	371	50.40	1,490,367.68
江苏省海门中学教育发展基金会	2012/01/20	江苏	371	50.40	42,287,077.11
江苏省泰州中学教育发展基金会	2007/04/05	江苏	371	50.40	34,191,749.00
江苏欣乐公益基金会	2007/12/26	江苏	371	50.40	4,676,406.95
江苏兴达爱心基金会	2008/07/07	江苏	371	50.40	8,961,819.82
昆明市社会治安基金会	1994/02/26	云南	371	50.40	9,182,776.99
昆山祥和帮困基金会	2010/05/13	江苏	371	50.40	11,337,499.04
泸县玉蟾教育基金会	2005/03/12	四川	371	50.40	5,858,322.48
南安市芙蓉基金会	1991/12/31	福建	371	50.40	45,092,206.72
南京金鹰国际慈济基金会	2006/01/23	江苏	371	50.40	16,112,645.85
南通理治教育发展基金会	2012/02/28	江苏	371	50.40	3,144,336.88
内蒙古李琳公益慈善基金会	2011/03/25	内蒙古	371	50.40	1,829,272.51
内蒙古林来嵘慈善事业发展基金会	2007/03/22	内蒙古	371	50.40	5,177,738.79
内蒙古蒙古学百科全书基金会	2006/09/30	内蒙古	371	50.40	4,291,154.27
内蒙古民萌北方生态研究基金会	2009/06/12	内蒙古	371	50.40	3,854,311.75
内蒙古西蒙公益基金会	2011/07/14	内蒙古	371	50.40	8,895,183.31
宁夏回族自治区维宗博爱基金会	2010/08/26	宁夏	371	50.40	536,234.75
青海省贫困学生助学基金会	2001/06/16	青海	371	50.40	736,813.00
泉州师范学院教育发展基金会	2011/07/18	福建	371	50.40	11,018,131.10
厦门集友陈嘉庚教育基金会	1989/10/25	福建	371	50.40	6,237,668.11
山东外事翻译职业学院教育基金会	2009/06/18	山东	371	50.40	2,491,890.12
山西省关心下一代事业发展基金会	1996/12/02	山西	371	50.40	5,421,440.72
山西省晋驹科教基金会	1996/04/01	山西	371	50.40	9,262,109.79

续表

基金会名称	成立时间	所在地	排名	FTI 2016 得分	净资产（元）
上海国泰君安社会公益基金会	2012/01/18	上海	371	50.40	9,169,520.12
上海海洋大学教育发展基金会	2012/03/29	上海	371	50.40	6,594,203.12
石狮市蔡友玉教育基金会	2006/07/19	福建	371	50.40	3,996,319.17
四川西华师范大学教育发展基金会	2012/07/16	四川	371	50.40	3,065,754.91
四川西南石油大学教育发展基金会	2007/04/08	四川	371	50.40	2,610,541.22
四川英子爱心基金会	2009/09/21	四川	371	50.40	1,685,184.44
苏州心怡帮困助学基金会	2010/08/19	江苏	371	50.40	4,005,963.45
天津市冬朋助学基金会	2007/11/07	天津	371	50.40	2,349,039.11
天津市社会救助基金会	2010/08/09	天津	371	50.40	14,002,581.93
天津市王克昌奖学基金会	2002/12/29	天津	371	50.40	8,986,154.95
天津市自然科学团体活动基金会	1990/01/10	天津	371	50.40	2,076,492.43
天诺慈善基金会	2008/01/28	北京	371	50.40	4,088,289.38
新疆维吾尔自治区新勇教育基金会	2011/08/12	新疆	371	50.40	21,425,213.53
盐城工学院教育发展基金会	2007/09/03	江苏	371	50.40	10,974,465.57
扬州市翔宇妇女儿童基金会	2009/08/24	江苏	371	50.40	3,887,608.48
伊金霍洛旗民族文化发展基金会	2012/07/08	内蒙古	371	50.40	4,131,340.02
宜兴振球慈善基金会	2009/10/29	江苏	371	50.40	5,735,622.96
银川市人民群众见义勇为基金会	2001/11/27	宁夏	371	50.40	4,548,373.86
禹州市钧瓷发展基金会	2008/04/14	河南	371	50.40	4,013,688.25
云南聂耳音乐基金会	2005/05/25	云南	371	50.40	4,748,397.18
云南农业大学有勇奖学基金会	2012/10/26	云南	371	50.40	1,801,574.62
云南省法律援助基金会	2009/10/27	云南	371	50.40	9,980,811.28
枣庄市见义勇为基金会	2013/07/02	山东	371	50.40	15,374,538.97
长沙市公安民警互助基金会	2007/02/07	湖南	371	50.40	25,243,510.26
上海科技发展基金会	1992/01/30	上海	372	50.38	37,221,671.08
四川省宜宾市教育基金会	2007/02/08	四川	373	50.36	61,699,553.77
广西和正慈善基金会	2009/08/28	广西	374	50.28	2,225,857.96
长沙市青少年发展基金会	1995/05/11	湖南	375	50.25	14,073,082.91
上海市奉贤建设工程科学技术发展基金会	2005/04/18	上海	376	50.19	23,036,518.87
金华市见义勇为基金会	2010/11/21	浙江	377	50.00	10,139,548.36
乐至县教育基金会	1997/01/06	四川	377	50.00	7,283,708.89
安徽省人口基金会	2008/12/30	安徽	378	49.96	137,757,875.41

续表

基金会名称	成立时间	所在地	排名	FTI 2016 得分	净资产（元）
深圳市华强公益基金会	2012/04/11	广东	379	49.94	35,389,555.68
广东省吴小兰慈善基金会	2009/10/29	广东	380	49.93	4,921,714.27
青岛市青少年发展基金会	1994/01/20	山东	381	49.81	8,262,908.18
长沙市教育基金会	1996/10/10	湖南	382	49.64	67,576,888.28
爱慕公益基金会	2013/11/11	北京	383	49.60	30,125,343.23
安徽道德建设基金会	2013/05/29	安徽	383	49.60	5,532,998.80
安徽省陶行知慈善助学基金会	2011/10/19	安徽	383	49.60	4,927,541.61
安溪县金谷傅伯倖教育基金会	2013/08/29	福建	383	49.60	2,022,673.73
巴彦淖尔市临河区人民教育基金会	2006/06/12	内蒙古	383	49.60	6,347,116.77
北京爱晚公益基金会	2013/06/13	北京	383	49.60	2,004,881.37
北京爱心万里公益基金会	2013/01/22	北京	383	49.60	7,112,378.54
北京观复文化基金会	2009/10/20	北京	383	49.60	7,002,014.76
北京金榜题名慈善基金会	2010/04/08	北京	383	49.60	2,092,099.44
北京老舍文艺基金会	1988/05/16	北京	383	49.60	4,542,375.99
北京民生文化艺术基金会	2010/06/22	北京	383	49.60	40,225,293.92
北京民生中国书法公益基金会	2012/05/22	北京	383	49.60	101,939,508.53
北京青年创业就业基金会	2009/12/03	北京	383	49.60	20,692,779.47
北京青少年科学基金会	1984/11/16	北京	383	49.60	5,361,014.66
北京人民艺术剧院发展基金会	1993/06/10	北京	383	49.60	8,491,575.89
北京世媒发展公益基金会	2013/12/13	北京	383	49.60	25,137,719.57
北京市传统文化保护发展基金会	2005/12/29	北京	383	49.60	2,365,918.56
北京市梅兰芳艺术基金会	1994/10/22	北京	383	49.60	1,779,386.84
北京市体育基金会	1992/08/31	北京	383	49.60	81,825,216.08
北京市中华世纪坛艺术基金会	2001/11/24	北京	383	49.60	4,013,828.23
北京水墨公益基金会	2013/05/31	北京	383	49.60	3,665,351.28
北京围棋基金会	1992/08/31	北京	383	49.60	20,657,358.08
北京文物保护基金会	1988/08/20	北京	383	49.60	6,387,725.59
北京吴祖泽科技发展基金会	2007/04/12	北京	383	49.60	4,415,620.07
北京祥和公益基金会	2013/05/24	北京	383	49.60	2,107,273.49
北京杏霖健康公益基金会	2013/02/22	北京	383	49.60	1,864,051.66
北京中艺艺术基金会	2009/07/29	北京	383	49.60	27,319,933.84
本溪市公安民警救助基金会	2009/12/15	辽宁	383	49.60	12,724,312.21

续表

基金会名称	成立时间	所在地	排名	FTI 2016 得分	净资产（元）
比亚迪慈善基金会	2010/07/19	广东	383	49.60	22,810,513.92
常州大学教育发展基金会	2008/07/16	江苏	383	49.60	50,696,361.57
朝阳市公安民警救助基金会	2010/05/13	辽宁	383	49.60	4,465,681.83
朝阳市人民法官救助基金会	2012/06/01	辽宁	383	49.60	4,814,175.96
沈阳市见义勇为基金会	2008/03/03	辽宁	383	49.60	3,533,519.64
大连市见义勇为基金会	1993/05/04	辽宁	383	49.60	23,729,457.98
大连市洁华艺术人才基金会	2004/11/15	辽宁	383	49.60	1,909,508.62
大连市永嘉防震减灾慈善基金会	2010/12/18	辽宁	383	49.60	11,975,443.27
德康博爱基金会	2011/06/14	江苏	383	49.60	55,495,031.90
东莞市金胜教育发展基金会	2009/05/21	广东	383	49.60	2,002,985.68
东莞市医疗救济基金会	1996/09/08	广东	383	49.60	150,590,469.41
鄂尔多斯东胜教育发展基金会	2004/07/30	内蒙古	383	49.60	72,155,903.00
鄂尔多斯市人民教育基金会	2008/05/28	内蒙古	383	49.60	14,085,054.66
福鼎市家景助学基金会	2011/12/12	福建	383	49.60	1,976,825.98
福建大丰文化基金会	1991/01/08	福建	383	49.60	19,510,150.96
福建省恒申慈善基金会	2013/10/24	福建	383	49.60	3,302,060.52
福建省林森基金会	2013/07/09	福建	383	49.60	2,767,008.95
福建省闽南文化发展基金会	2013/08/21	福建	383	49.60	22,502,208.96
福建省潘振东教育基金会	2006/12/05	福建	383	49.60	26,381,759.99
福建省侨联事业发展基金会	2010/08/20	福建	383	49.60	6,019,525.91
福建省泉州第五中学教育基金会	2011/02/21	福建	383	49.60	24,837,938.02
广东省东方历史研究基金会	2013/08/14	广东	383	49.60	2,004,743.72
广东省广东工业大学教育发展基金会	2011/11/30	广东	383	49.60	4,095,118.79
广东省广东警官学院教育发展基金会	2009/04/16	广东	383	49.60	4,561,572.00
广东省广雅教育发展基金会	2012/10/29	广东	383	49.60	9,261,549.82
广东省鸿光心脏医疗救助基金会	2011/07/05	广东	383	49.60	1,407,517.63
广东省建滔慈善基金会	2009/10/09	广东	383	49.60	4,087,248.15
广东省金匙救助基金会	2010/12/17	广东	383	49.60	14,872,629.32
广东省利贞慈善基金会	2010/02/09	广东	383	49.60	1,734,138.69
广东省绿景慈善基金会	2008/10/16	广东	383	49.60	2,041,129.51
广东省明医医疗慈善基金会	2012/06/07	广东	383	49.60	18,644,420.27
广东省优秀科技专著出版基金会	1989/09/07	广东	383	49.60	9,378,456.50

续表

基金会名称	成立时间	所在地	排名	FTI 2016 得分	净资产（元）
广东省紫琳慈善基金会	2010/06/22	广东	383	49.60	38,287,857.63
广西华鼎教育基金会	2013/02/01	广西	383	49.60	2,179,482.01
广西李宁基金会	2006/09/08	广西	383	49.60	4,307,056.22
广州市从化区教育基金会	2004/05/13	广东	383	49.60	8,085,430.08
广州市促进文化艺术发展繁荣基金会	2008/05/28	广东	383	49.60	13,788,739.46
广州市南山自然科学学术交流基金会	2005/10/25	广东	383	49.60	20,576,275.42
贵州省老龄事业发展基金会	2008/04/30	贵州	383	49.60	4,021,706.26
哈尔滨师范大学教育发展基金会	2010/08/11	黑龙江	383	49.60	10,453,094.67
合肥宝业救助特困群体基金会	2013/04/24	安徽	383	49.60	5,102,138.55
河北省德仁慈善基金会	2012/05/31	河北	383	49.60	2,210,772.69
河北省海外同胞教育基金会	1993/08/09	河北	383	49.60	10,657,486.81
河南省嵩岳爱心基金会	2012/01/13	河南	383	49.60	2,720,195.25
黑龙江省亚布力（中国）企业家论坛发展研究基金会	2011/06/15	黑龙江	383	49.60	18,921,153.94
黑龙江中医药大学教育发展基金会	2011/08/30	黑龙江	383	49.60	4,337,445.06
亨通慈善基金会	2011/02/25	江苏	383	49.60	62,730,706.65
洪泽县见义勇为基金会	2011/08/19	江苏	383	49.60	11,500,916.47
呼和浩特市赛罕区新希望教育发展基金会	2009/07/23	内蒙古	383	49.60	2,093,863.66
呼伦贝尔市扶贫基金会	2011/06/24	内蒙古	383	49.60	4,114,951.00
胡文虎基金会(福建)	1993/10/01	福建	383	49.60	3,135,478.17
湖北省树海公益慈善基金会	2009/06/19	湖北	383	49.60	7,885,254.44
湖南省保靖县教育基金会	2013/11/06	湖南	383	49.60	4,844,169.42
湖南省长沙市光彩事业基金会	2012/12/02	湖南	383	49.60	4,213,603.85
湖南省株洲长鸿实验学校教育发展基金会	2009/11/30	湖南	383	49.60	4,038,871.89
葫芦岛市见义勇为基金会	2011/12/24	辽宁	383	49.60	8,082,236.46
花垣县教育基金会	2008/06/17	湖南	383	49.60	15,112,970.13
华鼎国学研究基金会	2012/04/16	北京	383	49.60	51,343,004.87
淮安大众助保基金会	2006/12/30	江苏	383	49.60	8,021,733.92
淮海工学院教育发展基金会	2011/05/05	江苏	383	49.60	24,838,306.45
吉林省绿化基金会	1994/07/15	吉林	383	49.60	4,110,495.93
江苏海协教育基金会	2006/08/21	江苏	383	49.60	2,305,822.49
江苏华佳关爱基金会	2010/10/29	江苏	383	49.60	2,327,473.88

续表

基金会名称	成立时间	所在地	排名	FTI 2016 得分	净资产（元）
江苏农林职业技术学院教育发展基金会	2010/02/04	江苏	383	49.60	17,684,149.02
江苏熔盛爱心基金会	2010/10/28	江苏	383	49.60	3,006,512.16
江苏沙钢公益基金会	2009/09/28	江苏	383	49.60	13,866,580.85
江苏省常州建设高等职业技术学校教育发展基金会	2011/06/27	江苏	383	49.60	21,316,963.37
江苏省关心下一代基金会	2009/07/28	江苏	383	49.60	34,934,882.40
江苏省豪爵慈善基金会	2009/06/15	江苏	383	49.60	10,115,261.66
江苏省南京工程高等职业学校教育发展基金会	2010/07/02	江苏	383	49.60	8,862,185.80
江苏省星美生育关怀基金会	2009/02/18	江苏	383	49.60	1,721,755.94
江苏新英慈爱基金会	2006/06/18	江苏	383	49.60	2,370,455.16
江苏养龙教育基金会	2007/12/28	江苏	383	49.60	960,264.57
江苏喻继高艺术基金会	2012/02/28	江苏	383	49.60	6,960,975.86
江苏振达帮困助学基金会	2008/05/25	江苏	383	49.60	2,841,765.83
江苏中外大学女校长教育发展基金会	2009/09/22	江苏	383	49.60	5,419,951.99
江西科技学院基金会	2009/09/18	江西	383	49.60	1,461,271.51
江阴北缪家爱心基金会	2011/03/28	江苏	383	49.60	9,187,128.00
江阴市陆桥社区关爱帮扶基金会	2010/08/18	江苏	383	49.60	3,166,744.13
江阴市新沟村慈爱基金会	2010/07/15	江苏	383	49.60	3,040,465.94
揭阳市志英助学基金会	2009/07/30	广东	383	49.60	1,927,921.79
金坛市见义勇为基金会	2006/08/17	江苏	383	49.60	45,553,846.30
锦州市公安民警救助基金会	2009/06/30	辽宁	383	49.60	11,567,123.90
晋江市陈埭民族中学教育基金会	2010/11/25	福建	383	49.60	32,164,958.61
晋江市南侨中学教育基金会	2010/04/16	福建	383	49.60	3,297,024.75
晋江市紫峰中学教育基金会	2010/01/08	福建	383	49.60	4,807,479.98
昆明市见义勇为基金会	2003/02/13	云南	383	49.60	11,701,035.30
昆山陈李香梅慈善基金会	2006/04/10	江苏	383	49.60	978,434.37
连云港公安大病特困救助基金会	2011/05/16	江苏	383	49.60	4,363,152.33
连云港经济技术开发区见义勇为基金会	2010/12/07	江苏	383	49.60	6,121,063.83
连云港市连云慈善基金会	2008/08/27	江苏	383	49.60	4,000,000.00
连云港市连云区见义勇为基金会	2010/12/07	江苏	383	49.60	5,407,498.84
涟水县慈善基金会	2011/11/21	江苏	383	49.60	11,807,680.09
辽宁省东北财经大学教育基金会	2011/06/07	辽宁	383	49.60	2,676,164.74

续表

基金会名称	成立时间	所在地	排名	FTI 2016 得分	净资产（元）
刘彪慈善基金会	2012/08/14	北京	383	49.60	115,075,911.25
龙岩市新罗区林国仁教育基金会	2008/07/10	福建	383	49.60	9,740,964.58
罗定市泗纶庭英教育基金会	2010/08/11	广东	383	49.60	1,614,902.48
南昌市教育基金会	2009/07/08	江西	383	49.60	74,192,284.51
南京大报恩文化发展基金会	2007/01/26	江苏	383	49.60	4,513,105.07
南京海外工商管理专修学院教育基金会	2008/06/05	江苏	383	49.60	3,657,194.09
南京市爱心援助特困职工基金会	2007/12/12	江苏	383	49.60	13,810,616.26
南京市江宁区教育发展基金会	2011/10/10	江苏	383	49.60	17,086,457.41
南京市雨花台区见义勇为基金会	2008/12/24	江苏	383	49.60	5,329,128.54
南京市中小学幼儿教师奖励基金会	1993/03/09	江苏	383	49.60	16,385,583.91
南京信息大学教育发展基金会	2005/10/21	江苏	383	49.60	172,368,922.95
南京艺术学院教育发展基金会	2006/05/29	江苏	383	49.60	4,565,924.81
南通职业大学教育发展基金会	2010/02/07	江苏	383	49.60	4,172,147.17
内蒙古电力公司扶贫济困基金会	2006/04/24	内蒙古	383	49.60	4,958,034.29
内蒙古河套文化发展基金会	2010/11/16	内蒙古	383	49.60	5,384,161.79
内蒙古民族青年文化艺术基金会	2009/08/31	内蒙古	383	49.60	2,010,188.37
内蒙古青年创业就业基金会	2009/12/23	内蒙古	383	49.60	7,680,178.77
内蒙古清格尔泰蒙古语言文化基金会	2008/10/08	内蒙古	383	49.60	2,719,099.29
内蒙古天隆公益慈善基金会	2011/01/07	内蒙古	383	49.60	9,757,984.71
内蒙古永业公益基金会	2011/06/20	内蒙古	383	49.60	100,751.96
内蒙古自治区公安民警优抚基金会	2006/07/25	内蒙古	383	49.60	17,757,995.47
宁夏回族自治区关心下一代基金会	2012/09/20	宁夏	383	49.60	5,026,788.19
宁夏回族自治区敬义泰慈善基金会	2012/11/19	宁夏	383	49.60	2,000,328.22
祁阳县昌世助学基金会	2011/07/04	湖南	383	49.60	2,890,213.78
青岛滨海学院教育发展基金会	2008/02/01	山东	383	49.60	72,402,920.14
青岛理工大学教育发展基金会	2013/09/11	山东	383	49.60	2,086,062.02
青岛市见义勇为基金会	2007/12/27	山东	383	49.60	4,407,325.54
青海省天佑德教育基金会	2012/06/20	青海	383	49.60	3,136,655.03
泉州九中柳文拐助学奖学奖教基金会	2009/04/21	福建	383	49.60	2,345,957.70
三江学院教育发展基金会	2006/04/27	江苏	383	49.60	24,844,006.99
山东商业职业技术学院助学基金会	2008/09/22	山东	383	49.60	2,451,390.55
山东省鲁能彩虹援助基金会	2005/12/26	山东	383	49.60	11,240,406.80

续表

基金会名称	成立时间	所在地	排名	FTI 2016 得分	净资产（元）
山东省胜利油田地学开拓基金会	2005/03/24	山东	383	49.60	9,966,441.20
山西省合创爱心助困基金会	2007/06/14	山西	383	49.60	2,008,886.21
山西省岚县民觉教育基金会	2010/10/26	山西	383	49.60	12,291,769.02
陕西蔡路帮困助学基金会	2011/12/19	陕西	383	49.60	3,943,457.75
陕西省天骄煤矿子弟助学基金会	2010/08/15	陕西	383	49.60	26,558,791.34
陕西省西安残疾人福利基金会	2005/09/13	陕西	383	49.60	16,582,827.61
陕西省易信慈善基金会	2009/10/21	陕西	383	49.60	2,150,868.40
汕头市平东肖华松慈善基金会	2011/01/31	广东	383	49.60	3,392,665.82
上海市静安区教育基金会	1992/04/30	上海	383	49.60	18,778,424.91
上海市闸北区教育基金会	1995/10/25	上海	383	49.60	11,241,299.99
深圳市博时慈善基金会	2009/09/01	广东	383	49.60	3,378,246.03
深圳市花样年公益基金会	2013/03/19	广东	383	49.60	5,489,577.05
深圳市禁毒基金会	2005/05/10	广东	383	49.60	7,695,516.96
深圳市张连伟体育发展基金会	2013/02/06	广东	383	49.60	6,963,233.65
石嘴山银行“爱心”基金会	2012/06/29	宁夏	383	49.60	63,016,969.68
实事助学基金会	2013/01/08	北京	383	49.60	38,732,046.22
寿宁县健民卫生事业发展基金会	2012/03/30	福建	383	49.60	5,779,862.59
四川省见义勇为基金会	2007/04/02	四川	383	49.60	48,775,459.74
苏州农业职业技术学院教育发展基金会	2009/12/29	江苏	383	49.60	23,010,423.08
苏州市吴江区慈善基金会	2008/07/15	江苏	383	49.60	71,271,215.15
太平洋国际交流基金会	2012/08/02	北京	383	49.60	26,299,245.53
泰安市教育基金会	2007/11/28	山东	383	49.60	4,085,216.95
天合公益基金会	2012/04/17	北京	383	49.60	53,198,049.55
天津市宏志教育基金会	2007/09/28	天津	383	49.60	4,475,245.43
天津市教育发展基金会	2004/12/24	天津	383	49.60	82,494,141.36
天津市南开中学教育基金会	2010/07/27	天津	383	49.60	80,741,510.10
天津市翔宇教育基金会	2012/04/10	天津	383	49.60	9,840,090.03
乌兰夫基金会	1991/08/21	内蒙古	383	49.60	197,283,027.64
无锡公安大病特困救助基金会	2009/11/06	江苏	383	49.60	196,245,898.47
无锡商业职业技术学院教育发展基金会	2011/06/07	江苏	383	49.60	9,496,556.15
无锡太湖文化发展基金会	2012/12/06	江苏	383	49.60	12,117,991.32
无锡职业技术学院教育发展基金会	2009/07/28	江苏	383	49.60	12,916,087.33

续表

基金会名称	成立时间	所在地	排名	FTI 2016 得分	净资产（元）
吴江常青帮困基金会	2011/05/05	江苏	383	49.60	88,462.73
芜湖慈善基金会	2012/11/30	安徽	383	49.60	15,567,013.14
芜湖市爱心助学基金会	2009/05/17	安徽	383	49.60	13,215,922.51
新疆大学教育基金会	2012/09/28	新疆	383	49.60	3,213,974.70
新疆农业大学教育发展基金会	2012/08/10	新疆	383	49.60	3,146,133.57
宣城市见义勇为基金会	2012/12/31	安徽	383	49.60	7,023,546.25
盐城工业职业技术学院教育发展基金会	2008/12/07	江苏	383	49.60	5,052,532.11
盐城市李凤祥助学扶困基金会	2008/03/04	江苏	383	49.60	2,689,717.16
一达助学（伊春）基金会	2011/11/16	黑龙江	383	49.60	369,334.86
营口市公安民警救助基金会	2011/12/21	辽宁	383	49.60	9,917,806.66
永安市第一中学教育基金会	2009/04/29	福建	383	49.60	3,897,446.41
援助西藏发展基金会	1987/04/10	西藏	383	49.60	13,111,361.02
云南省视界留学基金会	2010/02/10	云南	383	49.60	2,186,452.74
张家港市韩山福民基金会	2008/12/08	江苏	383	49.60	3,657,811.08
张家港市巨桥惠民基金会	2008/09/16	江苏	383	49.60	2,320,511.49
张家港市李巷益民基金会	2007/09/05	江苏	383	49.60	4,363,231.26
张家港市七里庙村利民基金会	2010/10/26	江苏	383	49.60	2,623,884.07
张家港市闸上慈善基金会	2007/09/10	江苏	383	49.60	2,062,489.70
张家港长江文化基金会	2013/10/21	江苏	383	49.60	3,471,627.64
漳州市李瑞河茶文化教育基金会	2010/11/25	福建	383	49.60	2,138,397.13
长春建筑学院教育基金会	2010/06/30	吉林	383	49.60	8,852,178.32
长沙市明德至善教育基金会	2008/03/15	湖南	383	49.60	3,372,294.18
长沙市志愿服务基金会	2010/11/25	湖南	383	49.60	18,084,448.48
正德职业技术学院教育基金会	2006/05/08	江苏	383	49.60	10,188,255.79
郑州市嵩山文明研究基金会	2013/08/22	河南	383	49.60	26,221,848.05
致福慈善基金会	2013/08/30	北京	383	49.60	36,794,865.66
重庆陈玉仙慈善基金会	2013/11/26	重庆	383	49.60	1,997,902.93
重庆市科普发展基金会	2013/02/20	重庆	383	49.60	4,416,775.17
重庆市武隆县扶贫基金会	2012/12/05	重庆	383	49.60	9,305,480.82
北京SMC教育基金会	2008/03/28	北京	384	49.57	52,139,908.43
启东市见义勇为基金会	2010/07/15	江苏	384	49.57	18,900,006.92
山东省老龄事业发展基金会	1988/05/10	山东	385	49.53	6,094,699.16

续表

基金会名称	成立时间	所在地	排名	FTI 2016 得分	净资产（元）
北京和平教育基金会	2002/07/09	北京	386	49.46	2,905,795.31
青海省教育发展基金会	2010/10/09	青海	387	49.36	7,512,050.68
广东省柯麟医学教育基金会	1995/05/23	广东	388	49.34	17,670,060.93
成都市成华区爱心教育基金会	2009/04/15	四川	389	49.32	13,203,434.62
四川省广安市教育基金会	2005/03/16	四川	390	49.27	6,428,244.32
剑阁县教育基金会	1995/05/04	四川	391	49.09	7,515,655.82
广元市教育基金会	1995/06/06	四川	392	49.08	6,939,780.40
泉州金安恒兴教育基金会	2008/03/18	福建	392	49.08	9,913,288.82
深圳市绿色低碳发展基金会	2013/02/27	广东	393	48.96	5,138,717.01
北京第二外国语学院教育发展基金会	2013/11/18	北京	394	48.86	2,388,689.81
河南省善福缘老龄基金会	2012/09/10	河南	395	48.83	140,658.02
南通市通州区慈善基金会	2009/11/16	江苏	396	48.81	61,356,629.40
安徽华普慈善基金会	2013/01/11	安徽	397	48.80	2,066,823.17
安徽交通职业技术学院教育基金会	2012/04/23	安徽	397	48.80	2,218,629.69
安徽金牛公益基金会	2013/06/21	安徽	397	48.80	1,330,533.04
安徽省浮山中学教育发展基金会	2013/04/05	安徽	397	48.80	3,112,729.03
安徽省潜山县野寨中学教育发展基金会	2012/05/08	安徽	397	48.80	7,817,928.58
安徽省体育事业发展基金会	2013/01/11	安徽	397	48.80	7,793,667.96
安徽省烟花爆竹行业规范发展奖励基金会	2013/06/21	安徽	397	48.80	2,802,561.83
安徽实践家文教慈善基金会	2012/07/26	安徽	397	48.80	2,752,908.03
安徽桐城农商银行公益基金会	2013/07/29	安徽	397	48.80	10,562,929.85
包商银行公益基金会	2012/11/08	北京	397	48.80	50,307,882.00
包头市扶贫基金会	2003/12/25	内蒙古	397	48.80	4,862,423.36
北海天宁慈善基金会	2012/06/29	广西	397	48.80	1,823,007.31
北京爱思开幸福公益基金会	2013/11/29	北京	397	48.80	4,549,261.41
北京国际艺术博览会基金会	2013/08/07	北京	397	48.80	2,011,330.30
北京国际艺苑美术基金会	1992/08/31	北京	397	48.80	2,011,476.46
北京恒爱公益基金会	2013/09/10	北京	397	48.80	2,003,822.14
北京厚德善行慈善基金会	2013/01/25	北京	397	48.80	2,608,853.86
北京君和创新公益基金会	2013/12/05	北京	397	48.80	18,446,083.95
北京联想控股公益基金会	2013/03/08	北京	397	48.80	2,403,893.74
北京绿谷教育基金会	2009/07/09	北京	397	48.80	776,329.57

续表

基金会名称	成立时间	所在地	排名	FTI 2016 得分	净资产（元）
北京市公安民警抚助基金会	2007/10/31	北京	397	48.80	64,132,079.36
北京市环亚青年交流发展基金会	2013/12/26	北京	397	48.80	1,055,919.63
北京文化艺术基金会	2005/12/29	北京	397	48.80	5,209,381.76
北京新徽商慈善基金会	2012/07/17	北京	397	48.80	1,705,699.42
北京圆明园遗址保护基金会	2013/12/26	北京	397	48.80	3,504,025.23
北京中国美术馆事业发展基金会	2011/12/20	北京	397	48.80	4,173,564.97
北京中央音乐学院教育基金会	2011/06/15	北京	397	48.80	14,126,733.71
本溪市教育基金会	2010/12/08	辽宁	397	48.80	12,527,666.72
常熟市慈善基金会	2007/10/17	江苏	397	48.80	36,391,007.10
常熟市党员关爱暨帮扶困难群众基金会	2012/04/26	江苏	397	48.80	111,058,893.50
常州市体育发展基金会	2008/04/07	江苏	397	48.80	10,667,542.37
常州市新北区春江慈善基金会	2012/05/21	江苏	397	48.80	3,734,576.42
常州信息职业技术学院教育发展基金会	2013/05/06	江苏	397	48.80	3,928,317.98
沈阳市公安民警英烈救助基金会	2009/04/21	辽宁	397	48.80	13,765,667.38
滁州市树德教育发展基金会	2013/07/08	安徽	397	48.80	2,403,004.92
慈利县教育基金会	2008/10/15	湖南	397	48.80	9,803,895.41
达拉特旗人民教育基金会	2009/12/17	内蒙古	397	48.80	6,152,746.79
大连市公安民警救助基金会	2012/10/22	辽宁	397	48.80	7,228,741.24
丹东市公安民警救助基金会	2009/12/15	辽宁	397	48.80	4,006,006.28
丹阳市见义勇为基金会	2005/12/30	江苏	397	48.80	12,686,294.68
德州市见义勇为基金会	2010/12/31	山东	397	48.80	7,447,823.13
东莞市见义勇为基金会	2006/08/23	广东	397	48.80	89,398,046.30
东海县见义勇为基金会	2010/11/01	江苏	397	48.80	4,452,415.60
东台市慈善基金会	2007/12/27	江苏	397	48.80	6,105,298.97
东营市见义勇为基金会	2011/04/15	山东	397	48.80	21,872,152.87
鄂尔多斯市残疾人福利基金会	2007/09/26	内蒙古	397	48.80	7,378,776.14
鄂尔多斯市东胜环境卫生事业发展基金会	2013/05/07	内蒙古	397	48.80	2,138,911.14
鄂托克旗教育基金会	2009/11/25	内蒙古	397	48.80	8,334,833.72
鄂托克前旗教育发展基金会	2010/12/15	内蒙古	397	48.80	3,756,565.26
福建陈燕平慈善基金会	2009/04/21	福建	397	48.80	3,415,996.95
福建工程学院教育发展基金会	2012/09/04	福建	397	48.80	4,463,697.49
福建省博源文献艺术基金会	2013/11/19	福建	397	48.80	2,488,018.98

续表

基金会名称	成立时间	所在地	排名	FTI 2016 得分	净资产（元）
福建省龙岩扶贫基金会	1991/08/12	福建	397	48.80	9,496,946.55
福建省龙岩市邱家宗慈善基金会	2011/11/20	福建	397	48.80	1,999,661.66
福建省人口福利基金会	2013/03/05	福建	397	48.80	2,104,698.41
福建省拓福文教基金会	2013/07/15	福建	397	48.80	2,002,600.17
福建省夕阳红助老基金会	2011/05/13	福建	397	48.80	2,042,338.36
福建省叶柳春教育慈善基金会	2013/08/15	福建	397	48.80	2,571,928.03
福建省漳州中扬梅香慈善基金会	2010/10/28	福建	397	48.80	2,209,474.30
福建省长汀县陈柏村慈善基金会	2013/09/23	福建	397	48.80	1,639,548.85
福建省志愿服务基金会	2011/10/28	福建	397	48.80	4,641,522.66
福建师范大学附属中学正祥教育基金会	2013/01/14	福建	397	48.80	11,820,276.51
福州市鼓楼春芽教育基金会	2013/03/18	福建	397	48.80	4,653,557.88
福州市教育基金会	2010/04/20	福建	397	48.80	29,917,358.65
福州市人口福利基金会	2010/11/02	福建	397	48.80	18,005,535.96
福州一中教育发展基金会	2013/04/22	福建	397	48.80	16,911,967.93
抚顺市公安民警救助基金会	2007/08/31	辽宁	397	48.80	12,324,957.39
富源县雄达教育基金会	2012/03/12	云南	397	48.80	2,926,191.70
灌云县见义勇为基金会	2010/12/07	江苏	397	48.80	4,331,230.32
广东省保利地产和谐文化基金会	2011/05/12	广东	397	48.80	3,228,432.24
广东省北京师范大学–香港浸会大学联合国际学院教育基金会	2013/06/25	广东	397	48.80	1,766,363.27
广东省陈香梅慈善基金会	2011/03/08	广东	397	48.80	2,011,122.31
广东省丹姿慈善基金会	2013/09/10	广东	397	48.80	2,212,145.28
广东省广东药学院教育发展基金会	2013/12/31	广东	397	48.80	2,316,528.88
广东省广州美术学院教育发展基金会	2011/11/30	广东	397	48.80	17,000,938.67
广东省国强公益基金会	2013/10/14	广东	397	48.80	155,503,591.13
广东省鸿发慈善基金会	2013/01/08	广东	397	48.80	–4,950.05
广东省华商慈善基金会	2011/12/27	广东	397	48.80	1,956,751.40
广东省骏安慈善基金会	2009/04/12	广东	397	48.80	1,214,383.88
广东省亮睛工程慈善基金会	2013/08/05	广东	397	48.80	2,070,656.89
广东省美丽关爱慈善基金会	2012/01/17	广东	397	48.80	2,239,338.82
广东省明楷慈善基金会	2010/06/30	广东	397	48.80	1,634,840.43
广东省南粤广播电视发展基金会	2008/10/30	广东	397	48.80	8,014,992.07

续表

基金会名称	成立时间	所在地	排名	FTI 2016 得分	净资产（元）
广东省培正学院教育发展基金会	2013/01/08	广东	397	48.80	2,026,341.78
广东省尚东公益基金会	2013/03/25	广东	397	48.80	25,741.06
广东省思兰慈善基金会	2013/03/05	广东	397	48.80	1,867,659.52
广东省天柱慈善基金会	2012/11/06	广东	397	48.80	2,219,605.23
广东省卓越慈善基金会	2009/10/20	广东	397	48.80	2,131,133.73
广东省棕榈公益基金会	2012/01/17	广东	397	48.80	2,028,955.29
广西桂嘉汇青少年儿童救助基金会	2008/06/27	广西	397	48.80	7,284,380.24
广西社会和谐稳定发展基金会	2010/12/28	广西	397	48.80	9,454,737.97
广州市花都区教育基金会	1995/04/03	广东	397	48.80	75,489,470.61
广州市华侨文化发展基金会	1995/05/31	广东	397	48.80	4,135,118.48
广州市老龄事业发展基金会	1989/08/22	广东	397	48.80	15,149,388.46
贵州省贵阳市见义勇为基金会	2012/02/08	贵州	397	48.80	4,952,898.71
贵州省信合公益基金会	2013/05/30	贵州	397	48.80	217,657,109.04
海门市教育发展基金会	2010/05/13	江苏	397	48.80	14,871,712.48
海原县厚德慈善基金会	2012/05/07	宁夏	397	48.80	6,573,206.69
杭州市萧山区残疾人福利基金会	1995/01/24	浙江	397	48.80	4,724,258.03
合肥市幸福瑶海公益慈善基金会	2012/08/28	安徽	397	48.80	11,577,443.51
河北慈氏基金会	2010/12/16	河北	397	48.80	2,960,103.04
河北省隆基泰和慈善基金会	2012/12/21	河北	397	48.80	2,072,138.68
河北省清河县教育基金会	2013/07/03	河北	397	48.80	21,626,397.24
河北省三强公益慈善基金会	2013/08/28	河北	397	48.80	2,795,447.96
河北省文化艺术发展基金会	2013/05/02	河北	397	48.80	5,134,574.29
河北师范大学教育基金会	2010/03/05	河北	397	48.80	7,298,022.44
河北石家庄二中教育发展基金会	2011/07/24	河北	397	48.80	4,313,331.93
河南省丹阳助老基金会	2011/11/30	河南	397	48.80	2,006,227.37
河南省华康爱心教育基金会	2010/06/01	河南	397	48.80	3,281,792.74
河南省银龄基金会	2011/11/18	河南	397	48.80	2,671,047.87
黑龙江省东北林业大学教育发展基金会	2010/04/12	黑龙江	397	48.80	5,572,627.37
衡南县教育基金会	2006/10/30	湖南	397	48.80	4,630,717.38
湖北省佛教慈善基金会	2013/10/23	湖北	397	48.80	5,148,842.10
湖北省龙感湖中学雪龙教育发展基金会	2011/05/24	湖北	397	48.80	2,400,925.34
湖南湖大秋实教育基金会	2010/06/22	湖南	397	48.80	2,017,848.80

续表

基金会名称	成立时间	所在地	排名	FTI 2016 得分	净资产（元）
湖南理工学院教育基金会	2012/05/17	湖南	397	48.80	8,672,548.38
湖南农业大学教育基金会	2013/12/26	湖南	397	48.80	3,140,176.06
湖南省茶祖神农基金会	2009/02/12	湖南	397	48.80	5,248,309.44
湖南省公安民警基金会	1996/11/11	湖南	397	48.80	147,615,573.57
湖南省关心下一代基金会	2013/07/29	湖南	397	48.80	10,268,263.77
湖南省平江县教育基金会	2004/11/30	湖南	397	48.80	18,345,991.28
湖南省双峰县教育基金会	2010/11/09	湖南	397	48.80	10,461,797.47
湖南省文艺创作扶助基金会	2009/07/15	湖南	397	48.80	9,256,085.39
湖南省益阳市白鹿寺慈善基金会	2013/06/26	湖南	397	48.80	3,111,219.35
湖南省张家界永定区教育基金会	2010/09/29	湖南	397	48.80	8,616,986.12
湖南省职工扶贫基金会	1994/12/09	湖南	397	48.80	9,903,950.12
湖南天龙慈善基金会	2010/08/17	湖南	397	48.80	2,096,850.02
葫芦岛市公安民警救助基金会	2012/07/10	辽宁	397	48.80	6,268,382.67
华阳慈善基金会	2009/07/29	福建	397	48.80	62,658,126.92
淮安市淮安区慈善基金会	2009/10/09	江苏	397	48.80	24,431,167.78
黄冈市见义勇为基金会	2009/10/26	湖北	397	48.80	4,366,811.71
惠州市金盾公安民警救助基金会	2013/07/26	广东	397	48.80	11,008,595.00
绩溪县教育基金会	2010/03/15	安徽	397	48.80	4,173,428.53
吉林省农村信用社慈善基金会	2013/05/05	吉林	397	48.80	17,911,659.32
建湖县见义勇为基金会	2011/05/10	江苏	397	48.80	8,928,862.12
江门市五邑侨乡文化基金会	2008/11/14	广东	397	48.80	8,082,623.32
江苏光彩事业基金会	2008/11/18	江苏	397	48.80	3,740,442.62
江苏华科事业群慈爱基金会	2011/01/25	江苏	397	48.80	7,294,702.74
江苏警官学院教育发展基金会	2008/06/22	江苏	397	48.80	27,695,530.38
江苏理工学院教育发展基金会	2006/12/12	江苏	397	48.80	13,038,519.75
江苏汝立公益基金会	2013/07/23	江苏	397	48.80	1,932,841.85
江苏省扶贫基金会	1993/02/19	江苏	397	48.80	27,650,090.95
江苏省扬州中学教育发展基金会	2011/06/07	江苏	397	48.80	10,974,971.30
江苏现代农民创业基金会	2012/05/28	江苏	397	48.80	5,957,418.41
江苏协力爱暮基金会	2006/05/08	江苏	397	48.80	2,835,260.04
江苏信息职业技术学院教育发展基金会	2010/07/14	江苏	397	48.80	7,774,330.30
江苏郑和航海文化基金会	1994/02/21	江苏	397	48.80	2,734,948.83

续表

基金会名称	成立时间	所在地	排名	FTI 2016 得分	净资产（元）
江西省德兴市教育基金会	2011/12/01	江西	397	48.80	2,994,812.06
江阴市陆丰村关爱帮扶基金会	2011/01/06	江苏	397	48.80	6,026,842.12
江阴伟成师生教育基金会	2012/05/07	江苏	397	48.80	12,048,609.36
金肯职业技术学院教育发展基金会	2010/02/04	江苏	397	48.80	102,405.90
锦树爱心慈善基金会	2012/06/25	宁夏	397	48.80	1,956,476.56
晋江市梅岭教育基金会	2013/06/18	福建	397	48.80	17,996,901.90
晋江市英林中学教育基金会	2009/06/10	福建	397	48.80	6,476,811.68
靖江市慈善基金会	2007/02/14	江苏	397	48.80	16,719,846.63
靖江市教育发展基金会	2013/10/21	江苏	397	48.80	11,021,550.62
九江银行敬老爱幼慈善基金会	2013/10/20	江西	397	48.80	1,028,919.81
科左后旗扶贫助学基金会	2004/04/28	内蒙古	397	48.80	2,389,132.91
兰坪县大通照昀教育发展基金会	2013/06/05	云南	397	48.80	8,857.42
耒阳市教育基金会	2005/12/06	湖南	397	48.80	12,093,963.27
连云港市慈善基金会	2009/03/21	江苏	397	48.80	14,098,459.23
连云港市海州区见义勇为基金会	2010/11/11	江苏	397	48.80	6,383,555.35
连云港市新浦区见义勇为基金会	2010/12/07	江苏	397	48.80	5,019,507.73
连云港市兴港助保基金会	2007/05/15	江苏	397	48.80	2,240,142.90
涟源市教育基金会	2011/07/01	湖南	397	48.80	11,573,276.45
辽宁省沈阳化工大学教育基金会	2012/05/14	辽宁	397	48.80	3,511,443.56
辽宁省抚顺市爱心教育基金会	2005/12/15	辽宁	397	48.80	2,934,442.47
辽宁省妇女儿童基金会	2005/06/06	辽宁	397	48.80	11,042,834.02
辽宁省公安民警英烈救助基金会	2012/04/01	辽宁	397	48.80	42,077,596.42
辽宁省老年基金会	2011/05/04	辽宁	397	48.80	6,591,641.11
辽宁省辽宁师范大学教育基金会	2011/06/20	辽宁	397	48.80	3,538,426.97
辽宁省闽商公益基金会	2012/08/29	辽宁	397	48.80	8,227,024.64
辽宁省周延慈善基金会	2008/03/11	辽宁	397	48.80	2,025,024.91
辽阳市公安民警救助基金会	2012/08/29	辽宁	397	48.80	4,014,399.52
聊城大学教育发展基金会	2012/10/10	山东	397	48.80	4,098,228.47
聊城市牧琳爱爱心基金会	2013/12/13	山东	397	48.80	3,091,206.71
鲁山县人民教育基金会	2008/01/18	河南	397	48.80	4,386,185.53
马鞍山二中教育基金会	2013/10/12	安徽	397	48.80	2,533,338.15
梅州市五华县横陂中学育才基金会	2012/03/21	广东	397	48.80	6,122,803.59

续表

基金会名称	成立时间	所在地	排名	FTI 2016 得分	净资产（元）
梅州市希望教育基金会	1988/11/16	广东	397	48.80	14,050,266.64
莫力达瓦达斡尔族自治旗达斡尔族教育基金会	2012/05/28	内蒙古	397	48.80	2,969,575.90
牡丹江师范学院教育发展基金会	2012/03/22	黑龙江	397	48.80	3,570,319.40
南安市山前扶贫基金会	2013/07/26	福建	397	48.80	2,015,179.38
南安市石井创新社会管理公益基金会	2012/05/28	福建	397	48.80	2,533,594.17
南昌市汇仁教育基金会	2013/04/25	江西	397	48.80	8,838,205.52
南京工业大学教育发展基金会	2007/03/12	江苏	397	48.80	91,286,420.21
南京交通职业技术学院教育发展基金会	2009/11/27	江苏	397	48.80	2,979,831.70
南京理工大学泰州科技学院教育发展基金会	2008/07/10	江苏	397	48.80	27,871,012.48
南京市鼓楼教育基金会	2013/06/05	江苏	397	48.80	20,616,013.89
南京市六合区见义勇为基金会	2008/11/13	江苏	397	48.80	8,402,445.86
南京新城市慈善基金会	2009/08/26	江苏	397	48.80	1,387,786.09
南通公安大病特困救助基金会	2011/04/28	江苏	397	48.80	101,995,650.10
南通市爱心帮困基金会	2008/08/20	江苏	397	48.80	16,441,908.39
南通市崇川区见义勇为基金会	2012/12/12	江苏	397	48.80	9,303,654.22
内蒙古爱心养老基金会	2011/11/08	内蒙古	397	48.80	1,353,942.10
内蒙古霍林郭勒市吾义救助基金会	2007/10/15	内蒙古	397	48.80	1,801,241.28
内蒙古科学文化发展基金会	2012/01/12	内蒙古	397	48.80	2,797,789.37
内蒙古来喜公益基金会	2010/04/06	内蒙古	397	48.80	7,864,599.47
内蒙古隆扬特殊教育基金会	2008/07/15	内蒙古	397	48.80	2,033,805.38
内蒙古维多利慈善基金会	2013/04/23	内蒙古	397	48.80	852,419.02
内蒙古乌拉特后旗盛安爱心济困基金会	2012/04/17	内蒙古	397	48.80	2,003,548.41
内蒙古自治区马业发展基金会	2009/05/31	内蒙古	397	48.80	10,565,245.36
内蒙古自治区人民教育基金会	1992/02/02	内蒙古	397	48.80	9,526,121.76
内蒙古自治区文艺创作基金会	1993/07/08	内蒙古	397	48.80	2,118,690.27
宁德市教育发展基金会	2011/08/05	福建	397	48.80	4,226,533.62
宁夏公安民警英烈基金会	2008/01/30	宁夏	397	48.80	8,385,398.95
宁夏回族自治区北方民族大学教育发展基金会	2012/09/06	宁夏	397	48.80	7,542,748.92
宁夏回族自治区扶贫基金会	1996/06/18	宁夏	397	48.80	19,524,207.13
宁夏上陵社区敬老养老基金会	2012/05/07	宁夏	397	48.80	5,037,155.51
宁夏银川市残疾人福利基金会	2006/10/17	宁夏	397	48.80	4,364,003.16
盘锦市公安民警英烈救助基金会	2012/08/29	辽宁	397	48.80	4,042,674.91

续表

基金会名称	成立时间	所在地	排名	FTI 2016 得分	净资产（元）
沛县见义勇为基金会	2011/07/05	江苏	397	48.80	15,279,720.93
屏南县育才教育发展基金会	2012/10/19	福建	397	48.80	2,095,751.59
普宁市新坛慈善基金会	2011/10/18	广东	397	48.80	41,995,693.47
齐齐哈尔大学教育发展基金会	2012/09/21	黑龙江	397	48.80	2,932,114.80
启东市孙锦昌助学奖学教育基金会	2006/01/23	江苏	397	48.80	10,596,947.81
青海省汇爱公益基金会	2013/11/18	青海	397	48.80	5,080,086.06
泉州光华教育发展基金会	2011/11/22	福建	397	48.80	2,360,405.20
仁寿县景圣景荟爱教育基金会	2012/08/16	四川	397	48.80	2,003,778.38
如东县教育发展基金会	2011/09/20	江苏	397	48.80	9,944,997.99
厦门残疾人福利基金会	2006/01/16	福建	397	48.80	12,022,356.40
厦门春水爱心基金会	2013/05/13	福建	397	48.80	2,066,969.16
厦门大博医疗慈善基金会	2013/12/05	福建	397	48.80	2,057,537.39
厦门观音寺慈善基金会	2010/11/24	福建	397	48.80	2,161,532.53
厦门仁爱医疗基金会	2013/12/25	福建	397	48.80	18,244,146.88
厦门市革命传统教育发展基金会	2012/08/06	福建	397	48.80	2,651,813.28
厦门市海峡文化艺术品保护基金会	2013/08/27	福建	397	48.80	2,014,938.14
厦门市翔业爱心基金会	2013/01/04	福建	397	48.80	5,885,055.65
山东工商学院教育发展基金会	2011/11/27	山东	397	48.80	2,020,947.15
山东省青岛第二中学教育发展基金会	2012/06/25	山东	397	48.80	11,193,962.25
山东省送温暖工程基金会	1996/05/07	山东	397	48.80	28,378,124.51
山西省教科文发展基金会	1992/05/01	山西	397	48.80	4,211,106.50
陕西省宝鸡市老龄事业发展基金会	1989/08/12	陕西	397	48.80	4,086,939.72
陕西省老龄事业发展基金会	1988/02/03	陕西	397	48.80	48,142,969.82
陕西省青年创业就业基金会	2011/04/20	陕西	397	48.80	4,438,841.14
陕西省神州汉文化保护发展基金会	2011/11/21	陕西	397	48.80	3,063,236.98
邵东县教育基金会	2005/03/22	湖南	397	48.80	9,573,352.48
射阳县见义勇为基金会	2011/12/15	江苏	397	48.80	5,398,700.00
莘县卓越教育基金会	2009/12/31	山东	397	48.80	1,785,299.28
深圳市见义勇为基金会	1991/12/23	广东	397	48.80	111,533,890.14
深圳市新浩爱心基金会	2005/10/21	广东	397	48.80	16,658,245.10
石河子大学教育基金会	2012/05/16	新疆	397	48.80	6,953,070.54
石家庄市志愿服务基金会	2011/02/12	河北	397	48.80	7,661,729.74

续表

基金会名称	成立时间	所在地	排名	FTI 2016 得分	净资产（元）
四川德瑞教育发展基金会	2008/08/22	四川	397	48.80	6,591,285.00
四川烛光教育国际交流基金会	2013/04/27	四川	397	48.80	4,632,794.98
四会市见义勇为基金会	2004/04/01	广东	397	48.80	2,116,617.52
四平市公安民警优抚基金会	2013/05/17	吉林	397	48.80	2,828,780.92
泗洪县见义勇为基金会	2010/09/21	江苏	397	48.80	10,538,620.92
苏州汇凯爱心基金会	2005/04/07	江苏	397	48.80	1,337,501.28
苏州明德公益基金会	2013/09/29	江苏	397	48.80	4,099,365.01
睢宁县慈善基金会	2012/01/16	江苏	397	48.80	21,697,380.61
太仓市党员关爱暨帮扶困难群众基金会	2012/05/21	江苏	397	48.80	53,995,382.73
太仓市见义勇为基金会	2009/12/29	江苏	397	48.80	8,510,786.30
泰州市残疾人福利基金会	2010/03/30	江苏	397	48.80	8,565,885.74
天津广播电视大学教育发展基金会	2007/02/06	天津	397	48.80	2,385,784.95
天津市体育发展基金会	2012/02/27	天津	397	48.80	15,957,726.38
天津市振兴京剧基金会	1995/01/01	天津	397	48.80	10,296,795.83
铁岭市公安民警救助基金会	2009/12/15	辽宁	397	48.80	6,551,058.21
铁岭市教育基金会	2007/08/31	辽宁	397	48.80	4,792,781.90
通辽市扶贫基金会	2010/03/19	内蒙古	397	48.80	5,137,846.11
威海市见义勇为基金会	2005/09/27	山东	397	48.80	7,552,343.41
乌审旗人民教育基金会	2013/10/24	内蒙古	397	48.80	17,966,848.72
芜湖市牵手扶困助学基金会	2009/08/28	安徽	397	48.80	6,089,031.83
武汉市慈惠助学基金会	2013/05/10	湖北	397	48.80	1,979,848.36
西藏自治区珠峰冰川环保基金会	2012/04/19	西藏	397	48.80	5,072,220.13
西交利物浦大学教育发展基金会	2011/07/11	江苏	397	48.80	127,121,456.06
霞浦县振兴教育基金会	2012/10/30	福建	397	48.80	13,462,284.62
新化县教育基金会	2010/05/28	湖南	397	48.80	14,181,517.42
新疆维吾尔自治区心田社会公益基金会	2009/06/15	新疆	397	48.80	3,634,605.01
兴安盟扶贫基金会	2008/11/03	内蒙古	397	48.80	2,000,000.00
兴化市见义勇为基金会	2011/12/13	江苏	397	48.80	9,895,080.54
徐州幼儿师范高等专科学校教育发展基金会	2012/10/10	江苏	397	48.80	4,057,066.54
伊金霍洛旗人民教育基金会	2009/12/14	内蒙古	397	48.80	141,814,316.25
伊金霍洛旗少数民族发展基金会	2012/06/01	内蒙古	397	48.80	4,125,455.65
伊金霍洛旗圣地英才基金会	2012/12/11	内蒙古	397	48.80	109,433,908.04

续表

基金会名称	成立时间	所在地	排名	FTI 2016 得分	净资产（元）
伊金霍洛旗特殊人群救助发展基金会	2012/04/06	内蒙古	397	48.80	4,034,691.49
伊金霍洛旗玉良爱心基金会	2012/08/30	内蒙古	397	48.80	2,975,566.54
仪征万博慈善基金会	2012/04/20	江苏	397	48.80	9,392,542.29
宜昌市西陵微爱教育基金会	2013/11/18	湖北	397	48.80	2,481,885.91
宜昌市英才教育基金会	2013/09/25	湖北	397	48.80	2,008,068.30
岳阳市教师奖励基金会	2004/12/28	湖南	397	48.80	24,569,171.74
岳阳市岳阳楼区教师奖励基金会	2005/01/26	湖南	397	48.80	11,147,338.19
云南宝华福田慈善基金会	2013/06/05	云南	397	48.80	2,063,595.21
云南和谊公益基金会	2013/08/02	云南	397	48.80	4,617,005.93
云南杨丽萍民族文化艺术基金会	2013/10/15	云南	397	48.80	2,756,521.32
张家港市见义勇为基金会	2006/11/07	江苏	397	48.80	19,191,362.80
长沙市关心下一代基金会	2010/12/09	湖南	397	48.80	6,221,432.22
中方县康龙助学基金会	2012/10/09	湖南	397	48.80	10,414,486.01
中山市职工解困基金会	2004/03/04	广东	397	48.80	17,796,847.97
重庆缙云山养生慈爱基金会	2007/09/24	重庆	397	48.80	4,116,869.05
重庆师范大学教育发展基金会	2011/12/27	重庆	397	48.80	8,140,353.63
重庆市丰都教育奖励扶助基金会	2007/09/07	重庆	397	48.80	8,517,015.04
重庆市光明基金会	2007/03/19	重庆	397	48.80	8,355,572.14
重庆市开县教育基金会	2013/02/05	重庆	397	48.80	16,809,378.91
重庆市万州区教育基金会	2011/09/02	重庆	397	48.80	14,634,979.71
庄希泉基金会	1997/04/21	福建	397	48.80	2,335,535.73
紫金矿业慈善基金会	2012/09/04	福建	397	48.80	223,191,127.36
紫金山天文台小行星基金会	1993/09/25	江苏	397	48.80	6,475,987.12
大连市妇女儿童发展基金会	2011/09/09	辽宁	398	48.76	7,631,295.43
广东省圣保堂肿瘤慈善基金会	2010/09/09	广东	399	48.69	2,010,230.72
内江市市中区教育基金会	2009/10/21	四川	400	48.59	6,477,749.56
上海市防癌抗癌事业发展基金会	2007/01/12	上海	401	48.58	8,635,318.24
广东省缘善公益基金会	2013/10/14	广东	402	48.55	2,311,221.11
贵州省毕节市见义勇为基金会	2012/03/05	贵州	403	48.50	4,300,586.06
四川省文化艺术发展基金会	2009/07/20	四川	404	48.42	10,218,648.24
湖北省教育基金会	2004/03/01	湖北	405	48.28	114,941,418.99
湖南省湘西从文教育基金会	2013/09/27	湖南	406	48.08	4,016,540.77

续表

基金会名称	成立时间	所在地	排名	FTI 2016得分	净资产（元）
鞍山市见义勇为基金会	2013/08/08	辽宁	407	48.00	4,153,864.21
北京共美民族教育发展基金会	2012/12/19	北京	407	48.00	52,386,611.80
北京市教育基金会	1985/07/22	北京	407	48.00	41,912,415.57
抚顺市雷锋基金会	2013/12/18	辽宁	407	48.00	4,939,345.14
广东省福德慈善基金会	2011/10/12	广东	407	48.00	1,903,970.66
海安县见义勇为基金会	2010/12/20	江苏	407	48.00	10,253,435.63
黑龙江飞鹤乳业有限公司助学基金会	2006/08/22	黑龙江	407	48.00	10,088,149.70
江苏教育学院教育发展基金会	2009/07/17	江苏	407	48.00	5,020,378.00
金陵科技学院教育发展基金会	2009/07/13	江苏	407	48.00	12,633,403.06
句容市见义勇为基金会	2007/03/22	江苏	407	48.00	11,344,624.80
连云港职业技术学院教育发展基金会	2010/07/02	江苏	407	48.00	6,927,463.34
临沂市见义勇为基金会	2010/08/24	山东	407	48.00	15,205,599.64
南京儿童医院医学发展医疗救助基金会	2012/10/10	江苏	407	48.00	4,128,812.14
南通开发区慈善基金会	2012/04/18	江苏	407	48.00	5,132,987.81
邳州市见义勇为基金会	2012/02/28	江苏	407	48.00	5,113,550.00
三明学院教育发展基金会	2013/12/06	福建	407	48.00	31,411,468.04
汕头市见义勇为基金会	1992/05/26	广东	407	48.00	4,839,165.48
上海嘉宝公益基金会	2013/01/29	上海	407	48.00	20,658,991.36
上海视觉艺术学院教育发展基金会	2012/12/05	上海	407	48.00	100,868,607.09
上海阳光公益基金会	2013/01/04	上海	407	48.00	4,744,411.68
上海宇兴爱心慈善基金会	2013/07/15	上海	407	48.00	1,988,183.34
深圳市福德慈善基金会	2013/08/27	广东	407	48.00	2,040,479.29
深圳市荣超公益基金会	2013/12/10	广东	407	48.00	20,005,591.96
宿迁学院教育发展基金会	2007/08/24	江苏	407	48.00	4,433,259.27
天津市张君秋艺术基金会	1998/04/22	天津	407	48.00	2,210,029.62
乌鲁木齐市见义勇为基金会	1994/05/12	新疆	407	48.00	14,206,393.85
徐州市铜山区见义勇为基金会	2011/09/29	江苏	407	48.00	5,043,012.34
盐城市扶贫基金会	2007/05/14	江苏	407	48.00	2,076,046.28
镇江市见义勇为基金会	2005/06/05	江苏	407	48.00	99,910,027.38
重庆市彭水王应田教育基金会	1996/06/20	重庆	407	48.00	5,514,372.68
浙江工业大学教育基金会	2012/10/14	浙江	408	47.99	16,116,791.18
无锡太湖学院教育发展基金会	2009/07/23	江苏	409	47.97	38,532,790.68

续表

基金会名称	成立时间	所在地	排名	FTI 2016得分	净资产（元）
中国志愿服务基金会	2009/02/16	北京	409	47.97	86,126,516.03
河南省宋河老子国学教育基金会	2010/07/22	河南	410	47.94	26,184,568.35
河南省浙鑫助残救孤基金会	2011/04/02	河南	411	47.85	2,000,152.06
北京顺峰爱心公益基金会	2013/12/26	北京	412	47.78	1,801,773.46
中国国际问题研究基金会	1998/06/10	北京	413	47.76	22,251,747.50
舟山市定海区人民教育基金会	2006/10/15	浙江	414	47.75	9,012,992.62
济南市见义勇为基金会	2006/10/31	山东	415	47.69	11,482,139.81
中国公安民警英烈基金会	2003/01/07	北京	415	47.69	202,682,079.11
福建省中小学幼儿教师奖励基金会	1988/09/30	福建	416	47.68	17,933,444.58
湖北省湿地保护基金会	2008/06/26	湖北	416	47.68	5,553,755.31
四川省资中教育基金会	2006/05/16	四川	417	47.65	16,344,803.72
天津市红十字基金会	2012/04/20	天津	418	47.62	15,092,364.75
广东省佛教协会慈善基金会	2013/03/28	广东	419	47.60	3,628,657.98
玉环县人民教育基金会	2005/06/15	浙江	419	47.60	3,842.57
浙江中信金通教育基金会	2008/07/29	浙江	419	47.60	5,844,510.03
宁波诺丁汉大学教育发展基金会	2012/09/04	浙江	420	47.47	27,749,324.83
北京中国音乐学院教育基金会	2013/04/02	北京	421	47.42	2,173,133.88
绵阳市教育基金会	1995/09/15	四川	422	47.34	6,973,479.49
苏州市儿童少年基金会	2010/06/24	江苏	423	47.33	6,455,311.21
中国禁毒基金会	1999/04/28	北京	424	47.28	107,163,070.74
安徽黄山公益基金会	2012/07/26	安徽	425	47.20	1,534,036.25
安徽省安庆市桐城中学教育发展基金会	2013/08/28	安徽	425	47.20	1,765,275.00
北京华严慈善基金会	2010/05/10	北京	425	47.20	2,715,960.29
北京戏曲艺术教育基金会	2002/06/17	北京	425	47.20	5,712,146.14
北京艺美公益基金会	2012/10/24	北京	425	47.20	2,623,681.74
佛山市顺德区职工解困基金会	2004/03/03	广东	425	47.20	14,257,570.78
福建省海峡新闻事业发展基金会	2013/08/02	福建	425	47.20	1,872,886.35
福建省紫雲慈善基金会	2013/08/09	福建	425	47.20	2,138,794.27
甘肃省天水市伏羲赡老助学基金会	1983/10/08	甘肃	425	47.20	5,327,383.58
赣榆县见义勇为基金会	2010/11/11	江苏	425	47.20	4,487,017.61
广东省广州大学附属中学教育发展基金会	2012/09/18	广东	425	47.20	8,522,524.86
广东省广州交响乐团艺术发展基金会	2011/11/07	广东	425	47.20	9,849,788.37

续表

基金会名称	成立时间	所在地	排名	FTI 2016 得分	净资产（元）
广东省合鸿达爱心基金会	2013/12/31	广东	425	47.20	1,846,090.79
广东省见义勇为基金会	1993/01/28	广东	425	47.20	119,979,851.01
广东省老区建设基金会	1991/03/18	广东	425	47.20	21,209,364.07
广东省励志电网科技奖励基金会	2013/04/07	广东	425	47.20	2,988,775.16
广东省文物保护基金会	1993/07/13	广东	425	47.20	2,180,330.44
广东省肇庆市高要区教育基金会	2011/07/05	广东	425	47.20	8,748,340.27
广宁县教育基金会	1997/10/01	广东	425	47.20	4,551,581.73
广西可高基金会	2013/01/22	广西	425	47.20	474,656.58
广州市交通建设管理基金会	1993/07/08	广东	425	47.20	145,063,971.16
贵州省铜仁市见义勇为基金会	2011/12/28	贵州	425	47.20	5,050,293.31
哈尔滨市道里区慈善基金会	2000/12/21	黑龙江	425	47.20	227,164,495.62
河北精英教育基金会	2013/01/21	河北	425	47.20	2,211,045.02
河北润腾慈善公益基金会	2013/10/14	河北	425	47.20	1,432,381.65
河南省中土养老慈善基金会	2013/09/09	河南	425	47.20	2,272,928.71
湖南省邵阳建国慈善基金会	2012/07/18	湖南	425	47.20	5,065,558.02
吉林省大禹助学基金会	2013/10/09	吉林	425	47.20	4,124,075.79
江苏国信企业发展研究基金会	2013/04/17	江苏	425	47.20	30,816,746.16
江苏盐阜扶贫济困基金会	2009/07/14	江苏	425	47.20	144,400.18
涟水县见义勇为基金会	2011/01/31	江苏	425	47.20	9,059,060.97
辽宁省见义勇为基金会	1997/06/09	辽宁	425	47.20	3,823,048.02
辽宁省体育基金会	1989/10/14	辽宁	425	47.20	26,849,442.30
辽阳辽化教育奖励基金会	1990/01/01	辽宁	425	47.20	4,050,663.82
临高县教育基金会	2009/04/07	海南	425	47.20	12,175,878.39
马鞍山市见义勇为基金会	2012/12/26	安徽	425	47.20	4,715,136.50
茂名市见义勇为基金会	1993/07/07	广东	425	47.20	4,526,825.61
梅州市见义勇为基金会	1992/11/25	广东	425	47.20	8,451,336.14
南京牛首山公益慈善基金会	2013/05/08	江苏	425	47.20	2,759,457.31
南京师范大学泰州学院教育发展基金会	2006/12/12	江苏	425	47.20	26,510,432.61
南京市溧水区见义勇为基金会	2009/06/18	江苏	425	47.20	4,599,047.92
南京市浦口区扶贫基金会	2007/04/20	江苏	425	47.20	13,091,423.97
南京市玄武区见义勇为基金会	2008/07/28	江苏	425	47.20	6,380,975.04
南京市中小学生科技活动基金会	1992/10/08	江苏	425	47.20	8,734,230.87

续表

基金会名称	成立时间	所在地	排名	FTI 2016 得分	净资产（元）
南京体育学院体育发展基金会	2010/05/24	江苏	425	47.20	22,358,492.92
内蒙古包头市青山区教育基金会	2013/05/22	内蒙古	425	47.20	7,236,607.02
青海冬虫夏草与人类健康研究发展基金会	2009/06/03	青海	425	47.20	1,363,436.36
三亚市法律援助基金会	2011/09/07	海南	425	47.20	3,907,796.77
山西省大同市扶贫基金会	2006/08/28	山西	425	47.20	6,405,666.70
山西省代县雁门济困助学基金会	2012/05/18	山西	425	47.20	12,302,616.06
陕西泰尔文化教育基金会	2013/01/14	陕西	425	47.20	5,363,638.87
陕西榆林平安妇女儿童基金会	2012/11/05	陕西	425	47.20	3,673,370.67
上海志成公益基金会	2013/05/28	上海	425	47.20	5,743,162.40
深圳市钦明尔德公益基金会	2013/08/16	广东	425	47.20	1,542,824.11
苏州工艺美术职业技术学院教育发展基金会	2010/05/18	江苏	425	47.20	24,591,838.92
宿迁市扶贫基金会	2010/01/15	江苏	425	47.20	1,689,409.66
泰兴市见义勇为基金会	2012/06/19	江苏	425	47.20	6,089,740.33
天津理工大学教育发展基金会	2008/01/24	天津	425	47.20	6,397,053.96
天津市宁鸿涛助学基金会	2007/09/08	天津	425	47.20	2,028,730.50
新疆巴音郭楞蒙古自治州送温暖工程基金会	1996/07/10	新疆	425	47.20	8,803,785.96
新疆维吾尔自治区送温暖工程基金会	1993/01/08	新疆	425	47.20	11,468,866.83
新乡市环卫爱心基金会	2013/05/12	河南	425	47.20	3,462,966.65
宜兴市见义勇为基金会	2010/05/19	江苏	425	47.20	21,471,298.00
镇江市京口区见义勇为基金会	2007/07/25	江苏	425	47.20	12,305,569.41
重庆市星星灾害救助基金会	2008/11/27	重庆	425	47.20	2,134,301.40
福建省公安民警英烈基金会	2006/12/29	福建	426	47.18	14,922,071.01
广东省华南理工大学教育发展基金会	2007/10/16	广东	427	47.16	197,745,988.67
中华艺文基金会	2013/06/25	北京	428	47.12	133,851,459.95
新奥公益慈善基金会	2005/12/25	河北	429	47.02	5,331,577.10
苏州市职业大学教育发展基金会	2008/07/05	江苏	430	47.01	42,417,880.09
湖北省仙桃见义勇为基金会	2012/12/24	湖北	431	46.95	8,547,371.60
广东省广东实验中学教育基金会	2011/05/24	广东	432	46.89	15,068,166.53
广东省东风日产阳光关爱基金会	2008/06/18	广东	433	46.82	2,077,643.73
辽宁省辽宁工程技术大学教育基金会	2009/07/29	辽宁	434	46.79	10,766,362.15
闽江学院教育发展基金会	2008/11/24	福建	435	46.78	2,709,154.42
南京森林警察学院教育发展基金会	2005/12/30	江苏	436	46.77	65,881,785.69

续表

基金会名称	成立时间	所在地	排名	FTI 2016 得分	净资产（元）
山东省公安民警优抚基金会	2003/12/17	山东	437	46.74	68,259,176.38
北京卓越企业家成长研究基金会	2008/08/29	北京	438	46.71	2,092,394.89
福建卫生职业技术学院教育基金会	2012/09/05	福建	439	46.70	5,923.74
湖北省荆门聂绀弩诗词研究基金会	2012/11/01	湖北	440	46.69	8,147,860.88
江苏仁医基金会	2009/09/21	江苏	441	46.65	27,234,550.11
衡阳县教育基金会	2005/11/30	湖南	442	46.50	6,318,560.54
上海七弦古琴文化发展基金会	2011/01/28	上海	443	46.48	4,002,776.38
广州市时代地产公益基金会	2007/03/30	广东	444	46.44	11,515,481.32
湖北西部生态健康基金会	2007/08/27	湖北	445	46.41	635,443.16
北京原点文化经济创新基金会	2009/05/10	北京	446	46.40	2,358,422.90
东莞市沙田教育基金会	2012/08/15	广东	446	46.40	10,152,932.36
河北斯特龙慈善基金会	2013/02/04	河北	446	46.40	759,204.50
湖南迪雄助学基金会	2013/07/30	湖南	446	46.40	10,811,400.00
宁波市戏曲艺术发展基金会	1993/11/01	浙江	446	46.40	2,690,829.33
上海市奉贤区教育基金会	2013/07/15	上海	446	46.40	16,471,970.64
深圳市智慧东方公益基金会	2013/05/21	广东	446	46.40	3,343,751.88
仙居县人民教育基金会	2004/08/03	浙江	446	46.40	4,593,565.14
永嘉县人民教育基金会	2008/04/21	浙江	446	46.40	5,881,194.58
莆田市砺山慈善基金会	2013/10/15	福建	447	46.38	3,412,377.15
上海市青浦区教育基金会	2007/06/08	上海	448	46.30	26,704,668.76
湖北省全洲慈善公益基金会	2010/05/31	湖北	449	46.24	2,477,200.27
山东环境保护基金会	2001/11/16	山东	450	46.11	3,219,202.47
宁夏瑞信安琪爱心基金会	2013/12/20	宁夏	451	46.09	2,265,049.14
安徽国祯爱心慈善基金会	2011/03/23	安徽	452	46.08	2,428,556.00
江苏大同博爱基金会	2008/12/31	江苏	453	46.03	2,788,292.23
东莞市教育基金会	2004/05/13	广东	454	45.96	18,421,509.80
辽宁省辽宁大学教育基金会	2012/02/23	辽宁	455	45.86	3,216,960.47
甘肃亚太慈善基金会	2013/01/31	甘肃	456	45.84	6,206,800.46
扬州市教育发展基金会	2011/09/23	江苏	456	45.84	14,937,423.69
新疆维吾尔自治区老龄事业发展基金会	1992/08/08	新疆	457	45.71	4,573,330.09
北京市陆学艺社会学发展基金会	2008/11/23	北京	458	45.70	2,353,123.34
无锡市见义勇为基金会	2000/07/27	江苏	458	45.70	33,713,479.56

续表

基金会名称	成立时间	所在地	排名	FTI 2016 得分	净资产（元）
上海市虹口区教育基金会	1992/03/18	上海	459	45.63	11,545,935.75
福建省黄仲咸教育基金会	2004/09/28	福建	460	45.60	202,406,496.96
广东省豪爵慈善基金会	2007/08/03	广东	460	45.60	17,674,136.01
广东省合生珠江教育发展基金会	2007/08/16	广东	460	45.60	10,951,437.60
广州市合力科普基金会	2007/07/13	广东	460	45.60	8,550,009.83
吉林省公安民警优抚基金会	2010/07/26	吉林	460	45.60	3,422,946.86
宁波市残疾人福利基金会	1985/08/01	浙江	460	45.60	5,913,898.85
山西省天使文化基金会	2013/09/18	山西	460	45.60	2,047,729.73
上海东方文化艺术基金会	2009/05/14	上海	460	45.60	2,101,572.02
深圳市东风南方爱心公益基金会	2013/07/04	广东	460	45.60	3,841,449.87
福建吴孟超科技教育发展基金会	2013/08/29	福建	461	45.57	11,156,259.45
太仓市慈善基金会	2008/07/05	江苏	462	45.52	25,155,496.89
浙江海洋学院教育基金会	2013/01/08	浙江	463	45.48	7,957,786.72
湖北省扶贫基金会	1994/06/13	湖北	464	45.44	107,688,770.57
内蒙古元和爱心基金会	2013/11/18	内蒙古	465	45.32	2,057,294.72
北京健康长城公益基金会	2013/02/22	北京	466	45.28	2,216,226.84
青海省玉树州困难职工帮扶基金会	2011/11/25	青海	467	45.23	4,237,387.31
广东省华南农业大学教育发展基金会	2010/12/31	广东	468	45.22	29,585,815.48
辽宁省辽宁水利职业学院教育基金会	2013/12/27	辽宁	469	45.19	2,027,267.50
佛山市金盾救助基金会	2009/07/20	广东	470	45.14	11,839,511.86
滁州市见义勇为基金会	2012/12/31	安徽	471	45.04	4,180,362.34
天津市第二中学教育发展基金会	2008/02/25	天津	472	44.97	5,877,959.48
上海大成慈善基金会	2013/12/10	上海	473	44.93	2,944,001.01
甘肃省世恩慈善基金会	2009/06/01	甘肃	474	44.90	2,958,610.93
长沙市雨花区教育基金会	2010/05/28	湖南	474	44.90	38,540,658.37
湖北省夷陵中学教育发展基金会	2012/02/09	湖北	475	44.86	6,934,401.74
安徽省黄梅戏艺术发展基金会	1994/12/28	安徽	476	44.81	7,028,635.28
河北省妇女儿童发展基金会	2013/08/27	河北	477	44.80	10,170,547.73
深圳市精锐教育基金会	2013/08/26	广东	477	44.80	120,413.11
天津市静海一滴水慈善基金会	2013/02/07	天津	477	44.80	5,846,093.56
北京曹雪芹文化发展基金会	2013/02/08	北京	478	44.77	19,202,483.96
都江堰市教育发展基金会	2003/07/01	四川	478	44.77	14,599,219.16

续表

基金会名称	成立时间	所在地	排名	FTI 2016 得分	净资产（元）
高邮市慈善基金会	2007/08/08	江苏	479	44.70	25,478,048.19
广东省方圆公益基金会	2011/04/21	广东	480	44.69	4,873,696.19
如东县见义勇为基金会	2011/01/27	江苏	480	44.69	10,913,863.98
广东省远大慈善基金会	2012/09/17	广东	481	44.53	1,101,707.64
辽宁省沈阳理工大学教育基金会	2011/09/01	辽宁	482	44.49	4,573,546.32
汕尾市扶贫基金会	2010/10/27	广东	483	44.43	8,930,658.36
海宁市农业技术推广基金会	2013/11/19	浙江	484	44.40	7,144,281.33
宁波市镇海区人民教育基金会	1989/01/07	浙江	484	44.40	49,714,825.31
浙江省吴定酒慈善基金会	2013/05/22	浙江	484	44.40	1,949,963.74
哈尔滨市道里区残疾人福利基金会	2003/01/01	黑龙江	485	44.35	4,479,323.87
北京自然之友公益基金会	2013/11/08	北京	486	44.32	2,001,442.11
中国宋庆龄基金会	1982/05/29	北京	486	44.32	322,864,807.97
北京晓星芭蕾艺术发展基金会	2010/12/13	北京	487	44.28	47,564,323.20
南京大吉慈善基金会	2012/05/21	江苏	487	44.28	2,544,587.45
淮安信息职业技术学院教育发展基金会	2010/05/30	江苏	488	44.24	4,527,593.12
南京中医药大学教育发展基金会	2006/07/05	江苏	489	44.21	165,568,431.88
深圳市社会福利基金会	2008/12/18	广东	489	44.21	29,755,627.11
广东省广济慈善基金会	2012/07/19	广省	490	44.20	1,952,825.26
李可染艺术基金会	1998/03/24	北京	490	44.20	21,086,788.60
安阳市教育基金会	2009/01/22	河南	491	44.17	5,919,632.34
大庆市老年福利基金会	1989/05/16	黑龙江	492	44.16	9,980,398.97
辽源市公安民警优抚基金会	2011/11/11	吉林	493	44.14	11,049,887.08
仰恩基金会	2008/07/02	福建	494	44.05	2,358,334.56
山西工商学院教育基金会	2013/08/01	山西	495	44.03	3,030,884.48
甘肃省残疾人福利基金会	2007/11/29	甘肃	496	44.00	8,067,950.20
建德市老龄事业发展基金会	2010/07/07	浙江	496	44.00	5,513,136.46
山东理工大学教育发展基金会	2011/05/09	山东	496	44.00	6,032,454.01
苏州弘化社慈善基金会	2013/05/08	江苏	496	44.00	33,996,353.53
威海市恒盛文化艺术发展基金会	2010/03/08	山东	496	44.00	2,859,321.13
南通市港闸区见义勇为基金会	2011/07/29	江苏	497	43.99	10,571,990.50
北京中国地质大学教育基金会	2012/06/06	北京	498	43.98	10,384,381.73
青岛市天泰公益基金会	2010/01/09	山东	498	43.98	72,737,533.51

续表

基金会名称	成立时间	所在地	排名	FTI 2016 得分	净资产（元）
四川宜宾学院教育发展基金会	2013/10/24	四川	499	43.88	2,001,178.15
海门文明村爱心基金会	2010/06/29	江苏	500	43.87	2,808,291.86
泰州市见义勇为基金会	2002/07/20	江苏	501	43.80	180,348,165.24
青海省西宁市国开教育公益基金会	2012/10/22	青海	502	43.76	1,664,728.35
深圳市澳康达慈善基金会	2013/09/05	广东	503	43.63	2,176,926.38
泸州市关心下一代基金会	2013/08/26	四川	504	43.60	5,044,527.34
沛县好人文化基金会	2013/11/25	江苏	505	43.59	3,911,733.10
山西省晋艺嘉和文化艺术基金会	2013/09/04	山西	506	43.43	4,670,042.38
陕西省世联慈善基金会	2013/11/11	陕西	507	43.39	3,985,267.02
江西省煌上煌爱心基金会	2013/03/20	江西	508	43.27	2,132,347.90
惠州市惠城区爱心教育基金会	2004/05/24	广东	509	43.20	10,394,691.97
山东墨子基金会	1995/08/29	山东	509	43.20	2,031,534.96
广西帮帮忙教育扶贫基金会	2005/05/22	广西	510	43.13	2,477,803.37
日照职业技术学院教育基金会	2013/06/14	山东	510	43.13	3,340,927.27
西安电子科技大学教育基金会	2010/05/07	陕西	511	43.05	15,242,956.45
河南省爱心事业基金会	2011/12/02	河南	512	42.98	5,595,079.95
延边大学教育基金会	2006/10/31	吉林	513	42.97	19,676,642.19
肇庆市端州区教育基金会	2005/05/12	广东	514	42.94	5,147,827.98
湛江市见义勇为基金会	2008/08/21	广东	515	42.84	5,323,492.28
北京财贸学院校友促进教育基金会	1993/09/20	北京	516	42.79	2,302,218.88
南京市残疾人福利基金会	1987/10/01	江苏	517	42.78	15,285,440.21
上海东方爱心基金会	2008/03/20	上海	518	42.76	1,248,009.72
江苏言恭达文化基金会	2012/12/11	江苏	519	42.75	2,565,474.20
浙江雪窦慈光慈善基金会	2012/07/04	浙江	520	42.73	8,649,558.55
北京河南进京务工创业人员志愿服务基金会	2010/08/10	北京	521	42.68	4,405,967.99
潍坊市人口关爱基金会	2008/05/27	山东	522	42.62	6,067,904.80
甘肃省兰州市城关区教育发展基金会	2011/06/21	甘肃	523	42.59	17,977,759.58
湖北省鄂州西昌慈善基金会	2013/08/06	湖北	524	42.55	9,250,879.12
北京市戏曲艺术发展基金会	1996/07/30	北京	525	42.53	84,940,237.61
云南华商公益基金会	2011/05/03	云南	526	42.52	7,801,304.86
上海工商界爱国建设特种基金会	1993/01/08	上海	527	42.46	208,017,116.16
东丰县见义勇为基金会	2011/04/18	吉林	528	42.40	1,949,762.93

续表

基金会名称	成立时间	所在地	排名	FTI 2016 得分	净资产（元）
广州市番禺区科学技术进步基金会	1995/04/03	广东	528	42.40	16,515,675.09
合肥市公安民警基金会	2012/01/10	安徽	528	42.40	102,785,247.56
内蒙古社会治安见义勇为基金会	1994/10/11	内蒙古	528	42.40	6,763,125.07
广东省禁毒基金会	2004/05/31	广东	529	42.30	79,229,325.28
常州市新北区西夏墅慈善基金会	2011/11/17	江苏	530	42.27	3,456,349.67
广东省广州中医药大学教育发展基金会	2011/08/24	广东	531	42.25	21,392,629.41
甘肃省见义勇为基金会	1992/01/01	甘肃	532	42.23	13,278,760.17
南通市崇川区慈善基金会	2007/08/29	江苏	533	42.19	18,130,380.92
湖南省宁乡一中教育基金会	2011/09/09	湖南	534	42.14	9,370,407.28
贵州省黔西南州见义勇为基金会	2011/12/28	贵州	535	42.05	6,214,188.70
浙江工商大学教育基金会	2013/02/05	浙江	536	42.04	2,041,822.00
湖南省体育发展基金会	2007/12/25	湖南	537	42.00	12,424,707.91
深圳大运留学基金会	2011/07/19	广东	537	42.00	206,164,820.51
深圳市千禧之星慈善基金会	2012/07/03	广东	537	42.00	355,855.11
浙江省瑞安中学教育发展基金会	2013/01/14	浙江	537	42.00	5,449,711.13
浙江省必达爱心慈善基金会	2012/08/31	浙江	538	41.74	2,093,273.08
常州宝林慈善基金会	2013/07/11	江苏	539	41.68	5,899,321.05
涟水县教育发展基金会	2011/10/24	江苏	539	41.68	13,872,464.89
山东省见义勇为基金会	1994/02/01	山东	540	41.61	12,021,926.22
广州欧初文化教育基金会	2013/03/21	广东	541	41.60	2,027,864.35
辽宁省辽宁工业大学教育基金会	2010/04/01	辽宁	541	41.60	5,113,422.37
绍兴县小百花越剧基金会	1993/12/28	浙江	541	41.60	1,745,261.82
台州市黄岩区教育发展基金会	2004/09/03	浙江	541	41.60	4,037,699.84
浙江省经济和社会发展研究基金会	1995/05/30	浙江	541	41.60	2,616,279.25
湖北省宜昌思源慈善基金会	2013/05/20	湖北	542	41.53	2,099,167.84
宁夏医学科研教育基金会	2002/10/10	宁夏	543	41.49	5,469,924.85
上海市嘉定区教育奖励基金会	1992/03/12	上海	544	41.27	25,287,718.47
厦门第一中学教育基金会	2006/12/29	福建	545	41.23	20,343,095.52
广东省广东财经大学教育发展基金会	2013/12/31	广东	546	41.20	3,827,470.41
三门县人民教育基金会	2004/09/03	浙江	546	41.20	236,011.73
上海国际经济交流基金会	1994/03/21	上海	547	41.18	13,001,634.18
连云港市海州区慈善基金会	2007/07/13	江苏	548	41.02	4,420,918.81

续表

基金会名称	成立时间	所在地	排名	FTI 2016 得分	净资产（元）
烟台大学教育发展基金会	2013/11/22	山东	549	40.99	2,820,534.09
内蒙古云曙碧公益事业基金会	2009/10/30	内蒙古	550	40.98	26,324,328.25
滨州市见义勇为基金会	2010/06/11	山东	551	40.89	11,649,294.07
上海回向文化发展基金会	2013/08/09	上海	552	40.80	2,142,400.84
深圳美丽园丁教育基金会	2013/10/21	广东	552	40.80	25,359,093.76
广东省卓如医疗慈善救助基金会	2011/07/19	广东	553	40.72	6,075,712.46
甘肃妇女儿童发展基金会	1997/04/01	甘肃	554	40.65	15,448,725.35
淄博市见义勇为基金会	2005/12/22	山东	554	40.65	15,903,108.63
南通市法律援助基金会	2010/10/11	江苏	555	40.63	13,886,565.23
河南省青年创业就业基金会	2009/03/15	河南	556	40.56	7,574,147.88
宁夏宝塔慈智慈善基金会	2012/07/25	宁夏	556	40.56	33,769.06
湖南科技学院教育基金会	2011/08/08	湖南	557	40.45	5,146,061.49
合浦县同心共建和谐基金会	2013/07/04	广西	558	40.40	−7,891.46
青岛市教育发展基金会	1995/09/10	山东	558	40.40	89,768,257.61
苏州市见义勇为基金会	1994/03/17	江苏	559	40.38	39,849,281.00
聊城市见义勇为基金会	2012/07/06	山东	560	40.27	25,407,414.80
长春师范大学教育基金会	2009/11/23	吉林	561	40.26	18,025,144.91
苏州市姑苏区慈善基金会	2008/07/15	江苏	562	40.17	36,224,068.89
江苏邦德爱心基金会	2010/05/13	江苏	563	40.13	2,453,636.29
上海市闵行区中小幼教师奖励基金会	1992/10/28	上海	564	40.10	11,425,216.28
辽宁爱之光防盲基金会	2006/10/08	辽宁	565	40.06	12,386,933.60
辽宁省青年创业基金会	2008/06/24	辽宁	566	40.05	10,064,887.54
鄂尔多斯东联教育基金会	2007/10/15	内蒙古	567	40.00	4,240,536.49
南京市秦淮区见义勇为基金会	2009/04/13	江苏	567	40.00	6,202,642.42
贵州省六盘水市见义勇为基金会	2012/03/05	贵州	568	39.98	14,232,168.47
常州齐梁慈善基金会	2013/12/26	江苏	569	39.91	3,043,470.54
福建集美大学教育发展基金会	1993/09/10	福建	570	39.88	121,451,888.83
山东省儿童少年福利基金会	1981/05/04	山东	571	39.84	4,624,154.19
淮安市慈善基金会	2007/12/26	江苏	572	39.79	75,073,845.92
天津市滨海社会救助基金会	2008/06/26	天津	573	39.71	2,220,064.69
苍南县社会组织发展基金会	2013/07/01	浙江	574	39.60	1,059,841.70
洞头县社会组织发展基金会	2013/06/28	浙江	574	39.60	248,718.59

续表

基金会名称	成立时间	所在地	排名	FTI 2016 得分	净资产（元）
靖江市见义勇为基金会	2007/06/01	江苏	574	39.60	10,204,785.69
陕西省社会公益基金会	2006/09/15	陕西	574	39.60	3,857,501.19
桐乡市农业技术推广基金会	2013/12/05	浙江	574	39.60	6,950,455.51
温州市龙湾区社会组织发展基金会	2013/07/09	浙江	574	39.60	-
文成县社会组织发展基金会	2013/07/05	浙江	574	39.60	2,005,516.48
福州见义勇为基金会	1995/08/01	福建	575	39.53	13,847,942.31
北京节能与电力技术开发基金会	1992/11/15	北京	576	39.50	8,459,613.34
青海省残疾人福利基金会	1988/10/05	青海	577	39.14	6,585,774.27
甘肃省青少年发展基金会	1992/08/01	甘肃	578	38.99	12,352,153.25
潍坊市见义勇为基金会	2013/10/15	山东	579	38.94	9,586,949.18
宁夏回族自治区残疾人福利基金会	1985/04/09	宁夏	580	38.83	24,432,670.82
广东省志愿者事业发展基金会	2007/06/14	广东	581	38.80	16,093,680.75
上海富国环保公益基金会	2012/05/15	上海	582	38.41	2,621,386.97
深圳市同心慈善基金会	2013/11/21	广东	582	38.41	37,005,006.30
上海发展昆剧基金会	1992/07/07	上海	583	38.40	2,386,412.81
北京市希思科临床肿瘤学研究基金会	2005/05/24	北京	584	38.34	9,825,131.07
无锡市太湖禁毒基金会	2008/06/26	江苏	585	38.22	3,548,885.68
江苏博爱助困基金会	2009/05/26	江苏	586	38.13	1,287,279.69
深圳市颐仁中医基金会	2013/11/11	广东	587	38.04	3,819,506.00
广东省华南洁能慈善基金会	2013/11/20	广东	588	38.00	408,860.09
河南省炎黄姓氏历史文化基金会	2005/12/15	河南	588	38.00	4,872,964.24
青海妇女儿童发展基金会	2010/12/24	青海	589	37.78	15,617,655.88
南通市广播电视大学教育发展基金会	2011/08/08	江苏	590	37.64	6,789,567.06
张家港市农联爱心基金会	2008/05/23	江苏	591	37.63	2,922,798.76
江苏中超慈善基金会	2013/09/16	江苏	592	37.61	9,802,522.72
常州市美德基金会	2013/11/26	江苏	593	37.60	7,870,421.91
嘉善县农业技术推广基金会	2013/11/15	浙江	593	37.60	4,438,438.00
西藏自治区生态建设与环境保护基金会	2005/06/18	西藏	594	37.40	4,052,609.12
北京启明星辰慈善公益基金会	2012/05/09	北京	595	37.22	2,011,344.27
湖北省宜昌一中教育发展基金会	2010/09/25	湖北	596	37.20	6,873,457.48
湖南省浏阳市淮川街道教育基金会	2009/08/27	湖南	597	37.14	4,166,724.25
河北省青年就业创业基金会	2009/09/26	河北	598	37.12	6,739,155.99

续表

基金会名称	成立时间	所在地	排名	FTI 2016 得分	净资产（元）
广东省国顺慈善基金会	2013/02/05	广东	599	37.06	2,677,428.88
陕西省黄土地陕北民歌发展基金会	2010/01/06	陕西	600	37.03	2,196,216.76
江苏华仁扶贫发展基金会	2007/06/22	江苏	601	36.99	23,758,797.87
湖南岳阳长炼石化科技创新基金会	2012/12/28	湖南	602	36.80	6,028,694.83
黄冈市青少年发展基金会	1991/01/01	湖北	602	36.80	5,064,622.57
南京农业大学教育发展基金会	2007/02/26	江苏	602	36.80	80,755,972.14
舟山市农业技术推广基金会	2012/12/20	浙江	602	36.80	16,921,347.11
甘肃武山县圆梦助学基金会	2013/08/05	甘肃	603	36.73	5,733,156.86
海门市见义勇为基金会	2012/01/11	江苏	603	36.73	19,145,927.39
宁夏金宇爱心慈善基金会	2013/07/24	宁夏	604	36.72	2,000,514.42
江苏梦之蓝公益基金会	2010/06/07	江苏	605	36.59	–
重庆邮电大学教育基金会	2012/11/09	重庆	606	36.53	10,883,820.64
深圳市三和仁爱文化基金会	2013/08/22	广东	607	36.28	8,045,046.05
广东省顺丰慈善基金会	2009/08/12	广东	608	36.22	3,424,648.48
山西省华安扶贫基金会	2011/08/09	山西	609	36.07	2,394,406.18
河南省羚锐老区扶贫帮困基金会	2008/01/11	河南	610	35.89	3,189,784.95
响水县见义勇为基金会	2011/12/13	江苏	611	35.83	5,680,070.54
厦门中山医院基金会	1993/02/06	福建	612	35.60	13,688,309.19
锡林郭勒盟扶贫基金会	2013/11/21	内蒙古	612	35.60	4,014,236.44
湖南省浏阳市田家炳实验中学教育基金会	2008/10/15	湖南	613	35.52	4,475,377.42
甘肃合益救助基金会	2013/12/25	甘肃	614	35.39	2,005,164.43
牡丹江市老年福利基金会	2002/05/16	黑龙江	615	35.37	4,223,343.21
韶关市教育基金会	1992/08/19	广东	616	35.35	22,589,222.24
甘肃省治理荒漠化基金会	2008/11/06	甘肃	617	35.30	5,868,606.93
江苏省华夏三农事业发展基金会	2007/08/24	江苏	618	35.20	1,840,039.72
曲阜师范大学孔子教育基金会	2010/07/23	山东	618	35.20	1,345,416.84
山西省明道文物保护基金会	2013/08/20	山西	618	35.20	1,679,460.74
广东省潮商公益基金会	2012/05/08	广东	619	35.15	3,671,540.00
赣州市青少年发展基金会	1995/07/18	江西	620	35.14	7,856,035.28
陕西大唐西市历史文化遗址保护基金会	2009/11/19	陕西	621	35.13	6,031,855.20
鸡西市残疾人福利基金会	2007/02/01	黑龙江	622	35.07	1,383,874.63
南通市港闸区慈善基金会	2007/09/10	江苏	623	35.05	5,987,554.36

续表

基金会名称	成立时间	所在地	排名	FTI 2016 得分	净资产（元）
江苏科技大学教育发展基金会	2007/08/01	江苏	624	34.89	22,014,296.97
天津市力高慈善基金会	2012/09/26	天津	625	34.82	1,821,386.42
无锡多彩公益基金会	2013/08/22	江苏	626	34.65	2,798,146.51
北京德恒公益基金会	2013/10/29	北京	627	34.55	3,540,009.53
广东省老年基金会	1989/05/12	广东	628	34.40	3,788,332.29
南京市见义勇为基金会	1993/12/16	江苏	628	34.40	50,455,385.28
湖南省湘阴县教师奖励基金会	1992/10/01	湖南	629	34.38	9,483,000.31
江西省萍乡城北地产教育基金会	2009/09/15	江西	630	34.27	1,411,367.53
青海省福瑞慈善基金会	2007/12/19	青海	631	34.00	4,346,096.80
无锡华地慈善基金会	2013/04/26	江苏	631	34.00	9,872,181.77
海门市慈善基金会	2007/11/21	江苏	632	33.88	48,118,940.96
安徽泗县慈善基金会	2013/08/29	安徽	633	33.70	6,311,149.49
湖北省武汉中学教育发展基金会	2010/01/20	湖北	634	33.69	3,046,053.71
汕头市潮阳区公益基金会	2012/09/13	广东	635	33.60	8,222,451.28
中国艺术节基金会	1987/09/01	北京	635	33.60	3,035,846.41
南通经济技术开发区见义勇为基金会	2011/12/27	江苏	636	33.58	11,807,522.69
广东省百川慈善基金会	2010/01/19	广东	637	33.54	2,075,258.83
广州市春雨助学基金会	2012/03/05	广东	637	33.54	5,255,838.39
温州市优秀历史文化保护发展基金会	2008/03/02	浙江	638	33.20	7,152,148.13
徐州工程学院教育发展基金会	2010/05/13	江苏	638	33.20	8,882,382.76
淮安市淮安区见义勇为基金会	2011/10/18	江苏	639	33.15	11,733,839.45
苏州市慈善基金会	2008/04/13	江苏	640	33.05	43,992,136.47
陕西福智慈善基金会	2012/03/20	陕西	641	33.01	2,844,420.57
甘肃省兰州市城关区文化产业发展基金会	2011/01/13	甘肃	642	32.95	3,160,953.20
张家港市慈善基金会	2008/07/15	江苏	642	32.95	76,363,169.71
山西省阳泉市矿区特困帮扶基金会	2012/06/11	山西	643	32.93	5,211,581.60
江苏省美德基金会	2010/12/27	江苏	644	32.90	51,514,316.31
菏泽市见义勇为基金会	2012/06/18	山东	645	32.87	16,382,782.68
阜宁县见义勇为基金会	2011/12/13	江苏	646	32.82	5,901,327.75
广东省罗定市太平教育基金会	2013/12/24	广东	647	32.80	3,356,762.69
江苏七彩凤凰母语发展基金会	2009/10/22	江苏	648	32.70	3,001,983.25
天津市佛教慈善功德基金会	2005/01/25	天津	649	32.69	5,579,368.22

续表

基金会名称	成立时间	所在地	排名	FTI 2016 得分	净资产（元）
安徽省青年创业就业基金会	2010/01/28	安徽	650	32.54	7,978,452.58
海南南海研究基金会	2006/09/25	海南	650	32.54	3,314,343.42
张家港保税区慈善基金会	2008/06/05	江苏	651	32.51	10,647,001.30
江西省抚州市临川区教育基金会	2012/11/01	江西	652	32.49	5,738,970.57
广西启明扶助基金会	2010/08/13	广西	653	32.48	5,184,948.72
北京启行青年发展基金会	2013/03/27	北京	654	32.34	2,001,606.94
湖南工学院教育基金会	2010/01/25	湖南	654	32.34	5,400,152.68
广州市公安民警基金会	1993/09/13	广东	655	32.29	147,670,531.82
广东省林若熹艺术基金会	2009/02/27	广东	656	32.21	1,143,497.99
淄博市淄川区杨寨爱心救助基金会	2007/05/24	山东	657	32.19	2,180,821.73
黑龙江大学教育发展基金会	2010/12/21	黑龙江	658	32.18	4,392,893.17
余彭年慈善基金会	2010/01/14	广东	659	32.03	20,218,537.01
湖南省步步高福光慈善基金会	2012/03/30	湖南	660	31.67	6,630,689.56
甘肃安泊尔慈善基金会	2012/12/21	甘肃	661	31.60	1,882,434.00
兰州报恩寺慈善基金会	2013/06/18	甘肃	661	31.60	5,964,736.79
扬州市见义勇为基金会	2002/07/24	江苏	662	31.24	131,023,025.48
滨海县见义勇为基金会	2011/01/06	江苏	663	31.18	5,769,855.34
福州市干部教育基金会	2013/04/18	福建	663	31.18	3,097,190.51
黑龙江省哈尔滨工业大学附属中学校教育发展基金会	2011/12/28	黑龙江	664	31.17	2,456,042.85
吴江盛虹爱心基金会	2011/07/21	江苏	665	31.00	2,055,810.13
无锡市文化遗产保护基金会	2007/03/30	江苏	666	30.97	27,043,897.25
苏州市残疾人福利基金会	2009/06/07	江苏	667	30.70	7,076,174.35
深圳市李伟波慈善基金会	2013/11/13	广东	668	30.40	2,032,042.08
无锡市滨湖区慈善基金会	2007/12/10	江苏	669	30.25	78,793,464.74
深圳市红荔扶贫基金会	2013/05/22	广东	670	30.00	4,561,382.86
深圳市心源慈善基金会	2012/09/19	广东	670	30.00	68,771.33
山东省企联企业管理科学基金会	1989/04/07	山东	671	29.60	3,657,083.33
孙中山基金会	1990/01/11	广东	671	29.60	60,180,165.78
青岛市残疾人福利基金会	1989/02/24	山东	672	29.52	9,617,635.02
东北师范大学教育基金会	2010/05/13	吉林	673	29.39	12,358,596.85
广西壮族自治区扶贫基金会	1995/04/17	广西	674	29.38	17,916,064.10

续表

基金会名称	成立时间	所在地	排名	FTI 2016 得分	净资产（元）
广东省南方阅读公益基金会	2013/09/25	广东	675	29.25	2,048,880.13
烟台市见义勇为基金会	2010/07/13	山东	676	29.24	13,420,206.37
深圳市越海慈善基金会	2012/05/25	广东	677	29.20	-
湖南省浏阳市特殊教育学校教育基金会	2010/08/17	湖南	678	29.14	2,555,194.07
上海汉庭社会公益基金会	2009/01/07	上海	679	29.10	4,799,658.74
中国职工发展基金会	1994/04/05	北京	679	29.10	49,969,812.77
连云港市见义勇为基金会	1995/02/01	江苏	680	28.82	52,755,513.70
长春市见义勇为基金会	1997/07/02	吉林	680	28.82	4,090,033.06
上海市儿童基金会	1992/10/28	上海	681	28.80	31,980,160.84
广东省陈德良慈善基金会	2011/07/19	广东	682	28.58	1,716,385.31
广东省残培教育发展基金会	2013/01/08	广东	683	28.40	2,150,893.38
深圳市慈盼慈善基金会	2012/12/14	广东	683	28.40	1,402,289.41
榆林市胡星元慈善基金会	2006/06/16	陕西	684	28.16	27,510,210.03
宝应县见义勇为基金会	2010/08/23	江苏	685	28.00	6,551,043.00
北京扶助贫困儿童就医健康基金会	2003/04/09	北京	685	28.00	9,412,738.91
常州市戚墅堰区见义勇为基金会	2008/10/29	江苏	685	28.00	20,833,990.68
黑龙江省见义勇为奖励基金会	1994/01/03	黑龙江	685	28.00	4,073,014.01
南京鼓楼医院医学发展医疗救助基金会	2007/09/19	江苏	685	28.00	41,610,116.53
山西省公安民警抚恤救助基金会	2006/05/24	山西	685	28.00	11,185,287.90
一汽自主创新沈曾华奖励基金会	2007/07/31	吉林	685	28.00	14,479,831.21
瀛公益基金会	2010/11/17	北京	685	28.00	
淮安市见义勇为基金会	1994/07/25	江苏	686	27.81	119,362,176.77
江苏中大公益基金会	2009/09/22	江苏	687	27.48	49,852,281.69
天津市华夏未来文化艺术基金会	1993/04/26	天津	688	27.36	282,881,760.52
淮阴工学院教育发展基金会	2011/05/29	江苏	689	27.28	18,718,473.63
白城市公安民警优抚基金会	2012/10/12	吉林	690	27.20	2,098,614.44
甘肃省消防抚恤救助基金会	2012/12/28	甘肃	690	27.20	8,568,762.75
河南交通职业技术学院教育发展基金会	2013/11/25	河南	690	27.20	5,060,190.76
黑龙江省齐齐哈尔市公安民警救助基金会	2013/05/14	黑龙江	690	27.20	4,159,545.81
南通高等师范学校教育发展基金会	2009/10/09	江苏	690	27.20	1,045,807.19
齐齐哈尔工程学院教育发展基金会	2013/11/04	黑龙江	690	27.20	2,000,729.45
四川省巴蜀文艺发展基金会	2010/07/08	四川	690	27.20	6,624,321.70

续表

基金会名称	成立时间	所在地	排名	FTI 2016 得分	净资产（元）
泰安市社会治安见义勇为奖励基金会	1996/07/01	山东	690	27.20	6,378,688.74
宜宾市关心下一代基金会	2013/12/24	四川	690	27.20	6,840,297.34
大丰市慈善基金会	2008/04/25	江苏	691	27.11	8,406,038.51
广州市番禺区教育基金会	1993/05/18	广东	692	26.85	252,247,452.20
泰州职业技术学院教育发展基金会	2011/06/07	江苏	693	26.41	29,658,149.27
常州市天宁区见义勇为基金会	2008/06/17	江苏	694	26.40	58,212,801.73
湖南光召科学技术基金会	1996/10/10	湖南	694	26.40	14,690,324.57
厦门双十中学教育基金会	2007/02/06	福建	694	26.40	1,124,079.32
上海巴斯德健康研究基金会	2007/03/14	上海	694	26.40	2,043,103.13
上海刘浩清公益基金会	2010/08/26	上海	694	26.40	1,857,307.79
上海新泰高新技术研究与发展基金会	2001/02/09	上海	694	26.40	39,216,511.10
重庆市人口福利基金会	2013/02/19	重庆	694	26.40	4,009,963.04
大丰市见义勇为基金会	2011/12/05	江苏	695	26.39	7,626,343.86
江苏省见义勇为基金会	1993/12/01	江苏	696	26.37	82,606,111.77
惠来县教育基金会	1988/10/11	广东	697	26.36	5,082,439.01
张家港市永联为民基金会	2010/05/30	江苏	698	26.31	7,481,930.06
昆山市慈善基金会	2008/07/05	江苏	699	26.15	66,117,712.27
广州市科技进步基金会	1992/06/28	广东	700	26.00	
江苏工程职业技术学院教育发展基金会	2010/05/13	江苏	701	25.94	8,273,849.81
常州公安大病特困救助基金会	2010/10/27	江苏	702	25.87	27,749,780.82
北京百高建筑科技基金会	2013/12/31	北京	703	25.60	1,908,246.61
成都市武侯区教育基金会	1994/08/01	四川	703	25.60	8,915,263.00
达州市教育基金会	2013/11/15	四川	703	25.60	5,060,948.95
甘肃恒滨未来四方书画教育发展基金会	2009/06/17	甘肃	703	25.60	3,373,112.65
甘肃省扶贫基金会	1990/01/01	甘肃	703	25.60	
广东省君华公益基金会	2011/11/18	广东	703	25.60	1,987,027.34
湖北省新纪元公益基金会	2010/12/07	湖北	703	25.60	1,178,223.36
吉林省荒漠化治理基金会	2001/11/06	吉林	703	25.60	12,051,346.94
江西泰豪动漫职业学院教育基金会	2011/06/03	江西	703	25.60	6,663,591.73
九江市教育基金会	2010/09/13	江西	703	25.60	16,770,799.38
内蒙古鄂尔多斯商会助学基金会	2010/09/13	内蒙古	703	25.60	11,000,051.92
宁夏文学艺术基金会	1992/04/05	宁夏	703	25.60	4,039,364.16

续表

基金会名称	成立时间	所在地	排名	FTI 2016 得分	净资产（元）
青海省见义勇为基金会	1993/08/12	青海	703	25.60	8,388,607.53
陕西省府谷县教育基金会	2010/11/02	陕西	703	25.60	157,283,673.93
苏州市法律援助基金会	2008/05/22	江苏	703	25.60	20,974,453.33
台州市社会组织发展基金会	2009/12/03	浙江	703	25.60	
云南省关心下一代基金会	2011/12/12	云南	703	25.60	9,493,298.35
淮安市淮阴区见义勇为基金会	2010/09/27	江苏	704	25.41	8,961,059.43
长沙市芙蓉区人民教育基金会	1996/10/10	湖南	705	25.30	4,983,315.85
贵州省六盘水市老年基金会	1994/11/16	贵州	706	25.25	8,770,991.14
兰州交通大学教育发展基金会	2013/09/16	甘肃	707	25.23	7,500,236.72
陕西省西部发展基金会	2004/12/22	陕西	708	25.20	
深圳市福州商会公益事业基金会	2011/03/25	广东	708	25.20	
青海省雪域仁济慈善基金会	2008/12/17	青海	709	25.09	6,937.44
南京金陵文化保护发展基金会	2010/12/08	江苏	710	24.99	1,032,883,711.67
南京外国语学校教育基金会	2006/05/09	江苏	711	24.88	169,786,426.02
安徽天徽慈善基金会	2008/10/22	安徽	712	24.80	1,965,332.35
常熟市见义勇为基金会	2006/09/28	江苏	712	24.80	15,409,912.01
常州市新北区见义勇为基金会	2008/06/17	江苏	712	24.80	48,358,543.24
常州市钟楼区见义勇为基金会	2008/10/19	江苏	712	24.80	51,767,852.01
高邮市见义勇为基金会	2010/09/27	江苏	712	24.80	4,909,091.77
灌南县见义勇为基金会	2010/12/03	江苏	712	24.80	4,318,660.78
广东省珠江航运事业发展基金会	2010/06/30	广东	712	24.80	2,009,202.03
合肥市关爱环卫工人基金会	2011/05/26	安徽	712	24.80	2,475,176.07
黑龙江省中华文化发展基金会	1994/07/01	黑龙江	712	24.80	4,087,972.00
红河哈尼族彝族自治州见义勇为基金会	2003/08/08	云南	712	24.80	2,989,700.83
江苏费孝通教育基金会	2008/11/14	江苏	712	24.80	12,414,523.26
江苏长新爱心救助基金会	2006/07/31	江苏	712	24.80	1,882,216.54
南京化工职业技术学院教育发展基金会	2009/09/22	江苏	712	24.80	4,700,422.85
南京信息职业技术学院教育发展基金会	2009/09/28	江苏	712	24.80	8,775,611.60
南京中国药科大学教育发展基金会	2006/08/08	江苏	712	24.80	19,297,303.90
青岛市残疾儿童医疗康复基金会	1996/12/24	山东	712	24.80	6,161,867.66
清远市见义勇为基金会	2004/04/09	广东	712	24.80	19,467,393.94
陕西峰丽文化慈善基金会	2011/09/28	陕西	712	24.80	-192,104.83

续表

基金会名称	成立时间	所在地	排名	FTI 2016 得分	净资产（元）
上海市杨浦区教育奖励基金会	2003/07/02	上海	712	24.80	4,695,565.02
上海钟笑炉集邮基金会	1992/03/30	上海	712	24.80	2,374,491.00
深圳市新闻人才基金会	1994/02/22	广东	712	24.80	
苏州市吴江区见义勇为基金会	2009/10/09	江苏	712	24.80	28,622,628.31
新沂市教育发展基金会	2013/11/01	江苏	712	24.80	6,052,377.93
苏州高新区慈善基金会	2008/07/15	江苏	713	24.75	11,860,716.65
广东省体育基金会	1987/09/01	广东	714	24.66	58,456,035.32
兰州理工大学教育发展基金会	2013/07/19	甘肃	715	24.60	4,994,124.72
深圳市拥军优属基金会	2008/12/16	广东	716	24.14	11,680,548.85
鞍山市公安民警英烈救助基金会	2012/10/25	辽宁	717	24.00	4,914,718.82
北京善德关心下一代公益基金会	2013/11/13	北京	717	24.00	3,696,923.71
常州市武进区树人教育发展基金会	2013/06/05	江苏	717	24.00	5,135,933.57
潮安县文里爱心基金会	2010/06/30	广东	717	24.00	5,128,781.13
东台市见义勇为基金会	2011/11/04	江苏	717	24.00	6,069,366.52
广东省陈绍常慈善基金会	2009/05/13	广东	717	24.00	2,165,800.10
广东省红绿灯交通救助基金会	2013/03/05	广东	717	24.00	3,840,152.73
广东省惠民慈善基金会	2010/01/06	广东	717	24.00	
广东省泉英爱心基金会	2013/12/17	广东	717	24.00	-629,228.54
广东省天意莨绸保护基金会	2010/08/19	广东	717	24.00	2,027,955.04
广东省铁一教育发展基金会	2013/10/22	广东	717	24.00	5,581,611.92
广东省颐养健康科学基金会	2013/11/04	广东	717	24.00	1,805,317.88
广东省中庆文体慈善基金会	2010/11/24	广东	717	24.00	2,022,772.09
合肥市巾帼妇女发展基金会	2013/04/18	安徽	717	24.00	2,041,311.48
合肥市阳光志愿服务基金会	2013/11/20	安徽	717	24.00	3,998,514.42
黑龙江省齐齐哈尔医学院教育发展基金会	2013/01/11	黑龙江	717	24.00	3,440,994.01
吉林省体育事业发展基金会	2012/12/25	吉林	717	24.00	6,052,053.51
江苏韩培信扶持响水孤儿贫困学生教育基金会	2006/09/28	江苏	717	24.00	6,111,771.17
江苏建筑职业技术学院教育发展基金会	2006/08/17	江苏	717	24.00	14,591,917.68
江苏金陵旅游教育发展基金会	2007/07/08	江苏	717	24.00	6,082,528.10
江苏联创爱心基金会	2007/05/08	江苏	717	24.00	1,009,937.46
江苏农牧科技职业学院教育发展基金会	2012/10/10	江苏	717	24.00	7,107,643.37
江苏省文化发展基金会	1996/12/01	江苏	717	24.00	86,323,803.11

续表

基金会名称	成立时间	所在地	排名	FTI 2016得分	净资产（元）
江苏省中医院医学发展医疗救助基金会	2013/11/20	江苏	717	24.00	8,972,706.75
江阴市见义勇为基金会	2004/12/30	江苏	717	24.00	22,312,969.95
金坛市坤凤公益基金会	2009/06/12	江苏	717	24.00	2,037,729.78
昆山市见义勇为基金会	1997/12/12	江苏	717	24.00	11,302,767.93
溧阳市见义勇为基金会	2007/04/28	江苏	717	24.00	54,465,729.79
南京市高淳区见义勇为基金会	2007/12/28	江苏	717	24.00	9,698,787.31
南京市鼓楼区见义勇为基金会	2009/04/15	江苏	717	24.00	6,277,898.76
南京市建邺区见义勇为基金会	2008/12/31	江苏	717	24.00	–
南京市江宁区见义勇为基金会	2007/12/28	江苏	717	24.00	29,474,425.85
南京市金陵中学教育发展基金会	2011/01/13	江苏	717	24.00	17,047,990.71
南京市浦口区见义勇为基金会	2009/05/20	江苏	717	24.00	10,382,743.10
南京市栖霞区见义勇为基金会	2008/12/19	江苏	717	24.00	5,479,223.61
内蒙古包头市爱心慈善基金会	2008/03/24	内蒙古	717	24.00	4,193,041.49
内蒙古双秀农村教育发展基金会	2013/10/25	内蒙古	717	24.00	6,217,846.44
青海省关心下一代基金会	2013/09/17	青海	717	24.00	1,173,219.08
青海苏曼竹巴慈善基金会	2010/05/26	青海	717	24.00	2,619,219.20
深圳市曾少强慈善基金会	2013/12/10	广东	717	24.00	5,601,739.20
苏州工业园区慈善基金会	2008/07/05	江苏	717	24.00	25,808,381.70
苏州工业园区见义勇为基金会	2002/08/19	江苏	717	24.00	10,758,823.19
苏州公安大病特困救助基金会	2011/03/18	江苏	717	24.00	11,392,064.68
苏州市相城区慈善基金会	2008/07/15	江苏	717	24.00	44,535,468.44
宿迁市见义勇为基金会	2001/03/29	江苏	717	24.00	11,928,516.47
睢宁县见义勇为基金会	2012/01/11	江苏	717	24.00	5,509,062.30
天津市国家安全基金会	1997/12/01	天津	717	24.00	13,070,772.00
无锡工艺职业技术学院教育发展基金会	2013/09/05	江苏	717	24.00	3,858,629.10
新疆生产建设兵团农二师华山中学教育基金会	2007/12/10	新疆	717	24.00	9,451,549.44
盱眙县见义勇为基金会	2011/08/13	江苏	717	24.00	9,535,294.19
徐州市见义勇为基金会	1990/05/23	江苏	717	24.00	7,913.40
徐州市云龙区见义勇为基金会	2011/06/24	江苏	717	24.00	5,790,891.79
延安革命旧址保护基金会	2013/09/03	陕西	717	24.00	1,084,813.12
盐城市盐都区见义勇为基金会	2011/08/19	江苏	717	24.00	6,433,996.91
扬州市江都区见义勇为基金会	2008/08/23	江苏	717	24.00	2,525,488.26

续表

基金会名称	成立时间	所在地	排名	FTI 2016 得分	净资产（元）
仪征市见义勇为基金会	2010/04/19	江苏	717	24.00	7,354,686.74
云南省亚洲微电影基金会	2013/10/10	云南	717	24.00	3,467,642.13
镇江市丹徒区见义勇为基金会	2007/06/07	江苏	717	24.00	12,215,873.35
中国器官移植发展基金会	1995/11/02	北京	717	24.00	8,000,707.78
广东省潮汕星河奖基金会	1991/03/14	广东	718	23.60	
广州市广袤园慈善基金会	2011/04/06	广东	718	23.60	
河北省海外教育发展基金会	2013/01/22	河北	719	23.20	1,944,281.67
南京铁道职业技术学院教育发展基金会	2010/06/01	江苏	719	23.20	4,037,791.38
南京晓庄学院教育发展基金会	2008/07/05	江苏	719	23.20	62,581,252.32
上海喜玛拉雅文化艺术基金会	2012/08/20	上海	719	23.20	3,129,995.14
深圳市深圳大学教育发展基金会	2013/09/18	广东	719	23.20	22,735,531.50
苏州园区技术学院爱心助学基金会	2004/12/01	江苏	719	23.20	17,895,312.28
宿迁公安大病特困救助基金会	2011/02/25	江苏	719	23.20	11,146,320.40
宿州市见义勇为基金会	2013/10/30	安徽	719	23.20	4,106,178.12
新疆夕阳爱心基金会	2009/12/23	新疆	719	23.20	1,914,446.85
徐州市泉山区见义勇为基金会	2011/11/24	江苏	719	23.20	8,016,615.73
内蒙古防沙治沙基金会	2007/07/30	内蒙古	720	22.80	
江苏南航金城教育发展基金会	2006/05/16	江苏	721	22.51	112,348,241.22
姜堰市教育发展基金会	2012/08/24	江苏	722	22.45	19,745,904.77
安庆市长卿脑卒中防治基金会	2013/08/28	安徽	723	22.40	1,686,123.94
鄂尔多斯市蒙佳慈善基金会	2011/08/29	内蒙古	723	22.40	2,000,900.00
福建省爱心公益基金会	2005/12/19	福建	723	22.40	2,004,310.00
广东省龙光慈善基金会	2012/04/08	广东	723	22.40	1,970,716.46
广州市石溪劬劳福利基金会	2011/12/26	广东	723	22.40	2,124,772.69
广州市新塘群众文化基金会	2010/06/22	广东	723	22.40	1,288,442.65
河南省华夏文化发展基金会	2013/08/06	河南	723	22.40	1,952,451.75
黑龙江省哈尔滨体育学院教育发展基金会	2013/09/05	黑龙江	723	22.40	2,024,501.36
湖北省中森华慈善基金会	2013/05/18	湖北	723	22.40	4,470,472.46
济宁市见义勇为基金会	2013/07/26	山东	723	22.40	4,000,000.00
江苏海事职业技术学院教育发展基金会	2011/12/01	江苏	723	22.40	3,028,575.07
江苏阳光帮扶基金会	2013/04/15	江苏	723	22.40	3,744,255.40
南通市通州区见义勇为基金会	2011/12/19	江苏	723	22.40	10,129,376.02

续表

基金会名称	成立时间	所在地	排名	FTI 2016 得分	净资产（元）
内蒙古靖学公益基金会	2013/09/27	内蒙古	723	22.40	1,857,709.85
内蒙古民族民间文化遗产保护基金会	2010/03/05	内蒙古	723	22.40	2,090,208.85
内蒙古天佑公益慈善基金会	2012/01/17	内蒙古	723	22.40	1,798,895.58
宁夏回族自治区隆德县神宁民间文化艺术发展基金会	2011/06/20	宁夏	723	22.40	483,428.38
宁夏青年创业就业基金会	2010/11/03	宁夏	723	22.40	3,582,805.20
宁夏沙漠绿化与沙产业发展基金会	2013/11/26	宁夏	723	22.40	9,554,638.65
青海省治理荒漠化基金会	2012/01/05	青海	723	22.40	3,544,710.07
沭阳县见义勇为基金会	2010/10/12	江苏	723	22.40	–31,661.26
泗阳县见义勇为基金会	2010/10/18	江苏	723	22.40	5,267,521.78
泰州市姜堰区见义勇为基金会	2012/07/13	江苏	723	22.40	500,734.21
通辽市科尔沁民歌基金会	2010/12/13	内蒙古	723	22.40	219,883.82
西藏珠穆朗玛文学基金会	1992/10/08	西藏	723	22.40	3,660,419.06
新疆生产建设兵团青年创业增收基金会	2013/09/13	新疆	723	22.40	2,120,000.00
新沂市见义勇为基金会	2011/08/19	江苏	723	22.40	5,402,367.59
扬中市见义勇为基金会	2007/03/29	江苏	723	22.40	1,068,385.73
云南民间国际友好交流基金会	2013/11/21	云南	723	22.40	5,008,312.02
云南孝尊教育基金会	2012/08/24	云南	723	22.40	1,450,712.34
浙江省国际茶人之家基金会	1995/06/19	浙江	723	22.40	
镇江市新区见义勇为基金会	2007/06/10	江苏	723	22.40	13,550,870.07
揭阳市葵潭慈善基金会	2013/08/21	广东	724	22.00	
儋州市传爱教育基金会	2012/06/06	海南	725	21.60	
镇江市润州区见义勇为基金会	2007/08/23	江苏	725	21.60	10,648,195.45
深圳市大医美德医学基金会	2013/01/23	广东	726	20.80	2,763,477.37
深圳市银联宝慈善基金会	2013/11/15	广东	726	20.80	3,316,822.13
温州市鹿城区社会组织发展基金会	2013/03/11	浙江	727	20.40	
新疆维吾尔自治区见义勇为基金会	2012/11/07	新疆	727	20.40	
中华援疆发展基金会	2011/05/19	新疆	727	20.40	
广东省中泰慈善基金会	2012/10/26	广东	728	20.00	
江西省妇女儿童发展基金会	2013/07/02	江西	728	20.00	
深圳市嘉园公益基金会	2013/11/11	广东	728	20.00	1,677,113.89
西藏高山文化发展基金会	2009/07/07	西藏	728	20.00	

续表

基金会名称	成立时间	所在地	排名	FTI 2016 得分	净资产（元）
清远市农商银行公益基金会	2013/10/16	广东	729	19.60	
广东省繁荣粤剧基金会	2006/04/11	广东	730	19.20	106,954,395.69
青海省希望明德关爱青少年基金会	2013/01/07	青海	730	19.20	3,048,622.63
甘肃省老少边困地区教育发展基金会	2011/03/15	甘肃	731	18.80	
海南省青少年希望基金会	1992/12/01	海南	731	18.80	
陕西省爱心护理基金会	2006/11/15	陕西	731	18.80	
陕西省联谊贫困救助基金会	2005/08/05	陕西	731	18.80	
深圳市绿色基金会	1994/03/03	广东	731	18.80	
天津市华夏器官移植救助基金会	2008/11/22	天津	731	18.80	
广东省吉林大学珠海学院教育发展基金会	2013/06/25	广东	732	18.40	1,664,570.90
海口市见义勇为奖励基金会	2010/02/04	海南	732	18.40	
海南南学怀瑾文化基金会	2013/10/04	海南	732	18.40	2,995,498.79
广东省南山医学发展基金会	2011/07/05	广东	733	18.00	
黑龙江省体育发展基金会	2010/08/19	黑龙江	733	18.00	
辽宁现代公益扶助基金会	2012/07/11	辽宁	733	18.00	
汕头市潮南区公益基金会	2012/05/30	广东	733	18.00	
重庆大学教育基金会	2007/12/29	重庆	733	18.00	
淳安县丁香教育基金会	2010/09/16	浙江	734	17.60	
陕西众泰慈善基金会	2010/03/10	陕西	734	17.60	
泰顺县育才教育基金会	2008/11/18	浙江	734	17.60	
浙江省亚德客慈善基金会	2007/01/18	浙江	734	17.60	
山西省健康促进基金会	2012/11/13	山西	735	17.20	
包头市奶产业风险基金会	2005/08/29	内蒙古	736	16.80	–
陕西省技能扶贫助学基金会	2007/03/13	陕西	736	16.80	
深圳市妈妈食堂关爱基金会	2010/09/16	广东	736	16.80	
江西师范大学教育发展基金会	2011/07/25	江西	737	16.40	
四川西南交通大学教育基金会	2004/07/07	四川	737	16.40	
温州忠成教育基金会	2011/09/02	浙江	737	16.40	
安徽太和保兴助学基金会	2008/03/17	安徽	738	16.00	
成都公和社区发展基金会	2009/12/22	四川	738	16.00	
广东省怀仁慈善基金会	2011/07/05	广东	738	16.00	
海南省医疗救助基金会	2008/12/12	海南	738	16.00	

续表

基金会名称	成立时间	所在地	排名	FTI 2016 得分	净资产（元）
长春市青少年发展基金会	2005/10/17	吉林	738	16.00	
陕西省联众慈善救助基金会	2009/10/21	陕西	739	15.60	
延安市残疾人福利基金会	2012/03/23	陕西	739	15.60	
福建省百姓慈善基金会	2012/06/19	福建	740	15.20	
广东省科学探险基金会	2010/07/19	广东	740	15.20	
海南省关心下一代基金会	2011/11/07	海南	740	15.20	
临海市人民教育基金会	2006/07/10	浙江	740	15.20	
台州市椒江区人民教育基金会	2004/10/21	浙江	740	15.20	
新疆维吾尔自治区迪丽娜尔文化艺术交流发展基金会	2009/04/01	新疆	740	15.20	
民福社会福利研究基金会	2012/04/13	北京	741	14.80	
天津市网球发展基金会	1999/12/22	天津	742	14.40	
广东省深圳市郭春园中医发展基金会	2006/08/07	广东	743	14.00	
海南省琼剧基金会	2007/12/26	海南	743	14.00	
华中农业大学教育发展基金会	2009/12/31	湖北	743	14.00	
吉林省国康医疗基金会	2012/09/20	吉林	743	14.00	
平阳县人民教育基金会	2006/06/15	浙江	743	14.00	
衢州市闽商社会组织发展基金会	2011/09/02	浙江	743	14.00	
深圳市汉唐慈善基金会	2012/02/24	广东	743	14.00	
温州第二中学教育发展基金会	2011/09/05	浙江	743	14.00	
重庆市医疗救助基金会	2010/02/08	重庆	743	14.00	
西安建筑科技大学教育基金会	2013/07/26	陕西	744	13.66	6,518,410.06
贵州安泰公益扶助基金会	2011/11/18	贵州	745	13.60	1,999,211.33
江西省红土情慈善基金会	2013/09/05	江西	745	13.60	
诸暨市农民小康工程基金会	2010/05/21	浙江	746	13.20	
甘肃兴华青少年助学基金会	2012/03/12	甘肃	747	12.80	
青海省格萨尔公益基金会	2004/08/17	青海	747	12.80	
福安市实验小学荣教基金会	2008/06/25	福建	748	12.40	
福建省农爱工程慈善基金会	2012/09/30	福建	748	12.40	
甘肃省关心下一代基金会	2013/12/25	甘肃	748	12.40	
广州市伟博儿童福利基金会	2013/03/05	广东	748	12.40	
海南三亚南山功德基金会	2005/07/29	海南	748	12.40	

续表

基金会名称	成立时间	所在地	排名	FTI 2016 得分	净资产（元）
江西省宋庆龄基金会	2010/07/27	江西	748	12.40	
深圳市百年行知慈善基金会	2012/08/24	广东	748	12.40	
深圳市龙岗区教育发展基金会	2012/09/07	广东	748	12.40	
安徽省爱心联盟慈善基金会	2012/11/27	安徽	749	12.00	
东北师大附中教育发展基金会	2010/07/09	吉林	749	12.00	
广东省鹏峰慈善基金会	2008/03/27	广东	749	12.00	
河南省豫金文化基金会	2012/09/10	河南	749	12.00	
河源市华达福公益基金会	2013/07/25	广东	749	12.00	
晋江市陈埭教育基金会	2010/11/25	福建	749	12.00	
广东省利海绿色基金会	2008/09/19	广东	750	11.60	
广州国泰社会发展基金会	2012/11/09	广东	750	11.60	
江西省上栗县长平人民教育奖励基金会	2013/08/13	江西	750	11.60	
浙江省维德慈善基金会	2013/05/22	浙江	750	11.60	
浙江文昕关爱老人基金会	2013/03/01	浙江	750	11.60	
广东省发展中医药事业基金会	2002/11/28	广东	751	11.20	
广东省华美教育慈善基金会	2008/01/02	广东	751	11.20	
广东省侨界仁爱基金会	2006/05/24	广东	751	11.20	
广东省绣丽人生慈善基金会	2013/04/17	广东	751	11.20	
广东省雅居乐公益基金会	2012/11/11	广东	751	11.20	
广州市红棉文艺发展基金会	2004/04/26	广东	751	11.20	
广州市厚德教育慈善基金会	2013/02/05	广东	751	11.20	
哈尔滨市见义勇为奖励基金会	2000/10/11	黑龙江	751	11.20	
海仓慈善基金会	2008/12/18	北京	751	11.20	
吉林省妇女儿童福利基金会	1986/03/08	吉林	751	11.20	
兰州市西固区教育发展基金会	2013/09/16	甘肃	751	11.20	
隆回县教育基金会	2011/07/14	湖南	751	11.20	
南京市法律援助基金会	2010/11/02	江苏	751	11.20	
山西省吕梁东江教育基金会	2013/08/01	山西	751	11.20	
山西省社会救助基金会	2008/01/30	山西	751	11.20	
延安教科文发展基金会	1990/05/07	陕西	751	11.20	
长沙市望城区教育基金会	2004/12/08	湖南	751	11.20	
海南省宗教慈善基金会	2009/03/31	海南	752	10.80	

续表

基金会名称	成立时间	所在地	排名	FTI 2016 得分	净资产（元）
江西大爱公益基金会	2013/08/10	江西	752	10.80	
广东省林治平慈善基金会	2013/02/03	广东	753	10.40	
海南省慈航公益基金会	2010/10/08	海南	753	10.40	
惠州市国辉公益基金会	2013/10/27	广东	753	10.40	
江苏软件产业人才发展基金会	2008/09/12	江苏	753	10.40	
九江市兆龙教育基金会	2006/08/31	江西	753	10.40	
石狮市蔡经阳慈善基金会	2010/11/02	福建	753	10.40	
广州市金红棉文化基金会	2013/09/04	广东	754	10.00	
海南省宋庆龄基金会	2010/08/18	海南	754	10.00	
江西农业大学教育基金会	2010/09/28	江西	754	10.00	
普宁市西楼慈善基金会	2013/04/18	广东	754	10.00	
浙江省广济慈善基金会	2012/08/10	浙江	754	10.00	
浙江文达教育基金会	2012/09/04	浙江	754	10.00	
甘肃省绿化基金会	2007/09/06	甘肃	755	9.60	
广东省南方职业学院教育发展基金会	2013/04/28	广东	755	9.60	
广东省执信教育发展基金会	2011/09/06	广东	755	9.60	
广东省钻石世家慈善基金会	2009/10/29	广东	755	9.60	
广州市番禺区见义勇为基金会	2002/05/24	广东	755	9.60	
河南省大河文化发展基金会	2013/12/10	河南	755	9.60	
江西省庐山东林净土文化基金会	2006/04/28	江西	755	9.60	
金湖县见义勇为基金会	2011/09/29	江苏	755	9.60	
澧县教育基金会	2012/10/09	湖南	755	9.60	
青岛市老龄事业发展基金会	2007/12/14	山东	755	9.60	
山西省佛教文化基金会	1994/08/01	山西	755	9.60	
陕西法门寺慈善基金会	2009/04/17	陕西	755	9.60	
陕西省楠竹教育基金会	2008/08/12	陕西	755	9.60	
上海沪利历史建筑和都市改造基金会	2008/10/09	上海	755	9.60	
云南慧邦尼公益基金会	2013/10/31	云南	755	9.60	
重庆市麦子扶贫基金会	2008/08/22	重庆	755	9.60	
甘肃社会科学学术活动基金会	1983/04/12	甘肃	756	8.80	
海南世界和平碑林基金会	2008/10/30	海南	757	8.00	
上海新世纪社会发展基金会	1992/11/07	上海	757	8.00	

续表

基金会名称	成立时间	所在地	排名	FTI 2016 得分	净资产（元）
安徽省阳光爱心慈善基金会	2011/06/08	安徽	758	7.20	
包头宝隆爱心公益基金会	2009/09/16	内蒙古	758	7.20	
甘肃省老年基金会	1988/06/18	甘肃	758	7.20	
广西廖荣纳基金会	2012/04/06	广西	758	7.20	
湖北省荆圃英才奖励基金会	2007/11/26	湖北	758	7.20	
江西省绿化基金会	2011/03/14	江西	758	7.20	
景德镇陶瓷学院教育基金会	2008/09/28	江西	758	7.20	
辽宁省职工慈善基金会	2009/09/22	辽宁	758	7.20	
青海省困难职工帮扶基金会	2011/02/09	青海	758	7.20	
荣成市大鱼岛福利基金会	2008/10/27	山东	758	7.20	
陕西省鸿云文化创业基金会	2011/02/01	陕西	758	7.20	
云南海佳助老基金会	2010/04/30	云南	758	7.20	
安徽省建中教育发展基金会	2008/02/20	安徽	759	6.40	
北京和平发展基金会	2006/02/22	北京	759	6.40	
福建省教育考试发展基金会	2001/12/12	福建	759	6.40	
福建省诺奇大学生创业基金会	2009/06/24	福建	759	6.40	
福建省周宁县国银慈善基金会	2011/11/18	福建	759	6.40	
广东省金秋慈善基金会	1995/05/10	广东	759	6.40	
广东省凯业慈善基金会	2011/07/26	广东	759	6.40	
广东省消防救助基金会	2009/06/26	广东	759	6.40	
广东省新兴县北英慈善基金会	2005/09/30	广东	759	6.40	
广州市白云区科技进步基金会	1992/11/28	广东	759	6.40	
海南华侨中学教育发展基金会	2011/02/25	海南	759	6.40	
海南金光助学与环保基金会	2005/12/29	海南	759	6.40	
海南南山寺慈善基金会	2013/06/18	海南	759	6.40	
杭州市江干社会组织发展基金会	2013/05/22	浙江	759	6.40	
河北省少年儿童基金会	1982/02/28	河北	759	6.40	
河南省惠济公益基金会	2010/05/13	河南	759	6.40	
河南省王超斌慈善基金会	2011/03/01	河南	759	6.40	
湖南平安小精灵一路无忧公益基金会	2011/06/22	湖南	759	6.40	
湖南省张炳生慈善基金会	2008/12/12	湖南	759	6.40	
淮安市廉租房爱心基金会	2007/09/24	江苏	759	6.40	

续表

基金会名称	成立时间	所在地	排名	FTI 2016 得分	净资产（元）
淮安昱乔创业基金会	2011/07/11	江苏	759	6.40	
惠州市协和医疗救助基金会	2010/09/13	广东	759	6.40	
吉林省春雨仁爱基金会	2011/09/13	吉林	759	6.40	
江苏金牛助学帮困基金会	2007/05/14	江苏	759	6.40	
江西国光教育基金会	2007/04/18	江西	759	6.40	
江西省光彩扶贫基金会	2008/02/22	江西	759	6.40	
江西省横峰县英才教育基金会	2008/07/26	江西	759	6.40	
江西省检察人员救助基金会	2011/03/07	江西	759	6.40	
连云港正大天晴爱心基金会	2011/03/18	江苏	759	6.40	
内蒙古巴林左旗东阿阿胶扶贫基金会	2008/06/23	内蒙古	759	6.40	
宁夏路伏国山区高中生助学基金会	2011/07/11	宁夏	759	6.40	
深圳市老龄事业发展基金会	1995/06/08	广东	759	6.40	
苏州市金阊区慈善基金会	2008/04/25	江苏	759	6.40	
援疆干部济困助学基金会	2009/10/21	新疆	759	6.40	
安徽省赵朴初公益基金会	2010/05/18	安徽	760	5.60	
从化市见义勇为基金会	2004/03/05	广东	760	5.60	
大理白族自治州见义勇为基金会	2004/04/05	云南	760	5.60	
大庆市公安民警救助基金会	2012/03/02	黑龙江	760	5.60	
鄂尔多斯市莲之心慈善基金会	2010/04/14	内蒙古	760	5.60	
丰县见义勇为基金会	2011/05/30	江苏	760	5.60	
佛山市炽昌慈善基金会	2007/06/12	广东	760	5.60	
佛山市顺德区教育基金会	2004/05/13	广东	760	5.60	
福建省平和广兆中学教育基金会	2012/09/21	福建	760	5.60	
福建省上杭县杭川慈善基金会	2010/04/29	福建	760	5.60	
甘肃青年创业就业基金会	2011/03/28	甘肃	760	5.60	
广东省慈光慈善基金会	2013/08/05	广东	760	5.60	
广东省达清慈善基金会	2009/05/21	广东	760	5.60	
广东省公安民警医疗救助基金会	2005/06/26	广东	760	5.60	
广东省广东华侨中学教育发展基金会	2013/07/01	广东	760	5.60	
广东省广州工商学院教育发展基金会	2011/11/07	广东	760	5.60	
广东省海鸥文教基金会	2011/07/05	广东	760	5.60	
广东省华南理工大学广州学院教育发展基金会	2012/04/11	广东	760	5.60	

续表

基金会名称	成立时间	所在地	排名	FTI 2016 得分	净资产（元）
广东省金东海公益基金会	2011/11/07	广东	760	5.60	
广东省困难职工帮扶基金会	1994/10/31	广东	760	5.60	
广东省刘柏权慈善基金会	2011/05/17	广东	760	5.60	
广东省隆江慈善基金会	2009/08/24	广东	760	5.60	
广东省南方经济研究基金会	2013/03/28	广东	760	5.60	
广东省农工商职业技术学院教育发展基金会	2009/06/01	广东	760	5.60	
广东省青蒿医药科技基金会	2010/11/22	广东	760	5.60	
广东省首善文化发展基金会	2011/06/14	广东	760	5.60	
广东省王素贤教育基金会	2011/05/12	广东	760	5.60	
广东省吴远溪慈善基金会	2008/07/11	广东	760	5.60	
广东省谢汉才慈善基金会	2013/02/05	广东	760	5.60	
广东省星河湾艺术基金会	2012/07/19	广东	760	5.60	
广东省依依关爱儿童基金会	2011/12/28	广东	760	5.60	
广州市南沙区教育基金会	2012/06/05	广东	760	5.60	
广州市振兴粤剧基金会	1992/11/07	广东	760	5.60	
海南大学教育基金会	2005/05/31	海南	760	5.60	
海南南海发展和平基金会	2007/12/19	海南	760	5.60	
合肥火炬青年创业基金会	2012/06/04	安徽	760	5.60	
河北省邢台残疾人福利基金会	2008/05/28	河北	760	5.60	
河南省常香玉基金会	2008/09/03	河南	760	5.60	
黑龙江省大庆市见义勇为奖励基金会	2013/07/03	黑龙江	760	5.60	
黑龙江省佳木斯市阳光教育发展基金会	2013/07/29	黑龙江	760	5.60	
黑龙江省省直机关职工爱心救助基金会	2010/06/04	黑龙江	760	5.60	
黄帝陵基金会	1992/10/01	陕西	760	5.60	
吉林省敦化市文化发展基金会	2009/11/11	吉林	760	5.60	
吉林市见义勇为基金会	1995/01/08	吉林	760	5.60	
江苏龙河扶贫帮困慈善基金会	2007/12/25	江苏	760	5.60	
江苏龙砂扶贫帮困基金会	2008/09/18	江苏	760	5.60	
江西惠农扶贫基金会	2013/08/26	江西	760	5.60	
江西青年创业就业基金会	2009/06/07	江西	760	5.60	
江西省公安民警英烈基金会	2007/07/23	江西	760	5.60	
江西省凯旋基金会	2013/05/15	江西	760	5.60	

续表

基金会名称	成立时间	所在地	排名	FTI 2016 得分	净资产（元）
江西省体育发展基金会	2012/08/08	江西	760	5.60	
晋江市金井教育基金会	2013/08/16	福建	760	5.60	
连云港市新浦区慈善基金会	2008/07/18	江苏	760	5.60	
辽源市公安局道路交通事故生活救助基金会	2011/11/11	吉林	760	5.60	
龙川县教育发展基金会	2008/09/17	广东	760	5.60	
南安市官桥镇林荣南教育基金会	2012/09/10	福建	760	5.60	
南京师范大学附属中学教育发展基金会	2011/01/13	江苏	760	5.60	
内蒙古富亚高校扶困助学教育发展基金会	2002/09/30	内蒙古	760	5.60	
内蒙古民族文化发展基金会	2011/09/14	内蒙古	760	5.60	
内蒙古自治区儿童基金会	1986/09/15	内蒙古	760	5.60	
宁夏回族自治区兴俊爱心慈善基金会	2011/08/23	宁夏	760	5.60	
宁夏伊民慈善基金会	2013/07/10	宁夏	760	5.60	
宁乡县双凫铺镇中心学校教育基金会	2011/09/09	湖南	760	5.60	
磐安县周大庆体育发展基金会	2012/08/03	浙江	760	5.60	
普宁市南山爱心基金会	2012/02/15	广东	760	5.60	
齐齐哈尔市见义勇为奖励基金会	1995/02/16	黑龙江	760	5.60	
秦皇岛摩诃佛缘慈善基金会	2013/12/09	河北	760	5.60	
青海省消防抚恤救助基金会	2013/09/25	青海	760	5.60	
陕西爱君慈善基金会	2010/08/18	陕西	760	5.60	
陕西省公安民警英烈基金会	2010/12/06	陕西	760	5.60	
陕西省教育基金会	1992/09/01	陕西	760	5.60	
汕头市澄海区教育基金会	2009/01/20	广东	760	5.60	
汕头市困难职工福利基金会	1993/05/27	广东	760	5.60	
汕尾市教育基金会	1995/09/28	广东	760	5.60	
深圳市职工解困济难基金会	1996/01/23	广东	760	5.60	
深圳市中博教育发展基金会	2010/02/01	广东	760	5.60	
四川飞行教育基金会	2008/12/12	四川	760	5.60	
四川省发展职工体育基金会	1986/10/30	四川	760	5.60	
四会市教育基金会	2008/12/30	广东	760	5.60	
松原市公安民警优抚基金会	2011/12/21	吉林	760	5.60	
苏州市沧浪区慈善基金会	2008/07/05	江苏	760	5.60	
苏州市吴中区慈善基金会	2008/07/05	江苏	760	5.60	

续表

基金会名称	成立时间	所在地	排名	FTI 2016 得分	净资产（元）
宿迁市宿豫区京东特困救助基金会	2012/06/30	江苏	760	5.60	
锡林郭勒盟青少年交流发展基金会	2010/06/28	内蒙古	760	5.60	
新疆维吾尔自治区蓝盾基金会	1996/07/01	新疆	760	5.60	
新余市教育基金会	2010/11/28	江西	760	5.60	
兴化市慈善基金会	2007/11/13	江苏	760	5.60	
延吉市公安民警优抚基金会	2013/10/29	吉林	760	5.60	
云南大理白族自治州扶贫基金会	1996/08/20	云南	760	5.60	
肇庆市教育基金会	2004/03/05	广东	760	5.60	
肇庆市职工解困基金会	1996/03/13	广东	760	5.60	
浙江农业商贸职业学院教育发展基金会	2013/10/09	浙江	760	5.60	
浙江钟伟嵊泗中学教育基金会	2013/09/17	浙江	760	5.60	
中山市教育基金会	2009/06/25	广东	760	5.60	
珠海市凝警心医疗救助基金会	2006/08/18	广东	760	5.60	
浦江县教育基金会	2013/12/12	浙江	761	5.20	
安徽省善济公益基金会	2010/07/21	安徽	762	4.80	
澄迈县教育科技发展基金会	2009/07/13	海南	762	4.80	
澄迈县微笑工程唇腭裂患者救助基金会	2012/11/19	海南	762	4.80	
定安县教育发展基金会	2012/06/26	海南	762	4.80	
甘南藏族教育基金会	1994/05/28	甘肃	762	4.80	
海南省见义勇为基金会	1992/08/06	海南	762	4.80	
杭州市公羊会公益基金会	2013/10/10	浙江	762	4.80	
杭州市下城社会组织发展基金会	2013/10/10	浙江	762	4.80	
河南省炎黄二帝公益基金会	2007/03/19	河南	762	4.80	
江西省江铃科技奖励基金会	1992/12/31	江西	762	4.80	
宁夏陈逢干大学生助学基金会	2005/04/14	宁夏	762	4.80	
宁夏固原市家道爱心慈善助学济困基金会	2012/06/21	宁夏	762	4.80	
山西省高中生助学基金会	2008/01/18	山西	762	4.80	
陕西省社会福利事业发展基金会	2013/05/28	陕西	762	4.80	
汕头市奇丽慈善基金会	2013/09/02	广东	762	4.80	
上海有爱公益基金会	2010/06/28	上海	762	4.80	
深圳市环卫职工基金会	1996/07/16	广东	762	4.80	
安徽省蚌埠市宏业儿童救助基金会	2009/09/17	安徽	763	4.00	

续表

基金会名称	成立时间	所在地	排名	FTI 2016 得分	净资产（元）
安徽省振兴京剧艺术基金会	1993/04/08	安徽	763	4.00	
包头教育基金会	2004/04/05	内蒙古	763	4.00	
包头市社会治安见义勇为基金会	2003/11/14	内蒙古	763	4.00	
北京黄河之子公益基金会	2013/04/18	北京	763	4.00	
北京人文社会科学发展基金会	1996/09/16	北京	763	4.00	
滨州市孙子文化基金会	2007/04/29	山东	763	4.00	
东辽县见义勇为基金会	2011/04/18	吉林	763	4.00	
佛山市禅城区见义勇为基金会	1987/05/06	广东	763	4.00	
佛山市建设文化事业基金会	1993/09/01	广东	763	4.00	
佛山市教育基金会	1983/05/05	广东	763	4.00	
甘肃省教师奖励基金会	1988/05/01	甘肃	763	4.00	
赣州市青少年科技创新基金会	2003/04/01	江西	763	4.00	
巩义市人民教育基金会	2007/12/17	河南	763	4.00	
广东省促进高新技术产业发展奖励基金会	1991/01/19	广东	763	4.00	
广东省德云文化慈善基金会	2012/12/10	广东	763	4.00	
广东省国家安全基金会	1995/06/06	广东	763	4.00	
广东省青少年科学基金会	1989/07/04	广东	763	4.00	
广东省圆梦慈善基金会	2013/10/11	广东	763	4.00	
广州市番禺区何贤社会福利基金会	1995/03/23	广东	763	4.00	
广州市体育基金会	1992/06/02	广东	763	4.00	
哈尔滨市南岗区仁皇健康工程基金会	2008/06/02	黑龙江	763	4.00	
哈尔滨文物保护基金会	2009/07/30	黑龙江	763	4.00	
海南爱心基金会	2008/06/06	海南	763	4.00	
海南省海南中学教育发展基金会	2011/08/27	海南	763	4.00	
海南省教育基金会	1991/05/13	海南	763	4.00	
河南农业大学教育发展基金会	2010/11/03	河南	763	4.00	
河南省白象慈善基金会	2009/03/05	河南	763	4.00	
河南省陈氏太极拳发展基金会	2008/05/29	河南	763	4.00	
河南省莲花慈善基金会	2008/11/07	河南	763	4.00	
黑河市见义勇为奖励基金会	2010/10/13	黑龙江	763	4.00	
黑龙江省教师奖励基金会	1989/06/17	黑龙江	763	4.00	
黑龙江省烈士纪念事业基金会	1994/04/04	黑龙江	763	4.00	

续表

基金会名称	成立时间	所在地	排名	FTI 2016 得分	净资产（元）
呼市青少年科技教育奖励基金会	1996/05/01	内蒙古	763	4.00	
吉林省社会发展基金会	1996/05/16	吉林	763	4.00	
江门市新会区教育基金会	1995/05/01	广东	763	4.00	
江苏真昌和关爱儿童基金会	2007/02/08	江苏	763	4.00	
江西省“五个一工程”基金会	1994/12/01	江西	763	4.00	
江西省直机关困难党员救助基金会	2013/12/03	江西	763	4.00	
江西新力慈善基金会	2013/12/02	江西	763	4.00	
江西鑫河关爱慈善基金会	2007/09/27	江西	763	4.00	
揭阳市见义勇为基金会	2000/08/31	广东	763	4.00	
晋江市英林村平安英林.清洁家园基金会	2007/02/09	福建	763	4.00	
涟水兆财帮困助学基金会	2012/08/24	江苏	763	4.00	
辽源市兴学弘泰教育基金会	2013/10/29	吉林	763	4.00	
灵山县准提慈善基金会	2013/07/08	广西	763	4.00	
南京人口管理干部学院教育发展基金会	2009/12/16	江苏	763	4.00	
南京市下关区见义勇为基金会	2009/09/28	江苏	763	4.00	
内蒙古草原英雄小姐妹爱国教育基金会	2010/05/01	内蒙古	763	4.00	
内蒙古库布其慈善基金会	2010/04/07	内蒙古	763	4.00	
内蒙古锡林郭勒盟草原110奖励基金会	2008/06/10	内蒙古	763	4.00	
内蒙古小肥羊公益事业基金会	2010/09/28	内蒙古	763	4.00	
内蒙古治理荒漠化基金会	2010/04/06	内蒙古	763	4.00	
宁夏回族自治区法源交通事故基金会	2012/05/08	宁夏	763	4.00	
宁夏金波老少边困地区教育发展基金会	2013/05/28	宁夏	763	4.00	
宁夏梅园甲天下慈善基金会	2013/07/30	宁夏	763	4.00	
宁夏西部公益基金会	2008/09/10	宁夏	763	4.00	
宁夏伊品爱心基金会	2012/07/25	宁夏	763	4.00	
宁夏中小学幼儿教师奖励基金会	1989/06/13	宁夏	763	4.00	
潘序伦会计事业基金会	1991/11/18	江苏	763	4.00	
青岛求实职业技术学院教育基金会	2010/06/01	山东	763	4.00	
青海佛教慈善基金会	2011/08/15	青海	763	4.00	
饶平县教育基金会	1993/12/01	广东	763	4.00	
如皋市见义勇为基金会	2011/05/10	江苏	763	4.00	
陕西名嘉文化艺术发展基金会	2010/08/20	陕西	763	4.00	

续表

基金会名称	成立时间	所在地	排名	FTI 2016 得分	净资产（元）
陕西省民生社会福利基金会	2009/11/19	陕西	763	4.00	
汕头市潮阳区教育基金会	2004/03/05	广东	763	4.00	
韶关市帮扶困难职工基金会	2004/05/13	广东	763	4.00	
射阳县慈善基金会	2008/07/30	江苏	763	4.00	
深圳市春天文学基金会	1994/05/14	广东	763	4.00	
深圳市人口基金会	2008/04/21	广东	763	4.00	
四川行健慈善基金会	2006/03/21	四川	763	4.00	
铜山区慈善基金会	2010/01/06	江苏	763	4.00	
乌兰察布市残疾人福利基金会	2013/05/21	内蒙古	763	4.00	
乌兰浩特市扶贫基金会	2013/08/12	内蒙古	763	4.00	
芜湖麻省产业技术发展基金会	2010/10/09	安徽	763	4.00	
新疆维吾尔自治区陈逢干大学生助学基金会	2012/07/30	新疆	763	4.00	
新疆维吾尔自治区畜牧业发展基金会	1992/12/20	新疆	763	4.00	
新疆维吾尔自治区教育基金会	1988/08/03	新疆	763	4.00	
新疆维吾尔自治区克拉玛依12.8专项基金会	1995/03/01	新疆	763	4.00	
新疆维吾尔自治区社会治安综合治理见义勇为奖励基金会	1995/05/16	新疆	763	4.00	
新疆维吾尔自治区乌鲁木齐老年基金会	1995/10/25	新疆	763	4.00	
新疆维吾尔自治区乌市职工送温暖工程基金会	1995/05/21	新疆	763	4.00	
兴化新华爱心基金会	2012/01/16	江苏	763	4.00	
延边州公安民警优抚基金会	2012/12/28	吉林	763	4.00	
云南鸿献助学扶贫基金会	2010/12/31	云南	763	4.00	
云霄县下坂扶贫助学基金会	2008/02/02	福建	763	4.00	
肇庆市见义勇为基金会	1995/10/30	广东	763	4.00	
准格尔旗教育发展基金会	2009/07/13	内蒙古	763	4.00	
蚌埠国睿健康扶贫基金会	2011/01/21	安徽	764	3.20	
甘肃国鼎慈善基金会	2013/08/05	甘肃	764	3.20	
甘肃山丹县艾黎文化保护基金会	2013/09/16	甘肃	764	3.20	
广东省人人环保慈善基金会	2012/01/17	广东	764	3.20	
广东省新文化建设基金会	1994/05/20	广东	764	3.20	
河南省老年福利基金会	1996/01/01	河南	764	3.20	
湖北省崇阳县星火帮扶基金会	2013/11/18	湖北	764	3.20	

续表

基金会名称	成立时间	所在地	排名	FTI 2016 得分	净资产（元）
济源梧桐教育助学基金会	2004/12/31	河南	764	3.20	
辽宁省光彩事业基金会	1997/04/01	辽宁	764	3.20	
启东正谐爱心助学基金会	2011/05/05	江苏	764	3.20	
乌兰察布市教育发展基金会	2013/02/05	内蒙古	764	3.20	
西藏自治区社会治安见义勇为奖励基金会	1993/12/29	西藏	764	3.20	
信阳市农民工援助基金会	2006/02/24	河南	764	3.20	
北京于魁智京剧艺术发展基金会	2008/12/09	北京	765	2.40	
成都市社会组织发展基金会	2012/06/12	四川	765	2.40	
儋州市浩然教育基金会	2010/10/13	海南	765	2.40	
儋州市那大镇捐资助教基金会	2012/02/02	海南	765	2.40	
儋州市思源高级中学首正教育基金会	2012/01/09	海南	765	2.40	
佛山市顺德区逢简社区建设基金会	2013/11/26	广东	765	2.40	
福建莆田市真情社会福利基金会	2006/09/18	福建	765	2.40	
甘肃省改革发展研究基金会	1999/04/30	甘肃	765	2.40	
广东省民福慈善基金会	2010/05/11	广东	765	2.40	
广东省长锦慈善基金会	2011/11/28	广东	765	2.40	
海南东方黄花梨发展基金会	2013/04/12	海南	765	2.40	
海南经济发展与环境保护基金会	1995/02/08	海南	765	2.40	
海南省弘信助学助业基金会	2010/12/08	海南	765	2.40	
海南省青年创业就业基金会	2009/12/12	海南	765	2.40	
河北省孟村回族自治县民族教育金星基金会	2009/05/31	河北	765	2.40	
黑龙江省仁爱残疾人福利基金会	2012/05/08	黑龙江	765	2.40	
黑龙江省社会科学发展基金会	1992/09/09	黑龙江	765	2.40	
江苏省华茂老年福利基金会	2007/11/21	江苏	765	2.40	
江苏省青年创业就业基金会	2010/02/04	江苏	765	2.40	
江苏新亚电子环保基金会	2005/05/31	江苏	765	2.40	
琼海市人口福利基金会	2013/03/18	海南	765	2.40	
三亚宪清养老基金会	2012/01/10	海南	765	2.40	
陕西省关爱基金会	2013/08/23	陕西	765	2.40	
陕西省西安华侨慈善基金会	2011/06/01	陕西	765	2.40	
文昌市帮扶农民基金会	2010/03/31	海南	765	2.40	
白银市社会救助基金会	2008/04/16	甘肃	766	1.60	

续表

基金会名称	成立时间	所在地	排名	FTI 2016 得分	净资产（元）
白银市双联成谋农村帮扶基金会	2012/08/25	甘肃	766	1.60	
北京市国家公务员培训基金会	1996/12/01	北京	766	1.60	
北京新东方公益基金会	2005/11/03	北京	766	1.60	
北京中医药发展基金会	1999/01/01	北京	766	1.60	
潮安县教育基金会	2004/03/05	广东	766	1.60	
澄迈县文化发展基金会	2012/10/22	海南	766	1.60	
广东省百岁山公益基金会	2013/07/17	广东	766	1.60	
广东省儿童艺术教育基金会	1995/06/01	广东	766	1.60	
广东省石桥头慈善基金会	2012/12/19	广东	766	1.60	
广东省信基公益基金会	2013/08/05	广东	766	1.60	
广东省粤安公共卫生安全事业发展基金会	2011/07/05	广东	766	1.60	
广东省真爱慈善基金会	2011/08/24	广东	766	1.60	
广东省之友公益基金会	2012/09/23	广东	766	1.60	
广东省仲恺教育基金会	2013/03/25	广东	766	1.60	
广州丽柏慈善基金会	2012/12/28	广东	766	1.60	
广州市华新慈善基金会	2012/11/08	广东	766	1.60	
海南农信慈善基金会	2013/12/09	海南	766	1.60	
海南省青少年社科教育基金会	2008/03/20	海南	766	1.60	
海南省情系农垦教育基金会	2005/10/01	海南	766	1.60	
即墨市爱心养老基金会	2013/03/08	山东	766	1.60	
辽宁省光大文化艺术基金会	2005/10/01	辽宁	766	1.60	
内蒙古蒙元文化基金会	2003/09/05	内蒙古	766	1.60	
宁夏科技发展基金会	2000/03/06	宁夏	766	1.60	
牛满江基金会	1994/02/25	北京	766	1.60	
青海省持修慈善基金会	2007/04/13	青海	766	1.60	
山西省柳宗元文化发展基金会	1983/07/10	山西	766	1.60	
山西省祁隽藻文化基金会	1983/06/11	山西	766	1.60	
陕西梨园文化基金会	2013/12/19	陕西	766	1.60	
上海心手相牵社区公益基金会	2013/08/13	上海	766	1.60	
上海周桐宇公益基金会	2013/08/13	上海	766	1.60	
西藏文化基金会	2007/07/20	西藏	766	1.60	
盐城雨露扶贫基金会	2013/11/29	江苏	766	1.60	

续表

基金会名称	成立时间	所在地	排名	FTI 2016 得分	净资产（元）
安徽省徐悲鸿教育基金会	1990/01/01	安徽	767	0.80	
北京满学研究基金会	1994/11/22	北京	767	0.80	
北京市怀柔教育基金会	1995/01/20	北京	767	0.80	
昌江黎族自治县教育发展基金会	2013/08/21	海南	767	0.80	
沈阳市沈河区发展中小学幼儿教育基金会	2013/04/15	辽宁	767	0.80	
定西市消防基金会	2013/08/16	甘肃	767	0.80	
东兴市同心献爱基金会	2013/09/22	广西	767	0.80	
甘肃盛彤笙畜牧兽医科学基金会	1993/04/26	甘肃	767	0.80	
广东省中山大学南方学院助学基金会	2013/01/25	广东	767	0.80	
海口市教育发展基金会	2013/11/04	海南	767	0.80	
海南省福利基金会	2013/12/17	海南	767	0.80	
海南世界联合会公益基金会	2013/12/18	海南	767	0.80	
贺兰县南梁台子铁西妇女创业基金会	2013/04/18	宁夏	767	0.80	
湖南省21世纪人才培养基金会	1983/08/02	湖南	767	0.80	
济南京剧国粹发展基金会	2013/12/03	山东	767	0.80	
江门市三闲堂文化基金会	2013/05/06	广东	767	0.80	
江门市维达慈善基金会	2013/06/20	广东	767	0.80	
江西抚州鸿德慈善基金会	2011/12/20	江西	767	0.80	
揭阳第一中学教育基金会	2013/05/27	广东	767	0.80	
揭阳市普宁第二中学教育基金会	2013/10/28	广东	767	0.80	
京台文化交流基金会	1995/12/30	北京	767	0.80	
酒泉市春光爱心基金会	2013/08/27	甘肃	767	0.80	
兰州市见义勇为奖励基金会	1983/08/16	甘肃	767	0.80	
茂名市飞马教育基金会	2013/08/30	广东	767	0.80	
梅州市李有权慈善基金会	2013/08/13	广东	767	0.80	
普宁市军屯和惠慈善基金会	2013/11/19	广东	767	0.80	
青海三工公益基金会	2013/12/26	青海	767	0.80	
琼海市教育基金会	2013/07/25	海南	767	0.80	
日照一中教师发展基金会	2013/08/29	山东	767	0.80	
山西煤海扶贫助学基金会	2013/02/01	山西	767	0.80	
陕西爱心海基金会	2013/11/18	陕西	767	0.80	
陕西存义公益基金会	2012/06/20	陕西	767	0.80	

续表

基金会名称	成立时间	所在地	排名	FTI 2016 得分	净资产（元）
陕西立德乐善基金会	2013/07/26	陕西	767	0.80	
陕西省汉中市老龄事业发展基金会	2011/10/28	陕西	767	0.80	
陕西省现代科技创业基金会	2011/02/20	陕西	767	0.80	
陕西新华少年儿童公益基金会	2012/11/06	陕西	767	0.80	
陕西长庆温暖工程基金会	2013/01/05	陕西	767	0.80	
汕头市联泰爱心公益基金会	2013/07/02	广东	767	0.80	
深圳市德源教育基金会	2013/07/05	广东	767	0.80	
深圳市中医药发展基金会	2013/02/21	广东	767	0.80	
石楼县扶贫基金会	2013/11/12	山西	767	0.80	
泰州市单声教育奖学基金会	2011/05/12	江苏	767	0.80	
屯昌思源爱心助学基金会	2013/02/28	海南	767	0.80	
芜湖市见义勇为基金会	2013/05/27	安徽	767	0.80	
西藏自治区残疾人福利基金会	2012/06/11	西藏	767	0.80	
宜兴市江苏省宜兴中学教育奖励基金会	2005/01/23	江苏	767	0.80	
英德市奖教奖学基金会	2013/05/08	广东	767	0.80	
英德市连江口镇教育基金会	2012/09/29	广东	767	0.80	
郴州市教育基金会	2005/02/01	湖南	768	0.00	
澄迈县禁毒基金会	2005/01/01	海南	768	0.00	
福建省华侨公益基金会	2013/03/27	福建	768	0.00	
吉林市神华救助基金会	2010/06/01	吉林	768	0.00	
兰州市中小学幼儿教师奖励基金会	1983/09/07	甘肃	768	0.00	
青海阿尼玛卿雪域慈善基金会	2009/07/19	青海	768	0.00	
青海省噶千慈爱基金会	2007/05/10	青海	768	0.00	
中华诗词发展基金会	2013/12/09	北京	768	0.00	